严谨治学七十载

人才辈出华人传

武贵龙

武贵龙　北京科技大学党委书记

云程发轫　万里可期

祝北京科技大学 机械工程学院
成立七十周年

胡正寰

2022.1.2

胡正寰　中国工程院院士

钢铁摇篮奋斗七十载建小康
万千学子倾忠诚创中华复兴

贺母校建校七十年！

机60-5班 钟掘

2022.2.22

钟掘　中国工程院院士

钢铁摇篮，追筑理想。

践行爱国、敬业、务实、奉献。

祝贺北京科技大学建校70周年。

机63校友 关杰

关杰　中国工程院院士

七十春秋勤耕耘

育得桃李满人间

祝北京科技大学机械工程学院成立七十周年 刘玠

刘玠　中国工程院院士

建校初期的校门

主楼（2005 年前
学院办公地点）

机电信息楼
（2005 年后学院
办公地点）

20世纪50年代与苏联专家合影

欢送下放干部（1957年）

"211"工程学科建设一期验收（2001年）

机电信息楼开工典礼（2003 年）

本科教学工作水平评估汇报会（2008 年）

"机械工程及自动化"工程教育专业认证（2011 年）

在北京钢铁学院初试成功的世界第一台弧形连铸机（1960 年）

胡正寰牵头研制的我国首台斜轧机（1974 年）

《徐宝陞选集》首发式（1991 年）

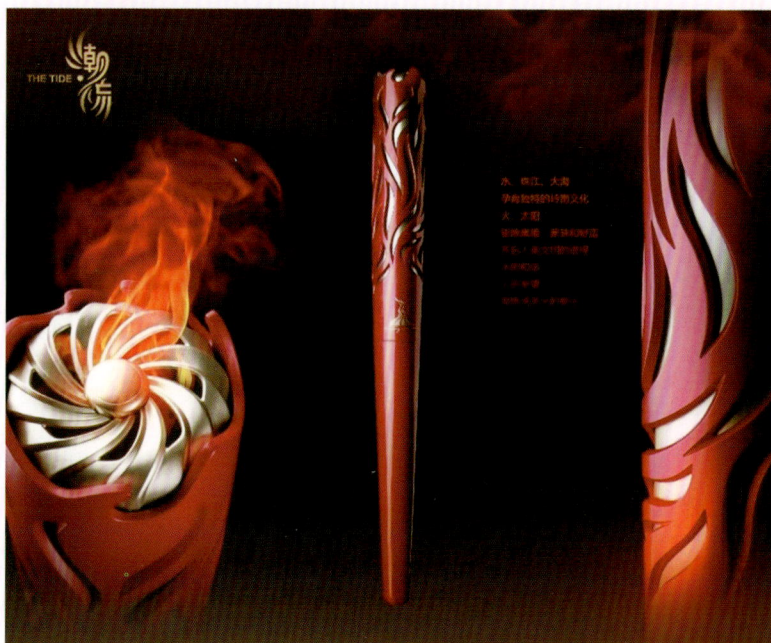

机械工程学院教师设计的第 16 届亚运会火炬（2010 年）

"斜轧成型新技术"获全国科学大会
表彰（1978 年）

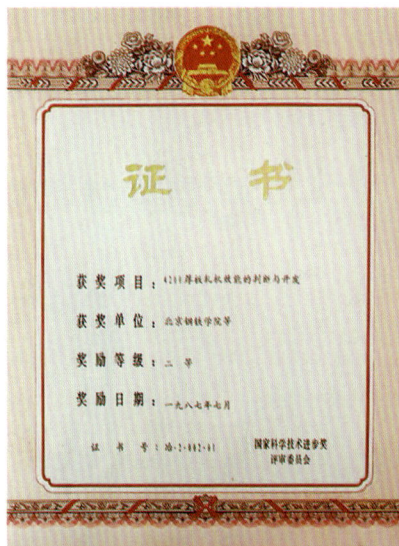

"4200 厚板轧机效能的判断与开
发"获国家科学技术进步奖二等奖
（1987 年）

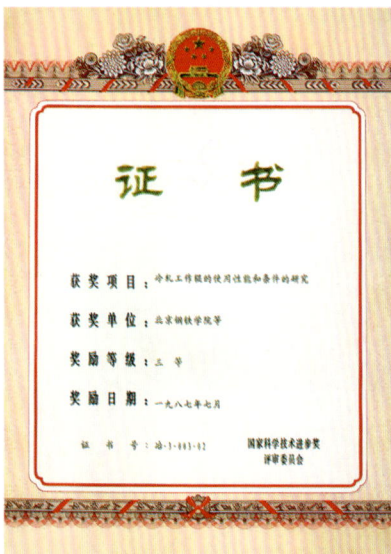

"冷轧工作辊的使用性能和条件的
研究"获国家科学技术进步奖三等奖
（1987 年）

"BG 型液压矮泥炮"获国家科学
技术进步奖二等奖（1988 年）

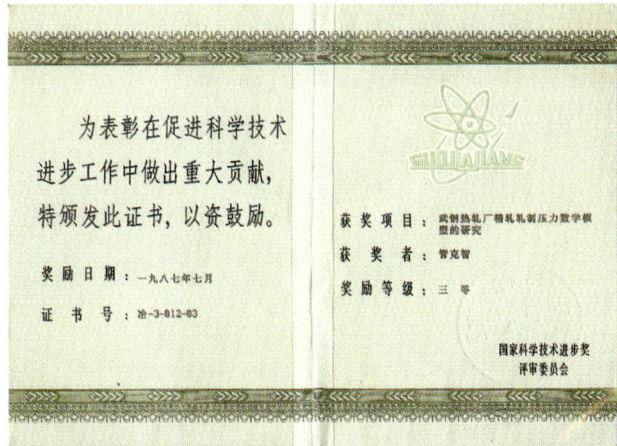

"武钢热轧厂精轧轧制压力数学模型的研究"获国家科学技术进步奖三等奖（1987年）

"武钢一米七轧机系统新技术开发与创新"获国家科学技术进步奖特等奖（1990年）

"零件轧制（斜轧与楔横轧）"获国家科学技术进步奖三等奖（1990年）

"斜轧－模锻非对称性机械零件成形方法"获国家科学技术发明奖四等奖（1989 年）

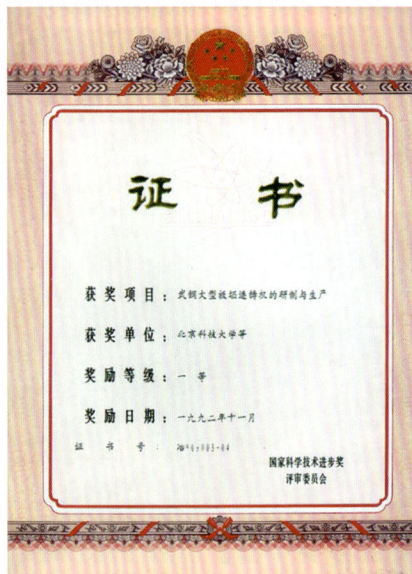

"武钢大型板坯连铸机的研制与生产"获国家科学技术进步奖一等奖（1992 年）

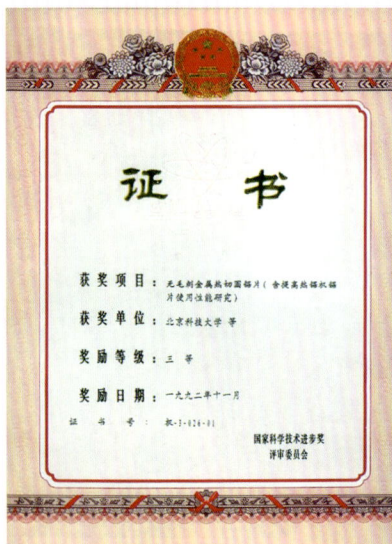

"无毛刺金属热切圆锯片（含提高热锯机锯片使用性能研究）"获国家科学技术进步奖三等奖（1992 年）

"楔横轧复杂、高精度、多品种轴类零件开发与推广"获国家科学技术进步奖三等奖（1996 年）

机 61 全体党员毕业合影（1961 年）

机械系团总支和学生会干部合影（1964 年）

机械系第一届教职工大会（1990 年）

机械工程系学生代表
大会（1991年）

冶金机械党支部被评为"全国先进基层党支部"（1996年）

机械工程学院第一届
教职工代表大会第一次
会议（1998年）

冶金机械老教师迎春联谊会（2002年）

教职工第八套广播体操比赛（2004年）

师生党员"不忘初心 牢记使命"西柏坡精神党性教育实践活动（2018年）

学院全体教职工合影（2020 年）

学院第六
次党代会
（2020 年）

教职工庆
祝中国共产
党成立 100
周年文艺演
出（2021 年）

师生员工参加十三陵水库工地义务劳动（1958 年）

机械系学生在中阿友好人民公社劳动（1963 年）

机械系重钢结业队学生做毕业设计（1966 年）

机械系学生在武钢生产实习
（1980 年）

机械系学
生参加校第
20 届运动会
（1980 年）

机 77-1 班学生
毕业合影（1981 年）

首届京台两地
设计魔鬼训练营
（2002 年）

新生开学典礼
（2003 年）

机器人队获亚太
地区亚军（2005 年）

学生金工实习（2007 年）

智能车队获第十三届全国大学生"恩智浦"杯智能汽车竞赛多项冠军（2018 年）

机械工程
学院学生在
京东方生产
实习(2021年)

校徽变迁

食堂饭票

1956 年

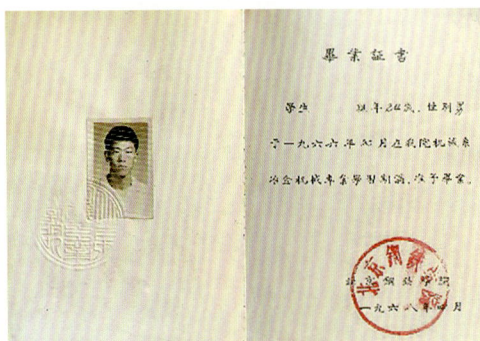

1966 年

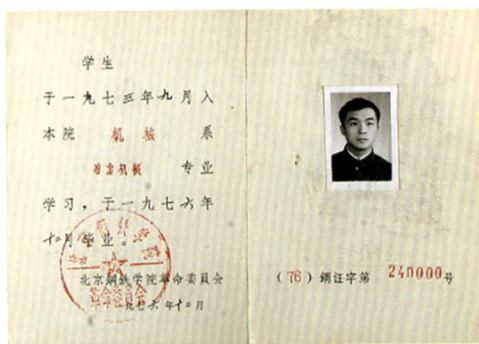

1976 年

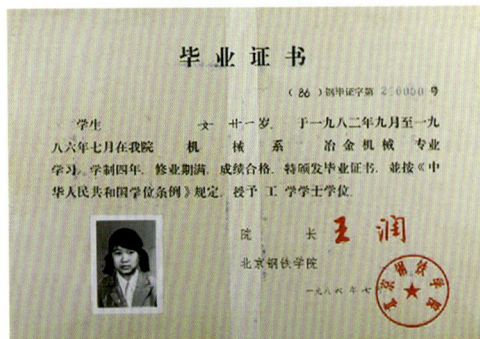

1986 年

毕业证书变迁

1996 年

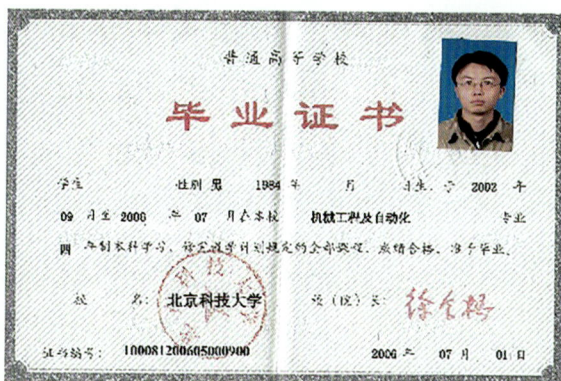

2006 年

2016 年

2021 年

毕业证书变迁

机械工程学院 2021 届毕业生

钢铁摇篮 机械雄鹰

——北京科技大学机械工程学院七十年历程

本书编委会 编

北 京

冶 金 工 业 出 版 社

2022

图书在版编目(CIP)数据

钢铁摇篮　机械雄鹰：北京科技大学机械工程学院七十年历程/《钢铁摇篮　机械雄鹰：北京科技大学机械工程学院七十年历程》编委会编. —北京：冶金工业出版社，2022.4

ISBN 978-7-5024-9088-1

Ⅰ.①钢…　Ⅱ.①钢…　Ⅲ.①北京科技大学机械工程学院—校史　Ⅳ.①G649.281

中国版本图书馆 CIP 数据核字(2022)第 044534 号

钢铁摇篮　机械雄鹰——北京科技大学机械工程学院七十年历程

出版发行	冶金工业出版社		电　　话	(010)64027926
地　　址	北京市东城区嵩祝院北巷 39 号		邮　　编	100009
网　　址	www.mip1953.com		电子信箱	service@ mip1953.com

责任编辑　戈　兰　美术编辑　彭子赫　版式设计　孙跃红
责任校对　王永欣　责任印制　李玉山

三河市双峰印刷装订有限公司印刷

2022 年 4 月第 1 版，2022 年 4 月第 1 次印刷

710mm×1000mm　1/16；22.25 印张；12 彩页；463 千字；346 页

定价 198.00 元

投稿电话　(010)64027932　投稿信箱　tougao@cnmip.com.cn
营销中心电话　(010)64044283
冶金工业出版社天猫旗舰店　yjgycbs.tmall.com
(本书如有印装质量问题，本社营销中心负责退换)

编 委 会

序

北京科技大学机械工程学院源于1952年建校时最早建立的院系之一的"钢铁机械系"，是新中国第一个面向全国冶金工业领域的机械类教学和研究单位。2022年4月，机械工程学院将迎来她的七十周年华诞，学院决定追溯历史，把过去七十年的发展历程整理记载下来，于是专门成立了院史编撰工作组。在院党委的大力支持下，工作组成员倾注了大量的心血和精力，在短短一年时间内，形成了这部记录详实的院史。回顾历史，展望未来，意义重大。

我1952年考入北京钢铁工业学院（现北京科技大学），是钢铁机械系的首届学子，毕业后留校任教。一晃已经在这里学习、工作、生活了七十年，亲历了机械工程学院的发展和壮大，作为过去七十年历史的见证者，学院请我为院史作序，很是荣幸。

学院经历七十年的发展，办学规模成倍扩大，学生规模排在学校前列，学科水平显著提高，中国工程院院士陈先霖、久负盛名的"机械设计制图"国家级教学团队等一大批名师队伍汇聚于此，教书育人，专心科研，成果斐然。我国第一台弧形连铸机、最早的热连轧计算机控制系统、最早的零件轧制技术、物流技术等一大批原创性、奠基性科技成果在这里问世，"国家科技进步奖特等奖""国家自然科学奖二等奖"等数百项国家级和省部级科技奖项不断产出。学院为国家和社会培养了一大批优秀人才，为国家发展做出了重要的贡献，在行业领域内具有较高知名度。这里涌现出了许多杰出的科学家和管理专家，晋升为两院院士的校友有6人，成长为省长、市长、高校科研机构负责人、国家大型企业的高管等各类人才上百人，还有航空航天、深海探测、投资管理、互联网等各行各业行业领军人才数百人，当然少不了我们的体育传统，机械健儿们创造了许多北京市乃至全国纪录，楼大鹏就是他们当中的典范。以这些莘莘学子为代表的北科大机械人为我国的钢铁工业发展和国家建设做出了巨大贡献。

在七十年发展历程中，学院由1952年建校时的钢铁机械系，几经整合变迁，发展为今天的机械工程学院，下设7个系、4个研究所，建有国家板带生产先进装备工程技术研究中心等4个国家级和省部级工程中心、重点实验室。现有5个硕士学位授权点、2个博士学位授权点、1个机械工程博士后流动站，学科专业涵盖工学、管理学和艺术学三大门类，形成了多学科交叉融合的人才培养平台，在校本硕博学生超过2800人。

时光流逝，岁月如梭。回忆起这七十年过往，我的大半生都奉献在满井这片热土上，是这里的水土养育了我，这里的学业、事业成就了我，我感到非常幸福。回望历史，以史为鉴，知兴替，励后人。立足当下，要将我们手中的接力棒交接给学院的后辈们，做好赓续传承工作。借此机械工程学院院史出版之际，谨以钢铁机械系首届学子的身份，向学院献上最美好的祝福，同时借此机会倡议所有北科大机械人：要始终心系学院发展，贡献自身力量，戮力同心，努力共创机械工程学院百年辉煌！

中国工程院院士、北京科技大学教授

胡正寰

2022 年 2 月

前　　言

　　北京科技大学机械工程学院值此建校建院七十年之际，决定整理学院过去七十年的发展历程，编写一本关于学院史事的书，既是为了记述过去、留存史料，更是想通过系统梳理自身发展脉络，记录总结办学历程，凝练传承精神文化，从而为学院今后的发展提供历史借鉴。

　　开展学院院史的编撰工作，是落实学校"三全育人"要求，加强校园文化建设的一项重要工作，对传承师表懿德、深化人才培养、弘扬优良精神、增强凝聚力等具有十分重要的意义。

　　院史的编写是一项艰巨而复杂的工作，从组建人员队伍，制定工作计划，研究讨论体例框架，收集查阅史料，访谈老领导、老教师、老校友等，整理、筛选资料，完善编写大纲，分工撰写书稿，审阅修改稿件，到最终编辑成稿等，整个过程耗费了大量的时间和人力，过程很是繁杂，有些内容经过多次反复讨论、调整。在这过程中，学院组建一支高素质、人员相对稳定的编写队伍，保障院史编写工作的顺利开展。特别是还积极征询离退休老同志的意见，召开多次专题会，进行了多次的个人专访，他们作为机械工程学院重要的建设者、亲历者及见证者，提供了很多宝贵的意见和丰富的素材。在此，特别感谢老领导、老校友的支持和帮助。

　　这本书的编纂工作，自始至终得到学校领导的关心、校友的支持、学校相关部门的帮助和学院众多师生的参与，在此表示衷心感谢。由于编纂人员水平有限，加之时间仓促，有遗漏和偏颇之处，恳请批评指正。

编委会

2022 年 2 月

目　　录

第一章 历程追溯 七十回望

一、艰苦创业，百废待兴（1952~1958 年）

新中国成立初期，百废待兴，人才奇缺，如何使国家的经济快速恢复成为急需解决的难题之一。工业是国民经济的主导，要建成一个独立完整的工业化体系的国家，作为工业生产"骨骼"的钢铁显得尤为重要。

新中国的第一代领导人高度重视教育和科学技术在国家建设中的关键作用。强调实现现代化、把我国建设成为社会主义强国，关键在于实现科学技术的现代化，实现科学技术的现代化关键是高等教育的发展，人才是社会主义建设事业取得胜利的不可缺少的重要力量。

1950 年 6 月 1 日，时任教育部部长马叙伦在第一次全国高等教育会议上首次明确提出：初步调整全国公私立高等学校或其某些院系，以便更好地配合国家建设的需要。全国范围内的高等院校除留部分综合大学以外，许多按专业设置拆拼重新组合成立各科专业学院。北京的高校在这场院系合并中十分积极，为了适应国家经济发展的需求，由当时北大、清华、燕京、辅仁大学以及许多专业学校合并新组建了 8 个专业理工科高校：北京钢铁工业学院、北京地质学院、北京矿业学院、北京航空学院、北京石油学院、北京农业机械化学院、北京林学院和北京医学院，即"八大学院"。

1952 年 4 月 22 日，由重工业部钢铁工业局组织召开了北京钢铁工业学院第一次筹备工作会议。以天津大学、唐山铁道学院、山西大学、北京工业学院、西北工学院、清华大学六所院校的采矿和冶金系科为基础，成立中国第一所钢铁工业高等学府——北京钢铁工业学院。

（一）基本情况

1952 年北京钢铁工业学院组建了采矿系、冶金系、金属及热处理系、钢铁机械系共 4 个系，钢铁机械系即为机械工程学院的前身。钢铁机械系由天津大学、清华大学、山西大学和北京工业学院（现北京理工大学）等相关专业组建而成，下设一个教研组（金属压力加工教研组），设立冶金厂机械设备专业。1952 年底，钢铁机械系教职员工共 10 人，教授杨尚灼（北京工业学院）、刘叔仪（天津大学），工程师吕桂彤（重工业部钢铁工业局），助教兼教学秘书董德元

教育部关于成立北京钢铁工业学院的文件

建校初期的北京钢铁工业学院

杨尚灼

（天津大学），助教温金珂（天津大学）、穆承章（山西大学）、钟鸿儒（天津大学）、赵元坡（天津大学）、孙一康（清华大学），系干事蒋国庆。杨尚灼任第一任系主任，吕桂彤任系副主任。

钢铁机械系（简称机械系）创建之初，以苏联相关专业为模式，以培养冶金厂机械安装维护与修理工程师为目标，仅设单一专业。机械系同全校一起，暂借住于清华大学校园。1953年，机械系随学校迁至现址。

1954年，机械系为加强教学工作，提高师资力量，新增教授4人，分别为刘宝智、金秉时、岳光达和尤乙照。

1954年9月，冶金机械教研组正式成立，共8位教师，4个小组，炼铁组严允进、刘宏才，炼钢组陈先霖、潘毓淳，轧钢组孙一康、王祖城、戴近渊，安装修理组郑重一。孙一康任冶金机械教研组第一任主任。

1955年，机械系有冶金厂机械设备、车间动力、热工、材料等八个实验室和机械实习工厂。同年5月学校成立两个教学法委员会，其中的一个由机械系领导。机械系领导下的教学法委员会由8名机械系教师组成，其中主任为丁明星（电工教研组），副主任为周亨达（制图教研组）。

1956年5月28日，学校55名助教晋升为讲师，其中机械系11人。

1957年，机械系下属有机械制图、机械零件、机械设计、电工、冶金机械、机械制造、热工水力共7个教研组及相关实验室、机械实习工厂。

建校初期，教职员工脚踏实地、敬业奉献、办事严谨，为教育、为科研、为企业全身心地投入全部精力。学生刻苦钻研、拼命学习专业科学知识、掌握专业实践的技能，为成为国家建设的栋梁而努力奋斗。这种教与学的互动，形成了北京钢铁工业学院到北京钢铁学院过程中以"爱国、奉献、崇实、求是、争先、创优"为主要内容的核心价值观，形成了以"理想主义的家国情怀，崇实求是的学术精神，敢为人先的创新品格"为主要特征的大学精神，形成了独具特色的优秀大学文化。"事业心、凝聚力、奉献精神"的"冶金机械精神"也是在这个时期孕育而成的。

机械系筹建初期，以杨尚灼、刘叔仪等为代表的第一代机械人，从全国各地汇聚而来，他们有的放下了得心应手的工作，有的放弃了国外优厚的待遇，有的舍掉了留学深造的机会，甘愿为国家培养钢铁英才。这一时期，报考钢院的学生们普遍怀着钢铁强国的梦想。"祖国的需要就是我们的志愿"，以胡正寰、钟掘、楼大鹏为代表的一大批机械系学生，都以第一志愿报考北京钢铁工业学院。

（二）招生情况

1951年9月，中央人民政府政务院在考虑建立专业性很强的高等院校的同时，就已委托相关大学先期招生，快速培养国家急需的专业人才。钢铁机械系的第一批钢铁机械专修科的学生，由清华大学代招。

1952年，北京钢铁工业学院机械系设置冶金机械专业大专班。开学伊始，大专班的学生便奔赴鞍山钢铁公司实习。当年秋季正式面向全国招收本科新生4个班，学制四年。至1952年底，机械系设有冶金厂机械设备专业，并设有钢铁机械专修科。

北京钢铁工业学院机56届（第一届）部分校友合影

机械系首届招收本科生4个班100人，1954年学制改为五年。1952~1957年招生情况见下表。

1952~1957年机械系招生情况

入学年份	班数	学制	招生人数
1952	4	四年	100
1953	6	四年	170
1954	9	五年	243
1955	9	五年	260
1956	11	五年	358
1957	4	五年	144

1954年，学校聘请苏联西伯利亚冶金学院冶金机械专家索柯洛夫教授开设研究生班，从东北工学院、哈尔滨工业大学等院校应届毕业生中择优选拔招收冶金机械首届研究生12名。

（三）教育教学与人才培养

1953年7月，北京钢铁工业学院机械系冶金厂机械设备专修科学生35人在清华大学完成学业。这是机械系的首届专科毕业生。另有1名本科生完成学业。36人均未随学院迁入新址即走上工作岗位，奔赴社会主义建设第一线，投身第一个五年计划建设大潮中。

机械系创建之时，借鉴苏联的办学经验，打破旧时的通用机械模式，创立专业性较强的冶金机械专业，在师资、教材、教学、实验诸方面，均存在着极大的困难。为此，1954年苏联专家索柯洛夫教授来系讲学，指导编撰炼铁、炼钢、轧钢等冶金机械设备教材，筹建冶金机械实验室。苏联专家全面指导教学、科研工作，传授实习和毕业设计等经验和方法，对机械系的早期建设和发展，发挥了积极作用。

苏联专家来校指导工作

1954年7月20日，冶金厂机械设备专业的第一个教学计划由时任教育部副部长曾昭抡签署。此教学计划是基本照搬苏联的教学模式制订的四年制教学计划，总学时3825学时，对学生而言，课业负担很重。因此，机械系制订了冶金机械专业五年制过渡教学计划，总学时约为3800学时。

1957年1月25日，学校举行师生大会欢送苏联专家索柯洛夫。院长高芸生代表周恩来总理向索柯洛夫教授赠送"中苏友谊纪念章"并代表学校赠送纪念礼物。通过研究生班为系培养的第一批骨干教师：王祖城、林鹤、陈先霖、孙一康、陈克兴、郑重一、康祖立、施东成、潘毓淳、严允进、陈天才、李立、戴近渊、刘宏才、康贵信等，全面接过教学和科研重任。此外，还有徐灏、崔甫、刘崇德、肖国海、崔广椿、陈如欣、单桂兰、王书林、何光远、李世品、蔡志鹏等，前往东北工学院、鞍山钢铁学院、重庆大学等学校创建冶金机械专业。这批骨干均成为我国冶金机械学科卓有成就的专家教授。1957 年上半年和下半年，机械系首届和第二届本科学生完成学业相继毕业，部分毕业生留系任教。

此外，"锻炼身体保卫祖国"也是当时新中国一句响亮的口号。体育运动在大学受到空前的重视。1957 年 4 月 22 日，北京市北郊十所院校田径运动会在北京矿业学院举行，北京钢铁工业学院获团体总分第一名，机械系 59 届学生楼大鹏以 25″8 的成绩平全国 200 米低栏纪录。

楼大鹏打破 200 米低栏全国纪录

二、沧桑发展，科技报国（1958~1976 年）

（一）基本情况

1958 年，钢铁机械系正式更名为机械系。

随着社会主义建设与发展，需要有生产实践经验的专家充实到教育领域，1958 年初，重庆钢铁公司的徐宝陞调至北京钢铁工业学院，任教授、机械系主任兼附属钢厂技术副厂长。1959 年机械系系务委员会委员共 17 人，包括：徐宝陞、刘景云、王祖城、孙一康、陈先霖、陈道南、丁明星、梁继奎、张雄飞、陈端树、张国英、范垂本、林慈、秦祖念、周玉华、王书林、杨珂。1963 年，杨静云任系党总支书记。

1961 年机械系有冶金机械、机械制图、机械设计、热工水力、机械制造和电工 6 个教研组，教师 169 人。1973 年北京钢铁学院成立制氧设备及工艺教研室。

徐宝陞

（二）招生情况

1958年，机械系招生冶金机械专业5个班。1959年，冶金机械专业招生8个班，同年创办的工业企业电气化与自动化专业（1975年分出，建成自动化系）招生1个班。1960年，冶金机械专业招生8个班，工业企业电气化与自动化专业招生2个班。1961年，招收冶金机械专业3个班、工业企业电气化和自动化专业2个班。1962~1965年招生班级数量逐年增加，恢复至8个班级。

机59-3班毕业合影

机 65-2 班合影

　　1966 年，学校停止招生。1972 年，恢复招生。1972 年，冶金机械专业招生 2 个班，同年，工业企业电气化与自动化专业更名为冶金企业及矿山自动化专业招生 1 个班。1973 年，冶金机械专业招生 5 个班，冶金企业及矿山自动化专业招生 2 个班。1974 年，冶金机械专业招生 2 个班，同年，新创办的机械制造工艺及设备专业招生 1 个班。1975 年，冶金机械专业招生 2 个班，机械制造工艺及设备专业招生 1 个班。同年，冶金企业及矿山自动化专业分出，成立自动化系。1976 年，冶金机械专业招生 3 个班，机械制造工艺及设备专业招生 2 个班，新建制氧工艺及设备专业招生 1 个班。制氧工艺及设备专业共招生 3 届。

　　1959 年机械系招收 2 名研究生，1960 年招收 4 名，1961 年招收 7 名，1962 年招收 1 名，1963 年停招，1964 年招收 3 名，1965 年招收 6 名。1966 年停止招生。

（三）教育教学与人才培养

　　1959 年 1 月，机械系完成新教学计划的制定，增加政治课比重，把生产劳动列入教学计划，每天安排生产劳动和现场教学。

　　1961 年 2 月，机械系 64 届学生执行新的教学计划，赴厂矿企业进行为期 6~8 周的实习。

（四）科学研究与社会服务

　　在学校的历史上，有一个特别的“1958 现象”，即建校以来，一大批取得突出成果的科学研究都始于 1958 年，其中机械系也有许多杰出的科研成果。1958

年，徐宝陞由重庆钢铁公司调入北京钢铁学院。他十分重视科学研究工作，组织系里教师着手弧形连铸机的研究，并于 1960 年研究试验成功；为重钢三厂研制成功我国第一台双机双流立式连铸机，比国外当时同类设备提前两年多。此外，在他组织领导下，还进行了新型钳式行星轧机、无牌坊轧机等的研制工作。

徐宝陞

同年，陈先霖开始进行模拟电子计算机的研制，他是我国较早从事计算机应用研究的专家之一。孙一康建立了测试技术的研究队伍，由于该课题应用面广，技术意义重大，1961 年冶金工业部正式下文，指定该测试科研组为全国测试中心。

孙一康（中）与科研人员讨论

　　胡正寰于1958年建立斜轧科研组，自行设计斜轧试验轧机，开展工艺试验，先后试轧成功球磨机钢球、滚动轴承用滚子毛坯、马蹄防滑钉、丝杆等零件，并建立斜轧钢球科研项目，该科研组为以后的零件轧制中心的成立奠定了良好基础。当时从事这一研究的人员有胡正寰、施东成、王祖城等。1959年，钢球轧机的设计和试制获得成功并使生产率比用冲压法提高3~4倍，对全国车辆滚珠轴承化具有重要意义。20世纪70年代初，在胡正寰领导下还开展了军工研究，为国防工业作出了贡献。尤其是70年代中期，胡正寰、许协和等人开展楔横轧研究，拓宽了研究领域。与此同时，研究人员也陆续增加，如李玉京、沙德元、颜世公等。

胡正寰

　　机械系的各教研组认真科研、不断突破，在1958年陆续开启了研究进程。20世纪50年代建立的另一项重要科研课题，是林鹤的机械振动。该问题是机械学和机械工程中的一个基本问题，尤其当代科学技术的发展，冶金生产现代化往高速度高负荷发展，机械振动是一项不可忽视的课题。林鹤借助于测试技术和电子计算机的应用，使得机械振动在理论研究和工程应用上，均取得了突破性进展，先后发表多篇重要论文，并出版了专著，为包钢初轧机、攀钢浮动轴剪切机、舞阳钢厂特厚板轧机、宝钢现代化冷连轧机组的振动问题的解决提供了科学的判据。

　　进入20世纪60年代，机械系开展了圆弧齿轮（1960年）、新型起重机、矫直辊辊形曲面（1960年）、高温高速下金属塑性变形阻力（1962年）、箔式电阻应变计（1962年）、浮动轴剪切机（1964年）等研究，取得重要成果。

　　20世纪70年代，机械系加强和企业合作，帮助武汉钢铁公司引进和建设具有当时国际先进水平的"〇七工程"（1700连轧工程）。机械系承担了冶金工业

武钢"〇七工程"冶金工业部技术工作组

部"计算机控制热连轧机的实验研究"重大项目，为冶金高校首例。当时，在孙一康、孙民生的组织领导下，集中了数十人，从制定实验基地方案、破土动工、轧机改造、设备安装、连线调试，基本上全靠教师和实验室人员完成。该研究前后历经三年，建成了计算机控制四机架简易热连轧实验基地，并于1975年圆满地完成了预期的实验研究任务。孙一康、管克智进入武钢"〇七工程"指挥部专家组，直接参与工程建设，为学校科学研究工作迈入现代工业领域创造了良好条件。

（五）对外交流与合作

1974年2月9日，阿尔巴尼亚工矿部副部长柴尼里·哈米蒂带领的访华团来系里访问，并参观冶金机械等实验室。1976年，机械系招收培养了阿尔巴尼亚留学生。

三、寒冬复苏，蜕变飞跃（1976~1993年）

（一）基本情况

1978年3月，北京钢铁学院恢复教师职称评定工作，行政、科研、教学开始逐步恢复。学校晋升教授6人，其中包括机械系教师陈先霖。3月13日，学校举行恢复高考后第一届新生开学典礼，77级新生1083人中机械系238人。1982年，陈克兴任系主任。同年6月，学校成立第一届学位评定委员会，机械分委员会委员共9人，主席徐宝陞，副主席陈先霖，委员兼秘书吴清一，委员方兆彰、陈克兴、林鹤、胡正寰、陈道南、曹仁政。1984年，方兆彰任党总支书记。1988年1月7日，机械系正式更名为机械工程系。同年，何福泉任党总支书记。该年，机械系下设12个三级单位，包括冶金机械、机械制造、机械制图、机械设计、流体传动及控制、测试技术6个教研室，冶金机械、金属切削、机械设计、流体传动及控制 4 个实验室，以及 709 计算机室和机关，教职工 239 人。1991 年，罗圣国任系主任。

（二）招生情况

1977 年，国家恢复正常高考，机械系面向全国招生，实行择优录取，学制定为四年。当年，冶金机械专业招生 3 个班，机械制造工艺及设备专业招生 2 个班，制氧工艺及设备专业招收 1 个班。1978 年，冶金机械专业招收 3 个班，机械制造工艺及设备专业招收 1 个班，制氧工艺及设备专业招收 1 个班。

冶金机械 77-3 班

根据冶金工业发展的需要，1980 年，设立流体传动及控制专业，招生 1 个班，并成立流体力学教研室。同时，招收机械设计专业 2 个班。

国家设立学位制度后，1978 年，冶金机械获得全国首批硕士学位授予权，当年招收 6 名，此后每年招生在 11～17 名。1984 年之后，每年招收人数超过 30 名。

1981 年，冶金机械获得全国首批博士学位授予权，并开始招收博士研究生。陈先霖是学校首批博士生导师 16 人之一。1987 年，冶金机械被批准为全国唯一的"冶金机械"重点学科。

（三）教育教学与人才培养

1978 年 1 月，机械系冶金机械教研室获"全国冶金系统先进科技集体奖"和"全国冶金系统红旗单位奖"，胡正寰获"全国冶金系统先进科技工作者奖"。

90 级毕业生

　　1980 年初，机械系由各单位抽调 10 人成立了计算机应用教研室，简称"709"，投资 75 万元购置国产大型计算机 TQ-16，是学校第一台计算机，这台 TQ-16 计算机为校内外人员学习计算机知识和辅助科学研究起到了重要的作用，学校从此进入数字计算机时代。

　　1980 年 4 月 30 日，中华全国总工会和北京市总工会在中南海联合召开省、市级以上劳动模范、先进生产（工作）者代表座谈会，胡正寰出席会议。1983 年 9 月，学校授予钟廷珍优秀教师称号，冶金工业部授予钟廷珍全国冶金劳动模范称号。

　　1987 年 7 月 15 日，胡正寰获"国家级有突出贡献的中青年专家"称号。1988 年 9 月 10 日，学校举行教师节表彰先进大会，钟廷珍获全国首届"科技实业家创作奖"银奖。9 月底，钟廷珍获"国家级有突出贡献的中青年专家"称号。1989 年 5 月 10 日，冶金机械教研室被授予"北京市模范集体"称号。9 月 9 日，邹家祥获"全国优秀教师"称号。12 月 15 日，何福泉获"北京市优秀党务工作者"称号。

　　1990 年 9 月，朱允言荣获"国家级有突出贡献的中青年专家"称号。12 月 17 日至 21 日，国家教委、国家科委召开全国高校科研工作会议，冶金机械教研室获先进集体称号。

优秀教师钟廷珍表彰大会

朱允言（右二）与课题组教师交流

　　1991 年 9 月 10 日，学校召开庆祝教师节及表彰先进大会，会议表彰了先进个人 122 名，包括全国优秀教师许纪倩、北京市优秀教师郭俊等。1992 年 4 月，胡正寰获得全国"五一"劳动奖章。同年 5 月 20 日，中共中央在中南海召开首都高校应届毕业生座谈会，机械工程系志愿支边的 92 届毕业生杨光参加座谈会。同年 5 月，高泽标获"国家级有突出贡献的中青年专家"称号。10 月 26 日，刘建平当选中国共产党北京市第七次代表大会的代表。

　　机械系狠抓教学改革，紧跟时代潮流，以先进的教学理念培养人才。多项教改成果不仅获得了相关部门以及北京市的表彰，还多次获得国家的嘉奖。如：1985 年，"机械设计与制图"获冶金工业部教学改革成果一等奖；1986 年，"生产实习规范化教材建设经验"获冶金工业部教改成果二等奖；1987 年，《机械优化设计》《冶金机械安装与修理》获冶金部优秀教材一等奖；1988 年，"毕业设计教学规范化"获冶金部教改成果一等奖；1989 年，"认真抓好教材建设，不断提高教学质量""为首都郊县服务，培养机制专业大专人才"获北京市教改成果奖。

培养青年学生爱国精神，做好学生工作也是机械系建设的重要部分。1979年，机制 76 姜荣当选北京市学联副主席。9 月，姜荣、机制 77 周良墉获北京市"新长征突击手"称号，同年，姜荣获全国"新长征突击手"称号。

1980 年 7 月，76 级毕业生赠送的白色大理石匾"为中华之崛起"镶嵌于主楼正门之上，书写者为机 76 学生夏杰生。1982 年 2 月 18 日，机 79-1 班被共青团中央和教育部联合授予"全国先进集体"称号。

"为中华之崛起"石匾

全面发展是学生教育的标准要求，机械系将"钢铁体魄"作为每位学生的身体与意志的目标条件，磨炼出强壮的体质与不怕困难的坚强意志。1982 年 8 月 10 日至 19 日，第一届全国大学生运动会田径赛在北京钢铁学院举行，机 79-1 班倪伟敏代表北京市获女子 100 米和 200 米两项比赛第二名。

（四）科学研究与社会服务

20 世纪 70 年代后期，电子计算机的应用在我国日渐兴起，机械系是国内最早开展此项研究的单位之一。1978 年，机械系率先开展了轧钢机械的计算机辅助设计，为以后的计算机应用软件开发上的进一步突破打下良好基础。

机械系发挥自身专业特色优势，在 20 世纪 70 年代后期开展了多项科学研究，为国家重工业和军工业的发展提供了有力的技术支撑。

1980~1993 年，是机械系科学研究工作的兴旺发展期，完成了多项国家重大科研任务，获得了丰硕的成果。在此期间，完成科研项目 100 多项，获国家级奖

12 项，其中"武钢 1700 轧机系统技术开发与创新"获国家科学技术进步奖特等奖，"GY 型短应力线轧机及中小轧机改造技术的推广"和"宽带轧钢轧机辊型与板型研究"获国家科学技术进步奖一等奖，"BG 型液压泥炮研制与推广"和"我国首台 4200 特厚板轧机的效能判断与开发"获国家科学技术进步奖二等奖。"零件轧制（斜轧与楔横轧）研究与推广""冷轧工作辊的使用寿命和条件的研究"及"武钢热精轧压力数学模型的研究"等获国家科学技术进步奖三等奖。获省部级奖 30 多项，其中一等奖 7 项。全系获专利 17 项，其中"BG 型液压泥炮"获北京市发明展览会金奖、国家专利优秀成果奖。

陈立周带领计算机应用软件开发课题组，先后完成多项国家重点攻关项目。优化设计方法程序库 OPB 和常用的机构与零件优化设计程序库 PLODM，均达到国际先进水平；混合离散变量优化设计方法及软件包 MOD，是国内外最为完整的先进的软件包，获 1988 年度国家科学技术进步奖二等奖。在机械工业出版社出版专著《工程离散变量优化设计》。

1987 年，马香峰带领的机器人机构及动力学研究课题组，参与完成的我国第一台 YG-1 弧焊工业机器人获冶金工业部科学技术进步奖一等奖，出版专著《机器人机构学》。

张人骧进行的生物力学和人工关节的研究，先后在国内知名刊物《中国科学》等发表论文 20 多篇。其人体关节研究成果在临床应用，获"英国剑桥国际传记中心机械工程学研究杰出贡献奖"。

张英会、罗圣国多年从事弹簧研究，1985 年，完成兵工用"WAO15 产品碟形弹簧疲劳性能研究"。同年，陈立周、罗圣国共同完成"六五"国家重点攻关的子项目"弹簧优化设计程序包"，成果获机械委科学技术进步奖二等奖。1989 年，完成机械工业科学技术发展计划项目国家标准《碟形弹簧设计计算方法》的制订。

朱孝禄带领的齿轮研究课题组承担的航天部"七五"攻关项目的子项目"航空用圆柱齿轮接触疲劳强度试验研究"、机械工业技术发展基金项目"硬齿面齿轮疲劳强度极限、损伤特性和寿命预测研究"，成果鉴定均达到国际先进水平。

陈道南带领的超重级冶金桥式起重机的研究课题组，是在消化移植国外先进技术的基础上，开发具有 20 世纪 80 年代国际水平的成果。这一成果 1987 年研制成功，安装在金川有色金属公司，1988 年经运行考核，通过技术鉴定。

1990 年 12 月，"武钢一米七轧机系统新技术开发与创新"课题获国家科学技术进步奖特等奖，"GLY 型复二重短应力线轧机及线材轧机改造技术推广""YL 型烟气轮机用 GH132 合金大型涡轮盘"和"零件轧制（斜轧与楔横轧）"获国家科学技术进步奖二等奖 2 项、三等奖 1 项，"满载快速抗胶合齿轮研合剂"

"梅花型冷拔型钢模具" 2 项课题分别获国家技术发明奖三等奖、四等奖。

在 20 世纪 80~90 年代，机械工程系的科研工作进入快速发展期，取得多项重要突破。在科研改革之路上不断探索确立了五个重要发展方向，分别为机械力学、强度方向，新型冶炼设备方向，新型轧钢设备方向，设备监测技术与诊断学方向，物流系统工程方向。

机械力学、强度方向带头人为博士生导师陈先霖和邹家祥。这一方向的基本内容为：应用力学、强度理论与硬件试验（在线试验）及软件试验（计算机仿真）相结合，探索、分析冶金设备的工作行为和机理，解决现代化冶金设备中重大技术关键问题，为提高产品质量和保证设备正常运转提供有力保障。曾先后承担国家 "六五" 和 "七五" 重点攻关项目，相继解决了武钢、宝钢、攀钢、鞍钢等大型冶金企业由国外引进和国内制造的大型现代化设备中存在的若干高层次技术问题。如解决武钢引进联邦德国的冷连轧机轧辊轴承由于原设计不合理而经常损坏的问题，年减少损失 280 万元。此为国家 "六五" 攻关项目，获国家科学技术进步奖三等奖；攀钢 120 吨转炉安全性预测，经八年考核证明结论正确，获全国机械装备失效分析一等奖；此项成果软件应用于鞍钢 180 吨转炉新型托圈的设计，又获国家科学技术进步奖三等奖；宽带钢轧机辊型与板形研究，系国家 "七五" 攻关项目。研究成功变接触线长度支持辊，解决了武钢 1700 冷连轧生产的难题，提高了轧机生产率，降低了轧辊和轴承消耗，达到攻关指标，年平均效益达 544 万元；推广至宝钢应用，仅半年获经济效益约 847 万元，项目成果获 1992 年冶金工业部和国家科学技术进步奖一等奖。武钢宽板坯连铸机主要机械装备的力学强度分析研究，为我国自行设计制造的大型连铸机提供了理论依据。以上项目均达到国际先进水平。当代国际上，板带轧机力学行为研究的前沿，集中在板形及其控制的研究上，该课题组在宝钢、武钢的板形控制上，不仅系统地破译了国外技术，并且加以改进完善其功能。理论及应用成果，均达到国际先进水平。

新型冶炼设备方向带头人为博士生导师徐宝陞和国家级专家朱允言。这一方向主要进行高炉炉前设备、连续铸钢设备和用于筛分、给料、磨粉等方面的振动机械的研究。研究工作侧重在高效的设备新结构、最佳参数的试验研究，工作过程的机理研究。高炉炉前设备研究的主要成果有：BG 型液压矮泥炮，经冶金工业部鉴定为国际水平，先后获国家科学技术进步奖二等奖，国家重大技术装备攻关一等奖，国家新技术开发优秀成果奖等 7 项国家和省部级奖。严允进研究成功全水冷水封高炉无料钟炉顶设备，1989 年获国家专利 3 项，该技术已出口美国。连续铸钢设备主要成果有：通过国家鉴定的弧形连续铸钢机、获国家专利的倾斜轮式连铸机。此外，作为主要参加单位的 "武钢大板坯连铸机研究" 获冶金工业部科学技术进步奖一等奖、国家科学技术进步奖二等奖。

朱允言（左三）在工厂现场指导科研工作

新型轧钢设备方向带头人为博士生导师、国家级专家胡正寰。该研究方向主要研究：轴类零件轧制，该项目先后被国家计委、国家科委列为国家"七五""八五"重点推广项目。1987~1993年获发明、科学技术进步奖等国家级奖5项，省部级奖7项。该课题经国家科委和国家教委共同批准为我国高校首批研究推广中心。

设备监测技术与诊断学方向带头人为博士生导师陈克兴、徐金梧。开展该方向的研究，机械系在国内属最早的单位之一（1982年）。在理论与方法上，开展了时间序列分析、模糊诊断、专家系统、人工神经网络技术以及铁谱图像的计算机识别等研究，接近或达到国际前沿。在工业应用上，亦取得长足的进展，并取得多项成果。先后为太钢、武钢、长城特钢等企业，研制了十多套在线监测诊断系统，其中长城特钢的一套获四川省科学技术进步奖二等奖。为武钢研制的1700热连轧线研制的智能化多点监测系统，其规模和水平在国内外冶金行业中均处于领先地位。该方向已建立较为广泛的国际交往，同美、德等国建立了国际合作关系。

物流系统工程方向带头人为吴清一。该学科方向在国内起步最早（1986年），也是唯一对冶金物流系统进行全面研究的单位，研究水平处于国际前沿。为加强这一方向的研究，1993年成立物流工程研究所。多年来，他们保持同国际同行的交往和合作，日本和德国的来访学者，均予以高度评价。作为一门新兴的学科，该方向在我国越来越受到各方面的重视，目前已承担多项国家和部委课题：如宝钢热轧厂板坯库管理决策系统的研究，应用这一系统，可提高宝钢热送热装水平，使板坯库由被动服务型转变为主动服务型生产物流中心，为宝钢连铸—连轧生产物流管理提供有效的手段。宝钢生产物流系统模型研究，对该厂生产物流均衡化，减少在制品库存，降低流动资金占用以及生产计划合理制订，起到决定性作用；还如承德钢厂物流系统诊断、规划和管理的研究，对提高该厂管理水平和发展规范化的制订具有重要意义。根据冶金工业部下达的"冶金企业物流合理化研究"，他们将在上述研究成果的基础上，进行系列化、通用化，为大面积推广创造必要条件。他们还先后完成"全国工业企业物流系统现状调查""全国物资仓库设计规范"的制订。在物流工程机械方面，他们开发数控立式回转货架等机电一体化产品。

1992 年，机械工程系创建机翔公司，推动了科技成果转化。

机械工程系科研成果为社会产生了显著的经济效益，给国家经济快速飞跃贡献了重要动力，为企业单位生产节约了成本，担负了社会服务的重要责任。年直接经济效益达 200 万元以上的项目有 10 项，总经济效益 4 亿元以上。其中"零件轧制"和"液压泥炮"的推广应用，总经济效益均达 2 亿元以上。除此之外，"冷拔高精度管""无毛刺锯片""高强度冶金链条"等，列入国家科委或冶金工业部"八五"重点推广计划。

国家科委 1989 年出版的《中华人民共和国重大科技成果选集（1979~1988)》，收录了北京钢铁学院的三项成果，分别为"零件轧制技术""BG 型液压泥炮"和"短应力线轧机"，这三项成果均来自于机械系。

四、沐浴春风，蓬勃发展（1993~2012 年）

（一）基本情况

随着学校的发展和院系调整，北京科技大学于 1993 年在机械工程系的基础上，成立了机械工程学院。

1993 年，罗圣国任机械工程学院首任院长，何福泉任党委书记。同年，创建金属再生资源工程专业（专科）。1995 年，陈先霖当选为中国工程院院士。同年，创建机械制造工艺与设备专业（物流工程方向）。1996 年，王长松任院长。同年，热能系并入机械工程学院。1997 年，胡正寰当选为中国工程院院士。2000 年，张欣欣任院长，许纪情任党委书记。2004 年，王立任院长。2009 年，臧勇任党委书记。2010 年，设备工程系（含车辆工程专业和建筑环境与设备工程专业）并入机械工程学院。2011 年，设备工程系重建为车辆工程系和建筑环境与设备工程系。

"机械设计及理论"于 2001 年、2007 年被评为国家重点学科。"机械工程"学科于 2008 年被评为北京市重点学科。

（二）招生情况

1993 年，学院创办了两个全新的全日制本科专业：物流工程专业和机械电子工程专业，并开始招生。该年，物流工程专业招生 1 个班，共 29 人；机械电子工程专业招生 2 个班。1994 年，机械制造工艺与设备专业（物流工程方向）改名为金属资源回收与利用工程，该年招生 1 个班，1995 年又改回原名并招生 1 个班。

1996 年，学院专业改革，冶金机械专业、机械制造工艺与设备专业、机械电子专业和物流工程专业统称为机械工程及自动化，但专业培养方向不同。该年，机械工程及自动化专业招生 4 个班，热能与动力工程专业招生 2 个班，物流工程专业招生 1 个班。1997 年学科调整时，"冶金机械""机械学""工程机械"和"工程图学"合并调整为二级学科"机械设计及理论"。同年，该学科被列入"211 工程"建设项目。1999 年全国高校扩招，机械工程及自动化专业和流体传动及控制专业统称为机械工程及自动化专业，扩招为 8 个班，物流工程专业改名为工业工程专业。

2000 年，学院成立工业设计系，增设工业设计本科专业，填补了我校艺术学科的空白。该年，机械工程及自动化专业招生 8 个班，热能与动力工程专业招生 4 个班，工业设计专业招生 1 个班。2003 年 7 月 10 日，学校成立物流工程系，隶属于机械工程学院。同年，工业设计系划分为工业设计和工业设计（艺术类）两个方向。2004 年，工业设计（艺术类）改名为艺术设计，转变为一个全新的有关艺术的专业。

机械工程学院 2003 级新生开学典礼

2005 年，工业工程专业分为物流工程和工业工程两个专业，各招生 1 个班。2006 年，根据部队建设需要，为军队培养合格的掌握现代技术的军官，机械工程及自动化专业开始招收国防生，该年，机械工程及自动化专业共招生 10 个班，其中两个国防班。

2011 年，学院专业再次调整，工业工程专业停止招生。同年，车辆工程专业与机械工程及自动化专业统一为机械类专业，开始招生，共招生 12 个班，工业设计专业和艺术设计专业分别招生 2 个班，热能与动力工程专业招生 6 个班。

1997 年，机械工程学院先后设置了冶金机械、工程机械、流体传动与控制、机械制造、机电控制及自动化、机械学、工程图学、工程热物理和热能工程 9 个硕士学位授予点。1998 年，原冶金机械、机械学、工程机械和工程图学四个专业合并调整为机械设计及理论。原流体传动及控制、机电控制及自动化两个专业合并调整为机械电子工程。原机械制造专业改称为机械制造及其自动化。此外，还增设了制冷及低温工程专业的硕士学位授予点，以及机械工程、动力工程两个专业的工程硕士学位授予点。新增了工业工程专业的工程硕士学位授予点。1999年，"机械工程"学科设立博士后流动站。

94 级硕士研究生毕业合影

2000 年，除了原有的机械设计及理论、热能工程两个专业的博士学位授予点外，又增加了机械电子工程、机械制造及其自动化两个专业的博士学位授予点，工业设计从 2003 年开始招收研究生，专业为设计艺术学，首批招生 8 人。

2003 年 6 月中旬，机械工程学院申请的"艺术设计""流体机械及工程"和"动力机械及工程"三个硕士学科点，顺利通过专家评审工作。

2004 年，物流工程获得博士学位授予权。

学院从 2005 年开始招收工程硕士，硕士人数进一步提升。

2007 年 8 月 20 日，教育部公布新一轮国家重点学科评审结果。机械设计及理论、热能工程 2 个学科被确定为二级学科国家重点学科。

2009 年，学院开始招收非全日制硕士。

2003 届硕士研究生毕业合影

（三）教育教学与人才培养

至 2012 年，学院经多次调整，设有 9 个系（机械工学系、机械装备及控制工程系、机械电子工程系、机械制造及自动化系、热科学与能源工程系、工业设计系、车辆工程系、建筑环境与设备系、物流工程系）、1 个国家级工程中心（板带中心）和 4 个省部级重点实验室工程中心（实验中心、冶金工业节能减排北京市重点实验室、北京高校节能与环保工程研究中心、北京科技大学零件近净轧制成形教育部工程研究中心）。

学院在教育教学方面取得了一系列成果。

1993 年邹家祥、李应强、卜致瑞、权良柱、刘建平的《主动投身经济建设，深化教学改革》，翁海珊、于晓红、谭敏、卢得霖的《改革机械原理课程设计，注重学生能力培养》，高秀民、窦忠强、库永军、李正熹、许纪倩的《画法几何试题库系统》，分获北京市优秀教学成果一、二等奖。

1998 年工程图学教学体系改革获国家冶金局教学成果二等奖。

2002 年《机械原理教程及辅导与习题》获全国普通高校优秀教材一等奖；《机械设计制图》和《机械创新设计》分获全国普通高校优秀教材二等奖。

2003 年翁海珊的《机械原理与机械设计立体化实践教程》、尹长治的《机械设计制图》、贾志新、滕向阳的"现代制造技术训练的立体化教材建设"入选"高等教育百门课程教材建设计划"。

2004 年《机械原理》课程评为"国家精品课程"及"北京市精品课程"。

2005 年学院尹常治等完成的"机械基础课堂教学与实践教学综合改革的研

究与实践"和郗安民等完成的"机电类学生科技创新体系的建设与实践"两项课题荣获国家级教学成果二等奖；"机电类学生科技创新体系的建设与实践"同时荣获北京市优秀教学成果一等奖。王立等完成的"工科专业实习模式研究与实践"和韩建友等完成的"机械原理与机械设计系列教学改革研究与实践"两项课题荣获北京市优秀教学成果二等奖。

2006年张欣欣、冯妍卉等主讲的本科生课程《传热传质学》被评为"国家精品课程"，尹常治等主讲的《机械设计制图》被评为"北京市精品课程"，张清东获得第九届中国青年科技奖。

2008年"机械设计制图课程教学团队"被评为"北京市优秀教学团队"及"国家级优秀教学团队"。

2009年"传热传质学双语教学策略与实践""以三维设计表达为主线的机械制图教育新体系"2个项目获得北京市教学成果二等奖，《机械设计基础》课程成功申报北京市精品课程。

2010年传热传质学课程教学团队获北京市优秀教学团队称号。

学生的培养也取得了优异的成绩。

2003年，学院组织学生参加全国大学生机器人大赛，并获得冠军。

2008年5月，学院组织研究生参加第十一届科博会"中国能源战略高层论坛"，促进了研究生与新技术产业发展的新观念、新思维的交流。

2008年8月28~29日，由教育部举办的第三届全国大学生"飞思卡尔"杯智能汽车竞赛全国总决赛在东北大学举行。机械工程学院学生代表北京科技大学分别以摄像头组和光电组三甲的成绩荣获特等奖，总成绩第一。摄像头组队伍名称：北京科技大学CCD队，指导教师：刘立、马飞，学生：张鹏、任亚楠、徐怡。光电组队伍名称：北京科技大学光电一队，指导教师：张文明、杨钰，学生：刘雪伟、张永康、赵鑫鑫。

2008年10月7~10日，在2008年全国航空航天模型（科研类）锦标赛中，北京科技大学航模队荣获第三名。

2008年11月26日，在中央电视台和外研社联合举办的2008年"CCTV杯"英语演讲大赛全国总决赛中，北京科技大学机械工程学院07级柴逸飞同学荣获亚军，并代表中国赴英国参加"国际大专英语辩论赛"。

2009年5月16日，学生智能汽车队"自动识别道路信息的智能模型汽车"作为全国大学生学科竞赛获奖作品参加2009年全国科技活动周暨北京科技周开幕式"2009年大学生创新创业成果展"。

2009年7月2~6日，北京科技大学代表队同其他40所高校共同参加2010亚太大学生机器人大赛国内选拔赛。比赛中，北京科技大学由23名队员组成的机器人代表队，在机械工程学院郗安民等老师的指导带领下，获得亚军。大赛组委会将本次选拔赛"最佳风格奖"授予北京科技大学机器人代表队。

机械工程学院陆续输送年轻教师出国进修或攻读学位,这些年轻教师学有所成,回院任教,有的已成为学科带头人,如刘建平被授予北京市中青年学科带头人,卞致瑞被评为北京科技大学中青年学科带头人。权良柱、臧勇、董绍华、于晓红等数十名教师被评为北京市高等学校优秀青年骨干教师。机械设计教研室、冶金机械教研室分获北京市教书育人先进集体。林鹤、殷惟杰、管克智等获北京市教书育人先进工作者称号。王立、邹家祥等被评为全国优秀教师。朱超甫荣获全国工程硕士研究生教育工作先进个人奖,管克智被评为北京市劳动模范,胡正寰获首届教育系统"五一"劳动奖章,徐金梧、张欣欣入选教育部"跨世纪优秀人才"培养计划;李威入选"新世纪优秀人才";张清东获"中国青年科技奖";闫晓强获"中国冶金青年科技奖";张欣欣、郗安民和尹常治获"北京市高等学校教学名师"称号;温治获"北京市师德标兵"称号;童莉葛被评为"北京市优秀青年知识分子"。

(四) 科学研究与社会服务

1993 年,学院提供技术人员,引进中国香港和美国的资金,吸收国内如济钢、马钢等多家企业的资金,在北京市实验区创办了高新技术的中西冶金机电工程技术发展有限公司。学院还消化、吸收和改进国外引进的技术,在国内大面积推广,如液压泥炮等。部分科技成果还出口到国外,为印度尼西亚建的斜轧钢球厂于 1994 年建成投产;无料钟高炉炉顶设备进入西方技术市场。

夏德宏为主要完成人的科研项目获北京市科技进步奖,刘应书获学校 2002 年度"个人百万科研软件费"奖励,其课题组的"青藏铁路风火山隧道制氧供氧系统研制与应用"入选由教育部科学技术委员会组织评选的 2002 年度"中国高等学校十大科技进展"。该课题组首次开发了有压吸附、高原低气压直接解吸的变压吸附制氧工艺,并成功应用于高海拔地区制氧系统,提出并成功应用了隧道掌子面弥散供氧和氧吧车供氧新方法,研制建成了世界上海拔最高的风火山隧道制氧站,填补了世界高海拔制氧技术的空白。

2004 年 6 月,胡正寰院士负责的国家自然科学基金重点项目"零件精确轧制成形机理与多学科仿真"通过专家验收。经过 3 年多的研究,申请发明专利 8 项,发表论文 50 篇,取得了一批理论研究成果,研究成果水平总体处于国际先进水平,部分处于国际领先水平。

2008 年,刘应书参加的"青藏铁路"获国家科学技术奖(科技进步)特等奖。温治参加的"钢铁企业副产煤气利用与减排综合技术"获国家科学技术奖(科技进步)二等奖。李谋渭参加的"流射沸腾冷却强化多功能淬火控冷装备与工艺开发及创新"获国家科学技术奖(科技进步)二等奖。2008 年 5 月,学院完成了"冶金装备工作行为与控制"和"流程工业能源高效利用与污染物治理"两个"211 工程"重点学科建设项目的申报并获批复，建设总经费分别为 1000 万元和 1100 万元，其中国家专项经费分别为 800 万元和 900 万元。

2009 年，工业设计系设计的"潮流"火炬当选第十六届亚运会火炬形象。"干熄焦引进技术消化吸收一条龙开发和应用"获国家科学技术进步奖二等奖。"宽板带生产计划集成与动态调度系统研制"和"矿用悬浮液压支柱研究与开发"获高等学校科学技术奖二等奖。此外，因参与"国家重大科学工程——北京正负电子对撞机重大改造工程"，学院被中国高能物理研究所授予突出贡献参建单位荣誉称号。同年，学院选派多名工科研究生赴广东省佛山市、河北省迁安市部分企业进行实习实践。同时，与佛山市高明区签署了优秀研究生挂职锻炼协议书。

2010 年，"宽带钢热连轧生产成套关键技术与应用"项目获得国家科学技术进步奖二等奖。国家板带生产先进装备工程技术研究中心在机构与机制建设、基地设备建设、科研与成果转化、国际交流与合作等方面建设进展顺利。学院牵头申报的北京市节能与环保工程研究中心以总分第一的优异成绩通过评审。流程工业节能减排重点实验室顺利完成申报答辩和专家现场考察，评估成绩名列前茅。先进板带生产装备及控制教育部工程研究中心顺利通过教育部专家组验收。

2011 年，"矿用悬浮液压支柱技术及应用"获国家技术发明奖二等奖。张欣欣作为首席科学家负责的"973"项目"钢铁生产过程高效节能基础研究"，是学校首次在综合交叉领域获得国家重点基础研究发展计划的资助。艺术设计专业青年教师获得 1 项国家自然科学基金面上项目，实现了历史性突破。

（五）对外交流与合作

机械工程学院国际合作和学术交流成绩斐然。与国外数十所知名大学、著名研究机构和大型企业保持着密切的合作关系，形成了包括国家级层面的国际合作机制，完成了数十项国际合作项目，成功举（承）办十余次大型国际学术会议。先后同德国、日本、加拿大、英国、澳大利亚、美国、捷克与斯洛伐克、俄罗斯、白俄罗斯、印度尼西亚等国的多所大学、科学院及企业建立了合作关系。有9 个国家和地区的 20 多位学者、专家来访，进行学术交流，如国际知名轧钢专家美国的 Sendzmir 教授，日本的物流专家平原直和梁濑仁等。机械工程学院多次派出教师赴国外学习、考察、科研合作，出席国际会议，进行多方面的学术交流。对促进学院教学和科研水平的提高，起到积极作用。尤其是一批中、青年教师，有的学成获博士学位后归回，成为骨干和学术带头人；有的完成国外合作项目，带回最新科技成果，有力地推动学院的学科建设；如工程信息及设备故障诊断研究室的建置、物流工程专业和研究所的建立、机械电子工程专业的建立等。在国内，机械工程学院已成为多个领域学术交流和技术推广的领航者。

　　引进优秀的国外师资力量也为学院科研教学工作带来了新鲜血液，丰富了教学模式。如德国多特蒙德大学的 Junemann 教授和 Gerlach 教授，日本神奈川大学的小岛英一教授等。

　　为了更好地营造学术气氛，加强学术交流，积极学习当前世界各领域前瞻知识，学院积极鼓励各系所开展对外交流。2003 年 3 月 7 日，学院邀请中国香港科技大学赵天寿教授，华中科技大学副校长、机械制造及自动化专业委员会主任委员、国家"863"/CIMS 主题专家组成员李培根教授等作专题报告。

　　2004 年，机械工程学院及各系所共举办各种类型的学术报告会、学术交流会 21 场（次），执行学校与意大利达涅利公司和乌迪内大学签订的合作协议，共派遣 6 名本科生和 15 名硕士研究生到乌迪内大学学习。

与达涅利公司、乌迪内大学三方合作签字仪式

　　2008 年 11 月，机械工程学院和清华大学相变与界面传递现象实验室主办的第七届"国际传热传质大会"在北京科技大学举行，来自 24 个国家和地区的专家教授就传热科技领域的最新研究成果和进展进行了交流探讨。

　　在学生对外交流方面，学院继续大力推进师生国际交流项目，公派留学访问人数逐年递增，多名学生入选国家留学基金委和学校"国家建设高水平大学公派出国留学项目"、校际交换生项目、校际交流项目等，赴美国休斯敦大学、美国加州大学洛杉矶分校、德国卡尔斯鲁厄大学、日本北海道大学、德国巴黎高等师范学院、中国台北科技大学等交流学习。

　　2011 年，学院积极创造条件，扩大师生参与海内外交流渠道，提高学院的国际化办学水平。学院与英国帝国理工大学开展特殊金属塑性加工的合作研究，并作为主要力量，参与"中国工业节能减排大学联盟"组建，并和美国劳伦斯伯克利国家实验室、橡树岭国家实验室联合签署了"关于成立工业能源效率大学联盟合作谅解备忘录"，提高了学校在国际节能减排领域的学术地位。

2012 年 4 月，学院成功主办了轧钢设备及技术国际会议，来自美国、德国、加拿大、英国等国家及国内钢铁企业、研究单位、高等学校的代表参加了会议。

五、新的时代，新的征程（2012 年至今）

（一）基本情况

2014 年，马飞任党委书记。2016 年，乔红任院长。同年，学校进行院系调整，热能工程系进入新成立的能源与环境工程学院，建筑设备工程系进入土木与资源工程学院。学院的三级单位为 7 个系（机械装备与控制工程系、机械工学系、机械制造及自动化系、机械电子工程系、车辆工程系、物流工程系、工业设计系），2 个中心（实验中心、零件轧制研究中心），1 个办公室（学院行政办公室）。

2019 年，马飞兼任院长。2020 年，苏栋任党委书记。当前，学院拥有两个国家级一流本科专业建设点：机械工程、工业设计；五个博士学位授予点：机械设计及理论，机械电子工程，机械制造及其自动化，车辆工程，物流工程；八个硕士学位授予点：机械制造及其自动化、机械学、机械制造、工程机械、工程图学、流体传动与控制、机电控制与自动化、设计艺术学，同时招收物流工程与管理专业（MEM）的非全日制硕士研究生。2021 年，学院聘任苏义脑、沈正昌为"双聘院士"，同年，覃京燕入选教育部国家重大人才计划，引进"万人计划"科技创新领军人才刘波。

（二）招生情况

2013 年，机械工程学院的机械工程、车辆工程两个专业按机械类统一招生；能源与动力工程、建筑环境与能源应用工程两个专业按能源动力类统一招生。艺术设计系改名为视觉传达设计系。2015 年，学院承担两个专业的"双培计划"，招生 1 个班。

2017 年，学院组织完成"先进制造"专业学位领域新增博士专业学位授权点申报，完成"设计学"硕士学位授权一级学科点申报。同年，学院停止招收国防生。

2018 年，完成机器人工程专业申报，完成学院首批顺德研究生招生，共招收博士生 5 名、硕士生 24 名。

2019 年，机器人工程专业完成培养方案制定，通过 2018 级机械类专业分流，招生 1 个班。

2021年，学院新增"机械"专业博士学位授权点。

（三）教育教学与人才培养

2013年，兼职教授林建国当选为英国皇家工程院院士；青年教师冯妍卉获得"北京市优秀教师"称号；董春阳获"北京市优秀教育工作者"称号；尹少武等14名青年教师入选2013年北京高等学校"青年英才计划"；夏德宏获"宝钢优秀教师奖"；程国全获"2013—2014年度北京市高校优秀德育工作者"。

2014年，学院"热能与动力工程专业建设"项目获得了2014年高等教育国家级教学成果奖二等奖。1本教材入选第二批"十二五"普通高等教育本科国家级规划教材名单。

2015年，学院获得校26届教学成果奖特等奖1项，一等奖2项，二等奖5项，承担的2项校级研究生教育发展基金项目通过验收，获得验收专家的好评；学院承担了两个专业的"双培计划"。

2016年，学院获学校第27届教学成果奖一等奖4项，二等奖5项；申报全国工程专业学位研究生教育指导委员会自选研究课题（教改项目）1项。分别建成北京现代高等学校校外人才培养基地和北京高等学校示范性校内创新实践基地（机械与能源科技创新实践基地）。针对大一新生开设了11门新生研讨课，帮助新生度过专业迷茫期，拓宽学科视野与思维。

2017年，建成北京科技大学与北京精雕集团科技集团有限公司共建实践教学基地，为学生实践能力培养与锻炼提供广阔的平台和机会。当年，新版本科生培养方案开始实施，全程导师选配办法开始施行。智能车团队荣获全国大学生"小平科技创新团队"荣誉称号，取得了学校大学生创新创业教育的又一项标志性成果。

2017年机械工程学院全体教职工

2018 年，学院高质量完成"本科教学审核评估"工作。完成 2018 级 473 名本科生的全程导师选配工作。获北京市高等教育教学成果一等奖 1 项、二等奖 1 项；获校级 28 届教育教学成果二等奖 3 项。分别与北京宝泉钱币投资有限公司和爱慕集团建成北京科技大学校级实践教学基地。

2019 年，"机械工程"专业获批国家级一流本科专业建设点。2018 级 28 名研究生入驻顺德研究生院。《工业产品设计与表达》（第三版）获批北京高校优质本科教材课件（重点项目）。"无人驾驶车人工智能与创新设计仿真实践教学"获批北京市级虚拟仿真实践教学项目，并完成国家级虚拟仿真实践教学项目申报。"机器人工程"专业完成培养方案制定及首届招生工作。成立学院教师（教学）发展中心，举办机械名师讲堂等系列活动。与河北省石家庄市新华区政府和河北优控新能源科技有限公司共建研究生教育基地。

2020 年，"车辆工程"专业完成工程教育专业认证考查工作。"机械工程"专业完成工程教育专业认证中期检查和年度报备工作。"无人驾驶车人工智能与创新设计的虚拟仿真实践教学"荣获首批国家级虚拟仿真实验教学一流本科课程。"液压与气压传动"课程获北京高校优质本科课程。郑莉芳获第四届北京市青年教学名师奖。学校第 29 届教育教学成果奖特等奖 1 项、一等奖 1 项、二等奖 2 项；首次设立并批准院级教研教改项目 10 项。

2021 年，车辆工程专业通过工程教育专业认证，工业设计专业获批国家级一流本科专业建设点，物流工程专业获批教育部第一批物流管理与工程类专业新文科建设试点专业。学院创办"智造名家讲坛"，邀请胡正寰院士、苏义脑院士作专题学术报告。获校教育教学成果奖特等奖 1 项、一等奖 2 项、二等奖 1 项，北京高等教育本科教学改革创新项目 1 项。获北京高校"我的班级我的家"十佳班集体 1 个。

（四）科学研究与社会服务

2013 年，学院获冶金科学技术奖一等奖等省部级以上奖励 6 项；"金属塑性加工与表面处理综合实验平台""节能与环保技术综合实验平台"2 个平台开始实施；获批各种纵向科研项目 20 项，横向项目 66 项；尹少武等 14 名青年教师入选 2013 年北京高等学校"青年英才计划"，冯俊小、刘应书被北京建龙重工集团聘为"建龙特聘教授"；学院共发表检索论文 201 篇，其中 SCI 论文 49 篇、EI 期刊 101 篇、ISPT 24 篇；授权发明专利 30 项，实用新型 11 项，软件著作权 8 项。

2014 年，学院获中国机械工业科学技术奖一等奖等省部级以上奖励 2 项；完成"超精密流体/电主轴制造综合实验平台"和"流程工业节能减排实验平台"2 个项目的建设任务；获批各种纵向项目 39 项，横向项目 86 项；程国全获

"2013—2014 年度北京市高校优秀德育工作者"称号；冯俊小被聘为"第三届建龙特聘教授"；学院共发表检索论文 258 篇，其中 SCI 论文 71 篇，EI 期刊 139 篇；授权发明专利 25 件，实用新型 14 件，软件著作权 7 项，1 项科研成果获得科技成果鉴定。

2015 年，学院获冶金科学技术奖一等奖，完成"多功能机电系统综合测试及控制实验平台"建设任务，申报建设平台 7 个；学院共获批各类纵向项目 39 项，横向合同 70 项；靳添絮获评"2015 年度北京市优秀青年拔尖人才项目"；学院共发表检索论文 216 篇，其中 SCI 检索论文 73 篇，EI 期刊检索论文 165 篇，出版学术专著 1 部；授权发明专利 25 件，实用新型 13 件，软件著作权 8 项。

2016 年，学院获省部级二等奖 2 项，完成国家工程实验室、北京市重点实验室的申报；获批纵向项目 27 项，新增横向合同 54 项；发表检索论文 145 篇，其中 SCI 54 篇，EI 期刊论文 91 篇，申请发明专利 30 项，申请实用新型 15 项，授权 11 项，申请软件著作权 4 项。

2017 年，学院获批建设"金属轻量化成形制造北京市重点实验室"，并推进"零件近净轧制成形教育部工程研究中心"实体化建设，获批成立"北京科技大学智能机器人创新研究院"，依托学院建设的省部级研究基地数量达 6 个；1 名教师获"北京市青年名师"称号；成功申报国家 04 专项和国防类项目，推动与航天集团的合作，新增纵向项目 34 项，横向合同 61 项；发表检索论文 171 篇，其中 SCI 80 篇，申请并授权发明专利 42 件，软件著作权 3 项。

2018 年，学院获冶金科学技术奖一等奖 1 项；依托"修购专项"和"双一流引导专项"资金支持，推进"零件近净轧制成形""先进板带生产装备及控制""运动机械力学行为及精准测量""车辆系统控制""特殊加工与精密测量"等 7 个实验平台的建设，获批 1 项国家重点研发计划项目，成功申报国家重点研发计划课题 4 项、04 重大专项 1 项；本年度，学院新增"教育部青年人才计划"1 人，2 名教师入选教育部机械类专业教指委委员、1 名教师获中国金属学会冶金先进青年科技工作者，聘请兼职教授 3 人（1 人为中国科学院外籍院士及 IEEE 候任总主席）；发表 SCI 论文 85 篇，申请并授权发明专利 30 件。

2019 年，学院获冶金科学技术奖二等奖、中国物流与采购联合会科技进步奖 2 项省部级科研成果奖；完成"智能机器人创新实验平台""人机工程与用户研究实验平台""先进制造技术基础与工艺创新实践平台""机械制造精度与质量评价分析实践平台"等平台建设；学院作为项目牵头单位和项目负责人，组织申报并获批国家重点研发计划项目 1 项，对接一重、成飞、航天五院等大型企业，完成"装备预研共性技术""重点基金及军品配套"等重点项目申报 5 项，策划国家自然基金重点项目申报 3 项，撰写 2035 军工重大项目指南 1 项，横向、纵向科研项目较去年增长约 20%；曾新喜和冯少川分获"博士后创新人才支持计划"和"博士后国际交流计划派出项目"资助；本年度，共发表 SCI 论文 112 篇，申请并授权发明专利 40 件。

2020 年，学院获中国有色金属工业科学技术奖一等奖等省部级科技奖励 6 项；完成"智能制造基础研发与测试平台（1 期）""无人驾驶虚拟仿真研发平台""机器人综合实验平台"等平台建设，"先进板带生产装备与控制""零件近净轧制成形"2 个教育部工程技术研究中心顺利通过教育部评估；获批"科技冬奥""网络协同制造和智能工厂"及"大科学装置前沿研究"等国家重点研发计划 5 项课题；与鞍钢、宝武、中冶京诚、太航仪表等大型企业科研对接，成立 2 个校企联合实验室筹划"十四五"重大专项，撰写 2035 军工重大项目指南 1 项；学院闫晓强成果入选"北京科技大学年度十大学术进展"；本年度共发表 SCI 论文 130 余篇，其中 TOP 期刊 30 余篇，申请并授权发明专利 29 件。

2021 年，学院获教育部自然科学奖二等奖等省部级科技奖励 9 项；获批"高性能制造技术与重大装备""政府间国际科技创新合作"等国家重点研发专项 12 项，获批 12 类军工项目申报 9 项，参与"可再生能源制氢技术与氢能关键材料研发中心创新平台""国家能源油气井工程智能化研发中心"2 个国家级平台申报；与中国航天科工集团第三研究院、中国石油天然气集团有限公司、国家新能源汽车技术创新中心、中国中元国际工程有限公司等开展合作，成立校企产学研实践基地 1 个；发表 SCI 论文 109 篇，其中 TOP 期刊 57 篇，论文质量大幅提高，完成 2 项国家标准撰写，申请并授权发明专利 52 件。

（五）对外交流与合作

在学校的领导下，学院不断加强与世界高水平大学、研究机构的合作，通过"引进来"和"走出去"提升学校的国际知名度和影响力。培养拥有更高视野的综合性人才，保持科研专业领域的前瞻性，加速学院自身科研力量的发展，打通与世界科技界交流的信息渠道。与国外及港澳台地区数十所知名大学、著名研究机构建立了学生交流、教师互访、合作研究关系，邀请外籍院士、国外院士、国际顶尖学会主席等海外知名专家来院讲学。每年有百余名学生赴海外知名大学学习或参加学术活动，参与学生中有近半数学生毕业后到美国卡耐基梅隆大学、英国帝国理工学院、德国亚琛工业大学、新加坡南洋理工大学等海外一流大学和研究机构继续深造。

2013 年以来，学院邀请来自美国密歇根大学、伊利诺伊大学、宾夕法尼亚州立大学，澳大利亚昆士兰科技大学，英国萨里大学、拉夫堡大学、邓迪大学、帝国理工学院，加拿大维多利亚大学、皇后大学、麦克马斯特大学、阿尔伯塔大学医学院、塔斯马尼亚大学等海外高校、研究机构的专家学者进行讲学和学术交流。组织教师赴美国、澳大利亚、德国、加拿大、新加坡、英国、瑞士等国从事合作研究、参加学术会议、进行交流考察。学院派出研究生分别赴美国、中国香港、中国台湾参加国际会议，组织本科生赴亚利桑那州立大学、昆士兰大学、邓迪大学、利莫瑞克大学参加国际交流学习项目。

2020 年举办"2020 年第四届机械工程与应用复合材料国际会议（The 2020 4th International Conference on Mechanical Engineering and Applied Composite Materials，MEACM 2020）"。

学院积极投入"鼎新北科"国际化平台建设工作，充分利用与国外交流的活动建立了具有针对性与学院特色的国外专家信息库，学院国外专家信息库中已有 128 位外国专家。

第二章　系所发展　枝繁叶茂

一、机械装备与控制工程系

（一）发展历史

机械装备与控制工程系源于 1954 年 9 月建校之初设立的北京钢铁工业学院钢铁机械系冶金机械教研组，是新中国第一个面向国家冶金工业领域的机械类教学和研究单位。冶金机械教研组成立之初共 4 个小组：炼铁组、炼钢组、轧钢组及安装维修组。1996 年，北京科技大学机械系在冶金机械教研室基础上筹建成立了冶金机械研究所，办公地点为主楼 3 层北侧。2003 年随着学校整体院系调整，冶金机械教研室更名为机械装备与控制工程系。2006 年，随着北京科技大学机电信息楼的落成投入使用，机械装备与控制工程系迁入机电楼 8 楼西侧至今。至 2022 年，机械装备与控制工程系已建设成为以冶金工业装备背景为特色，致力于先进制造装备研发、机械科学前沿探索及人才培养的教学科研单位。

（二）学术梯队及方向

机械装备与控制工程系的教师队伍从 1954 年成立冶金机械教研组的 8 名教师开始逐步发展壮大。截至 2022 年初，机械装备与控制工程系有在职教师 35 人，其中教授 14 人、副教授 17 人、讲师 4 人，45 岁以下青年骨干教师占 70% 以上。从 1954 年到 2022 年，系所培养出众多机械工程领域专家和人才，其中包括国家特殊津贴获得者 11 人、国家级突出贡献中青年专家 2 人、冶金工业部突出贡献中青年专家 3 人、中央组织部、人事部、中国科协"中国青年科技奖"获得者 1 人、中华人民共和国成立 70 周年纪念章获得者 4 人、北京市高等学校"青年英才计划"资助 2 人。自 1954 年以来，机械装备与控制工程系一直是国内面向冶金装备的设计、制造、监测、控制和冶金产品的质量检测控制，开展教学、科研和人才培养工作时间最长、影响最广的教学科研单位之一。目前，机械装备与控制工程系作为主要技术依托单位建有 2 个国家级工程（技术）研究中心、2 个省部级科研基地，是中国金属学会冶金设备分会的挂靠单位。

围绕国家重大需求及面向现代科学技术的发展，机械装备与控制工程系的学术方向经过多次扩展和变迁，1954 年系所建设最初的学术方向围绕"炼铁机械装备、炼钢机械装备、轧钢机械装备、设备安装维修和设备自动化"开始拓展和深化，到1995年已形成"板带轧机设备与工艺性能研究、金属变形抗力研究、特种轧钢、连续铸钢、转炉炼钢设备、高炉泥炮、高精度冷拔管研究、三辊行星轧机、冶金链条与锯片"等研究方向，科研成果在国内处于领先地位。当时，为了适应冶金工业现代化、连续化和高速化发展，面向21世纪先进新技术和新装备，系所在1995年提出了五个重点学术科研方向，即机械力学强度、新型冶炼设备、新型轧钢设备、设备检测技术与诊断和物流系统分析，为系所后续科研发展奠定了基础。2000年至2015年，系所持续在冶金特色方向上深耕，在板带轧制力学行为、板形控制与检测、钢材空冷强韧化、轧制设备在线检测等研究方面处于国际先进水平，在转炉炼钢设备、高炉炉前设备及轧钢设备等研究方面处于国内领先水平。科研方向逐步拓展进入航空航天等行业领域，在先进成形制造、生物力学、界面力学、导航定位、非线性动力学、极端检测技术等前沿领域不断取得创新成果。2015年至今，系所不断强化钢铁工业特色和优势，同时面向航空航天军事装备、轻量化成形和智能制造等领域，现已初步形成了非线性振动、极端环境下检测、先进塑性加工技术、生物机械工程、表界面力学行为、增材制造、航天航空结构设计、机器人应用、智能控制等特色研究方向，逐步培育出柔性结构/超材料的力学设计、材料成形服役的多尺度分析、医疗仿生结构等新的学科生长点。截至2022年，机械装备与控制工程系按照学术方向下设七个学术梯队：机械系统行为仿真与控制、板带轧机力学行为与控制、多物理场耦合力学行为与金属成形控性、设备及产品信息在线监检测与智能控制、机械系统动力学与振动工程、智能板带轧制与轧机力学行为控制、金属形性与功能一体化成形制造。

（三）人才培养、科学研究及社会服务

在本科生教育方面，北京钢铁工业学院机械系于1952年筹建成立了冶金厂机械设备专业，1954年开始由冶金机械教研室具体负责相关建设和教学任务，此时，冶金机械教研室结合苏联钢铁冶金院校的教学大纲开展国内首批冶金机械专业本科人才培养，由8名教师开设5门专业教学课程，包括炼铁机械、炼钢机械、轧钢机械、设备安装维修和设备自动化。1956年随着苏联冶金机械专家索科洛夫到北京钢铁工业学院讲学，孙一康主任与教研室教师共同翻译整理了苏联在冶金机械领域的多本专业书籍，形成了国内最早的冶金机械专业教材教案。1956年至1966年间，随着冶金机械教研室多年教学成果的积累和总结，在1966年出版了国内第一批正式的冶金机械专业教材。在随后的长期工作中，教研组通过课堂授课和生产实践相结合的方式逐步摸索教学规律，结合中国实际需求逐步更新教材，教材多次再版。20世纪50至60年代，康祖立、汪家材、蒋家龙等苏

联、捷克留学生充实进入冶金机械教研室，极大地加强了教研室的教学力量和国际化视野。1978 年至 1996 年期间，冶金机械教研室正式出版教材及专著 20 余种近千万字，先后制定了《冶金机械实习规范》和《冶金机械毕业设计规范》等文件，在教学和教改方面获得全国优秀科技图书二等奖、冶金工业部优秀教材一等奖、北京市优秀教学成果一等奖等 20 余项奖励。其中，教研室主持编写了全国冶金机械专业统编教材《炼钢设备》和《轧钢机械》《轧钢机械（第 3 版）》。1995 年为适应冶金机械教学改革的形式，系所还组织全国冶金系统冶金机械专业各院校成立了冶金机械教育教学研究会，后续每年召开一次全国性会议，分别在各院校召开交流经验。历经 70 年的高品质本科生教育教学，系所培养出包括中国工程院院士胡正寰、钟掘、关杰等在内的大批高端工程技术人才。

在研究生学科建设方面，冶金机械教研室在 1954 年建校初期即以研究生班（不授予学位）的形式率先开展了"冶金机械"研究生专业教育，1954 年 9 月，冶金机械教研室从应届毕业生中选拔 12 人进入"冶金机械"专业，在苏联专家指导下就读研究生，这也是学校首批研究生。1978 年，冶金机械专业获国家首批硕士学位授权点。1981 年，冶金机械专业获国家首批博士学位授权点。1987 年，冶金机械被批准为全国唯一的"冶金机械"重点学科。1997 年，伴随国家专业设置的变更，"冶金机械"专业更名为"机械设计及理论"专业继续招收硕博研究生，更名后的"机械设计及理论"专业在 2001 年及 2007 年又连续被评为国家重点学科。自 2009 年至今，机械装备与控制工程系以"机械工程"一级学科开始招收博硕士研究生。2021 年，依托机械装备与控制工程系等相关单位获批国家"机械"专业工程博士授权点，使系所的研究生培养工作再次迈上一个新的台阶。

机械装备与控制工程系在炼钢设备、炼铁设备、炉前设备及轧制装备与技术等领域深耕 70 年，相关科技成果为我国及世界的冶金工业装备进步做出了突出的贡献。1960 年，徐宝陞教授及其团队成功实验出了世界上第一台弧形连续铸钢机，变革性地改变了板坯连铸工艺流程，在世界冶金工业装备史上留下了浓墨重彩的一笔。20 世纪 70 年代以来，管克智教授及其研究团队对热连轧数学控制模型问题进行了系统研究并成功应用于我国首条引进的全自动化控制的武钢 1700 热连轧机组中，其研究成果于 1990 年获得国家科学技术进步奖特等奖。20 世纪 80 年代以来，陈先霖院士及其研究团队连续攻克国内冷连轧、热连轧板形控制问题，率先提出了"机型–辊型–工艺–控制"一体化系统的板形控制理论，对我国的板形控制理论实践产生了重要影响，奠定了其在我国板带轧制与板形控制研究领域的突出地位。以朱允言教授为代表的研究团队即致力于高炉炉前设备的开发研制，1985 年团队研制成功我国第一台拥有自主知识产权的 BG 型液压泥炮用于高炉设备，1988 年获得国家科学技术进步奖二等奖，1991 年获国家重大技术装备成果一等奖，为我国炉前设备的自主国产化做出了突出贡献。20 世纪 90 年代，邹家祥教授及其研究团队持续在冶金机械力学行为方面进行攻关，主持和参与完成的武钢大板坯连铸机研制、宝钢 2030 冷连轧机振动分析、宝钢转炉炉壳变形分析及金属热切锯片特性分析等工作成为冶金机械力学行为的标志性研究成果，在 1992 年获得国家科学技术进步奖一等奖。除此之外，康祖立、汪家材、李谋谓等专家教授也分别在行星轧机、高精度冷拔管及轧制过程控轧控冷等领域进行了开创性的研究。进入 21 世纪以来，机械装备与控制工程系继续在冶金设备与金属加工技术领域持续发力，同时社会服务能力向其他国家重大领域辐射。

自 1986 年到 2022 年，冶金机械教研室和机械装备与控制工程系多次获得"北京市文明集体""北京市教书育人先进单位""北京市劳动模范集体""科技工作先进集体"等荣誉，冶金机械党支部多次被评为"北京市先进党支部"。1994 年冶金机械党支部从全国高校 3600 多个党支部中脱颖而出，作为北京市唯一受表彰高校被评为"北京市先进党支部十面旗帜"，党支部代表受到党和国家领导人接见并接受表彰，1996 年冶金机械党支部被评为"全国先进基层党组织"。

二、机械制造及自动化系

（一）发展历史

机械制造及自动化系前身是 1954 年设立的北京钢铁工业学院机械系金工教研组。当时，金工教研组的主要任务是指导校内机工厂的金工实习。1955 年，金工教研组更名为机械制造教研组，并建立金属切削实验室和焊接实验室。机械系第一次正式修改教学计划，增强了机械制造系统的课程。

随着学校教学等业务活动需要，学校决定新办机械制造专业。原机械制造教研组升格为专业性质的教研室。1980 年，金工教研室恢复，并由当时的实验工厂领导教研室。新建的金工教研室在组织关系上完全脱离机械系。1985 年，金工教研室撤销，人员合并到机械制造教研室。1990 年，金工教研室恢复。1996 年，金工教研室与机械设计、机械制图合并。1996 年，机械制造教研室更名为机械制造及自动化研究所。1999 年，金工教研室从机械设计、机械制图独立出来，与工程训练中心合作。2002 年，机械制造教研室更名为机械制造及自动化系并沿用至今。2004 年，金工教研室合并到机械制造及自动化系。

（二）学术梯队及方向

金工教研组成立初期，由浙江大学调入的中青年讲师高毅男及 4 名本科生组成。随着人才的不断引进和培养，到 20 世纪 60 年代，系所教师已发展至二十余人。之后，随着系所调整，一部分教师分流到机械电子工程系，一部分到物流工程系，教师人数规模一直保持在 10 人左右。近年，经过人才引进，现有教职员工 16 人，其中高级职称 14 人，为本科生和研究生开设工程材料及成形工艺、机械制造工艺基础、互换性与测量技术、数控技术、数字化成形与制造、绿色制造、可靠性工程等制造领域的专业课程。

机械制造及自动化系在教学、科研上具有良好的基础，近年来，结合科研课题的开展以及专业的发展需要，设立了计算机辅助设计与制造（CAD/CAM）、先进制造系统、现代加工技术、智能制造、微流控技术、绿色制造、物流标准研究等科研方向。

（三）人才培养、科学研究及社会服务

机械制造及自动化系 2000 年以前主要以制造装备及传统制造工艺研究为主，目前拥有先进制造装备及控制、精密与特种加工、数字化设计与制造，以及绿色制造四个研究方向，在超精密测量与加工、精密特种加工、制造装备可靠性、多轴联动机床设计与制造、新型复合材料 3D 打印、数字化精细加工、毛坯制造、微机电系统及其应用、绿色设计与制造等领域开展科学研究工作。科研项目涉及船舶、航空、机床、电子电器等重点领域。截至目前，机械制造及自动化系共荣获国家科学技术进步奖三等奖 1 项、冶金工业部重大项目奖 1 项、冶金工业部科学技术进步奖二等奖 1 项、北京市科学技术进步奖二等奖 1 项。

近年来，系所教师负责国家重点研发计划课题 1 项、子课题 4 项，负责国家自然科学基金项目 8 项，北京市自然科学基金项目 3 项，其他纵向项目 20 项。在承担项目课题的同时，系所也取得了丰硕的科研成果，近 5 年期间，获得授权发明专利 10 项，发表高水平 SCI 期刊检索论文 30 多篇。

自建系时起，机械制造及自动化系便人才济济，系所教师曾受聘《机械基础》编委会委员，这是教育部于新中国成立初期开始设的高校各科教材审编委员会（后改为课程指导委员会），是学术、业务性指导组织。其委员皆由全国名牌高校中择优选聘，不少都是社会名人如周培源、苏步青、唐敖庆等。

在教材编撰上，除冶金机械专业课教材优先公开出版外，技术基础课的机械设计、原理、制备、金属工艺学等教材也在多个出版社（高教、机械、冶金等）出版，由新华书店发行，全国选用。

三、机械工学系

（一）发展历史

北京钢铁工业学院成立之初，就成立了机械零件教研组、机械原理教研组、

机械制图教研组。1960 年，机械零件及机械原理教研组改名为机械设计教研组。1997 年，机械设计教研室、机械制图教研室、金工教研室合并为机械工学系，1999 年金工教研室调整到学校工程训练中心。

（二）学术梯队及方向

机械工学系是学院唯一的教学为主型系所。建立教研室之初，只有几位教师，随着招生人数的增加和课程的变化，1984 年机械制图教研室教师人数达到 33 人，机械设计教研室教师人数达到 40 人；1994 年机械制图教研室 15 人，机械设计教研室 22 人。在与学校共同发展的过程中，系所涌现了以教育部教学指导委员会委员、全国优秀教师、北京市优秀教师、北京市教学名师、教育部新世纪优秀人才、北京市青年英才为代表的优秀教师队伍。现有专任教师 18 人，其中教授 4 人、副教授 7 人，博士生导师 4 人，高级讲师 2 人。多位教师兼职担任中国图学学会（一级学会）常务理事、理事，中国图学学会科普工作委员会主任、委员，北京市高等教育学会机械设计研究分会副理事长等。

在繁重的教学任务之外，教师重视科教融合，将科学研究资源转化为人才培养优势。经过长期的教学科研实践，进入 21 世纪后，先后建立机械学理论及机构 CAD、机械传动及控制、柔顺机构设计及 MEMS、摩擦学与表面工程等学术梯队。目前，机械工学系已形成机械传动及控制、柔顺机构设计与应用、机械摩擦学及表界面科学、纳米摩擦学、材料多尺度力学行为、机器人技术、微能源系统与纳米发电机等研究方向。

（三）人才培养及社会服务

作为以专业基础课程为主的系所承担了全校"机械制图""机械原理""机械设计"等三类经典的本科基础课程，目前每年覆盖全校 8 个工科学院、130 多个自然班、2000 多名本科生，并以教学质量优秀在学校享有盛誉。

在研究生专业建设方面，截至 1997 年，学院先后设置了 9 个硕士学位授予专业，机械学、工程图学位列其中。同时，机械工学系是"机械工程"本科专业、"机械工程"博士学位授予权点和博士后流动站、"机械工程"博士专业学位点的主要依托单位，是机械学科、专业基础教育教学与人才培养的核心单位。还为研究生开设了"计算机图形学""高等机构学""现代机械设计方法""优化理论与方法""摩擦学"等学位课程。

在课程建设成效方面，系所获评国家精品课程 1 门，国家级精品资源共享课 1 门，北京市精品课程 4 门。在教材建设方面，出版教材 40 余部，包括教育部"十一五""十二五"重点规划教材 4 部，北京市精品教材 4 部，面向 21 世纪教材 2 部，教育部全国优秀教材二等奖 2 部。

经过多年积累，机械工学系完成省部级教育教学课题 10 余项；获国家级教学成果奖 1 项，省部级教学成果奖 9 项；获评国家级优秀教学团队和北京市优秀教学团队各 1 个。

近几年，系所教师主持承担国家自然科学基金、中国博士后科学基金、企业合作项目等课题 50 余项，参与国家和省部级重点研发计划项目 5 项；获得冶金工业部科学技术进步奖一等奖，中国钢铁工业协会、中国金属学会冶金科学技术奖二等奖，湖北省科学技术进步奖二等奖，武汉市科学技术进步奖二等奖，国家知识产权局优秀奖等。

四、机械电子工程系

（一）发展历史

机械电子工程系前身源于 1975 年成立的流体传动与控制教研室、1986 年成立的机械工程测试教研室以及 1993 年成立的机械电子工程教研室。1996 年 3 个教研室合并成立机械电子工程研究所，并于 2002 年改名为机械电子工程系并沿用至今。

（二）学术梯队及方向

1993 年机械电子工程教研室成立时共有 6 名教师，1995 年 6 月与测试教研室合并后教师达到 12 人。1996 年流体传动与控制教研室加入后正式成立机械电子工程研究所，教师共计 24 人。自 2002 年系所正式更名为机械电子工程系后发展至今，现有在职教师 17 人，其中包含北京市高校教学名师 1 人、北京市青年教学名师 1 人。现有教授 4 人、副教授 8 人、讲师 3 人，师资博士后 2 人。

机械电子工程系成立时建设了机电系统监测与控制、流体传动与控制、工业机器人及生产自动化 3 个学术梯队和研究方向。2004 年发展为机电系统控制与仿真、机电系统监测与控制、流体传动与控制、工业机器人及生产自动化、故障诊断与状态监测 5 个学术梯队和研究方向，2008 年新增精密机电系统技术研究方向。

目前经过多年的建设和发展，机械电子工程系已形成了先进检测与智能制造、机电系统监测与智能控制、智能机器人理论与应用、精密机电与流体控制等多个特色鲜明、相对稳定的高水平学术梯队。研究领域涉及机械装备系统动态机理建模、先进检测方法、设备健康监测与智能诊断、军事新能源与燃料电池汽车用高速电驱涡轮机械、惯性导航陀螺电机及平台相关测试装备、低阻尼风洞试验装备、数据驱动的工业智能分析与决策优化、中高压大功率交流变频技术的预测控制、多机器人协作和混杂机器人系统等，并在相关前沿基础理论研究与工程应用中处于国内领先水平。

（三）人才培养、科学研究及社会服务

在本科生专业建设方面，1980 年，创办了全日制本科流体传动及控制专业，招生 1 个班。1993 年，创办了全日制本科机械电子工程专业，招生 2 个班。承担了"测试技术""自动控制理论""液压与气压传动"3 门必修课和"机电系统原理与应用""机电一体化技术"等 12 门选修课的教学工作。每年指导"机械电子工程"方向 100 余名同学完成本科毕业设计（论文）工作。机械电子工程系在课程建设和教学研究方面取得了多项成果，其中 1 名教师获北京市青年教师教学基本功比赛二等奖；1 名教师获宝钢优秀教师奖；系所获国家级教育教学成果奖二等奖 1 项、北京市教育教学成果奖一等奖 1 项、北京高等学校优质本科课程 1 项、北京市课程思政示范课程 1 项；以机械电子工程系教师为主教练指导的北京科技大学机器人代表队参加"全国大学生机器人大赛"，获得了 2 次冠军、5 次亚军和 3 次季军。

在研究生专业建设方面，1993 年，机械电子工程专业获得工学硕士学位授予权；1997 年获得工程硕士学位授予权；1998 年，流体传动及控制、机电控制及自动化等 2 个硕士学位授予专业合并调整为机械电子工程硕士学位授予专业。2000 年，又增加了机械电子工程专业的博士学位授予权。2002 年机械电子工程专业被评为"北京市重点学科"。近年来，机械电子工程系每年招收硕士研究生 40~50 名，博士研究生 10~15 名。1993 年，在国内率先招收第一个面向企业的在职硕士研究生班，多年来，在工程硕士培养方面取得了显著的成绩，为国内大中型冶金企业和机械制造企业培养了 240 名工程硕士研究生，为提高企业高层次复合型人才素质做出了突出贡献。为此，获得了冶金工业部教学成果一等奖和北京市教学成果二等奖，1 名教师被评为全国工程硕士研究生教育工作先进个人。

近年来，机械电子工程系承担了多项国家级、省部级科研项目，包括国家重点研发计划项目、国家工业强基工程项目、国家科技支撑计划项目、国家重大科学仪器设备开发项目、国家自然科学基金项目、国家重大科技专项项目等，以及企业合作重大项目 100 余项。系所项目曾获得国家科学技术进步奖二等奖，重庆市自然科学奖一等奖，湖北省科学技术进步奖一等奖，广东省技术发明二等奖，湖北省自然科学奖三等奖。系所教师曾获中国金属学会冶金先进青年科技工作者荣誉称号。

五、物流工程系

（一）发展历史

1986 年，机械系副主任吴清一在起重机等运输机械研究的基础上，建立物流工程研究方向，在国内首次将物流工程作为研究对象进行系统的理论研究与工

程实践，并招收了国内第一名物流方向的硕士研究生。1987年，在机械设计零件教研室的起重机小组的基础上组建了"物流工程教研室"，1989年开始在机械工程学科下招收物流工程方向博士研究生。1991年，在"物流工程研究室"的基础上成立国内第一个以物流工程与技术为主要研究对象的"物流工程研究所"。

1993年，机械工程学院在本科培养专业"机械制造工艺与设备"下正式设置了"物流工程"方向；1994年，"物流工程"方向改名为"金属资源回收与利用工程"；1995年，创建"机械制造工艺与设备（物流工程方向）"；1996年专业更名为"机械工程及自动化（物流工程方向）"；1997年机械制造研究所（教研室）与物流工程研究所合并成立了机械制造及自动化研究所，2002年更名为机械制造及自动化系。

2002年，"物流工程"培养方向改为"工业工程"本科专业；2003年7月10日，在原机械制造及自动化系的物流梯队基础上正式成立"物流工程系"，"工业工程"专业开始招收2个本科班，新设"物流工程"专业，并在"管理科学与工程"学科下增设"物流工程"硕士学位授予点（自设）；2004年2月，经国务院学位委员会批准，自设物流工程博士学科。2005年，"物流工程"专业第一次招生。2011年，"工业工程"专业暂停招生，"物流工程"专业招生2个班。

2020年，根据《国务院学位委员会、教育部关于对工程专业学位类别进行调整的通知》（学位〔2018〕7号）及《工程管理硕士（MEM）招生领域设置及要求（试行）》（工程管理教职委〔2019〕1号）等文件要求，在"物流工程与管理"（代码125604）专业下招收非全日制硕士研究生，开设工程管理硕士专业课程。

历经近40年的发展，物流工程专业从最初的一个研究方向、数名教师，发展成为涵盖多个科研方向、在任与退休教师数十人、具备明显的行业特色与影响力的优势专业，相继获评为北京市特色专业、教育部高等学校物流管理与工程类教指委批准的物流管理与工程类专业新文科试点建设专业，并积极申报国家一流专业。

（二）学术梯队及方向

物流工程方向确立之初，主要开展物流园区规划建设、物流信息系统等方面的学术研究和工程实践。随着物流工程系的正式成立和科研队伍的壮大，系所确立了物流系统分析与仿真、物流管理信息系统、物流系统规划三个梯队，研究方向以物流系统分析与优化、物流信息系统、物流系统仿真与优化、物流设施规划与设计、配送中心设计与优化、物流装备与信息技术、供应链管理、智慧物流为主。

在建设初期，教研室由吴清一牵头吸收了三名年轻教师组建了一支基本队伍。随着研究生的培养和专业人才的不断引进，系所的师资力量不断发展壮大，目前系所在任教师 15 人，其中教授 6 人，在原有 3 个梯队的基础上，筹建了 3 个新的梯队：数字孪生技术与应用、智能制造及过程质量控制、复杂人机系统仿真与评估，研究方向涵盖了制造系统生产调度建模与优化、数字孪生技术与应用、智能制造、调度及仿真决策、人与机器人交互、系统工程与可靠性、不确定性优化等。

（三）人才培养、科学研究及社会服务

物流工程系面向智慧物流国家发展战略需求，培养具有扎实工科理论基础和物流领域专业知识、具有良好人文素养和国际视野、具备较强管理创新和解决复杂物流工程问题的能力，能在物流、电商、制造、信息、航空航天等领域从事物流系统分析、规划设计、优化、运行控制和管理等工作的卓越人才。培养的学生多次获得全国大学生物流设计大赛、北京市大学生互联网+创新创业大赛、全国大学生数学建模与计算机应用竞赛、北京市物流设计大赛、北京市大学生创新训练项目等比赛的一等奖。

物流工程系承担多项国家"863"计划、国家重点研发计划、国家自然基金等项目，获多项国家和省部级科技进步奖；与数十家国家特大型企业、公司及政府部门、军工单位合作，开展物流系统分析和仿真、物流中心规划和方案设计、物流管理信息系统开发等方面的科研项目；同时也面向企业和社会提供物流咨询服务。

系所曾获得冶金工业部科技成果特等奖 1 项、国家科学技术进步奖三等奖 1 项、中国物流与采购联合会科技进步奖一等奖 2 项、中国物流与采购联合会科技进步奖二等奖 1 项、军队科技进步奖二等奖 2 项。

作为在国内最早致力于物流学科建设的专业，物流工程系一直走在服务社会的前列。由吴清一牵头创办的《物流技术与应用》杂志，长期跟踪和报道国内外物流领域先进技术、装备和行业发展状况与趋势，并与中国香港物资流通协会、日本流通研究社、德国多特蒙德大学、弗朗霍夫物流研究院等建立战略合作伙伴关系，促进国内外物流领域的广泛交流，对国内物流行业的发展起到了重要的推动作用，是目前中国最具影响力的物流杂志之一。

六、工业设计系

（一）发展历史

作为机械相关专业新的学科方向，机械工程学院在 1998 年开始工业设计专业的建设工作。组建时教师由原机械零件教研室教师和从清华美术学院工业设计专业招聘的教师组成。2000 年开始招收工业设计专业本科生。2003 年 1 月 15 日

正式成立工业设计系。2003 年工业设计系开始招收工业设计（艺术类）专业学生，2004 年申报艺术设计本科专业成功，现发展成为视觉传达设计专业。2004年设立设计艺术学（自设）硕士点，2011 年学科调整，设计艺术学（自设）硕士学科调整为设计学一级学科。2021 年 2 月，工业设计专业获批国家级一流本科专业建设点。

（二）学术梯队及方向

在 2000 年开始办学时，仅有工业设计一个研究方向。到 2005 年，学科方向拓展为产品设计、交互设计、视觉传达设计、媒体设计四个方向，基本形成以产品设计为主的学科体系，同时兼顾未来新兴领域的设计发展趋势。发展至今，形成了工业设计、交互与信息艺术设计、视觉传达与媒体设计三个学术梯队。

建系至今，工业设计系初步形成了一支学科背景多样化、学缘结构合理、充满活力的师资队伍，规划并建立了人机工程与认知心理、数字影像、交互与媒体以及产品模型等四个实验平台。系所教师 1 人入选教育部国家重大人才计划，1人入选教育部新世纪人才计划，1 人入选北京高等学校青年英才计划，北京市青年教学名师、第十届中国设计业十大杰出青年等称号。团队共获得北京市"教育先锋号"先进集体、北京市三八先进集体、北京市高等教育教学成果二等奖等荣誉，曾入选北京市高精尖学科建设项目，国家级虚拟仿真实验教学项目。

（三）人才培养、科学研究及社会服务

自 2000 年开始招收 26 名工业设计专业本科生起，工业设计系每年培养研究生约 20 名，本科生约 100 名。在与中国台湾多所学校持续开展两岸夏令营的基础上，与韩国昌原大学、英国邓迪大学建立研究生交换生项目，并与英特尔Intel、摩托罗拉 Moto、微软研究院、联想、LG 等公司建立多方位的合作关系。2006 年《科技时报》学科排名进入全国工业设计专业前 5%，排名第 12。2008年，参与北京奥运会火炬全球方案征集并进入四强，设计团队荣获"北京科技大学十大新闻人物（团队）"。2010 年，以洪华为首的团队设计的"潮流"火炬以明显优势成为广州亚运会正式火炬，社会影响力明显增加。

系所邀请剑桥、斯坦福、RCA 等名校教授等讲学 21 人次，与剑桥大学、德蒙福特大学、ACCD 等签订合作协议，建立多维青年教师常态培育制度。国际高端科研合作促教学专业纵深发展。为 LeNs 中国可持续设计联盟，国际服务设计联盟 SDN 等多家国际设计组织成员院校，中国工业设计学会信息与交互设计专委会执行委员单位。师资队伍建设与教学组织建设成效显著。在艺术与科学融合创新方面的教学工作，得到英国皇家学会院士等国内外多位院士及设计学教指委主任委员们的认可。

七、车辆工程系

（一）发展历史

北京科技大学车辆工程系的前身是 1954 年设立的北京钢铁工业学院采矿系矿山机械设备教研组。创立之初的核心任务是培养具备矿山机械设备理论知识与实践经验的高水平人才，服务于我国矿山作业线的机械化转型。至 2022 年，车辆工程系已建设成为以矿业背景为特色，致力于重大工程装备研发、机械学科前沿探索、车辆行业人才培养的教学科研单位。

1952 年，北京钢铁工业学院由六院校部分专业调整合并成立。8 月 9 日，教育部发布"关于采矿系调整的指示"。根据调整方案，北京钢铁工业学院采矿系由北京工业学院采矿系、天津大学（北洋大学）和清华大学采矿系（采金属组）的师生组成。1954 年下半年，采矿系增设矿山机械设备教研组。1960 年 10 月，矿山机械设备教研组更名为矿山机电教研组。至 1966 年，矿山机电教研组已建有实验室 7 个，分别为电测实验室、采掘机械实验室、压通排实验室、提升设备实验室、运输设备实验室、拆装实验室和矿电实验室。1972 年，矿山机电教研组更名为矿山机械教研室。1981 年，经冶金工业部批准，北京钢铁学院新建矿业研究所，下设设备工程研究室，主要开展设备故障诊断与设备综合工程的研究和教学。1987 年，实体化的矿业研究所迁入矿业研究所楼（现文法楼），并建成发动机实验室、油样采样实验室。2001 年，采矿系矿山机械教研室与矿业研究所设备工程研究室合并成立设备工程系，隶属于资源工程学院。2006 年，北京科技大学智能车队成立，挂靠在设备工程系。2010 年，设备工程系由土木与环境工程学院调整至机械工程学院。2011 年，设备工程系重组为车辆工程系和建筑环境与设备工程系。至 2022 年，车辆工程系为北京科技大学机械工程学院的三级教学科研单位。

（二）学术梯队及方向

矿山机械设备教研组成立之初共有教职工 11 人，其中教师 8 人，实验员 3 人。至 1960 年 6 月，教师人数发展为 24 人。其时除了开设采掘机械、矿山运输、矿山压气通风排水等专业课程外，教研组主要对口支援寿王坟、胡家峪等矿山现场，解决实际机械化作业问题，形成了我国早期的矿业机械领域科技成果。至 20 世纪 80 年代，教研室学术梯队的研究方向主要集中在矿业机械设计，包括液压凿岩机械、铲运机、特种钻机及矿山辅助设备，涉及机械设计、振动控制、液压传动等专业方向。至 90 年代，新增了专用车辆设计、水射流技术、机械故障诊断研究方向，是我国较早开展机械故障诊断研究的单位之一。至 2000 年，设备工程系新增电机电气系统、汽车动力学、振动与噪声、建筑环境设备研究方向，研究对象从矿山机械逐渐拓展至各类车辆及城市系统。2011 年，车辆工程系新增自动驾驶、车载通信方向。

至 2022 年初，又新增新能源技术、汽车轻量化技术研究方向，车辆工程系已发展成为以矿业背景为特色、车辆系统为主体，涵盖基础理论研究和科学技术探索的综合型研究队伍。车辆工程系现有教学和科研人员 32 名，其中教授 9 人，副教授 10 人，讲师（含博士后）13 人。人才队伍中，包括北京市高等学校教学名师 1 人、中组部"万人计划"科技创新领军人才 1 人、教育部新世纪优秀人才支持计划入选者 2 人。至 2022 年初，主要科研梯队包括：非公路车辆研发设计，智能矿山感知、决策、控制，凿岩破碎技术与装备智能化，机电系统动力学与故障诊断，新能源载运工具动力系统与储能技术，汽车轻量化研发设计。

（三）人才培养、科学研究及社会服务

1959 年，北京钢铁工业学院采矿系筹建矿山机电本科专业，由矿山机械设备教研组具体负责。1960 年，矿山机电专业正式招收本科生，即矿机 65（数字为毕业年份），学制 5 年。1966 年，矿山机电专业暂停招生。1972 年，矿山机电专业恢复招生，更名为矿山机械专业，学制缩短为 3 年。1977 年，矿山机械专业学制改为 4 年。1996 年，因专业更名问题，矿业机械专业停止招收本科生（研究生培养未受影响）。2001 年 11 月，新增建筑环境与设备工程本科专业。2004 年 3 月，车辆工程本科专业获准设置，同年正式招收车辆工程专业本科生。2012 年，北京科技大学车辆工程专业调整为以机械类大类招生。2020 年，车辆工程本科专业通过教育部"工程教育认证"。

1981 年，北京钢铁学院矿山机械工程专业获国家首批硕士学位授权点。1990 年，北京科技大学矿山机械工程专业获批博士学位授权点。1998 年，北京科技大学矿山机械工程硕士、博士学位及研究生学科获准更名为车辆工程，属于机械工程一级学科。2008 年，北京科技大学机械工程一级学科获批北京市重点学科。在 2017 年全国第四轮学科评估中，北京科技大学机械工程一级学科评估结果为 B+。

从北京钢铁工业学院矿山机械设备教研组，到北京科技大学车辆工程系，教育教学及人才培养的特色集中体现在"实践"二字。在钢院时期的教学环节设计中，包含了认识实习、生产实习和毕业实习等实践环节。尤其在毕业实习中，教师及若干名学生结成若干实习队，前往矿山现场帮助分析设备难题、提出改善建议。2008 年，"以工程训练为主线培养研究型人才的探索与实践"项目获第 23 届北京科技大学教育教学成果奖特等奖。2006 年成立了由教师指导，本科生为主体的北京科技大学智能车队，截至 2018 年 3 月，北京科技大学智能车队代表

学校参加国内外大学生智能车科技竞赛共夺得 16 个全国总冠军、4 次国际邀请赛的冠军，获全国大学生"小平科技创新团队"荣誉称号。2013 年，因参与创办全国大学生智能汽车竞赛，促进高等工程教育实践教学改革，车辆工程系获第七届北京市高等教育教学成果一等奖。

车辆工程系依托重大科研项目成果，为我国矿业科技发展和力学基础理论研究做出了重要贡献。1956 年，《北京钢铁工业学院学报》选登了矿山机械设备教研组李大怡的报告论文《电耙设备耙斗构造初步研究》，1957 年刊登了高澜庆的论文《关于矿井通风机设备测定中的一些问题》。这些研究是我国矿业机械领域最早的理论成果之一。1978 年，全国科学大会上，"平巷掘进机械化作业线——蟹爪式耙岩机"项目获全国科技重大贡献奖。系所教师参与的"六五"期间国家科技攻关项目"千万吨级大型露天矿成套设备"研究推动改变我国矿山设备的落后状况，取得了显著的经济和社会效益，获 1989 年国家科学技术进步奖特等奖。2000 年以来，系所教师参与完成的各类项目获 2 项国家科学技术进步奖二等奖、1 项中国有色金属工业科学技术一等奖、1 项教育部自然科学二等奖，项目成果对国家关键领域核心技术的突破和发展具有重要意义。

八、零件轧制中心

（一）发展历史

零件轧制研究团队原属冶金机械教研组。1956 年毕业留校任教的胡正寰开始从事斜轧技术的研究与应用。1958 年，从胡正寰与施东成、瞿文吉三位教师研制、设计用于生产钢球的轧机开始，零件轧制技术团队代表中国迈出了零件轧制技术发展的第一步。20 世纪 70 年代初，零件轧制技术团队在斜轧技术基础上，开始楔横轧技术的研究工作。1990 年国家科技部与教育部批准成立"高效零件轧制技术研究推广中心"，1991 年零件轧制研究中心正式成立，中心主要从事轴类零件轧制（楔横轧与斜轧）的研究、开发与推广工作。

（二）学术梯队及方向

零件轧制研究中心的学术队伍中，目前有教师 9 人，其中包括中国工程院院士 1 人，英国皇家工程院院士、欧洲科学院院士 1 人。中心瞄准先进成形制造技术前沿，以国家建设资源节约和环境友好型社会的战略需求为目标，围绕零件近净轧制成形关键共性技术及其转化应用，以技术创新为驱动，解决新工艺、新装备等技术中的瓶颈问题。形成了零件近净轧制成形新技术、模具技术及其数字化技术、成形装备与智能控制、零件轻量化成形制造等研究方向。

（三）人才培养、科学研究及社会服务

零件轧制研究团队始终将科技成果转化为现实生产力作为科研工作的追求目标。1958 年开始斜轧技术的研究，1973 年开始楔横轧轴类零件的研究。中心先后主持承担国家重点成果推广计划、国家自然科学重点项目和面上项目、国家科技支撑计划、国家火炬计划、国家科技攻关、国家重点研发计划等国家级项目和其他省部级重点研发计划、重大专项、产学研等项目，在轧制理论、装备设计、模具数字化设计与制造等方面取得一批国际先进、国内领先的科研成果，获国家发明、国家科学技术进步奖等国家级奖 4 项、省部级一、二等奖十余项。其中"高效零件轧制（斜轧与楔横轧）技术"列入中华人民共和国重大科技成果选集（1979—1988）。高效零件轧制研究与推广项目被评为"全国十大典型推广项目"（1995）之一。1996 年，北京科技大学被批准为"国家级科技成果重点推广计划"项目"高效零件轧制（斜轧、楔横轧）技术"的技术依托单位。

中心以科技创新为核心，将零件轧制成形理论和关键技术与工程实践紧密结合，坚持不懈地为企业和社会提供科技创新成果，使科研成果得到推广应用。已在全国 27 个省市建成零件生产线 300 多条，出口美国、俄罗斯、土耳其等国 18 条。建成零件轧制专业化工厂 10 多家，开发并投产的轴类件产品 500 多种，累计生产的轴类零件 600 多万吨，产值 500 多亿元，节材 60 多万吨，为企业创造了显著的经济效益和社会效益。

中心围绕机械工程学科建设，以科研项目需求为导向，将实践教学和应用创新紧密结合，构建创新人才培养模式，指导学生深入实践、开拓创新，充分发挥研究生的创新能力。中心具有功能齐全的数字化制造技术实验室和零件近净成形新工艺实验室，为硕士和博士研究生提供实践平台及实验条件。迄今为止，共培养研究生 194 名，其中博士生 56 名，硕士生 138 名。出版《斜轧与楔横轧原理、工艺及设备》等技术专著 5 本，获授权发明专利 80 多项，主持和参与制定国家标准《钢质楔横轧件　通用技术条件》（GB/T 32258—2015）、《钢质楔横轧件　工艺编制原则》（GB/T 33878—2017）2 项，主持和参与制定行业标准《齿轮轴毛坯楔横轧　技术条件》（JB/T 11761—2013）等行业标准 3 项。

九、实验中心

（一）发展历史

实验中心的前身是 1952 年建校初期成立的机械原理实验室、机械制造实验室、冶金机械实验室、矿山机械实验室和气体分离实验室。2001 年，学院根据教学和科研的发展，对原机械工学系、冶金机械研究所、机械电子工程研究所、

热能工程系、机械制造及自动化研究所、物流研究所、工业设计等专业系所的实验室进行调整和整合，成立了机械工程学院实验中心。2010 年，设备工程系整建制划入机械工程学院，车辆实验室并入机械学院实验中心统一管理。2016 年，机电实验室与美国 TI 成立联合实验室。同年，由于热能工程系调出机械学院，热能实验室也一并转出实验中心。2019 年，学院获批设立机器人工程专业，同时成立了机器人实验室。

（二）专业实验室

实验中心作为实践教学单位，经过多年的发展，逐步形成了机电实验室、机控实验室、机制实验室、工学实验室、工业设计实验室、物流实验室、车辆实验室和机器人实验室等专业实验室。

机电实验室由 1996 年流控实验室和测试实验室合并成立至今。2001 年之前挂靠在冶金机械教研室。机制实验室的前身隶属于 1956 年成立的机械制造实验室，由金属切削实验室和制造工艺及检测实验室组成。工学实验室是由 1997 年机械原理教研室、机械设计教研室和工程图学教研室所属实验室合并成立的。工业设计实验室成立于 2002 年，经过 20 年的建设和发展，目前包含产品模型制作室、现代加工工艺室、传统加工工艺室、摄影室、动画及影视制作室 5 个专业实验室。物流实验室成立于 2005 年，目前包括人因工程实验室、物流信息采集与跟踪实验室、物流系统综合仿真实验室、AS/RS 系统实验室和企业物流管理与控制实验室。车辆实验室由原属于矿山机械教研室和矿业研究设备工程研究所的实验室合并成立，目前由车辆测试实验室、车辆综合性能实验室和发动机拆装实验室组成。机器人实验室成立于 2019 年，由智能机器人创新实验室和工业机器人技术综合实训实验室组成。

（三）人才培养、科学研究及社会服务

实验中心已建成包含机械工程、车辆工程、物流工程、机器人工程、工业设计以及视觉传达设计六个专业方向的近四十个专门的教学实验室，总面积近四千平方米，现有教学科研设备六千余台（套），总值一亿五千万元，已成为国内一流的机械类高层次创新型人才培养的实验教学基地。每年面向全校 10 多个专业开设实验教学课程 50 余门，其中包含由实验中心教师独立开设并主讲的 8 门综合实验课程，年服务学生 1000 余人，年承担实验总学时数逾 3 万人时。2008 年，实验中心荣获北京市高等学校实验教学示范中心。

服务国家创新驱动发展战略，积极参与国家自然科学基金、国家和省部级重点研发计划项目以及企业合作项目，推进科技成果的转化及运用。截至目前，系所教师获国家发明奖三等奖 1 项、北京市科学技术进步奖二等奖 1 项、发明专利 4 项、实用新型专利 2 项。

十、热科学与能源工程系

热科学与能源工程系的前身为 1958 年成立的冶金炉专业，1982 年与制氧机械专业合并组建热能工程系，1996 年并入机械工程学院，2007 年更名为热科学与能源工程系，2016 年与环境工程系组建成立能源与环境工程学院。

热科学与能源工程系设有"能源与动力工程"和"新能源科学与工程"两个本科专业，每年招收本科生约 150 人。具有"动力工程及工程热物理"国家一级学科博士和硕士学位授予权，并设立了博士后流动站，其中"热能工程"学科是国家重点学科，"工程热物理""制冷及低温工程"等学科是北京市重点学科。每年招收硕士研究生约 90 人、博士研究生约 20 人。

围绕节能减排、绿色能源、人工环境及国家新兴战略产业需求，构建形成了理论教学与实践教学并重、强化科技创新和国际交流的现代化课程体系，拥有国家精品课、国家资源共享课、国家双语示范课、北京市精品课等系列优质课程。形成了以高层次人才为核心、青年教师为中坚力量的师资队伍，包括"973"首席科学家、"863"主题专家、全国优秀教师、新世纪优秀人才、国家优秀青年基金获得者、北京市优秀教学团队、北京市教学名师等。拥有多个国家级和省部级教学、科研平台，包括国家学科创新引智基地、北京市工程研究中心、北京市重点实验室、国家国际科技合作基地、北京市实验教学示范中心等。

热科学与能源工程系面向工业节能减排主战场，坚持基础理论和应用技术研究并重，在工业节能、气体分离、新型清洁能源、资源综合利用、跨尺度传输、能量转换与储存等方向形成了特色和优势，已成为我国能源高效利用领域重要的人才培养和科学研究基地。

十一、建筑环境与设备工程系

建筑环境与设备工程系源于 2001 年成立的设备工程系，2002 年开始招收"建筑环境与设备工程专业"本科生。2006 年获准"供热、供燃气、通风及空调工程"硕士学位授予权，2011 年获准"供热、供燃气、通风及空调工程"博士学位授予权。2010 年，"建筑环境与设备工程专业"随设备工程系由土木与环境工程学院转入机械工程学院，2011 年成立建筑环境与设备工程系。"供热、供燃气、通风及空调工程"研究领域涉及建筑环境模拟与控制、可再生能源建筑应用、被动式绿色建筑供能系统优化及通风净化技术等研究方向。2016 年，回归土木与资源工程学院。

第三章　人才培养　薪火相传

一、求真务实，敬业奉献——教学精神传承

三尺讲台育桃李，手握粉笔写春秋。自 1952 年建校以来，学院教师一直是学校教学队伍的主力军。他们践行"求真务实"精神，不仅在本学院脚踏实地讲授专业课，还以高度的使命感和责任心承担着学校工科学院的《机械设计与制图》《机械原理》《机械设计》等技术基础课的教学。经过 70 年的发展，学院涌现出了以陈先霖院士、国家级教学团队为代表的一代又一代专业基础扎实、教学功底深厚的教师队伍；培育出了全国知名的国家级精品课程《机械制图》与《机械设计》。

"求真务实、敬业奉献"是机械教师在教学舞台的生命绽放，是一种精神，一种态度，更是一种行动。教师们在"传道、授业、解惑"中，创造知识价值、涵养了学生的精神生命；在言传身教中，以培养德才兼备的学生为己任；在教学价值的实现中，获得愉悦感和成功感；他们是最可亲可爱的人。

榜　样

有如是作略，有如是榜样。陈先霖院士是全国教育系统劳动模范、人民教师奖章等至高荣誉的获得者，是冶金机械系首批教师。他执教杏坛半个多世纪，谈吐谦逊儒雅，作风坚韧顽强；课堂教学过程事必躬亲，字斟句酌，始终做到严谨、细致、用心、奉献，坚持着"讲课要 1：10"的原则；2006 年 11 月，已 78 岁高龄的陈先霖院士应邀为本科生讲课。在讲课的前一天晚上，他缓缓走到教室的最后一排坐下，请陪同的教师一页一页地播放上课的课件，并用话筒试音。他仔细地听着、看着，认真地记录下课件中有待改进的地方。如此严谨，是担心最后一排的学生看不清或听不到。为上好这短短的一堂课，陈院士足足准备了 3 个月，求真务实、敬业奉献的精神内涵在这位已是古稀之年的陈先生身上充分展现出来。

陈先生的课堂是几代机械人心中永远的回忆与典范。作为冶金机械 73-5 班一员的郭俊老师讲到，他们班是试点班，上的课都是小班课，陈先生就是他们的授课老师，陈先生的课堂非常有影响力，听陈先生讲课，是一种享受，因为他的每一堂课都像有一个精心准备过的剧本，课堂非常生动。他举例说，有一次陈先

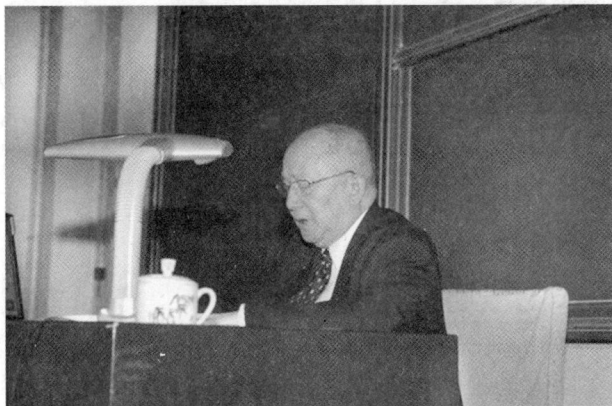

陈先霖院士最后一堂课

生上课时推来一辆自行车，同学们都很好奇，后来才恍然大悟，原来课堂上要讲机械制动原理；陈先生为上好每一堂课，还亲手制作了很多模型以帮助学生理解。后来李应强老师也去旁听过陈先生的课，他回忆说，陈先生非常重视学生的实践动手能力，因此在课堂上非常重视基础教学，所传授的知识点都希望学生能吃透。最让学生们佩服的是陈先生的板书，长方形的黑板十分讲究布局，左边是讲课的主要内容标题，右边是陈先生亲手制作的挂图，中间是课堂讲解的板书，重要的公式会放在小标题的旁边，中间部分会根据课堂进展有序有设计的擦掉再书写，一节课黑板需要擦几遍这样的小细节，陈先生都能做到运筹于心。一堂课讲完，黑板上保留的内容就是学习内容的精华，更关键的是陈先生的字迹优美，结论精准。

陈先生学识渊博，他讲课是有设计的，设计包括内容设计和表达设计：内容设计即选材和组织思路，而表达设计则包括讲稿的设计，这些成功与否直接关系到教学成果的好坏。

传　承

榜样具有良好的感染力。受陈先霖先生对待教学踏实、严谨、敬业的态度影响，机械工程学院的教师们一直坚持用心设计教学环节，发扬和传承着"求真务实、敬业奉献"教学精神。向先辈的教学方法以及向教研室其他同志学习，是罗圣国老师身上一个突出的品格。他说"我经常回忆自己当学生的时候各位老师讲课的特点。有的老师条理分明，授课清晰并且语言生动，有的老师讲究课堂效果时常会旁征博引，有的老师授课不仅内容丰富，而且板书好，能突出重要内容。后来到自己讲课，就努力向这些老前辈学习。同时，从教研室的老教师那里，也学到很多好的教学经验。"罗老师后来取得的教学成果不是一蹴而就的，他的业务知识靠点滴积累，教学艺术靠点滴养成；听过罗圣国讲课的人，都说他讲得好，生动、清晰、有深度。如他启发学生认识"机械零件"这门课和生产有什么样的关系时，曾有过这样的开场白："首钢齿轮座的轴断了、停产，直接经济损失两千多万元。齿轮轴这个机械零件的设计是否准确，质量能否保证，就是这样直接影响着生产。"三言两语，从生产实践中的实例引导同学们认识机械零件的重要性。在讲到"过盈配合"这一种机械零件联接方式的应用时，又以解决齿轮座断轴为例，用同样精炼的语言引导学生对"过盈配合"的概念、内涵加深理解。罗圣国老师形象生动、脉络清楚、重点突出而又连贯系统的讲课艺术，引起听课同学的兴趣，调动起他们的学习主动性，给人留下较深的印象，博得好评。

李应强老师在谈到老一辈机械人的教学时讲到，当时很多教师的讲义、教材都是自己写，汪家才老师就是最典型的，而且授课很有技巧，汪老师在课堂上推导公式都是一步一步带着思路在黑板上推，有时候推着推着还会出现故意推错的情况，再让学生去思考错误的原因，往往是这个错误最能启发学生，能让学生知晓思维误区，避免知识盲区。李老师回忆道，因为身边有这么多教书育人的好典范，后来留校任教后，他在教学中秉承求真务实的态度，兢兢业业上好每一节课，他认为教学的过程就像炒一盘色香味俱全的菜，也要像表演一样充满热情、投入感情、进入角色的去上课。

臧勇老师在回忆自己学生时代机械工程学院老师们的教学精神时说道，学院老师们教学态度都非常认真、朴实，在平凡的岗位上敬业坚守、无私奉献。所有授课教师都对自己的教学有要求，尊重讲台，对学生负责。臧老师的导师邹家祥老师的每一堂课，每一门课都要认真备课，提前写好讲稿，再三改进，但是上课并不会照着讲稿读；邹老师口才与文笔非常好，在课堂上与学生的互动，每一分钟的组织都会提前酝酿，因此课堂组织得非常生动、活泼。教师教学对自己有要求还体现在权良柱老师上课前的讲稿，每一次都会重新再写一遍，重写一遍既是对教学这份神圣工作的不可亵渎感，也是一种求真务实的体现。臧老师还讲到自己到现在上课前都会非常紧张，会认真准备，为的是自己在课堂上一个字都不出错，让学生能真正学到知识，让学生觉得上课值得。李应强老师的课更是精彩，本科生必修专业课《轧钢设备》是 80 学时的教学计划，李老师 80 学时能讲，用半小时讲这门课也能讲精彩，用 5 分钟的时间更能讲出精髓，足以说明李老师在课堂教学知识的融会贯通上下足了功夫。

卞致瑞老师的教学经验是讲课不能死板，要根据学生的特点设计内容与表达，教学内容要逻辑性强，能吸引学生的注意力，让学生的思路跟着教师走。这看似简单的话语中，透露着机械人平实、踏实、严谨的教学风格。

《韩诗外传》中提出"智如泉源，行为可以表仪，人师也"，机械工程学院教师的敬业更体现在仪容仪表上，以于晓红老师为代表的机械人站在讲台上总是保持着干净整洁的着装，这是一种仪式感；教学这份职责是光荣的，是不容怠慢的。机械人在讲台上的每一个字都力求声音洪亮、清晰，始终用饱满的精神风貌与激情感染学生、为学生做表率，并希望用自己的一言一行给学生留下深刻的潜移默化的影响。

收　　获

教师教学育人，是一种缓慢的智慧释放。陈先霖院士在分享他的教学心得时讲到，教学的过程既要培养学生的敬业精神和严谨学风，还要开导和熏陶学生铸造一个健全的内心世界。

陈先霖院士教学经验分享会

由此，学院的教师都有这样一个价值观，即教师的责任不仅是传授知识，更要注重学生的德行培养。从传授知识、能力提升到学生的全面发展是一代又一代机械人孜孜不倦的追求。他们坚守三尺讲台，用实际行动发扬"求真务实、敬业奉献"的教学精神。这种精神支撑着教师引领学生向更远、更大、更宏伟的目标驶去。如今机械学子遍布世界各地，他们以求真务实的工作态度，敬业奉献的热情，在各行各业发光发热，创造辉煌。而机械人在教学舞台上的点滴精彩，汇聚成一段段抹不去的故事，常驻来时人的心田。

点亮他人，成就自己。70年峥嵘岁月，70年脚踏实地，机械教师有了"桃李满天下"的收获，也有了被社会认可的教学成绩。学院成立教师（教学）发展中心，以"求真务实、敬业奉献"为师之铭，不断发挥"传帮带"的作用，在教学上不断探索，继承优良，与时俱进。相信在未来，越来越多的教师的课堂教学会更精彩。

部分教师、教学团队荣誉

序号	姓　名	荣誉称号
1	陈先霖	全国教育系统劳动模范、人民教师奖章
2	邹家祥	全国优秀教师
3	许纪倩	全国优秀教师、优秀教育工作者
4	高大勇	北京市优秀青年教师
5	林鹤、杨林、殷维杰、易秉钺	北京市教书育人、服务育人先进工作者
6	张杰、夏德宏、杨海波、程国全、董绍华、于晓红、张少军、黄效国、郗安民、权良柱、王立、张伟、张清东、李苏剑、贾志新、庞永军、田毅盛	北京市高等学校优秀青年骨干教师
7	刘立	2015年北京市教学名师
8	郗安民	2020年北京市教学名师
9	尹常治	2020年北京市教学名师
10	覃京燕	2017年北京市青年教学名师
11	郑莉芳	2020年北京市青年教学名师

二、涓流汇海，凝力促改——国家级精品课程改革

在北京科技大学机械工程学院，有这样一门享有盛名的课程，推陈出新，崇尚实践，斩获教学成果各级奖项；有这样一个功勋卓著的教研组，谦逊朴实，品行如水，在教学的道路上默默耕耘。

"余既滋兰之九畹兮，又树蕙之百亩。"打开时光的卷轴，《机械原理》教学成果历历在目。2004年国家精品课程及北京市精品课程、1993年北京市优秀教学成果一等奖、2004年北京市教育教学成果（高等教育）二等奖、2005年北京市优秀教学成果二等奖、2013年第七届北京市高等教育教学成果二等奖、2011年中国机械工业科学技术奖一等奖……"博观而约取，厚积而薄发。"国家级精品课程优异成果的争创、教学改革累累硕果的取得，离不开一代又一代教研组成员呕心沥血的付出。成立伊始，教研组就是一支忠诚于教育事业，严谨治学，言传身教，不断创新，始终注重提高学生工程实践能力的优秀团队。在国家"科教兴国"发展战略指引下，在学校推进工程教育改革的背景中，负责机械原理课程的教研组老师们开启了一段精益求精的课程改革之路。

删繁就简整合课程，以人为本优化体系

"同学们我们下课，课后大家记得多看模型多琢磨例图，认真完成课后作业。"在结束了近两小时的授课后，邱丽芳老师收起白布，提起黑板，整理好模

具，回到模型室归还模型。在整理的过程中，她脑海里不禁浮现出刚刚课程结束几名同学一脸愁容的模样："老师，这个曲柄滑块机构与速度瞬心图，我们想象不出来这个机构运动的过程，因此也没能理解速度推理过程。"这一点引起了邱老师的充分重视，相对运动图解法确实有些抽象，学生要充分调动想象力去理解，但是学生的基础薄弱，理解实在困难。无独有偶，教研组的其他老师也深刻认识到了这一问题。不仅如此，在实际的授课过程中，老师们发现图解法列公式、手工求点不仅存在着巨大的误差，而且在课堂上推导公式费时费力，对学生们理解平面机构运动帮助不大，也不利于提高学生解析计算能力。

机械原理教学团队

基于这样的现实问题，教研组的老师们一拍即合，从把教学重心转移到解析法上来这一点出发开启教改。解析法有利于培养学生机构问题的综合分析能力，精度高，形象直观，但需要借助计算机绘图软件。邱丽芳老师回忆起当时的场景，苦笑着说："那时候条件苦啊，咱们只有一台老式486，大家都争着用，用一个登记一个，谁谁谁用了多长时间，还得提前去排队，就听那个风扇转啊转啊，运行速度跟现在一比是真不行。"但即便现实条件艰苦，教研组的老师们依旧坚持将解析法引入教材。"我们培养的是21世纪的工程技术人才啊，综合能力十分重要，现在的教学体系已经难以适应了。"时任教研组组长的于晓红老师眼神坚定，侃侃而谈，在例会中做总结发言。经教研组老师们群策群力，勇于立新，树立了"以机构设计为主线，机构分析为设计服务，以机械系统方案设计为基础"课程结构，决心删除课本中平面机构运动分析、力分析等内容，增加对机构的运动、传力性能系统介绍内容，重视"机械系统方案设计"，加强了与工程实践的联系，并适当增加有关机构创新的内容。同时夯实机械运转过程中动力学问题的教学，利用多媒体教学手段，加强教学条件的保障，增加实验设备，开发研制虚拟实验系统软件。

教学内容和教学条件改善之后，在全校迅速掀起了一股"原理热"。几个机械原理课堂不仅有机械工程学院的同学们百分百出席，非机械类学科的同学们也都蜂拥而来听课，获取前沿科学知识，领略机械工程魅力。"不枯燥、有兴趣、很先进"成为同学们对机械原理课一直以来口口相传的佳话。同学们对课程的回忆总是鲜活："当时同学们都特别喜欢上原理课，其中的于晓红老师被我们喻为'女神'。老师们在台上将枯燥的知识点娓娓道来，课后还能够亲自教我们操作计算机，这可太新鲜了，大家都学得十分投入，对运动分析也理解得十分深入，当时打下的基础至今仍是我科研道路上坚实的基础。"

破旧立新编著教材，中西合璧双语教学

20世纪90年代的秋夜，雨后气温骤降，强劲刺骨的冷风卷集着片片枯叶，尽显萧条与苍凉。北京科技大学教室楼二楼的机械原理教研室却灯火通明，陈立周老师带领韩建友老师、李威老师、邱丽芳老师精诚合作、奋笔疾书，在为机械原理课本翻译和校对做着最后的完善。教研室书架上塞满了国内外的经典教材，工位上摆放着本本翻开的《Design of Machinery—An Introduction to the Synthesis and Analysis of Mechanisms and Machines（ROBERTL. NORTON McGraw—Hill 2001）》原著，纸页早已泛黄，上面密密麻麻写着红色、蓝色的标注。陈立周老师带着花镜、披着大衣，笔耕不辍，逐字逐句翻译先进观点，结合教学实际引入前沿图例，对一些定义则参考原英文书上的定义，从而使概念的表达直观明确。李威老师面对着电脑，将翻译成果一字一字敲进文档，并进行系统的知识链接和校对。邱丽芳老师翻着厚厚的牛津词典，摘取不同版本《机械设计：机器和机构分析与综合》中的经典案例，配合课程新体系，做着课程设计教材和实验教材的编译工作。文字工作固然枯燥，但在那段攻坚克难的峥嵘岁月中，老师们用澎湃的激情、严谨的文字、躬行的态度架起了一叶叶扁舟，引领同学们在工程技术的海洋里遨游和探索。

除此之外，教研组的老师们开创性的开展了机械原理课程双语教学。在所有8个班级中采用自愿报名的方法召集同学，开展英文、原理基础层层考核，采用择优录取的方式招收60人组成1个国际班。国际班采用全英教材教学，教材约三分之一的内容都与中文教材不同，这部分老师都用英文教授。学员们不仅要攻克复杂的公式推导，还要学英语查资料，导致课时比中文班多了一倍。天道酬勤，滴水穿石，双语教学帮助学员们培养出了雄厚的英文功底，为今后研究提供了强大的动力引擎。

正是因为老师们严谨踏实的工作态度和与时俱进的学术能力，教研组编撰的教材斩获国家级、校级多项大奖。《机械原理课程立体化教材建设》（教材）获

《机械原理》教材

2001 年国家级教学成果二等奖；《机械原理教程及辅导与习题》获 2002 年全国普通高校优秀教材一等奖。

实事求是开展实践，精研致思优化整合

光讲结构分析毕竟抽象枯燥，怎么能激发学生的创新潜能，提高学生的认知能力水平，增强知识性和趣味性，更好符合机械类专业的培养目标成为了老师们的难题。教研组老师们多次召开教改会议，参考美国授课经验，反复讨论研究优化课程体系的方法，形成了"以设计为主线，机械系统方案设计为基础，加深整体认识，加强工程意识，培养创新能力"的总体思路，重视加强工程实践训练，着重培养学生综合设计能力、创新能力。教研组将计算机技术引入实践课程，减少"书本习题"，增开了典型机器与机构分析、机构系统创意组合等综合性实验。

开展原理教学启发式、互动式变革卓有成效。曾经经常坐在后排认为学机械进错了门的学生坐到了前排，睁大眼睛，聚精会神的看着老师们的动画演示；同学们下课后第一件事就是围住老师，让老师带着走进工程现场，观察实际生活中设计精妙的机器机构；一些对自己要求很高的同学会三五成组，向老师询问是否有推荐的课题，完成机械系统的总体方案、执行系统设计。先进理论的引导和同学们自身的兴趣及努力，共同促成了良好的教学效果。

除此之外，教研组始终坚持"科教融合"，将本课程前沿领域的科研成果应用到实践教学中，以帮助同学们熟悉理论基础与应用实际。李威老师将承担的国家自然科学基金项目"新型双压力角非对称齿廓齿轮传动研究"在本科生机械原理课程课堂教学中作了详细的介绍。通过对这一新型齿轮进行齿形设计与承载能力研究，同学们能够更加熟悉空间啮合理论；通过齿轮的加工原理和制造工艺

的介绍，同学们能够更加清晰的理解有摩擦的弹塑性接触有限元算法、轮齿的载荷分配和啮合刚度变化规律。同学们在了解当代机械学科的新发展的同时，丰富了专业知识，增强了对机械的感性认识和形象思维，提高了学习与探索的积极性和热情。

强国必强教，强国先强教。良好的教学传统时过境迁仍历久弥新，一项项成果也在讲述着作育英才的动人故事。时至今日，机械原理教研组的老师们依然坚持"北科标准"，传承弘扬团队先辈的优良传统，始终奋斗在对学生进行综合能力训练、全面素质培养的一线，为北京科技大学一流大学建设、持续深化新工科建设不断贡献力量。

三、匠心教改，鼎新传承——机械设计制图团队

北京科技大学"机械设计制图"教学团队有着悠久的历史，最早可以溯源到1952年建校时期，机械制图教研组是学校当时第一批成立的教学队伍之一，这支"扛得起、顶得上"的团队紧跟国家发展战略步伐，与时俱进、开拓创新，在狠抓教学改革与科学研究的过程中逐渐发展壮大起来，于2008年被评为国家级优秀教学团队，是学校教学团队的优秀典范。

响应号召 团队初创

机械制图是用图样确切表示机械的结构形状、尺寸大小、工作原理和技术的基础学科，对培养一名合格的机械工程人才有着至关重要的作用，甚至可以说，只有掌握了机械制图才掌握了开启工程世界大门的钥匙，没有图纸就无法将工程师脑中的灵点和想法变成现实。因此，在1952年建校初期，机械制图教研组就与机械零件教研组、机械原理教研组正式在机械系成立并开展机械专业及所有工科专业的基础教学。

成立之初，这支年轻的团队遇到了很多困难，一切都得从头开始。在正式授课之前，为了扩充学生的知识储备，形成全面的课程架构，教研组的老师们同其他院校老师结合自己所在院校的课程安排，每人负责一部分章节的教材编写，选取最精华的部分融合成一本讲义。有了教学内容，如何合理安排教学时间和进度对教研组的老师们来说是另一大难题。初次授课，50分钟的课程因为现场写板书而导致课程进度较慢，没有达到预期的教学目标。教研组的老师们就聚在一起商量说："课堂上的每一分钟都很宝贵，既然课上的时间不能占用，那咱们就把时间花在课前！"老师们开始准备可以携带的移动小黑板，上课前会带上改了又改、提炼了又提炼的板书和辅教图，对抽象和难以理解的章节甚至提前写好了讲稿纸，十个小时、一星期……老师们不断给自己加码，有的章节备课时间甚至是

上课时间的几十倍，教研组的老师们没有喊累，哪怕只是对这一章或这一小节有效果，那些付出就没有白费。当时的学制多为四年，经过两年多的教学，机械制图教研组积累了一定的教学经验，组长赵彦枢老师在1954年北京钢铁工业学院召开的首次全院教学经验交流大会上作了交流发言，教研组老师们"不怕苦、肯吃苦"的劲头得到了全院及所有与会老师的肯定与赞扬。

严谨治学　立德树人

时间来到改革开放，在"改革、开放"基本方针指引下，这支忠诚于教育事业、始终注重提高学生工程实践能力的优秀团队，秉承"教而不研则浅，研而不教则空"的思想，不断加强对自己的要求，严谨治学，狠抓教学改革与科学研究。

早期设计制图（三合一）教学小组
（前排左起：杨雪芳、刘淑芬、党紫久、肖英；
后排左起：范民政、窦忠强、马香峰）

1979年时，国家需要更多综合型人才，近机类专业的学生通常也要掌握机械相关的基础知识来扩充自己的知识面，但当时并没有这样的课程，如果按照专业课来上课教学效率不是很高，在这样的情况下，马香峰、尹常治等老师带领制图教研室所有同事在全国率先对非机械类机械基础系列课程进行了改革试验，打破传统课程的界限和顺序，把《画法几何及机械制图》《机械原理》《机械零件》三门课有机地整合为一门课《机械设计制图》，由此开启了一段精益求精的教改之路：确定改革方向，结合已有的教学经验，精简更新教学内容，最大限度开拓学生的专业视野；按照最新的国家标准和规范，修改插图、术语、公式和表格，提前帮助学生接触行业领域的相关要求；尝试合理安排课堂教学以外的实践教学，摩托车发动机的拆装、测绘组合体的模型、设计球磨机和胶带运输机这样的小型设备更是老师们精挑细选的经典内容，一系列接地气的动手实践让学生能迅速从"理论派"变成"实战派"。老师们白天备课授课、批改作业，晚上查找资料、整理绘图，常常工作到深夜两三点，就这样，老师们用自己陪伴家人和休息的时间换来了教学成果的飞速进步，《机械设计与制图》课程改革获得 1985 年冶金部教学改革成果一等奖，《机械设计制图》入选"高等教育百门课程教材建设计划"，《机械设计制图》（第二版）荣获全国普通高等学校优秀教材二等奖并被评为面向二十一世纪教材，《机械设计制图》课程获评 2006 年度北京市精品课程；"机械基础课堂教学与实践教学的研究与实践"这项教育部新世纪初高等教育教学改革工程于 2005 年获国家级教学成果二等奖。

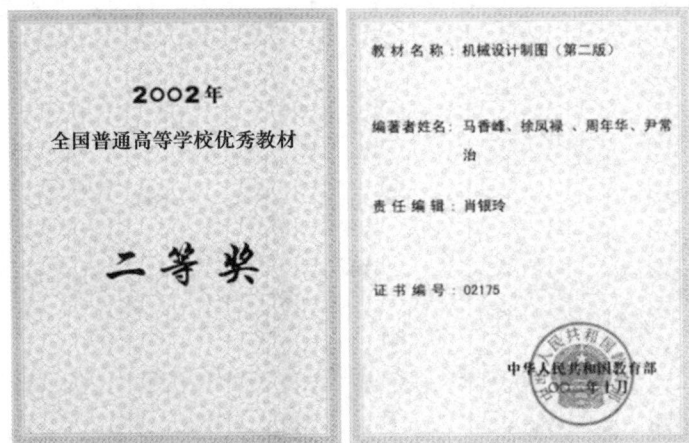

2002 年马香峰、徐凤禄、周年华、尹常治老师主编的《机械设计制图》（第二版）荣获
全国普通高等学校优秀教材二等奖

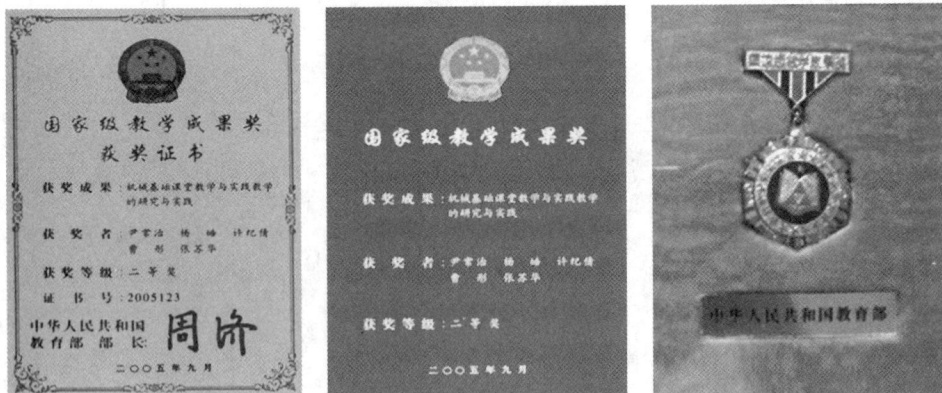

"机械基础课堂教学与实践教学的研究与实践"获评 2005 年国家级
教学成果二等奖

进入 21 世纪，随着计算机性能的提高、计算机数据库的进步和计算机图形学的发展，用三维设计软件系统做产品的设计和表达成为一种很普遍的事情，但是这对以教授设计表达为主要任务的传统制图教学的指导、教学内容、教学体系和教材都带来了前所未有的冲击。

窦忠强老师总是践行着"我想干点和别人不一样的事"这句话。2000 年，在课堂教学中盛行使用 CAD 这种传统的二维建模软件时，窦老师就已经开始尝试学习用新型的三维建模软件 MDT 来建模，每学到一点，他就用新软件绘制出更完善、更立体的新动画，然后及时调整加入到课堂教学中，他还经常把自己的学习心得分享给团队的其他老师，学生们纷纷表示，即使自己没有任何美术基础，看了窦老师的 PPT 和模型演示动画之后也就都能清楚这些轴与杆、零件与零件之间的相对位置。还有后来的 Inventor 三维建模软件等，窦老师总是团队里第一个学习使用新软件并在教学中体现的人，也因为这个"敢于第一个吃螃蟹"的小习惯，吸引了越来越多的学生加入课堂甚至加入他的研究生梯队，后来，他与团队成员一起编写的《工业产品设计与表达》教材获评 2008 年北京高等教育精品教材并入选第一批"十二五"普通高等教育本科国家级规划教材；2009 年 5 月，窦忠强、曹彤、张苏华、和丽、洪华参加的"以'三维设计表达'为主线的机械制图教学新体系"获 2008 年北京市教育教学成果（高等教育）二等奖。

作为一支培养机械工程专业人才的教学团队，教学内容的改革，只是其中的一个重要组成部分，更离不开的是团队教师因材施教的育人理念和勇于创新、敢于克难的团队精神。

对于《机械制图》课程来说，引发学生学习兴趣、克服学生畏难心理，全国优秀教师许纪倩有自己的独门秘笈。由于工科注重培养实际应用能力的学科特性，老师们将当时的课程设计分为原理和制图两部分，课内、课外学时的比例为 1：1.5，尤其注重课外的亲身实践练习。许纪倩老师回忆说："对于工科学生来说，基本功很重要。基础没打好，后续的研究可以说是困难重重，而且很难达到一定的高度和水平，更谈不上创造出一些新的东西。"出于对实践环节重要性的高度重视，教研组达成一致：要坚持高标准，严格对待课堂，绝不放水，并在课后也常常给予学生一定的指导。除课堂上注重学生能力的培养、精心布置课后作业外，许纪倩老师经常在课后深入学生自习室，严格要求画图的练字、练线条等，检查任务完成情况并为学生们答疑解惑。针对不同学生基础不同、吸收知识的速度不同这一客观事实，许老师始终坚持"以人为本""因材施教"，用发展的眼光看待学生，采用个性化的手段培养学生。

初心不改　赓续传承

经过七十年的积累和传承，现在的机械设计制图团队有长期致力于教学科研

张雄飞老师、许纪倩老师教学生学习使用模具

一线的学科带头人和优秀教师，也有立志于本专业发展不断进取的青年教师，形成了结构合理的老、中、青教学和学术梯队。在日常教研活动中，机械设计制图团队会经常坐下来分享彼此的教学经验，讲述教学故事，并通过深度分析与理性归纳，从成功或失败中提炼出具有普适性的教学规律，这让团队中的每一个教师都获益颇丰，更提高了团队的凝聚力。

曾被授予第七批北京科技大学研究型教学示范课——《机械制图A》的授课教师许倩在2002年本校研究生毕业后就加入到了机械设计制图团队中。据许倩老师回忆说，刚加入团队时，私下备课时的老师们与平时上课和蔼可亲的形象完全不同，严格甚至严苛才是团队老师们给新老师留下的第一印象。要想成为团队中一名合格的教师，新入职老师需要通过助教、助课和试讲三大检验。据许倩老师回忆，半年的助教时间给了她最近距离接触团队优秀教师的机会，印象最深刻的是在尹常治老师的课堂。那是6月中旬的一天，北京的夏天天气逐渐炎热，尹老师身穿白色衬衫走进教室，手里推着教具小车，走上讲台，将粉笔盒中白色和红色粉笔拿在手中后，站定，开始讲课，白色粉笔在黑板上翩翩起舞，整洁的板书、清晰的图解就出现了，而红色的粉笔标注出了最容易混淆和最应该注意的知识点。从那节课开始，许倩老师在助教课堂上不仅学习着老教师旁征博引工程应用和生活实例的教学方法，更学习着老教师身上散发出的人格魅力和对教育事业深深的热爱，一颗"想要成为像老教师那样的老师"的种子在她心中就此埋下。

后来，许倩老师在助课期间尝试用最浅显易懂的语言为留学生答疑解惑，试讲期间在老教师的帮助下一遍遍修改精进自己的PPT、讲稿和讲课节奏，慢慢地，她也成为了可以在自己的课堂上独当一面、深受学生喜爱的一名机械制图课程老师，更在2011年学校举办的教学基本功大赛中斩获了一等奖。"新竹起于旧竹枝，全凭老干为扶持"，正是在老教师们"传帮带"的谆谆教导下，一批青年教师迅速成长起来，接过制图团队的光辉旗帜，多年来先后申报并获批数十项北京科技大学教学成果奖项，多人获评校级教学名师和青年教学骨干人才、师德先锋、"我爱我师"金质奖章等荣誉称号。

在竞赛方面，机械设计制图团队也有自己一套完整的培养过程。2009年，窦老师除了课堂上强调培养学生的设计能力以外，还开始牵头带领学生们一起参加课外的"高教杯"全国大学生先进成图技术与产品信息建模创新大赛，提高学生们的实践技能和动手能力。每年大一新生入学上《机械制图》时老师们就开始培养竞赛苗子，对于学有余力的学生，通过来年春天竞赛队员的选拔后，就正式开启了集训，只要没有课，哪怕是周末的休息时间，学生们都会来到指定的教室学习、讨论，大家一起比着学、赶着学，尤其是小学期，老师和同学们一起"同吃同住同熬夜"，讲题、答疑、指导，泡在那一方小天地里共同为7月的国赛做准备，每到夜晚，固定教室里亮起来的灯总是楼里最后一个灭掉的。在这样良好教学和学习氛围的熏陶下，在老师学生团队夜以继日的付出努力下，从第三届比赛开始至今，十多年如一日，由机械设计制图团队老师带队的学生竞赛团队包揽了这项竞赛每一年的团体二等奖及以上，至今无人打破这项纪录。

2008年，机械设计制图课程教学团队获评"北京市优秀教学团队"及"国家级优秀教学团队"荣誉称号。正是在这群团队老师们严谨负责的治学态度、一丝不苟的研究精神和尽善尽美的事业追求下，锻炼出了一个锐意进取、理念先进、事业心强的教学团队，更为国家培养出了基础扎实、勤于动手、开拓创新的一批批机械学子。时至今日，机械设计制图团队的老师们依然坚持"不怕苦、肯吃苦"的精神，传承弘扬团队先辈的优良传统，始终奋斗在对学生进行综合能力训练、全面素质培养的一线。十年树木，百年树人，机械设计制图团队正像一株枝繁叶茂的碧树，五彩缤纷的花朵不断长出，他们香飘万里，结果生根，成长为一株株栋梁之材。

四、七秩探索，再谱新章——生产实习课程发展历程

在北京钢铁工业学院建校初期，学校就创造性的提出"一参三改三结合"的教学思想，即参加生产劳动，改造思想、改造教学、改造科学研究，教学、生产科研三结合，旨在培养基础理论扎实、实践能力强的高素质人才，成为当时中国高等教育的时代典范。机械工程学院的前身——北京钢铁工业学院钢铁机械系自成立以来，就始终坚持贯彻学校教育理念，充分融合各方资源，组织教师和学生队伍，深入钢铁企业，深入生产一线，开展生产实习教学活动，将智慧和汗水

播撒在国民经济主战场，绘就了注重实践、钢铁报国的育人画卷。进入 21 世纪以来，随着专业方向的调整，生产实习场所逐渐从钢铁企业变为机械、汽车等其他制造业企业，学生的实习内容也更加贴合新时代的教学内容和社会所需。但不变的，依旧是北科大机械人代代相传的注重实践、学以致用的教学理念和育人精神。在学院近七十载的生产实习过程中，尤以冶金机械专业（1999 年后与其他专业共同调整为机械工程及自动化专业）的实习最为连续、最具代表性，其沿革过程反映了时代的发展与变迁，赓续着学院实践育人的基因与血脉。

1952~1959 年肇始之初探索前行

为了提升学生对专业的认知程度，让学生能够更快的掌握冶金行业相关技术，加快人才培养的步伐，1952 年开学伊始，钢铁机械系的学生们便北上鞍山，前往鞍钢开展实习。鞍钢作为新中国成立后最早成立和恢复建设的大型钢铁联合公司，其发展历程凝聚了全国力量，汇集了多国技术，具有很高的实习锻炼价值。前去开展实习的教师们带领学生与工人们同吃苦、共劳动，饱含着爱国情怀，在进行认知与实践的同时，以国家发展为己任，实地参与鞍钢建设，为鞍钢从战火毁坏中涅槃重生做出了贡献。不少学生在毕业后选择来到鞍钢，以毕生奋斗书写钢铁报国的诗篇。此后，冶金机械专业连续多年组织学生赴鞍钢开展实习教学，"炉内炼钢、炉外炼人"，通过实际参与生产实践，学生们与工人群众加深了感情，将专业知识与生产实际紧密的联系到了一起。1955 年入学的冶金机械专业学生、中国工程院院士钟掘在提到当年的鞍钢实习时，仍十分激动。当时还是个小姑娘的她，和实习的同学、生产的工人们共同住在简陋的工棚中，抡起大锤共同参与工厂机械的修理。虽油泥满身、汗流浃背，但在操作过程中逐渐认识了机械的运转原理和内部结构，这让她感到无比兴奋。

钢铁机械系注重理论联系实际的教育，提倡向工人学习生产实际知识，了解生产的实际情况。随着学校由清华大学迁往满井村，教学实验条件逐渐得到改善，机械实习工厂、冶金联合工厂相继建成使用，钢铁机械系的实践教学逐渐发展完善，形成了金工实习、认识实习、生产实习、毕业实习的全过程、贯穿学生整个培养阶段的实践教学体系。1959 年，生产实习作为一门正式课程被列入专业教学计划。

1960~1977 年躬身于行技精于勤

由于实践教学逐渐细化，认识实习转变为以认知为主、劳动为辅，生产实习更多的承担了实践劳动的任务。此时的生产实习作为一门教学课程，开设于学生大三结束后的暑期，为期 4 周。1960 年，在冶金工业部的集中组织和协调下，北京钢铁学院冶金机械专业三年级学生一百余人及教师二十余人来到武汉钢铁厂开展生产实习，冶金机械系与武钢长达 30 余年的合作就此开启。

学生们在鞍钢实习

实习师生在工厂进行教学

武汉钢铁厂是新中国成立后兴建的第一个特大型钢铁联合企业，1958年建成投产。在建设过程中，武钢得到了苏联的大力支援，其生产设备较国内同期其他钢铁企业都更为先进。学生和老师们来到武钢，映入眼帘的是崭新的炼铁高炉和冶金工业部统一修建的实习宿舍、食堂，实习队的成员们都倍感振奋。在安全培训和理论教学结束后，学生们被一一分配到固定岗位开始实践锻炼。当时的实习安排在7月中下旬进行，而夏季的武汉闷热多雨，因为学生和老师们要参与实际的岗位操作，按照企业规定，为了确保安全，参加实习的师生们，每天都和工厂中的工人们一样，需要提前换上厚重的工装，穿上配发的大头皮鞋，集中徒步从宿舍区走到工厂车间，一走就是 20 多分钟。往往还没有走到目的地就已经汗流浃背。进入车间，学生们来到炼铁、炼钢、热轧、冷轧等岗位上，跟随工人师傅进行机械设备的实际操作、维护保养、故障检修等工作。钢铁企业的生产环境往往充斥着噪声、高温、粉尘，生产状况复杂多样，这与教科书中讲述的单一理论状况大相径庭。接受过高等教育的学生们，在实习岗位上作为技术人员，首先要做的，就是要认真了解工人师傅们的操作流程，掌握已有的工作经验，在实践中不断探索理论应用的方式方法，而不是将自己所学的东西生搬硬套，放在企业生产中。在实习前期，学生们跟着工人们下到翻滚着铁水的炼铁炉旁观察各种机械设备的运行状况和原理，上到几十米高的高炉顶部了解通风送风设备的安装和运转步骤，实际感受书本理论与生产场景的差距，在艰苦的环境中接受锻炼。工厂中的环境温度在 40~50℃，而靠近炼铁炉、出风口、出料口等设备的地方，温度能够达到六七十甚至上百摄氏度，一个上午的实习，汗水就能将所穿的衣衫完全打湿。高温的环境、闷热的气候，全程考验着实习师生们，在这里，学生的意志品质得到了极大磨砺。

学生在武钢实习

　　其次，学生们在生产岗位上进行实践，还需要改造自身的思想，锻炼自己与他人沟通交流的能力。学生进入工厂生产岗位，不仅要建立对理论知识的真实认知，更要打破思想上的隔阂，建立与工厂工人们的感情纽带，用工人和工厂干部易于接受的方式，帮助企业改进相关生产工艺和流程。在老师们的讲解下，学生们逐渐认识到了这一点，不断尝试站在工人们的角度去思考问题，运用工人们的思维去解决问题，学会用不同的说话方式去为生产提出建议，让岗位工人和领导干部们乐于接受。

　　自 1960 年开展定岗式的生产实习以来，约有近 2000 名学生来到武钢接受锻炼。在这样的生产实习教学环境下，学生们对钢铁企业生产岗位有了更为深刻的认识，思想上、知识上、技术上均得到了充分的提高，在生产中提出的有关见解建议部分也得到了厂方的采纳和运用，得到了较高的评价。学生毕业后，多数也来到钢铁企业一线工作，为我国的钢铁企业发展做出了贡献。

1978~2000 年全面学习多维认知

1977 年，停滞了十年的全国普通高等学校招生考试恢复，高等教育在经历动乱后重回正轨。在新的历史时期，教育教学理念也发生了新的变革。在教育领域"拨乱反正"中，在强调工作重点转移到经济建设、重视生产力作用的背景下，当时的实践教学不仅要承担改造学生思想的任务，更要培养学生的动手能力、创新能力、研究能力。因此，冶金机械系的生产实习形式开始由定岗式转变为轮岗式，并将生产实习与学生毕业设计相结合，鼓励学生在多个岗位接受锻炼，建立对生产全过程的全面认识，从而在多工种、多类型的认知碰撞中寻找创新点，并以此开展初步研究。

自 1978 年起，冶金机械系将实习设置为炼铁、炼钢、轧钢、维修四个模块，每个模块实习一周。在 20 世纪 70 年代初，武钢完成国外装备引进，其生产水平在国内处于先进水平，具有较高的学习、实践价值，冶金机械系仍将生产实习安排在武钢。学生们来到武钢后，每周将进行两个半天的集中理论授课，由带队教师、工厂技术人员、工人进行岗位知识讲解。由于是采取轮岗式实习，带队教师们为了保证学生能在一周时间内充分地了解每一个设备的主要工作原理和生产工艺流程，他们还根据实习内容，为每个模块制作了内容丰富、贴近实际的实习讲义（后改编为实习教材），并借助工厂设备的图纸，在现场详细为学生进行讲解，体现了老一辈冶金机械人严谨治学、注重实践的优良传统。学生在完成理论学习后，穿着全套劳动保护装备，跟随工人来到炼铁炉、炼钢炉，详细查看并了解机械装备运转全过程。在此时期，学生们对钢铁生产过程中的机械设备认知更加全面，包括送料设备、出炉设备、转送设备、剪切设备、卷曲设备、辅助设备等。学生们在实习过程中，近距离接触并了解了进炉、出炉、剪切、冷却、卷曲、轧钢、飞剪、制氧等几十种工艺过程和有关设备的运行原理，此外还通过在武钢维修厂的实习锻炼，了解了钢铁生产线上不同设备的零件结构和维修方式，学生们也更为全面的认识了钢铁生产过程。在开展生产实习的同时，学生们需要从所看、所学中发现问题，并通过在岗位上实际上手操作，与工人们进行技术上的沟通与交流，确定自己毕业设计的研究方向，并依托武钢的生产环境，实地进行初步研究。返校后的大四下学期，学生将根据自己在生产实习中进行的研究，正式确定毕业设计选题，进行毕业答辩。在这一时期，生产实习充分结合了实践锻炼和科研启蒙，学生综合能力得到了充分提高，为后续学院培养研究型人才打下了坚实的基础。

时间进入 20 世纪 90 年代初期，冶金机械系又将生产实习的目光投向了新成立的上海宝山钢铁总厂。彼时的宝钢，建成投产还不足 6 年，主要生产设备由日本引进，是新中国成立以来引进技术最多、装备水平最高的现代化大型钢铁企业，且工人群体素质较高，竞争意识强烈，钻研技术的氛围浓厚，可以称得上是人人有绝活，人人有贡献。为了便于在宝钢开展生产实习，冶金机械专业的教师们根据武钢的生产实习经验，结合宝钢的设备和生产情况，重新修订了实习讲义和实习大纲，并于1992年开始，正式在宝钢进行生产实习教学，武钢实习停止。在宝钢实习期间，为了避免出现全而不精的情况，带队教师精心设计实习流程。首先，分组带领学生充分认识钢铁企业各部分的工艺流程，逐个环节进行详细的现场参观，并由工人进行技术讲解，让学生对现场设备和生产情况进行充分了解，并建立直观认识。之后，结合参观认知，教师与技术工人带领学生进行重点设备读图，目的是进一步掌握生产线上主要设备的技术情况和运行原理，并将其与专业课授课内容进行衔接，从而让学生们更加充分地消化和吸收专业知识。完成读图教学后，由工人带队，再次进行设备和工艺参观，实地进行设备观察，更深层次加深理解和认识。虽然按照工厂安全管理规定的要求，学生不能再进行实际的动手操作，但经过三轮理论加实际的现场教学和参观认知，学生对专业知识的掌握和了解程度仍得到了很大提高，以至于有的毕业生在二十多年后仍对当时的知识和经历侃侃而谈。

由于宝钢是改革开放以来国家第一个修建的现代化钢铁企业，是举全国之力建设的重大工程。因而当时的宝钢也被称为"人民的宝钢"，对于前来实习的师生，厂方执行住宿费全免政策，实习队仅需支付伙食费，且住宿条件和伙食条件较武钢实习有了较大改善，参与实习的师生无不对此感到珍惜。曾带队参加宝钢实习的机械装备与控制工程系秦勤教授在回忆中提到，实习开始前，带队教师们就来到宝钢，根据实地情况不断修改授课大纲，调整实习内容，吃透每一个教学部分，用心制作图纸、讲义，力求让学生们能够听得懂、看得懂、学得通；学生们在工厂参与授课期间，不放过每一个接触先进设备的机会，认真研读图纸并和技术人员进行探讨，努力弄通每一个技术细节；他们在实习参观期间，认真观察工人们的操作，并分析这样操作的理论依据是什么。即使在一天实习结束后，学生们依然会在入住的宾馆里针对白天的所见所学进行深入讨论。先进的设备技术、浓厚的学习氛围、求实的实践精神，让学生在宝钢实习期间收获颇丰，在专业技术上日渐精进。

后因专业教学方向调整影响，20世纪90年代末，在宝钢的生产实习结束。生产实习的方向和领域逐渐走向多样化。

2001~2018年广扩渠道多元培养

1998年，学院本科生培养工作进入了新的历史阶段。机械相关专业培养方向也由以钢为主，逐渐转变为面向社会和行业需求而多元化。在新的历史时期，钢铁企业对安全生产的管理更为严格谨慎，不再允许学生近距离进行设备参观和操作实践，生产实习也由单一的钢铁企业实习转变为多元化实习，学院各专业学生按照统一安排和分组，由各系分别带队进行实习，在不同企业的多个岗位内进行轮流参观实习。在教师们的广泛联系下，实习基地的建设工作不断向前迈进。除保留了部分如太钢、马钢、日钢等钢铁企业实习基地外，还拓展建成了北京现代、太重集团、燕京啤酒等实习基地。其中，北京现代实习基地还被评为北京市校外人才培养基地。生产实习基地的变革，突显了冶金机械人与时俱进、守正创新的开拓精神。

学院师生参观太原钢铁（集团）有限公司生产线

在太原实习期间，学生们系统地参观了太原钢铁集团，在技术人员的指引下，观摩了特种钢材生产和加工的全过程，看到了我国自主生产的"笔芯钢""手撕钢"是如何从滚烫的铁水，变成了令人惊叹的"黑科技"，这完全颠覆了学生印象中钢铁企业"傻大黑粗"的固有印象，刷新了他们对制造业企业的认识和了解。在太钢实习之余，实习队的教师们还带领学生们参观了太原重型机械集团，现场感受了大型矿用挖掘机、铸造起重机、风力发电设备等"大国重器"的诞生过程。在不同类型企业的参观和学习，极大丰富了学生视野，对学生未来就业和深造方向的选择提供了诸多有益的帮助。

但在这一时期，生产实习教学工作也暴露出一些问题。各岗位实习时间较短，每个岗位往往只停留1~2天，由于缺乏长时间深入的实习，学生对制造过程的认识较为直观，对生产环境、工人工作情况的了解相对片面，"走马观花"成为学生对生产实习的感受和印象；多数企业出于安全考虑，不再允许学生上手进行操作。受外界因素影响，实习基地不固定，往往不同年份前往企业也有所不同，教学质量波动较大；实习企业较为局限，在新一轮产业革命的背景下，缺乏对高新制造业企业实习基地的建设。除机控系牵头带队的实习外，其他系负责的实习在此时期均出现过一定停摆的情况。个别的系，由于缺乏对外联络未能有较为优质的实习企业，加之学生对"走马观花"存在较大意见，还出现过在校内进行生产实习的情况，这违背了生产实习课程设立的初衷。

在这样的教学背景下，在高等教育改革的浪潮奔涌中，机械工程学院生产实习正悄然发生着变革。

2019 年至今大胆探索因时而新

2018 年 9 月 10 日，习近平总书记在全国教育大会上提出，要坚持把立德树人作为根本任务，并强调要努力构建德智体美劳全面培养的教育体系，形成更高水平的人才培养体系，强调深化教育体制改革，健全立德树人落实机制。新要求、新目标、新方向，生产实习教学作为高等学校工科人才培养的重要一环，更要有新面貌。"中国制造 2025"、工业 4.0 产业革命更是让中国的制造业脱胎换骨，走上了通往世界领先水平的道路，一大批新兴制造业企业蓬勃发展，一大批传统制造业企业华丽转身。此时，一些大型高新制造业企业的实习生计划进入了机械工程学院教育工作者的视野。该类计划通常面向全国高校进行招募，涵盖专业广，选拔过程与企业用人招聘相似，较为严谨科学。同时，企业对于实习生也制定有详细完备的培养方案，不仅会安排学生在岗进行操作，还会为每名参与实习的学生安排技术人员作为实习导师进行工作指导。实习期结束前，企业会根据学生情况，择优发放拟录用函，邀请学生前往企业就业发展。这一由企业主导的实习培养模式，既能使学生在工作岗位上得到锻炼，使专业所学与工作所做结合，同时又能够解决学生就业问题，让学生能够走进大企业发展。

经过学院决策层的反复讨论和研究，生产实习改革在与美的集团的合作中拉开了序幕。2019 年，生产实习改革试点工作启动，首批 16 名机械工程专业本科生，在经过简历筛选、面试考核后脱颖而出，进入了美的"美少年"实习计划。在此期间，学院专门派出专业教师监督和了解学生实习情况，企业中的实习导师根据学生实习情况对其进行考核打分，学生需要按照企业实习的具体安排，在岗位上完成相关生产实践工作，完成实习报告的撰写，并最终进行实习汇报答辩。作为第一批参与生产实习的学生，本科 16 级机械工程专业的陈真深有感触，他说："真正到了大企业，才知道原来制造业每一个环节都是如此的紧密相连。现代化生产与加工的方式令人耳目一新。"实习结束后，学生们纷纷对该实习模式赞不绝口，满意度高达 100%。在这种模式中，机械工程学院看到了生产实习教学的新出路，将生产实习改革作为教学领域的重点工作来抓，并将此模式推广到学院其他专业实施。

2021 年，在经过周密规划后，面向全院所有专业的定岗型、沉浸式生产实习新模式正式启动。学院结合近五年毕业生就业区域、行业的数据分布情况，以

学院本科生在美的集团进行生产实习

及国家战略布局和各省支柱产业发展情况与政策扶持力度，初步圈定了适合学生未来发展的"重点地区"及"重要行业"，积极联络重要行业的龙头企业洽谈生产实习基地的建设事项。在学院的不懈努力下，美的、京东物流、博智林机器人、太航工业、极智嘉、小鹏汽车等 17 家企业加入合作体系，开展校企联合生产实习。自此，生产实习由学院统一安排，变为学生与企业的双向选择。以美的"美少年"计划为蓝本，学院重新制定了生产实习方案，并以此与企业进行沟通协商，了解合作意向，尝试与更多企业开展合作，并围绕不同企业不同岗位特点制定实习计划，确定实习内容。学生根据意愿选择企业，并集中提交简历，企业经过选拔确定入围名单，并在学生大三下学期结束后开展岗位实践锻炼。学院各系根据学生分布情况，安排教师前往实习企业，监督学生实习情况，了解企业生产，并开展相关技术合作。经过各企业的选拔面试和统筹安排，372 名学生在 2021 年 7 月走上了生产实习岗位，参与实践锻炼。学生们在岗位上接触到了新的生产制造技术，小到一只航空空速管的装配，大到一台新能源汽车的整体设计，在这种"沉浸式"实习教学模式下，学生的专业知识得到了充分运用，专业技能得到了充分锻炼，专业方向得到了进一步开拓，学生的求职意愿和企业的人才需求得到了双向满足。

五、千锤百炼，追求卓越——智能车队发展历程

北京科技大学智能车队成立于 2006 年 4 月，隶属于北京科技大学机械工程学院，是一个有着辉煌历史和无限未来的优秀团队，智能车队自组建以来，代表学校参加了每年的全国大学生智能汽车竞赛。

初出茅庐　步履维艰

2005 年 10 月，教育部为了响应高等教育教学改革号召，加强大学生的创新意识、合作精神、实践能力的培养，委托高等学校自动化专业教学指导分委员会主办全国大学生智能汽车竞赛，第一届全国大学生智能汽车竞赛由清华大学承办，北京科技大学受邀参加。

由于智能车比赛最初源自韩国，当时国内很少有老师研究智能车领域的相关知识，正当学校为参赛的事情一筹莫展时，机械工程学院车辆工程系张文明老师和杨珏老师挺身而出，接下了学校参赛的重担，作为比赛的指导老师，并开始在全校范围内招募有意愿的学生组队参加比赛。

在学校的大力支持下，在指导老师们不遗余力的努力下，北京科技大学智能车队于 2006 年 4 月成立，当时的车队共有 5 名队员，由张文明老师和杨珏老师指导。北科大智能车队刚成立的第一年，无论是指导老师还是第一届队员都面临着巨大的挑战。只有 5 名队员，没有技术支持，没有学长指导，一切都只能从零开始，他们首次提出了使用摇头 led 结构，通过使用舵机控制的机械刹车方案和调整转向时内侧后轮的转速，提高了转向性能。尽管条件较为简陋，第一届队员仍克服了各种困难，带着用无数心血打造的智能车参加了比赛。

北京科技大学智能车队参加第一届全国大学生智能车比赛

在第一届比赛过程中，清华大学的车给第一届队员留下了深刻印象，他们使用记忆赛道，第一圈跑得很慢，将赛道轨迹记忆下来，第二圈速度特别快，最后拿了冠军，获得第二名的是上海交大，前瞻比较远，速度也比较快。初出茅庐的北科大智能车队第一次在全国大赛上成功完赛，获得了光电组二等奖。5 名队员历经艰苦、克服困难、敢于争先的品质也是北科大智能车精神的初步写照。

千锤百炼　铸就冠军

第一届全国大赛结束后，北科大智能车队并没有止步于此，他们背负着北科大的荣誉、对冠军的渴望重振旗鼓，总结经验、不断探索，这时北科大智能车队已经扩充到了 10 位成员，那时候车队没有完备的制度体系，第二届队员在没有任何制度约束的情况下挤出课外所有的时间一起备赛，每天实验室里都是大家忙碌的身影，没有一个人掉队，就这样蓄力了一年。汲取了第一届队员的比赛经验，第二届队员着重从摄像头入手，在第一届智能车摇头的基础上首次实现了点摇结构，并且采用了远近两排激光的传感器布置，使得传感器感知维度增加，极大提高了传感器的检测范围。除此之外，第二届队员在智能车的外观和内部构造的编排也进行了精心设计，在全国高校中处于较高水平。在赛场上，第二届队员的车做得特别漂亮，摄像头的前瞻是最远的，最终车队不负众望地拿到了光电组一等奖。

尽管如此，北科大智能车队仍意识到智能车的速度与顶尖高校有一定差距，但队伍的进步有目共睹，队员们更加坚定了向冠军迈进的信念。赛后，第二届队员向指导老师提出举办智能车校内赛的建议，于是，在指导老师的支持下，轰轰烈烈的智能车校内赛开始举办，在全校内广泛选拔对智能车有爱好的同学，同时也建设了良好的智能车人才储备库。

在校内赛的推动下，第三届队员的数目成倍增加，队伍内部也取得了各项技术突破，在这一年，车队采用传感器随动控制算法，首次尝试使用激光扫码枪作为传感器，使得小车对赛道的感知能力极大提高。同时进行了程序错误自检算法的实现，开发了赛道记忆算法，进行了赛道记忆的测试。这一系列的准备，奠定了第三届队员已经具有足够的实力夺得冠军，但过度的自信也会带来更多的不确定性和失误。尽管第三届队员的实力处于领先地位，但由于缺乏对应急事件的处置能力，智能车队仍与冠军失之交臂。

这一年，北科大智能车队一举拿下了光电组和摄像头组的特等奖。至此，北科智能车队在智能车比赛中上升到了第一梯队，车队也获得了无数的鲜花和掌声，但队员清醒地意识到不能因为荣誉而自负，低级的失误会使得车队与冠军差之毫厘，队员的目标只有一个，那就是全国冠军。

到了第四届队员参加比赛时，北科大智能车队已经拥有一套完整的人才体系，在技术上也取得了更多突破。光电竞速组，在这一年，点摇激光结构首次出现在赛场上，同时使用优化后的四连杆机构增加了摇头舵机的响应速度，开发出了旋转激光扫描传感器，突破了原有的"固定激光+摇头"的老旧方案，大大提高了扫描范围和水平精度，在这一年中队员们开始尝试使用赛道记忆，通过对路径的记忆进行控制算法的优化。

北京科技大学智能车队参加第四届全国大学生智能车比赛

在智能车队蓬勃发展的同时，北京科技大学获得了第四届全国大学生智能汽车竞赛总决赛的举办权，所有队员都备受鼓舞，这次的比赛肩负着北科的荣誉，在北科的体育场上获得冠军，是所有贝壳的期望。在历经四届的困难和磨炼后，智能车队终于迎来了他们最好的机会，这一次第四届队员一举拿下了光电组冠军、摄像头组冠军。迎接他们的是场馆内贝壳们热血沸腾的呐喊、是为智能车队收获最高荣誉的自豪。这一刻，惨淡经营、历经千辛的北科大智能车队在家门口站在了全国最高的领奖台上，成为北科科创比赛中的不朽神话！

继往开来　共克时艰

2019年底，新冠病毒肆虐，对人们的学习、工作和生活造成了严重的影响。为了防止病毒的进一步传播，各大高校不得不延长假期，导致了全国各地几百万的大学生在家中滞留，这对智能车队第十五届的队员们备赛无疑带来了巨大的挑战，参加智能车竞赛的各个组别都是由负责硬件、程序和机械共三部分的队员组成，他们分工合作才能共同完成车模的搭建和调试，然而比赛的所有车模、零件、工具、赛道等都在学校的实验室，队员们各自在家中根本无法进行备赛。在接到学校延迟假期，在家上网课的通知后，智能车队的领队和队员们一时间陷入了进退两难的局面。

一方有难，八方支援。车队的往届队员们在听闻第十五届队员的难处后纷纷参与到领队们的讨论当中，希望能为车队的发展提供自己的力量。往届的队员们有的还在学校继续读研，他们提出可以去实验室帮忙将做比赛所需要的车模、零件和工具等分别寄往各个队员的家里，让他们在课余时间可以在家尽最大努力备赛，这一观点的提出立刻得到了大家的一众支持，大家就线上备赛的模式和想法开始踊跃发言，第十五届的领队们认真的听了每一位往届队员的建议，开始制定第十五届队员的备赛方案。

在领队们不断的讨论和改进后，第十五届队员的线上备赛方案终于得到了指导老师的认可，这也就意味着第十五届队员们可以开始备赛了。在校的往届队员们自发组建在校邮寄工作组，分工合作，将第十五届所有在家的队员们需要的备赛物资寄到了他们的手里，队员在家上网课的同时进行备赛，领队们负责远程技术指导，一直到了暑假，队员们开始全身心的投入备赛当中，然而，线上备赛的弊端也越来越明显。一辆车模，首先由负责硬件的队员焊接好硬件电路板，然后寄到负责机械的队员手里，负责机械的队员搭好车模结构，负责控制的队员远程指导机械的队员进行调试，如果硬件出了问题，那么需要再重新将电路板寄回到硬件队员的手里，这样一来一回，光是在快递路上就需要耽误四五天，这给本就备赛时间不足的队员们雪上加霜。领队们也意识到了每个组内部的合作问题越来越大，这样下去很可能直接止步于华北赛，要想冲进国赛，就必须要改变当前的备赛模式。

2020年暑期，全国的疫情已经得到了大幅度的缓解，领队们想申请整个车队返校进行备赛，但是学校因为疫情规定还是不建议学生返校，队员们无法返校就不能一起在实验室备赛，那还是解决不了组内合作的问题。这时，队员们提出想去队友的家里一起做比赛的想法，既然回不了学校，那就因地制宜，以小组为单位，每个小组统一到组内某个队员的家里共同做比赛，小范围的聚集能最大程度降低疫情感染风险，还能省去来回邮寄比赛物资在路上耽误的时间，队员们在一起做车也能更快的解决问题。领队们向指导老师请示后，按照疫情防控要求开始制定安全预案，每个组由领队带着队员一起集中做比赛，出发前要求每个人做核酸，到达集中地后隔离十四天，隔离结束后再做核酸为阴性后才可以开始集体调车。

在各个组别都找到集中调车的地方后，信标组却遇到了一点问题，信标组是当年刚成立的组别，没有任何技术积累，再加上疫情的影响，组内的进度非常慢，很多新的技术都来不及开发尝试，而且信标组是通过信标发出声音来辨别信号，调试时声音很大，对周围的环境要求非常高，队员们的家里都没有合适的场地，一时间信标组找集中的地点成了最大的难题。就在这时，第五届队员佟超，现北京儒伯乐科技有限公司创始人，站了出来，他因为疫情的原因一直待在老家工作，他说自己住的社区的服务大厅和停车位都可以借来用作调车的场地，再加上他本身也一直在研究硬件技术开发，能给刚成立的信标组进行技术指导和帮

北京科技大学智能车队参加第十五届全国大学生智能车比赛

助，第五届队员的加入无疑给信标组雪中送炭，信标组的领队和队员们重振旗鼓，一起来到了河南安阳。在第五届队员的指导下，信标组的进度突飞猛进，顺利参加了国赛并获得了全国二等奖的成绩。

荣誉加身　创新不止

在过去的十六届竞赛中，北京科技大学智能车队至今已夺得 18 个全国总冠军、14 个全国特等奖、53 个全国一等奖和 4 次国际邀请赛的冠军。

2017 年度全国大学生"小平科技创新团队"评选中，北京科技大学智能车队在众多申报团队中脱颖而出，喜获殊荣。全国范围内获此殊荣的团队共有 50 支，其中北京地区高校仅有 3 支团队入选。此次北京科技大学智能车队获得青少年科技创新领域国家级最高荣誉，是学校大学生创新创业教育的又一项标志性成果，也是学生科技创新工作取得的历史性成绩。

北京科技大学智能车队每一届的每一个队员都在智能车队这个舞台上展现着自己，智能车队也因为每一届队员的不懈努力才有了今天的辉煌。智能车队这样一支年轻的队伍，将秉持"不怕吃苦，追求卓越"的精神，高举时代创新的旗帜，不断进行创新驱动发展，创造属于青年的无限未来。

六、求实鼎新，共创未来——机器人队发展历程

时间回到 2001 年的秋天。一天，北京科技大学收到了一封来自中央电视台

的特殊的邀请函，作为全国知名重点大学被邀请发起并参加"CCTV首届全国大学生机器人电视大赛"。

这是一次锻炼学生动手能力、展现北科大学生风貌的绝好机会。主管学生工作的党委副书记王民忠老师当即指示："这是一次机遇，更是一个挑战。我们力争组建最好的教练组，组建最好的学生参赛团队，抓住这次机会。"学校迅速筹建"北科大机器人大赛参赛小组"，组成了多学科的教练组：郗安民教授主要负责机器人大赛参赛总体规划、策略制定和进度安排的指导。王志良教授主要负责电子和自动控制部分的指导，包括电路设计、机器人控制系统硬软件设计与实现。刘鸿飞副教授主要负责机器人执行机构的确定和控制思路等方案的制定，以及机械零件加工的指导。三位指导老师不同的学科和工程技术背景在机器人大赛启动之初就形成了具有跨学科优势的指导团队。一个横跨多个院系、学科的技术团队诞生了，学生们亲切地称之为 MEI 工作室，取"机械、电子、创意"之意。

大赛初期方案讨论阶段，教练组充分挖掘学生的想象力，锻炼学生的能力，但关键时刻又像一盏航灯，为大家指引着方向。

很快就到了12月，校园各个角落都充满着期末考试和总结一年工作的忙碌。郗安民教授逐渐感觉到有点不对劲。虽然这批参赛学生的主力均为大四应届毕业生，具备较高的机械制图功底。但由于平时没有工程项目的经验，难以转化为完整的机械装配图，连零件图画标准都有困难。他异常强硬地说："不能再纸上谈兵，尽快给我拿出设计图，画不出设计图，就画零件图！"四天后，第一张零件图终于打印出来。

2002年春节刚过，正当大多数人还沉浸在与家人团聚欢乐祥和的气氛当中时，北科大 MEI 工作室早早开始了工作。首届全国大学生机器人电视大赛主题为"抢攀珠穆朗玛峰"。比赛场地由十七根圆筒组成，代表珠穆朗玛峰山区。参赛队伍根据各队把赛球投入圆筒内所得的比分而决定输赢。当参赛队伍把包括中心圆筒在内的对角线上的五根圆筒内都投入赛球时，则该参赛队即被视为"登顶成功"。则无须计分自动赢得该场比赛。

随着设计的深入，两组设计精巧、功能完善的自动机器人方案渐渐脱颖而出。其中一组是王旭、顼宇峰等人设计的"卧虎藏龙"；另外一组是由董国胜、张东等人设计的"Reacher1"，简称"R1"。两组机器人的设计思路很不相同，预计功能都达到了很高的标准，难以取舍。教练组经过再三权衡，最后告诉大家："鱼和熊掌可以兼得！我们组成两支队伍"。这样在同一块场地的两边，北科大一队、二队分别开始了紧张的加工制作过程。

然而就在去北航实地勘查时，"R1"和"卧虎藏龙"双双出了问题。原来，在学校里调试时，象征"珠穆朗玛峰"的圆筒是用纸糊的，传感器能检测出"筒"的具体方位。而比赛现场筒却变成了有机玻璃筒，由于玻璃透光，检测效果不很理想。但是，目光敏锐的郗教授发现，有机玻璃筒分成了三层，每一层玻璃外沿贴了一圈不透光的彩纸。他立即找来队员："一定要从这三圈彩纸上想办法，改进传感器！"

负责"R1"的董国胜听了，连忙和张东精确的测量了有机玻璃筒每一层彩纸的高度，并立刻回到备场改进了"R1"的传感装置。然而，自信的王旭犹豫了："卧虎藏龙"的机械结构比较复杂，传感器位置的任何小改动都有可能影响机械结构的顺利动作。经过再三考虑，王旭决定"以不变应万变"。

2002年6月15日，CCTV首届全国大学生机器人电视大赛在北京航空航天大学体育馆拉开了帷幕。经过激烈角逐，北科大二队的"R1"带着战友"小拉登""小科"一路过关斩将，凭借出色的设计和稳定的发挥最终夺得了季军！而北科大一队的"卧虎藏龙"则出现了意外，小组赛惨遭淘汰。

CCTV首届全国大学生机器人电视大赛比赛场地

第一届机器人大赛应该是最"苦"的，这种"苦"，并不仅指制作过程中的辛苦，而是指摸着石头过河，完全不知己不知彼的适应状态。但是，这种艰苦的探索成功地为后面每一届机器人大赛趟出了一条路，使之得以顺利启动和进行。

2005年9月，机器人团队在第四届亚太大学生机器人大赛中代表中国一举夺得亚军，受到党和国家领导人接见。

大学教育的一个重要任务就是培养学生对专业的兴趣和热爱，从而激发其不断学习的潜能。MEI面向低年级本科生设计"难度低，趣味强"的校内赛，主题

参加 CCTV 首届全国大学生机器人电视大赛

2005 年亚太大学生机器人大赛亚军证书和奖杯

规则、场地设计每年更新。低年级本科生通过技术培训、模仿案例、改进方案的方式，迅速上手，入门实践。自首届校内赛发起以来，至今已有超 3000 人参赛，已经成为北京科技大学校内学生科技创新品牌赛事。

2013 年教学团队设计并发起一项全新机器人赛事——机器人 DOTA 对抗赛。赛事完成了规则、场地、道具等模块设计，2014 年作为新项目被纳入"华北五省大学生机器人大赛"；2015 年，该项赛事命名为 ROBOTAC，被纳入共青团中央、全国学联主办的"全国大学生机器人大赛"，成为与 ROBOCON、ROBO-MASTER 并列的三大竞技赛事之一。

参加第十六届全国大学生机器人电视大赛

MEI 的目标只要一个：勇夺冠军！他们的口号是：策略最优、制作最快、产品最精、调试最早、改造最多、心态最好、调研最透、指挥最稳。MEI 在 2021 年第二十届全国大学生机器人大赛 ROBOCON "投壶行觞赛" 中取得亚军，"机器马术" 比赛中获得全国一等奖，并在年底代表中国参加 ROBOCON 亚太地区国际赛。本次比赛的结果可喜可贺，但过程却是历经千辛万苦。北科大 MEI 机器人团队经过约十个月设计、制作、调试和准备，克服寒假疫情影响等困难，于 2021 年 7 月 13 日到达邹城进行最终备赛。在比赛期间疫情出现反弹，组委会临时决定加快赛事进程，更紧张的比赛日程对于机器人和队员们来说都是挑战。刚比完一场不久就又要检录入场的情况不在少数；取箭机构出现松动临时修理；为了减重所有电池换成了最小的但续航跟不上，到处借充电器等，都是常规操作。在正式比赛前，也可谓历经坎坷。受疫情影响，备赛时间缩减，进度较慢，部分大三队员面临考研，人员变动导致参赛主力队员比往届减少；出发前半个月左右，备赛场地出故障停电，队员们借来 LED 灯继续备战；原定前往邹城时间也因汛期暴雨推迟。这些困难并没有阻挡北科大 MEI 前进的脚步，他们用 20 年的砥砺奋进彰显着北科力量。

MEI 20 年成绩单

北京科技大学 MEI 机器人团队成立于 2001 年，为筹备首届全国大学生机器人电视大赛（ROBOCON）而成立。MEI 含义：M：Mechanics（机械），E：Electronics（电子），I：Idea & Innovation & Intelligence（创意 & 创新 & 智能），意即 MEI 是融合机械、电子、创意、创新、智能的综合性机器人技术创新团队。团队成立 20 年来共培养了 600 余名北科学子，团队中先后有 2 名成员获得 "中国青少年科技创新奖"，4 名同学获得"校长奖章"。在全国大赛中共获得 2 次冠军，5 次亚军，3 次季军和多次一等奖，代表中国出征亚太大学生机器人大赛获得亚军，2014 年获得全国大学生"小平科技创新团队"荣誉称号。在科技创业领域，团队成员创办了 20 余家机器人领域相关企业，其中 5 家获得了 A 轮以上的融资。团队相关事迹历程已在《缔造传奇》《长城圣火》两部图书中出版，人民日报、中央电视台、教育电视台、科技日报等媒体做过相关报道。

2002 年 第一届	季军	2007 年 第六届	亚军	2012 年 第十一届	季军	2017 年 第十六届	8 强 一等奖
2003 年 第二届	冠军	2008 年 第七届	16 强 二等奖	2013 年 第十二届	16 强 二等奖	2018 年 第十七届	8 强 一等奖
2004 年 第三届	亚军	2009 年 第八届	16 强 二等奖	2014 年 第十三届	8 强 一等奖	2019 年 第十八届	16 强 二等奖
2005 年 第四届	冠军 亚太亚军	2010 年 第九届	亚军	2015 年 第十四届	季军	2020 年 第十九届	8 强 一等奖
2006 年 第五届	亚军	2011 年 第十届	8 强 一等奖	2016 年 第十五届	32 强 三等奖	2021 年 第二十届	亚军

MEI 20 年成绩单

七、顽强拼搏，奋勇争先——体育光辉历程

1954 年 9 月，青年团北京钢铁工业学院第一次代表大会召开。大会确定今后的工作重点是进一步贯彻执行过渡时期总路线，贯彻响应毛主席对青年人提出的"要使青年身体好，学习好，工作好"号召。这一时期"劳卫制"的全面推行，掀起了师生体育锻炼的高潮，开创了学校全民体育的新局面。

1956 年，钢院竞技体育运动开始蓬勃发展。4 月 22 日，北京市北郊十所院校田径运动会在北京矿业学院举行，北京钢铁工业学院获团体总分第一名，从此，钢院的体育便如铺满天幕的云霞，绚烂夺目。

建校初期——初露锋芒

楼大鹏于 1954 年至 1959 年在北京钢铁工业学院机械系就读。大学期间他不仅学习成绩优异，体育成绩更是突出，是一名优秀跨栏选手，曾以 25″2 的成绩打破男子 200 米低栏全国纪录并获得 1958 年全国大学生运动会冠军。在北京两次申奥中，他出任奥申委的体育主任，为中国奥运会的成功申办和举办做出了巨大的贡献。

在当时的机械系，既有楼大鹏这样破全国纪录万众瞩目的人，也有一大群因为热爱而投身体育运动的学生。朱孝禄就是其中一个。

朱孝禄 1953 年考入北京钢铁工业学院，就读于冶金机械专业，1957 年毕业

楼大鹏参加 1958 年西安全国大学生运动会打破 200 米低栏全国纪录

后留校任教。据老校友朱教授回忆，他作为当时的学生会体育部副部长，和体育部部长李依依（冶金系）共同带领同学积极参与体育运动，他是标枪、铁饼、铅球三项运动队的学生负责人。每天下课后，每个项目的带队体育老师会在操场指导学生训练，学生运动热情高涨。朱孝禄留校任职后对体育的热情没有减退，他经常到篮球场和学生一起打球。如今 88 岁高龄的朱教授身体硬朗、精神矍铄，这与他热爱体育运动并保持良好运动习惯密不可分。

1959 年，北京市田径运动大会召开，包括北京钢铁工业学院 16 名优秀运动员参加的高校混合队获得男女团体总分第一名，其中机械系高颂烈参赛的项目跻身前六名。高颂烈 1960 年毕业后留校任教，曾任北京科技大学副校长、研究员、教授。1959 年，第一届全国运动会在北京举行，北京钢铁工业学院有十几名学生作为北京市体育代表队参加，其中机械系有李天民、李国祥、寿尔康。寿尔康在竞浮艇比赛中 1 个项目破全国纪录获得冠军，1 个项目获得第五名。在这一届全运会上，北京钢铁工业学院运动员一共获得冠军金质奖章 6 枚，亚军银质奖章 2 枚。当时，钢院运动员所得的总分甚至超过了第五名江苏等许多省队的得分，震惊了中国体坛。1960 年，机械系竞走运动员杨其胜在高校比赛中取得 10 公里竞走冠军，并破 10 公里竞走全国纪录。

建校初期，机械系在楼大鹏、杨其胜这样获得突出成绩运动员的带领下，运动士气高涨，由此奠定了机械工程学院良好的体育文化和运动氛围。

60~70 年代——日新月异

60 年代到 70 年代之间，学校有王玉璞、李文燕、楼大鹏等一批优秀的体育老师在校任教，在他们的用心、科学指导下，涌现了一批能力强、有干劲的运动员。其中有很多是机械系的学生。

机械系王希平在当时加入了学校体育代表队中长跑组，周翌珠、李淑琴进入学校代表队短跨组。周翌珠回忆道："在代表队的运动经历，培养了她不怕苦、不怕累、不怕失败的精神，让她终身受益"。和周翌珠同为短跨组的李淑琴也是机械系学生。在新生运动会上，她破了院跨栏纪录，后来进了代表队。回忆起在运动队的点点滴滴，李淑琴感到幸福和快乐。

除了长跑与短跑，还有很多在其他项目中努力训练发挥自身价值的学生。在北京市第十一届高等院校学生田径运动会中，机 72 吴春城以 25.71 米的成绩获得铁饼第七名。北京市第十二届高等院校学生田径运动会中，机 72 马东英以 1489 分获得三项全能第五名。

这一时期的教师与学生在体育运动方面呈现出严谨的精神与勤奋刻苦的良好品质。正是师生对体育运动的认真态度造就了学院在体育上的优异成绩。

1977～1985 年——百花齐放

从 1977 年到 1985 年这几年的时间里，机械系体育成绩创造了辉煌，这一时期体育人才辈出，代表学校参加北京市高校运动会的学生不胜其数。

1977 年，北京市第十六届高等院校学生田径运动会中，学校获得女子 4×100 米项目冠军，四名接力队员中的高德芳和滕向阳，分别为我院机制 76 和机制 75 的学生。据高德芳回忆，她入学那年的冬天，北京特别寒冷，因为缺煤，学校暖气也烧不上温度来。就在这样的条件下，高德芳开始了田径队短跑运动的训练生涯。她回忆道："有的运动员说：'上大学，改变了他的人生轨迹；进田径队，改变了他一生的命运。'在我跟随王玉璞教练训练的四年间，养成了集体荣誉感、顽强精神和坚定的意志，这些伴随了我的一生。"

那时，学校短跑组教练王玉璞老师担任机械系专职体育教师，为机械系培养出无数优秀的运动员，带领机械系代表队参加学校运动会，多次捧回团体冠军的奖杯。

1979 年参加学校运动会 4×100 米女子冠军，从左至右董平、王小群（机械）、王玉璞老师、高德芳（机械）、高玮（机械）

机械系运动员在北京市的赛场上大放光芒。北京市第十七届高等院校学生田径运动会中，机 77 王小群包揽女子 200 米和 400 米第一名。北京市第十九届高等院校学生田径运动会中，机 78 柯原以 58″1 的成绩获得男子 400 米中栏第一名。机制 76 班姜荣，有着钢院万米冠军的美称，以 34′56″4 的成绩获得男子 10000 米第四名。北京市第二十届高等院校学生田径运动会中，机 79 班倪伟敏以 12″8 的成绩获得女子 100 米第一名。机 78 班高玮以 13″2 的成绩获得女子 100 米第二名。北京市第二十一届高等院校学生田径运动会中，女子 4×100 米接力中，钢院斩获第一，四名运动员倪伟敏、高玮、韩伟红、段柏平全部来自机械系。

北京市第二十二届高等院校学生田径运动会中，机械系学生在赛场上努力拼搏，屡创佳绩，创造了属于机械系的"高光时刻"，机械设计专业80级梁琪以23″1的成绩获得男子200米第一名，同时斩获了100米第三名。流控82班张杰获得男子200米第四名、100米第八名。在男子100米、200米项目中，当时的北京钢铁学院在前八名中分别占有两名，而这两名全是机械系学生，机制81班的陈力民获得十项全能第五名。巾帼不让须眉，女子项目中，机79班倪伟敏斩获100米、200米两项冠军。机制82班董莉斩获100米、200米两项亚军，100米、200米的前两名全被机械系学生包揽成为一段佳话。机械设计80班王素茵擅长中长跑项目，分别获得800米第二名、1500米第三名。段柏平获得100米低栏第一名、400米低栏第二名，两项成绩都打破了当时的北京市高校纪录。机80班王菊英获得100米低栏与跳远第二名。机械设计80班韩伟红获得跳远第三名、跳高第八名。机械设计80班陆焕玲获得标枪第四名。机械设计80班杨小羽获得七项全能一等奖，七项全能包括七个项目，要求既要跑得快又要有力量，对运动员要求很高。女子个人项目中，钢院共获得25项荣誉，机械系学生占其中的15项。从机械设计80班走出的运动员们在赛场上奋力拼搏，屡创佳绩，令人瞩目的成绩也使当时的机械设计80班名声大噪。

北京市第二十一届高等院校学生田径运动会4×100米项目冠军队的4名队员
（左起：倪伟敏、高玮、韩伟红、段柏平）

值得一提的是，倪伟敏从1980年到1985年在北京市学生田径运动会中连续六年卫冕女子100米项目，1982年到1985年连续四年卫冕女子200米项目，两次打破北京市高校运动会100米纪录，一次打破北京市高校运动会200米纪录，和队友一起两次打破4×100米接力北京市高校纪录。1986年，在一次北京市优秀运动员田径邀请赛中，以12″的成绩进入当年全国前十，并打破北京市纪录，成为国家一级运动员，可谓是当时的体育女神级人物。

这一时间段，机械系优秀运动员所获得的成绩不胜枚举，他们的名字和故事在机械工程学院中代代相传，除了以上提到的名字，还有：机74方刚、机74王德清、机 75 刘凤娟、机 75 王亮、机 76 张思京、机制 76 李南征、机制 76 宋刚、机制 76 李迺水、机 76 李燕、制氧 76 戴斌、机制 77 臧汝涛、机 78 张鹰、机 78 林建汉、机制 78 刘伟、机制 81 陈力民、机 84 余强、机 84 付勇、流控 84 何洋、流控 84 周蕾、机 85 魏建国、机 85 王华军、机 85 高岩、机 85 张玉革、机 86 姜永华、机 86 李峰、机 87 邢然、机 87 李伟、机 88 曹海啸、机 89 曾凡辉、机 89 陈波、机 89 贾晓华、机 89 贾连芳、机 90 卜建军、机 91 康德军、机 91 宋红武、机 91 杨雪涛、机 92 侯伟、机 92 陈琦、机 92 陈伟红、机 92 王金坤、机 92 王欢、机 92 欧东、机 92 宋晔华等。

80～90 年代——体教融合

80 年代到 90 年代这一时间段，学院学生工作促进了学院体育文化的进一步发展，学院内部形成了在体育上勇于争先的良好氛围。

据退休老干部郭俊老师回忆，当时学院非常注重学生工作和体育发展。90 级学生刘玉钢上中学时在北京八中，曾经参加过世界中学生运动会进入了 100 米赛前八名，是国家一级运动员，作为分管学生工作的党委副书记，郭老师得知消息后，立马去到他的家里，学生和家长感受到郭老师的真情实意和良苦用心，深深地对钢铁学院产生浓厚兴趣，最终来到了机械系。还有练习 800 米项目的杨雪涛等学生，都被机械系良好的氛围所吸引，聚到了一起。

学院退休老教师杨竞曾经是机械系学生，上学时期主攻男子 400 米，随后转攻男子 400 米栏，虽然在训练时曾把脚扭伤，但是他并没有放弃对体育的热爱，最终在北京市高等院校第二十六届学生田径运动会上成功跻身 400 米栏前 8 名，为学校夺得荣誉。他回忆道："当时机械系里人人身上都流露着一股不怕苦的劲儿，在各方面都勤奋努力。"

扎实学生工作所形成的良好教育氛围塑造了学生敢为人先、刻苦努力的优秀品质。"搞体育、搞成体育、搞好体育"的信念激发了学生勇争第一的热情与心气，使得学院在教学、科研、思想政治教育其他方面也名列学校前茅，这对机械系培养全面发展的人才有巨大贡献。

21 世纪——薪火相传

21 世纪，学院更加注重体育文化的育人作用，以课外体育活动为主要手段，结合学院特点，组织了多种多样的赛事活动。主要包括新生"3+2"篮球赛、毕业杯篮球赛、七人制足球赛、一二·九趣味运动会等锻炼身体、促进和谐氛围的活动。丰富多彩的体育活动为学生个性的充分展现创造了理想环境和条件，养成了机械学子生动活泼、健康向上的生活方式和生活态度。在学校学生运动会中，机械工程学院连续多年夺得男子团体冠军，女子团体得分同样名列前茅。2014

年，在CUBL（中国大学生阳光体育篮球联赛）赛场上，机械学子王志鹏与林诗博将坚韧果敢的精神品质与超强的实力展现在北科、北京乃至全国大学生面前。学院从建校之初传承下来的"不怕吃苦、勇争第一"的体育精神造就了一代代驰骋在体育赛场上的机械学子。

除了专注对学生的培养，学院还鼓励教师以小群体为单位开展各类校园体育文化活动。机械工程学院教职工在工作之余也参加各类学院体育赛事，教职工羽毛球赛、乒乓球赛中都能看到平时上课严肃严谨的老师活跃在赛场上。除了在院内活动中积极参与，机械教师团体还频频在学校羽毛球赛、教职工运动会中取得优异成绩。机械工程学院"热爱体育、热爱运动"的传统传承至今，在一代代师生身上体现着。

钢院体育成绩的获得离不开学校良好的强身健体的体育氛围，机械工程学院体育人才辈出离不开学院一代代师生的努力奋斗。北京科技大学的体育精神在一代代钢小伙、铁姑娘的努力中传承着，当年钢院的辉煌成绩、"钢院胜体院"的佳话带来的自信，至今依然振奋着一代代北科人，而机械工程学院在体育中的拼搏奋斗精神，激励着后辈机械学子百折不挠、奋勇向前。

第四章　科学研究　脚踏实地

一、立足生产，实干奉献——冶金机械教研室七十载光辉岁月

在北京钢铁工业学院建院之初，成立了这样一个教研室——冶金机械教研室，70 年栉风沐雨，当初的一间小小教研室为新中国钢铁行业发展筑基凝魂，见证了新中国从成立之初缺钢少铁举步维艰到今天钢铁产量冠绝世界的辉煌成就。70 年时间里，冶金机械教研室走出了胡正寰、陈先霖、刘玠、钟掘、关杰 5 位中国科学院/工程院院士，徐宝陞、李谋谓、管克智等 30 余位冶金机械领域专家教授，为国家钢铁行业培养了千余位研究生学历及以上人才，此外还有无数学者在这个教研室老师的教导和影响下投身到祖国的钢铁一线生产建设中，为祖国的钢铁行业腾飞做出自己的贡献。在这个时时刻刻充满干劲，立足国家发展需求的教研室中，诞生了无数对新中国钢铁行业发展有着深远影响的技术和理论，世界上第一台弧形连铸机、零件斜轧与楔横轧技术、BG300 型液压矮泥炮等十余项冶金机械领域的重大设备与技术均诞生在这个教研室，教研室先后参加了武钢 1700 轧机系统新技术开发与创新、宝钢引进技术的消化吸收、我国首台 4200 巨厚板轧机效能的判断与开发等国家重大科研攻关类项目数十项，获得国家科学技术进步奖、国家重大技术装备奖等国家级奖项 30 余次，获得冶金工业部科学技术进步奖、北京市科技成果奖等省部级奖项 150 余次，拥有超过 200 余项国家专利技术。

教研室 70 年的辉煌成就离不开"事业心""凝聚力""奉献精神"三个核心精神，也更离不开老师们敢为人先，紧密贴合生产一线，务实科研的优良传统。

应运而生，服务国家（1953~1976 年）

1952 年，坐落在北京市海淀区学院路上的满井村人头攒动，轰隆作响的工地，宽阔的道路还有路边散发着无限生机的新植嫩苗标志着这座将为新中国钢铁行业发展做出卓越贡献的北京钢铁工业学院的诞生。新中国成立伊始，工业薄弱，我国钢产量 5.8 万吨，占世界钢产量的 0.1%，甚至不足美国半天的钢产量。"钢铁行业急需发展，钢铁行业必须发展"成为业界的共识。在当时，限制国内钢铁行业发展的主要因素除冶金工艺外，冶金机械设备的缺失、落后也是一大原因。积贫积弱的旧中国在长时间的战争摧残下，工业基础薄弱，战争硝烟散去

时，中国大地上已经没有一家完整的钢铁企业。

1953 年，新中国的第一个五年计划开始实施，"一五"计划以苏联援建的 156 个项目为核心拟建立社会主义工业化的初步基础。以苏联乌拉尔工学院索柯洛夫教授为组长的苏联专家组进驻成立之初的北京钢铁工业学院机械系，指导机械系的教学工作并进行教师培训。索柯洛夫教授的研究领域集中在冶金机械设备的设计与开发，在苏联专家的建议下，机械系成立了专攻冶金机械方向的冶金机械教研室。1953 年到 1957 年这四年时间中，教研室老师们的主要任务是跟随苏联专家学习冶金机械的相关专业知识。

当时教研室主任孙一康老师作为翻译对苏联专家的教材、讲义进行了详细全面的翻译。根据国家统一部署，包括各地钢铁厂、各省冶金厅等钢铁行业千余名从业者来到北京钢铁工业学院进修。教研室的老师们除了学习工作外，还要承担进修老师们的教学工作。而北京钢铁工业学院成立之初设施并不完善，很多建筑还没有完工，甚至缺乏基本的生活用水，师生们平时的生活用水需要到当时南门处一口名为"满井"的水井处自行取用。教室也是由临时工棚改建而成，冬天没有暖气，教室外全是尘土飞扬的工地，可谓是"无风三尺土，下雨两脚泥"。就是在这样的艰苦条件下，教研室老师们跟随苏联专家孜孜不倦的学习并将知识传授给各地来进修的老师们。

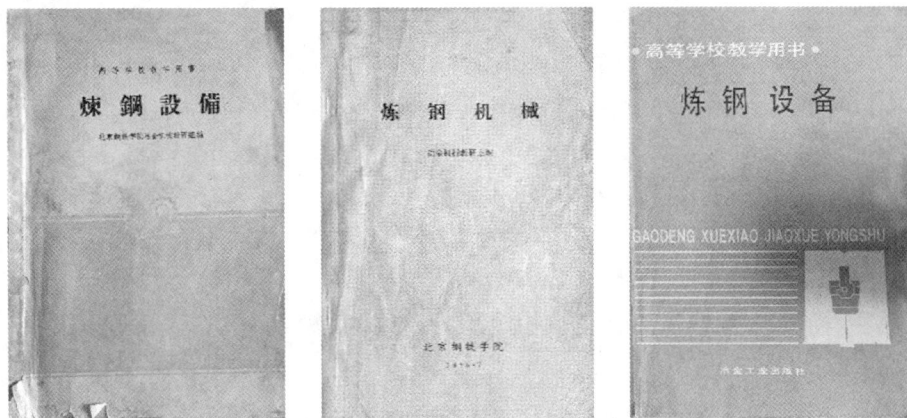

冶金机械教研室根据苏联材料翻译的冶金机械教学用书

1958 年 9 月，随着"以钢为纲，全面跃进"的口号提出，轰轰烈烈的大炼钢铁开始了，当时国家迫切地需要提升钢产量，虽然出现了很多"放卫星"事件，但是钢厂的高炉越来越高，钢厂量越来越多，这也带来了高炉布料的问题。布料不得当，盲目的增加高炉规模只会导致宝贵资源的浪费。教研室的严允进老师在苏联专家的基础上，结合国内钢厂的实际生产情况，研发出无料钟炉顶布料技术，该项技术具有重量轻、体积小、费用低等特点。在当时那个年代，国内钢铁厂的大部分技术、设备都是通过引进得到的，严允进老师长期工作在生产一线，了解钢厂引进国外技术时会花费大量专利费用。严允进怀着对自己研发技术的高度自信，申请了技术专利。严老师的无料钟炉顶布料技术在国内和国际上有着重要影响，中美建交后，美国钢厂曾专程到国内购买这项专利技术。

1953年到1978年，这25年时间里，冶金机械教研室经历了成立、成长、投身科研三个阶段。这段时间教研室的老师们跟随苏联专家学习了国际上的先进冶金设备，同时也深入到生产一线，将当时的先进技术与国家的实际情况相结合，将技术转化为生产力，为国家钢铁行业的发展奠定了坚实的基础。

集合生产，深入科研（1977~1999年）

1978年，改革开放的春风吹遍祖国大地，第五个五年计划也在有序推进。随着国家改革开放的进程，钢铁行业开始大规模引进发达国家的先进冶金技术和设备。钢铁行业的快速大发展也让冶金机械教研室老师们忙得热火朝天。经过前期的艰苦奋斗，北京钢铁学院机械系冶金机械教研室已经成为了国内冶金机械领域内的重要科研力量。此时的冶金机械教研室具备了强大的科研能力，在冶金机械领域科研硕果累累，得到了国家领导认可和国内钢铁厂的广泛认同。此时，冶金机械教研室有以徐宝陞教授为主要负责人弧形连铸机研究团队，以胡正寰为主要负责人的零件轧制成形研究团队，以陈先霖为主要负责人的板形控制研究团队，以朱允言为主要负责人的高炉泥炮开口机团队，以严允进为主要负责人的高炉无料钟研究团队，以康祖立为主要负责人的行星轧机科研团队，此外还有李谋渭的在线控冷设备研究团队，邹家祥的热锯板型振动团队，汪家才的高精度冷拔管团队共九个主要研究方向。

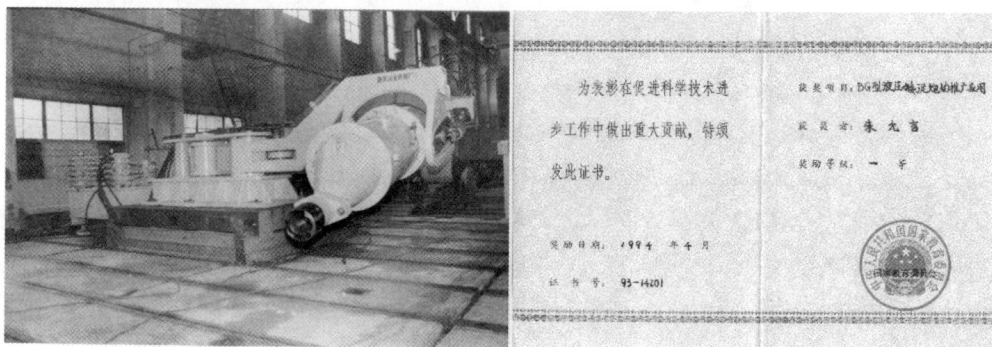

教研室朱允言老师为牵头人研制的BG型液压矮泥炮及其获奖证书

在这段时间中，冶金机械教研室共获得国家级、省部级奖项40余项，参与国家重点课题共计20余项，"武钢一米七轧机系统新技术开发与创新技术"获得国家科学技术进步奖特等奖，"宽带钢轧机辊型和板型研究"获得国家科学技进步奖一等奖。教研室的主要研究方向转向了国民经济主战场，面向国有大中型钢铁企业开展科研工作取得的成果突出，为国家带来的经济效应显著。

国内早期钢铁轧制过程中，由于技术限制，只能轧制出方坯，后续使用过程中需要根据实际应用进行加工，加工过程会消耗大量电力。当时在国际上，应用行星轧机进行薄钢板轧制已经有了一定的基础。教研室的康祖立老师在了解到行星轧机技术后，决定将该项技术本土化。通过资料查找，技术研究，康祖立独立设计的行星轧机在太原矿山机械厂加工出来并顺利完成实验，取得了良好的实际效果。在实验阶段取得成功后，时任机械系主任的徐宝陞教授与重庆第三钢铁厂联系，商定在重庆第三钢铁厂进行250型号行星轧机的搭建。在验收阶段，国家科委一机部的领导坐在轧机前观察了一个班（4小时）的生产后，对行星轧机科研成果给予肯定并指示扩大生产，要求着手进行650型号的行星轧机的研制工作。

行星轧机的研制取得了重大的科学成果，国家科委对行星轧机给予了肯定，并拟分配该项研究成果改进申报国家重大发明奖项，但是在填报奖项文件时，不慕名利的冶金机械教研室老师们并没有将该项成果进行奖项的申报，至今在康祖立老师手中还存有一份空白的奖项填报文件。在那个年代，冶金机械教研室的老师们，将个人的利益与荣耀抛之身后，全身心投入到为国家奉献之中。

《冶金报》报道冶金部1992年度国家级、部级有突出贡献的中青年专家，
教研室高泽标老师入选（第一栏第二位）

冶金机械教研室在1978~1999年这22年的时间里，将科研与生产相结合，让大量的科学技术转化为了生产力，为新中国成为钢铁大国做出了卓越的贡献。

贴合实际，着眼生产是这个时间段教研室的主要基调。脱离了生产实际的科学技术就是纸上谈兵，教研室的老师们在深入钻研冶金机械理论的同时，更加注重如何将技术转化为生产力为国家的钢铁行业做出贡献。"朴实无华，默默奉献"是全体教研室老师们的共同品质。

交叉融合，投身时代（2000 年至今）

随着千禧年钟声的响起，21 世纪正式到来。为应对新世纪国家发展与行业发展的需要，彼时的冶金机械教研室已经变成了多学科融合、综合发展的机械装备与控制工程系。新的系所既有对传统冶金机械科研方向的继承，也有在新兴科研领域的发展。随着从事更多科研方向的老师们加入系所，目前，系所内新增了航空、航天方向，军事装备、先进快速成型技术、纳米摩擦、生物力学等多个前沿学科方向。以冶金机械教研室为基础的机械装备及控制工程系是国内面向冶金装备的设计、制造、监测、控制和冶金产品质量监测开展教学，科研和人才培养工作时间最长，影响最广的教学科研单位之一。

在传统冶金机械科研领域，系所已经从大规模、高产量炼钢设备研究方向转为研究高性能的钢铁材料以及智能化的冶金机械设备。虽然系所有了新的发展，但是当初冶金机械教研室时期形成的核心精神以及贴合生产、注重实践的优良传统从来没有被舍弃。不管是一直在冶金机械教研室的老师，还是后来加入机械装备与控制工程系的新生力量都秉承着"事业心、凝聚力、奉献精神"的核心精神，深入生产一线，将科研紧紧与实际相结合。

从北京钢铁学院机械系冶金机械教研室到现在的北京科技大学机械工程学院机械装备及控制工程系，这支有着 70 年历史的团队铸就了无数的辉煌，在国家钢铁冶金设备领域乃至机械领域都有着卓越的贡献。70 年风雨历程弹指一挥间，无数的科学工作者们在这间教研室中默默奉献了一生。从新中国的钢铁脊梁到现在的多方向融合发展。冶金机械教研室的精神在这里既有传承又有发扬，是"事业心""凝聚力""奉献精神"承载着先辈们朴素报国热情和家国情怀的三个光荣精神历久弥坚，也激励着一代又一代的后起之秀永攀科研之峰，永怀报国之情。

二、攻坚克难，大国匠心——弧形连续铸钢机创造历程

1960 年 9 月，当时北京钢铁学院附属钢厂内，随着质量完好的数根钢坯出炉，钢厂内传来了阵阵欢呼声，当时主持试验的徐宝陞教授及其团队几经辛苦终于在这里成功实验出了世界上第一台弧形连续铸钢机，它比国外第一次试验成功的 Von Moos 工厂弧形连铸机问世还早两年多。这是当时北京钢铁学院建成以来，

首次设计出世界领先的铸钢机，对当时新中国钢铁行业的发展以及工业化进程有着重要意义。

攻坚克难，探索"弧形连铸机"

弧形连续铸钢机是我国首创的一种新型连续铸钢装置，它的中心线是一个圆周的1/4，这种形式除兼有立式、立弯式和倾斜式连续铸钢机的各种优点外，还具有设备低、重量轻、效率高及操作简单等特点，便于在车间布置。它的创造及发展过程，是一个由实践到认识，又由认识到实践多次反复的过程。连续铸钢技术是从国外引进的先进经验和技术，充分吸收之后在部分重要环节上对其做了大胆的发展和创新，并对有部分缺陷的零部件随时更换和调整。参与研究和设计的单位主要有重庆第三钢铁厂、北京钢铁工业学院（现北京科技大学）、钢铁研究院等。

我国关于连续铸钢的研究工作是从1957年开始的，我国自行设计研发生产的连续铸钢装置是从当年11月开始设计，在北京钢铁工业学院、重庆第三钢铁厂和重庆钢铁公司科研团队人员的共同努力下，在1958年2月完成了全部设计工作。全套装置于1958年冬季完成主要的制造安装，并于同年12月20日开始浇注第一炉钢水。这台装备的设计、制造及安装时间不到14个月，研发速度在当时还是较快的，并且全套设备由重钢三厂自己制造，只用了140万元的投资，加工质量也比较好。我国第一台工业生产的连续铸钢装置，在1963年5月通过了冶金部的鉴定开始正式投产，这为弧形连续铸钢机得以成功应用奠定了重要基础。

在弧形连续铸钢机研发之前，连续铸钢机主要有立式、立弯式以及倾斜式弧形连铸机，立式连续铸钢机在当时是应用最为成功、最为广泛采用的一种形式。但是徐宝陞教授及团队科研人员分析比较了这三种连续铸钢机的缺点：

一是立式连续铸钢机设备很高，在车间布置时，无论向空中发展或向地下发展都是比较困难的，设备过于沉重，投资较高；采用氧气切割时，因切割火焰向水平方向喷射，须采用较大的气流与较高的气流速度，才能把切缝中的氧化渣吹出来，所以切缝较大，金属的烧损也较大，同时切铸坯定尺长度受装置高度的限制，不能太长。

二是立弯式连续铸钢机设备仍然很高，和立式装置相差不多，只是用于小断面铸坯的中小型立弯式装置的高度比立式装置低4~6米；比立式装置少了一套翻钢设备，但多了一套弯钢设备和一套矫直设备，因此设备重量与立式装置差不多，但占地面积较大；立弯式装置只宜于向地上发展，不宜于向地面下较深处发展。

三是倾斜式连续铸钢机因钢液面与结晶器上壁形成锐角，钢液内的污物及气

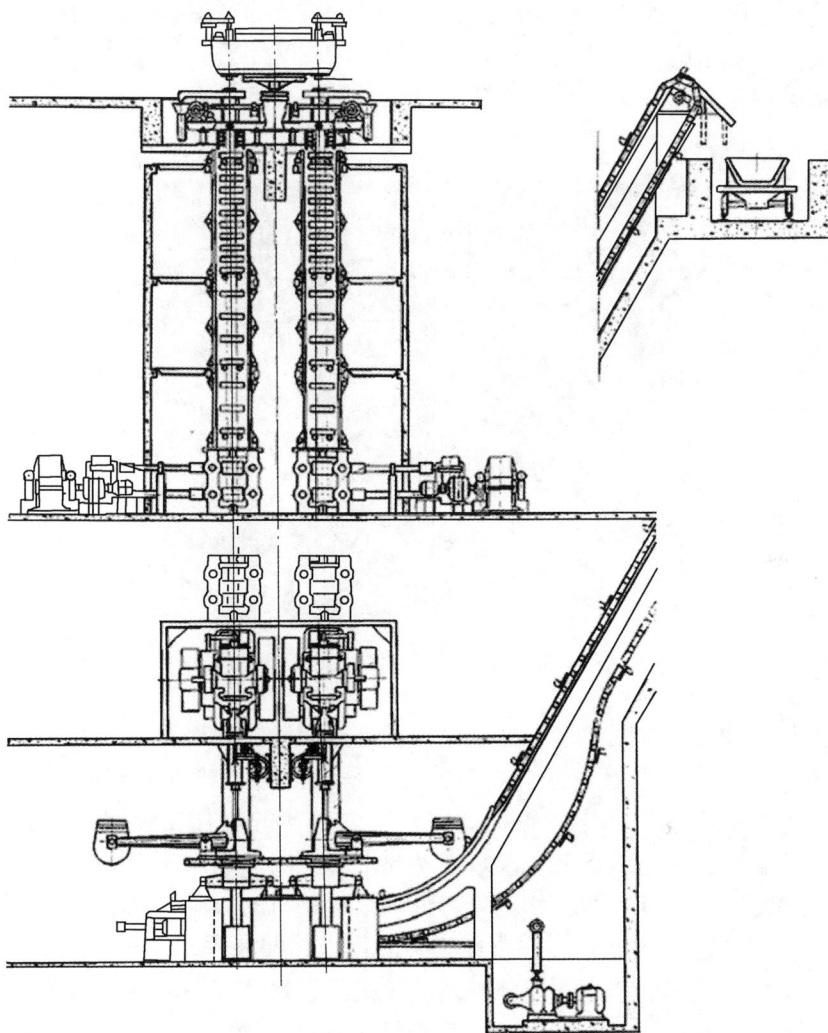

1958 年在重钢三厂设计建成中国首台立式连铸机

体不容易浮出钢液外面，而聚集在铸坯上面，降低了铸坯质量；钢流位置较难控制。在开始浇铸时，钢流冲在结晶器下壁上，容易使该处过热而提前破损。

结合现实的科研问题，徐宝陞教授及其团队调研了北京、青岛、唐山及大连等地的倾斜式及水平式连续铸钢机的试验工作，这些成功或部分失败的实践经验，都为现有的连续铸钢机实验提供了一手资料。那之后徐宝陞教授及其团队认为现有的连续铸钢机的缺点明显，结合立式装置上试生产的经验认为必须进行设备装置更新换代才能满足现有的钢铁工业发展的实际需要，并积极提出了以下思考：

一是在不缩短二次冷却区长度的前提下降低装置的高度，这是变革连续铸钢机应解决的主要矛盾；二是保持立式装置的优点，使用垂直的或基本垂直的结晶器；三是保持立弯式装置下半部及倾斜式装置后半部的优点，使铸坯最终沿水平方向前进，并在水平方向切坯；四是减小拉坯阻力，实现快速拉坯。

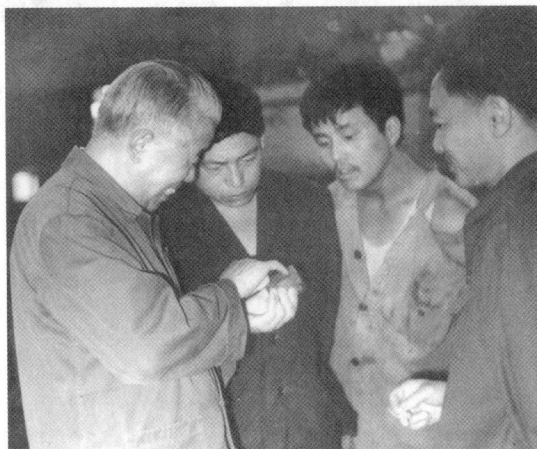

徐宝陞教授与青岛钢厂工人研究水平轮式连铸机铸坯质量

为了尽快完成定性的实验，对理论探索进行实践性的检验，徐宝陞教授及其团队在重庆三钢铁厂先后进行多次实验，先是设计了"轮瓦式连续铸钢机"并进行实验，后期改进并简化"轮瓦式连续铸钢机"的过程之中取消了装置的最大零件——大轮，并把弧形瓦块改成一块弧形结晶器，采用相应的装置形成一个完整的二次冷却区。这基本上相当于弧形连续铸钢机的心脏，在后续实验中证实它具有结构简单可靠，弧形振动轨迹正确的优点，并展现出了良好的工作性能。这一新型结构虽然脱胎于轮瓦式弧形连续铸钢机但是与前期所有的装置都有着本质区别，徐宝陞教授为其取名为"弧形连续铸钢机"。

1960年在北京钢铁学院附属钢厂，徐宝陞教授及其团队建成了一台简单的弧形连续铸钢机，顺利地浇出了200毫米弧形方坯，其表面及内部质量符合要求，成为世界上第一台弧形连续铸钢试验机组。在北京钢铁学院，一颗钢铁强国梦的种子在这里绽放，弧形连续铸钢机的诞生，对北京钢铁学院和机械系的建设发展有着里程碑式的纪念意义。

育人铸魂，锻造"实践出真知"

弧形连铸机试验成功后，徐宝陞教授及其科研团队为进行大规模工业试验，和重庆第三钢铁厂开展合作，1962年在国家科学技术委员会和冶金工业部支持下，在重钢三厂建设一台工业试生产的"1700弧形连铸机"，由徐宝陞教授主要负责设

1960 年在钢院钢厂初试成功的世界第一台弧形连铸机

计。这台连铸机的圆弧半径为 6 米，宽 1.7 米，可浇铸断面为 180 毫米 ×（1200~1500）毫米的板坯或三流 180 毫米 ×250 毫米的大钢坯。在这台连铸机上首次采用了 15000 千牛摆动式液压飞剪机，能同时剪切三流大方坯，之后这台弧形连铸机于1964 年 6 月投入工业试生产，板坯和方坯的浇铸都取得成功。它是世界上第一台工业生产型板坯和方坯两用的弧形连铸机，在当时也是世界上最大的弧形连铸机之一。

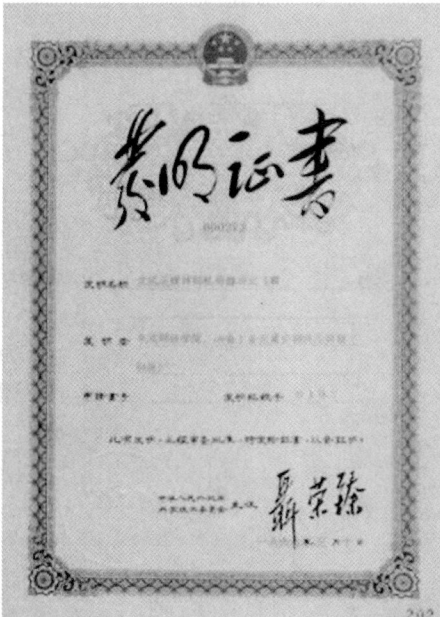

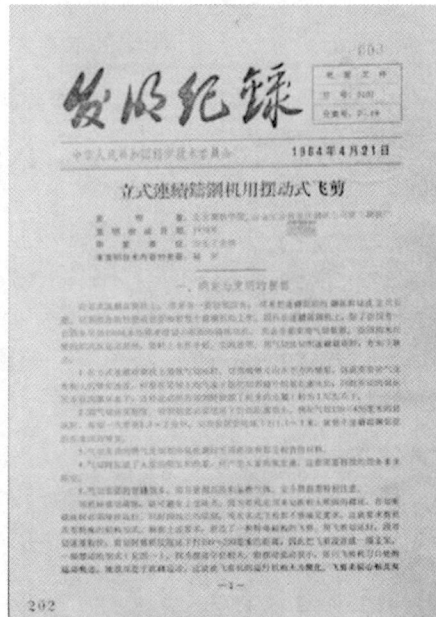

立式连续铸钢机用摆动式飞剪发明证书

1958 年和 1964 年在重钢三厂设计建成 400 吨铸坯飞剪机和 1500 吨三流液压飞剪机

　　1966 年徐宝陞教授又为重庆钢铁公司设计了一台圆弧半径为 10 米、宽为 2.3 米的板坯、方坯两用的 "2300 弧形连铸机"，可浇铸四流 250 毫米×250 毫米大方坯或一流（250～300）毫米×（1500～2100）毫米大板坯，并于 1968 年投产，在当时成为世界最大的弧形连铸机之一。后期，徐宝陞教授又进行新型高速小方坯连铸机的探索与开发，为中小企业提供经济适用型的小型钢材生产提供宝贵的经验，徐宝陞教授年近八旬仍然不断构思、设计、试验，为中国连续铸钢事业的发展呕心沥血，披荆斩棘，永不休止地开拓着新的领域。

1964 年在重钢三厂设计建成世界首台工业运行的 1700 弧形连铸机　1966 年为重钢公司设计建成大型 2300 弧形连铸机

2300 板坯、方坯两用弧形连铸机进行一机四流铸坯

　　弧形连续铸钢机的实验成功，离不开徐宝陞教授多年来在钢铁冶金技术上的认识和实践经验。徐宝陞教授赴美留学回国之后，先后在重钢三厂担任总工程师，设计并创造力了生产钢轨垫板的新工艺及其设备；1957年赴苏联交流考察连续铸钢技术，为重钢三厂设计了我国第一台工业生产型立式双流连铸机，并结合现场特点，首次采用摆动式飞剪机剪切铸坯；1958年他调至北京钢铁学院（现北京科技大学），任教授、机械系主任兼院附属钢厂技术副厂长，带领机械系在机械铸造领域开辟了一篇崭新的天地，以徐宝陞教授为主的科研团队在冶金铸造科研事业上几十年如一日，兢兢业业，辛勤耕耘，成就卓著，享誉国内外。

徐宝陞教授出席北京钢院香港校友会

徐宝陞教授与七九届研究生

　　1978 年后徐宝陞教授把精力重点投放在硕士生和博士生的培养和科研工作上，为新中国钢铁机械领域内培育了众多的优秀人才。从"弧形连续铸钢机"的设计研发中我们可以看到以徐宝陞教授为代表的"钢小伙"十分注重理论与实践的结合，善于和生产第一线的工人和技术人员结合，既能扎根于生产实践之中，又能站在技术发展前沿；既能脚踏实地，又能高瞻远瞩。实验成功的背后，是无数科研团队重视生产实践，不断总结，不断创新的结果。

《徐宝陞选集》首发式

　　70 年的风云变幻，坐落在北京学院路的满井仍旧润泽一代代青年学子；新中国的钢铁强国梦，从渺小带着希望的火花喷涌而出。回望吾辈青年，而今机械学子，必将承载先辈的决心与壮志，矢志不渝，奋勇向前。为世界上第一台弧形连续铸钢机实验成功点赞，向徐宝陞教授及其科研团队的工作人员致敬！

三、矢志不渝，奋进拓展——零件轧制技术研究、推广与产业化历程

　　零件轧制研究中心主要从事轴类零件轧制技术（楔横轧与斜轧）的研究、开发与推广工作。"高效零件轧制（斜轧与楔横轧）技术"被列入中华人民共和国重大科技成果选集（1979—1988）；1995 年，在全国科学大会上被国家科委评为"全国十大典型推广项目"之一；1996 年，该技术被列为国家科委首批"国家级科技成果重点推广计划"项目。1990 年经国家科技部与教育部批准在北京科技大学设立"国家高效零件轧制技术研究与推广中心"，2007 年获教育部批准建设"零件近净轧制成形教育部工程研究中心"，目前已建设成具有高水平技术研发与科技成果转化的工程化验证基地，形成"研究开发—工程化研究—中试验证—产业化应用"全链条产业化能力和条件。迄今为止，该成果已在全国 27 个

省市推广投产 300 余条生产线，开发投产的零件达 500 多种，累计生产 600 多万吨，应用于汽车、拖拉机、发动机、球磨机等领域，使我国成为世界上开发并投产产品最多的国家，技术水平和产量处于世界前列，并推广出口到美国、俄罗斯、土耳其等国家 18 条生产线。在我国轴类零件轧制技术处于国际先进地位的背后，是胡正寰院士和他领导的零件轧制技术研究团队持久的付出。

大干一百天，"成果"把礼献

1952 年，新中国成立不久，当时毛主席提出"一个粮食，一个钢铁，有了这两样东西就什么都好办了"。高中毕业的胡正寰怀揣钢铁强国的梦想报考了国家新筹建的新中国第一所钢铁工业高等学府——北京钢铁工业学院，成为钢院首届学子，并于 1956 年毕业留校任教。为了成为一名合格的教师，胡正寰深知要过好教学关，同时还必须有自己的科研方向。胡正寰在翻阅文献资料过程中，一本苏联 1957 年出版的专业书籍引起了他的注意，书中介绍了当时世界上的最新工艺——斜轧技术，用轧制的方法生产钢球。与传统的锻造方法相比，斜轧钢球具有生产率高 10 多倍、生产环境好等优点，胡正寰意识到，如果斜轧技术应用在机械零件制造业中，必将成为一项具有"革命性"的工艺。

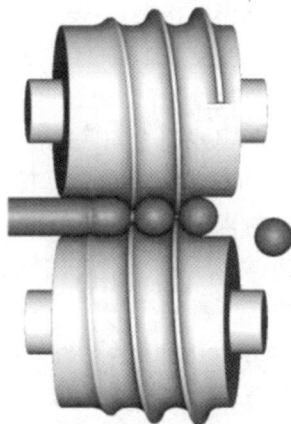

斜轧钢球成形原理图

1958 年党中央提出并号召"解放思想、敢想敢干"，胡正寰决定要攻克斜轧钢球这项技术难关，向党组织提出了"大干 100 天、轧制钢球把礼献"的誓言，研制、设计用于生产钢球的轧机，为国庆节献礼。该课题得到了系领导和同事的支持，被学校特批为重点项目。

斜轧钢球工艺研发与设备研制一切都是从零开始，凭借着一腔热情和执着的信念，胡正寰与施东成、瞿文吉三人仅用 40 个日夜就完成了试验轧机与形状特殊、复杂轧辊的图纸设计，学校实习工厂组织工人突击制造，60 多天后将轧机造了出来。轧机生产出来后，胡正寰和同事们对机器进行不断调试以及反复试验，最终开机运转，新研制的轧机在实验室内生产出了少量的好钢球。钢球轧机研制成功的消息引起全校轰动，胡正寰和同事们在"十一"国庆节前圆满完成了献礼任务！很快《光明日报》《北京日报》都对这项成果进行了报道。

采用斜轧技术生产钢球试验的成功，不仅预示着新工艺实施推广的希望，更代表着中国迈出了零件轧制技术发展的第一步。新技术的生产效率比原来的锻压生产高 10 倍以上，生产环境显著改善，与原有技术相比凸显出了极大的优越性。

1959 年，辽宁抚顺一家锻造钢球的工厂希望与学校合作将这项技术用于工业生产。胡正寰带领几名高年级的大学生，应工厂要求设计出 $\phi50$ 毫米钢球轧机，工厂制造安装了设备并进行工业试验。但在试验过程中很快发现，每批钢球中都存在着一定数量的不合格品，轧制钢球技术工艺不完善等一系列问题逐渐突显，最终生产被迫停止。这时胡正寰意识到：科技转化为生产力的困难远比想象中要难得多，新工艺投产运行，还需要解决诸多方面的技术问题。

实干十五年，踏上成功路

面对斜轧技术工业投产上出现的难题，胡正寰及其团队决定继续潜心研究，逐一攻克，概括起来主要有以下三个方面：一是生产工艺，二是设备，三是模具。经过反复地研究、分析、思考与无数次试验，其中在实验室轧机上进行小批量生产时，生产总数不到 10 万粒钢球，仅设备上的大小事故就有十几起，但每次的事故处理与问题解决，都使斜轧技术工艺得以不断改进和完善。

1960 年，与辽宁瓦房店轴承厂合作，研制斜轧成形轴承锥面滚子，历时三年该项目顺利实现了投产。同年与北京 412 军工厂合作，采用斜轧技术将由三个回转体组成的军用马蹄防滑钉初步研制成功，并投入生产，推动斜轧技术成果转化。

20 世纪 60 年代初，我国从苏联引进两台大型斜轧球磨钢球轧机，由于中苏关系破裂，苏联拒绝派专家指导安装与调试。设备到中国后，蒙尘仓库达 6 年之久，1968 年经冶金工业部几次调配才落户邯郸钢铁厂，但厂里没有了解斜轧技术的工程技术人员，于是便邀请胡正寰赴厂指导。胡正寰从理论到实际，从工艺到设备进行全面指导，帮助邯郸钢铁厂实现批量生产。此条生产线成为我国第一条高效率斜轧球磨钢球技术生产线，自此斜轧钢球技术在我国的工业生产中开始实践应用。这对零件轧制技术团队，同样是零件轧制之路上的重要里程碑。

轧制钢球技术在工业上的成功投产，为斜轧技术在其他轴类零件生产的广泛应用打下了坚实的基础，技术团队犹如拿到了开启零件轧制技术应用大门的钥匙。

1972 年起，零件轧制技术团队与北京轴承厂合作，创新性地开发出单孔型轧制新工艺，并将这种工艺应用于圆柱与锥面滚子的制造。在试验与生产过程中，胡正寰研究了热轧滚子的轧制工艺及原理、轧辊孔型设计等问题，建立了单孔型轧制轴承滚子的基础理论。在热轧轴承滚子试验成功基础上，团队很快与北京轴承厂、北京人民轴承厂、北京冶金轴承厂合作，联合设计制造出了我国第一台 $\phi30$ 毫米斜轧机，使轧机在技术和工艺上又一次实现了重大突破。应用此项工艺开发并投产的圆柱与圆锥滚子品种达四十余种，在国内外具有开创性意义。

1973 年，零件轧制技术团队与北方机器厂、嘉陵机器厂等军工企业合作，

斜轧轴承滚子

开发斜轧成形穿甲弹钢芯（弹头）工艺。经过三年技术攻关，将感应加热、精密轧制、一次成形高精度穿甲弹芯研制成功并投入生产。该项技术通过部级成果鉴定，并首创了无切削加工弹头的新方法，其精度、同心度都达到了机床精加工水平，与原有工艺相比，只需要一道工序和设备代替原来的四道工序，生产效率提高8倍，节材率达23%，成为国内兵器界、机械加工界的一件轰动的大事。这项成果表明，我国在斜轧零件技术方面已有了世界领先的成果。

1974年，胡正寰领导团队与包头钢铁厂合作，将我国自行设计制造的首台具有中国特色的大型斜轧球磨钢球轧机应用于生产，至今累计生产直径75毫米钢球50多万吨。包钢斜轧钢球的工业性大生产，具有划时代意义，标志着我国通过自主研发全面掌握了斜轧钢球生产技术。胡正寰团队从实验室深入研究，到半工业性试验生产，掌握了轧球机理、模具设计制造、轧机结构与性能等一系列关键技术，再转入工厂生产，这项技术的成功掌握，充分体现了胡正寰对科研的坚韧执著和团队的辛勤耕耘。1978年"斜轧成型新技术"获全国科学大会奖。

1984年，胡正寰团队与山东内燃机摇臂厂合作，将斜轧制坯-模锻成形工艺研究成功并应用于柴油机摇臂的生产。此项目作为校企合作的典范，荣获了山东省科技进步奖二等奖和国家科技发明奖四等奖。

进入21世纪以来，随着电子信息技术迅速发展，需要大量铜球用于制造计算机、手机等的线路板电镀工艺。胡正寰领导团队研制采用斜轧方法生产铜球的技术，王宝雨研究员担任该项目技术负责人，开发了室温斜轧磷铜球工艺并成功用于生产。在这项技术研发之前，此类铜球国内外大多采用冷镦方法生产，美国除采用冷镦外还用热斜轧方法生产。冷斜轧方法与冷镦方法相比轧出的铜球没有环球带、生产效率高；与热斜轧相比，既节约能源，又避免铜球氧化等因素影响质量。该项目于2012年获中国有色金属工业协会科学技术奖一等奖，美国著名制铜企业优耐公司在了解这项技术的先进性后，引进两条生产线投入工业生产。该技术在国内推广了 40 多条生产线，年产铜球 80000 多吨。

进军楔横轧，推广贡献大

20 世纪 70 年代初期，在逐步掌握了斜轧技术之后，零件轧制技术团队开始向同为轧制成形轴类零件方法的楔横轧技术进军。

人们很早就开始探讨用楔横轧生产轴类零件的方法，1961 年，捷克斯洛伐克首先将这项工艺用于工业生产，并在莱比锡国际工业博览会上展出，得到人们的重视。

楔横轧成形原理图

我国从 20 世纪 60 年代末期开始，清华大学、重庆大学、东北大学等一些高校和科研院所就开始涉足楔横轧技术的研究工作，取得一些进展，但最终未能应用于生产。从 70 年代初，零件轧制技术团队在斜轧技术的基础上，开始楔横轧技术的研究工作。

1973 年，胡正寰团队与西安华山机械厂等单位合作，在实验室采用由北京钢铁学院斜轧机改造而成的楔横轧机开展楔横轧滑膛弹体的研制工作。1977 年，胡正寰团队与江苏无锡红雷工具厂合作研发楔横轧木凿毛坯工艺，并在红雷工具厂实现了量产，使得该厂成为我国首个将辊式楔横轧机用于批量生产的厂家。该项目于 1979 年获江苏省科技成果奖和轻工业部重大成果奖二等奖。

1979 年，胡正寰团队在北京钢铁学院研制出中国第一台中型立辊式楔横轧机（H700），随后和首钢冶金机械厂合作研制了 H630 型楔横轧机，并将这些轧机应用于新产品的开发。20 世纪 80 年代，胡正寰团队在汽车轴类零件研发领域与第二汽车制造厂合作"六五"攻关项目"楔横轧汽车轴类零件的研究与开发"，1987 年该项目通过上级组织的鉴定验收。1985～1991 年，在北京顺义建成我国第一家楔横轧汽车轴类零件专业化工厂，向第一汽车制造厂等单位提供优质的轴类零件毛坯，该项目获北京市星火科技奖一等奖。1989 年，"零件轧制（斜轧与楔横轧）"获冶金工业部科学技术进步奖二等奖和国家科学技术进步奖三等奖。

1990 年，由于胡正寰团队在高效零件轧制技术上做了大量的研究、开发与推广工作，取得了显著经济效益和社会效益，国家科技部与教育部批准在北京科技大学成立"高效零件轧制技术研究及推广中心"，促进高等院校科技成果向生产力转化，推动行业技术进步。1991 年高效零件轧制技术研究及推广中心正式成立后，零件轧制技术团队形成了更加稳定的科研团队，包含分工明确的研究人员、工程人员、技术工人、研究生，从事轴类零件轧制（楔横轧与斜轧）的研究、开发与推广工作。

高效零件轧制技术研究与推广中心人员

20 世纪 90 年代中后期，我国正式步入汽车时代。正如胡正寰院士论文《楔横轧技术的现状与展望》中所预言的那样："楔横轧技术在我国将有一个较大的发展。"零件轧制技术团队开展"内燃机凸轮轴毛坯楔横轧精确成形关键技术与应用"研究，张康生研究员是该项目的技术负责人。汽车发动机上的凸轮轴在采取楔横轧生产代替原有锻造及切削工艺之后，材料利用率提高 25%～38%，生产效率提高 3～10 倍，产品广泛应用于车用发动机和非道路移动机械用柴油机。楔横轧凸轮轴在我国的广西玉柴机器集团有限公司、潍柴动力股份有限公司、上海柴油机股份有限公司等主要柴油机企业技术使用覆盖率达 80% 以上，并出口美国福特等公司。此项技术使我国钢质凸轮轴制坯生产技术步入国际先进行列，2014年该项目获中国机械工业科学技术奖一等奖。

凸轮轴楔横轧精确成形设备与产品

零件轧制技术团队在斜轧和楔横轧技术的研究和推广过程中，逐步将研制设计的高精度、可靠性强的轧机系列化，在全国 27 个省市建成零件生产线 300 多条，出口美国、俄罗斯、土耳其等国 18 条。建成零件轧制专业化工厂 10 多家，开发并投产的轴类件产品 500 多种，累计生产零件 600 多万吨，产值 500 多亿元，节材 60 多万吨，创造了显著的经济效益和社会效益，产品应用领域广泛。零件轧制技术在精确度、复杂程度、开发投产品种等方面都处于世界先进水平，零件轧制技术团队为我国在此项技术处于国际领先地位做出了贡献，为楔横轧和斜轧技术在我国的独立研发、广泛应用并进入世界前列发挥了重要作用。

与锻造、切削等方法比较，零件轧制技术的出现要晚得多，但在许多行业中得到广泛的应用，显示出它绿色高效、节材、低成本等优点。为此，从 20 世纪 90 年代起，我国权威部门出版的《机械工程手册》《中国材料工程大典》《锻压手册》等，都为零件轧制技术设立专章，胡正寰院士是主要的撰写人。在长期研究、开发与推广工作基础上，零件轧制团队出版专著 5 部。1985 年编写的第一部专著《斜轧与楔横轧——原理、工艺与设备》，是我国在零件轧制方面最早出版、引用最多的一部权威著作，该书获全国优秀科技图书奖。2004 年《楔横轧零件成形技术与模拟仿真》获得国家科技学术出版基金与国家自然科学基金资助。2010 年《零件轧制成形技术》专著由国家科技学术出版基金资助出版，是"十一五"国家重点图书，获中国新闻出版总署"三个一百"原创出版工程入选图书。

奋进扬国威，创新铸辉煌

零件轧制技术团队的零件轧制之路除了"求实"的特点之外，另外一个便是"创新"。从开始研究零件轧制技术起，团队就与"创新"结下不解之缘。按传统分工，冶金轧制主要生产大长度等截面钢材，包括板材、型材、管材等。而形状各异的机器零件，大多是将钢材通过锻压、切削等机械加工成形的，即冶金轧制提供半成品钢材，通过机械加工成形零件的传统分工格局。用轧制成形轴类零件方法的出现，使原有的分工出现了突破。将传统的零件加工成形方法——锻压与轧制成形零件的方法进行分析比较，锻压零件与轧制零件同属金属塑性成形范畴，但在成形方式上锻压零件为整体、断续成形，轧制零件为局部、连续成形。零件轧制技术，既是冶金轧制的重要创新领域，又是机械制造的重要创新性发展。

创新，使零件轧制技术团队的科研与应用水平始终走在世界前列。1990 年，在从事轴类技术研究的三十多年后，团队收到了同行的邀请，前往白俄罗斯科学院物理技术研究所讲学和访问。捷克斯洛伐克——楔横轧技术的创始国，在了解

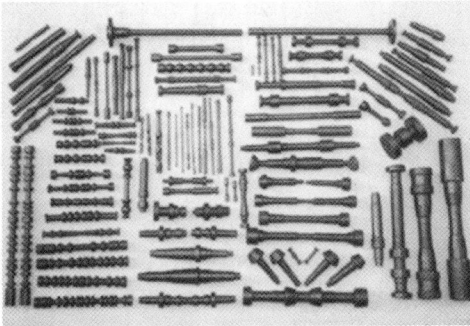

楔横轧部分产品

斜轧部分产品

到"高效零件轧制研究与推广中心"所轧产品的精度和复杂程度后，向胡正寰院士带领的零件轧制技术团队伸出了合作之手。

1991年10月1日，中国中央电视台在《新闻联播》中对北京科技大学零件轧制技术的研究和推广成果进行了报道，并掷地有声地向世界宣告：中国轴类零件轧制技术居于世界先进地位。

进入21世纪，零件轧制技术团队不断完善着自己的技术，所研发产品的质量不断超越国际同类水平。汽车制造业上的成果凸显了惊人的成绩：中国红旗轿车的输入、输出轴产品质量超过了德国大众生产厂的生产工艺，美国福特汽车厂到中国大量采购由楔横轧技术生产的汽车发动机凸轮轴。

创新无止境。随着中国经济的高速发展，中国的铁路也驶向了快车道。零件轧制技术团队正大步迈向轴类零件轧制的另一个"世界高峰"——铁道车辆车轴的楔横轧技术。该项目在零件尺寸、结构、力学性能上与以往任何轴类零件相比对他们来说都是一个全新的挑战。但如果攻下这个难关，就意味着我国走出一条成形铁道车轴的自主创新之路，团队所有人员都对这项难题的攻克满怀信心。

零件轧制技术团队坚信："创新是一个民族的灵魂，更是中华民族希望之所在。"团队技术人员正是凭借心中永不熄灭的创新强国之梦，用自己的实际行动在将科技转化为生产力的道路上不断创造着辉煌！

胡正寰高效零件轧制团队

四、高原送氧，尽忠报国——青藏铁路工程"风火山"上送氧人

"筑路大军的生命面临严重威胁，能不能建一个大型制氧站？指挥部与北京科技大学组成联合攻关组，向这一新的难题发起挑战。科技人员废寝忘食、夜以继日地实验、攻关，经过两百多次的失败，世界上第一座大型高原制氧站建成了！充足的氧气沿着长长的管道，源源不断地送进隧洞里。风火山，这只巨大的拦路虎一次次低下了高傲的头！"

这是人民教育出版社小学五年级语文课文《把铁路修到拉萨去》中的一段生动描写，里面提到的高原制氧站，就是刘应书教授作为技术带头人研制成功的，创造了5年15万人次建设大军高原病零死亡的世界奇迹，该项技术于2008年荣获国家科学技术进步奖特等奖。

科技当翅负青云，振南图北唱大风

2001年10月18日，蓝天白云下的风火山，银装素裹，分外妖娆。工地上彩旗招展，数百名身穿橘红色队服的青年突击队队员、数十台大型工程机械严阵以待。随着一声令下，阵阵爆破声响彻雪域高原，风火山隧道开凿了。一条长长的"铁龙"，从柴达木盆地深处的工业新城格尔木起步，跨过巍峨的昆仑山，将通过这里，穿越"世界屋脊"青藏高原，到达雪域圣城——拉萨，这就是西部大开发的标志性工程，造福广大人民的青藏铁路。

恶劣天气和极度缺氧轮番向筑路大军进攻。风火山一带经常狂风大作，刚刚搭好的150平方米的保温大棚，一夜之间被大风撕扯得七零八落；新建的发电机房，屋顶的铁皮瓦竟不翼而飞；刚才还是晴空万里，转眼之间乌云压顶，大大小小的冰雹劈头盖脸地砸下来。风火山海拔4905米，空气中的含氧量不到平原的一半。隧道越掘越深，洞里的空气越来越稀薄，尽管对缺氧情况已所有准备，施工过程中出现的各种状况还是让工人们措手不及。工人们身背的氧气瓶所提供的氧气只是杯水车薪，突击队员个个胸闷气短、头痛腿酸，原本只要两个人使用的风枪，现在四个人才能抱起来，劳动效率迅速下降，筑路大军的生命面临着严重威胁。

"你在那儿待着就是在奉献，奉献你的身体，那样恶劣的环境会伤害你的身体，甚至生命"。刘应书教授用真实事例讲述了西藏地区供氧的重要性："青藏铁路建设开始的时间是2001年5月，当时某设计院的一位工程师，上午还在唐古拉山搞测绘，下午就因高原病被抬走了。如果在上面感冒发烧，马上就会转化为脑水肿、肺水肿。若患上脑水肿、肺水肿，却解决不了氧气的问题，3个小时

内基本上就会死亡。所以当时川藏铁路、青藏铁路建设时，如果谁有脑水肿、肺水肿，因为缺乏氧气，当时只能是靠抬下山，人为下降海拔高度。这也诠释了特别能吃苦、特别能战斗、特别能牺牲这种老西藏精神。"

刘应书教授在青藏铁路风火山制氧站

当谈到西藏的施工环境时，刘应书教授进行了如下描述："我们人类比较适应的海拔高度在海拔 3000 米以下，在海拔 3000 米以上海拔每增加 1000 米，劳动效率要下降 15%。我们第一个制氧站风火山制氧站就是建在海拔 5000 米。从 3000 米到 5000 米，人的劳动效率就要下降 30% 以上。实际上那个地方的实际劳动能力下降的可能不止 30%，可能要倒过来，只有 30%，我们人类对于高原的研究还没完全研究透。到了这个高度的话，每增加 100 米人的感觉都是非常明显的，尤其是到了雪线以上，这个高度就很少有人研究了。"

为解决国家重大工程青藏铁路建设面临的高原缺氧世界难题，刘应书教授率领课题组人员反复深入青藏高原开展高海拔变压吸附制氧技术及应用研究并取得了重大突破。开发出了适用于高海拔缺氧环境的制氧和供氧技术，这一成果推广应用至青藏铁路建设全线，确保了青藏铁路建设的顺利进行，创造了青藏铁路 15 万建设大军高原病零死亡的世界奇迹，产生 22 余亿元经济效益以及巨大的社会效益。

把铁路修到拉萨去！把铁路修到拉萨去！突击队员和科技人员，一次次呼喊出同一个心愿。2002 年 10 月 19 日，全长 1338 米的风火山隧道终于胜利贯通了！

欲文秋果何所累，自有春风雨潇潇

刘应书教授团队在高海拔变压吸附制氧理论及应用研究方面取得了多项原创

性成果，处于国际领先水平。项目研究成果入选"2002年全国高等学校十大科技进展"，并先后获得国家科学技术进步奖特等奖等国家和省部级科研成果奖励多项。变压吸附制氧供氧技术的发明和应用得到了国际高原医学界和铁道部、青藏公司、青藏总指领导的充分肯定和高度赞扬。他们的事迹被中央电视台、西藏电视台、人民网、光明网、各省报、香港大公报等媒体多次报道，还被写进电视剧《雪域天路》、电影《青藏线》和话剧《格桑花》中，写入人民教育出版社小学生五年级语文课本课文《把铁路修到拉萨去》中。目前，该成果已广泛应用于青藏高原兵营、哨所、宾馆、写字楼以及宿舍等场所，富氧面积达到近1000万平方米、受益人群达500多万人。

刘应书教授团队部分获奖证书

2003年，"非典"袭卷全国，刘应书教授团队利用变压吸附制氧方法研制出供患者单独使用的小型便携式制氧机，解决了SARS患者安全用氧问题，成为国家自然科学基金委主任基金资助项目。目前，北京科技大学气体分离工程研究所已经成为我国唯一研究开发变压吸附制氧微型化技术的中心和全国医用保健制氧机行业的技术依托单位。形成了年产1000万台的产业化规模，为我国微型变压吸附制氧机产业的发展壮大奠定了理论和技术基础。

刘应书教授团队对标国家战略发展重大需求，在多个领域均有所建树。率先研发成功和推广应用贫煤、贫瘦煤高炉喷吹成套技术，经济和环保效益显著，获得国家科学技术进步奖二等奖。为了促进煤炭行业产品优化升值和炼铁行业开发高炉喷吹用煤，率先开展了贫煤、贫瘦煤高炉喷吹技术开发，成功地将该低值煤种开发为优质高炉喷吹用煤，大幅度提升了该类煤炭品种的应用价值，使国家资源得到科学合理地利用。项目系列研究成果通过了山西省及行业组织的科技成果鉴定3项，发表论文3篇，出版专著1部，先后荣获国家科学技术进步奖二等奖1项、山西省及煤炭行业科技进步奖特等奖1项、一等奖3项。该研究成果已得到大面积工业推广与应用，产生直接经济效益200余亿元。

针对火灾现场人员的逃生以及救援问题，刘应书教授带领课题组成员针对火灾现场的特点和不同人员的呼吸需求，创新性的开发了无源自循环式呼吸设备系列化产品，研究成果成功实现产业化。2015年天津塘沽爆炸事件发生后，应急式呼吸器等产品应用于救灾现场，为消防救援人员提供了呼吸救生保障。目前该系列产品已经成为消防、危化领域呼吸装备。

化学氧消防自救呼吸器

应对能源短缺、温室气体排放等问题，团队开发了能源气体净化提纯技术。为解决我国天然气短缺问题，对煤矿瓦斯以及沼气开展富集提纯研究。刘应书教授作为项目负责人，负责"十一五"国家"863"计划重点项目"煤矿乏风瓦斯分离富集与氧化利用关键设备"研究开发，基于理论分析、物理化学改性、结构表征及分离实验研究开发了适用于瓦斯分离的吸附剂、煤矿乏风瓦斯和低浓度煤层气富集的工艺流程，在冀中能源聚隆矿建立示范工程、鸡西煤矿等地实施了工程应用。

煤矿乏风瓦斯分离富集示范工程

在生物天然气提纯方面，团队承担了"十二五"国家"863"计划重点项目"生物天然气净化提纯关键技术研究"以及北京市科委重点项目"京张地区生物燃气技术装备集成应用科技示范工程"，对硫化氢脱除技术、低能耗甲烷富集技术、低能耗生物天然净化工艺流程开展了技术研究，可将生物发酵的沼气净化提纯为甲烷浓度95%以上的生物天然气。该研究成果已在海南建立了生物燃气提纯的中试工程，并将推广应用于京张地区的生物质能源开发利用，此研究成果的推广应用将大大促进我国生物质能源的开发与利用，改善能源结构，为减少温室气体排放并控制雾霾天气的发生做出显著贡献。

"绿水青山就是金山银山"，针对雾霾治理及烟气中污染物治理开展攻关研究。应对大气污染治理的需求，刘应书教授团队目前正在开展大气污染物治理研究工作，承担"十三五"重点研发计划项目"烟气多污染物集并吸附脱除与资源化技术及示范"，对烧结烟气中 NO_x 等污染物开展净化及资源化研究，将污染物转化为高附加值的 NO_x 气体产品。"如果研制成功，将开辟出一条既产生环保效益又带来经济效益的大气污染治理新途径，企业将从纯投入的被动环保转为有积极效益回报的主动环保。"这一刻，团队成员们如同奔赴战场的斗士般精神抖擞。同时，针对烟气中二氧化硫的脱除，开发了湿法活性炭烟气脱硫技术，通过采用水洗和化学试剂再生的方式将吸附的二氧化硫进行解吸，在脱硫的同时可生产出硫酸和硫酸盐产品。目前已在广东省梅州市建立了一套半工业化装置，可将烟气中二氧化硫脱除到100毫克/米³以下。同时还承担了两项自然科学基金面上项目。

烟气多污染物集并吸附脱除与资源化示范工程

"人一辈子能做这些事很幸运，总要有点付出，个人受点委屈也值了。"受青藏铁路建设者的精神感染，刘应书教授诗兴大发，曾挥笔写下一首诗：

昼捧红日夜踩星，世界屋脊驻长虹。

宿冰餐风抗缺氧，当代愚公生天神。

雪域冻土路基稳，风火山中任穿行。

古今中外数风流，唯我高原天路雄！

刘应书教授带领下的技术团队将不忘初心，砥砺前行，践行报国志，继续征服一座又一座科研道路上的"风火山"。

五、产研结合，科教兴国——板形控制领域重要突破

1993年，陈先霖教授带领的团队，在"宽带钢轧机变接触长度（VCL）支持辊与板形的研究"方面取得丰硕成果，获得国家科学技术进步奖一等奖，这是我国在板形控制领域的一项重要突破，为冶金工业领域的科学研究写下了浓墨重彩的一笔。该项成果不仅为项目的依托单位武汉钢铁公司年增收544万余元，4年时间内节省支出2450万元，经济效益巨大，令人振奋。

陈先霖教授自1954年起任教于北京钢铁工业学院，是我国首批博士研究生导师。他长期从事重大冶金设备运行性能的研究，是应用弹性系统动力学理论及断裂力学理论分析解决重大零件断裂事故的先期工作者之一，在冶金机械力学、

强度方面的研究中取得了系统的创造性成果。针对武钢、宝钢的宽带钢轧机及攀钢、鞍钢等大型转炉设备在生产中出现的各种重大关键科学技术难题，应用成效显著。陈先霖教授作为博士生导师，把人才培养、科学研究的主战场放在国家重要的工厂、企业之中，为学校、企业培养了一批实践型科研人才和技术工程师，在冶金机械领域科研硕果累累，1995 年当选为中国工程院院士。

陈先霖院士在科研工作中

凝聚共识，臻于至善板形研究

陈先霖教授将毕生精力都倾注在冶金机械领域的科研和教育工作中。从炼钢机械到轧钢机械，从生产工艺到机械装备，从理论研究到工程实践，从经典力学分析到现代计算机仿真，从钢铁老工业基地鞍钢到现代化钢铁工业的代表宝钢，从国内自主研制的炼钢转炉到国外引进的大型宽带钢轧机，五十多年勤奋工作，在板形领域取得的研究成果达到了科研事业的顶峰。

20 世纪 80 年代初，板形我国只有武钢引进的现代化宽带钢薄板轧制生产线，冷轧薄板由于技术要求高，生产难度大，其板形质量已经不能满足用户对高品质板材的质量要求。国际上，板形技术也是薄板生产技术中最前沿、最有竞争性的课题。板形不良不仅影响板带产品的质量，还会影响钢板的生产过程，最终影响企业的效益。陈先霖团队的学生们就曾经历过因板形不良导致生产事故的情景：看到现场工人惊恐的表情，听到刺耳的汽笛长鸣，只见连轧机内飞速穿行的带钢一下失去了控制，就像录音机里突然卡了磁带，在十几秒内，断带后的带头在机架间堆积，断带后的带尾在机架间上下甩动、折叠。带钢进入辊缝后，导致光洁的轧辊表面出现印痕、局部损伤，只能紧急停机换辊。事故严重时，会损坏轧机的机械和检测设备，后果十分严重。而这对轧制速度每分钟千米的大型轧钢机来说，与其说是事故不如说是灾难更加合适。陈先霖教授把科研成果中的技术难点、痛点放在企业发展过程实际问题之中，带领团队深入武钢的工业现场，发现和解决问题，亲自编写仿真程序，模拟3000多种生产工况，建立支持辊-工作辊-轧件三体接触的有限元模型，结合现场试验和测试，创造性地开发了变接触辊型技术，不仅解决了武钢的板形存在的现实问题，日后在宝钢、首钢、马钢、鞍钢等企业得到了进一步的推广和发展，是我国板形控制领域的先驱代表。

临危受命，深入企业解决难题

1972年，陈先霖走出了科学研究与企业生产结合的第一步。当时，恰逢攀枝花钢铁公司完成了我国自行设计的3座120吨大型转炉的安装工作。在随后的投产使用过程中，2号转炉直径800毫米的合金钢主轴突然发生断裂。由于当时钢铁企业对断裂知识还很匮乏，加上当时"文革"的特殊背景，一时间很多人怀疑这是"阶级敌人"的破坏之举。人心惶惶之际，只有科学能够稳定舆论。陈先霖教授临危受命，率领课题组进入攀钢，从主轴的断口特征入手，对转炉主轴的动应力进行了系统测试。他运用断裂力学理论，对主轴断裂的现象给予了科学的解释："该转炉在运行中存在强烈的扭振现象，引起大幅度的交变应力循环。同时断口发生在尖锐的应力集中处，并留有一长串初始裂纹缺陷的痕迹"。根据上述研究，陈先霖和他的团队得出一条明确的结论：这是一起典型的断裂力学案例，主轴断裂是因为在大幅交变应力的持续作用下，存在于其沟槽根部的裂纹缺陷失稳扩展而导致断裂。但是这个结论一经提出便遭到了质疑：这样的大型转炉共有3座，为什么只有2号转炉的主轴发生断裂呢？这样的质疑给理应是"功臣"的陈先霖背负了巨大的舆论压力。但是，五年后，1号转炉主轴也发生了同样的断裂现象，这一事实给了所有人一个公道的答案，也成为证明陈先霖结论正确的重要证据。自此，陈先霖对攀钢120吨转炉主轴的失效分析，成为了那个年代将动力学及断裂力学理论成功用于实际工程的典范。他成功破解了实际生产中重大零件断裂事故的发生机理，其研究报告也被多次转载，引起了业内的广泛关注，这也成了他科研与企业生产结合的开端。

1978年，陈先霖的科学研究引起了攀钢对这3座大型转炉的进一步关注。攀钢的技术人员发现，他们转炉的托圈上也都出现了和主轴类似的裂纹，这让攀钢担心托圈会不会也将发生断裂。对于这种大型转炉而言，托圈一旦断裂，80吨重的转炉本体以及里面沸腾的百吨钢水将会从10米高处坠落，对现场的工人、设备的损害几乎是毁灭性的。面临如此重大的安全隐患，托圈设计单位向北京钢铁学院的有关专家提出对该托圈的安全测定进行研究，进而确定该托圈是否可以继续使用。基于上一次的合作经验，这项研究任务又落到了陈先霖的肩上。该任务的难度不仅在于如何对托圈进行科学的安全测定，更在于做出分析决定后所要承担的一个工厂、上百位工人的安全责任。再大的困难也没有影响陈先霖的科学态度，他顶着巨大压力，带领课题小组从北京赶赴四川，连续两个月在炉温高达上千度的炼钢炉前对转炉托圈的工作应力及工艺参数进行实测，他还将当时在国内刚刚起步的有限元仿真技术成功地用于托圈三维应力场的分析，终于在 1979 年做出了明确结论：原 3 座转炉的托圈均可继续安全使用，不须更换。为了免除企业的后顾之忧，陈先霖冒着巨大的风险表达愿意承担一切生产责任，他的担保使得厂方避免了转炉停产造成的巨大损失。随后十几年中，该转炉托圈的安全工作也验证了陈先霖结论的正确性，这一研究结论所起的作用"实非经济效益数字所能估算"。在后来的一次采访中，他笑着说道："对个人来讲，那将不仅是身败名裂的问题，那是要坐牢的"。由于该项研究的巨大成功，陈先霖获得中国机械工程学会全国机电装备失效分析预测预防优秀成果一等奖。

　　进入 20 世纪 80 年代，陈先霖的科研工作仍一直坚持和企业紧密结合，将工作阵地从攀钢转移到了武钢。武钢的 1700 毫米宽带钢冷连轧机是国内第一套现代化冷轧设备，70 年代中期从联邦德国 SMS 公司引进建设，70 年代末建成投产。80 年代，该机组在 3 年里发生了 133 次事故，每次事故都是工作辊辊颈与轴承粘结，导致轧辊、轴承和轴承座同时报废，每次造成的直接损失高达 10 万元，同时还会造成生产中断、停机检修等间接损失。对于事故的原因，有关方面一筹莫展。在挑战面前，当时已双鬓雪白的陈先霖又一次临危受命，在盛夏时节深入企业，带领 20 多名教师、研究生在武钢生产现场工作 5 个月，进行了两次大规模现场测试，并从疲劳、温升、润滑、加工误差、安装精度等多方面进行了理论分析和计算，从理论和实践两个方面论证了这套进口设备存在轴承负载能力不足、润滑方式欠当、轴承座结构不合理等设计缺陷，并将研究结果正式提交给德方。面对"设计不合理"的研究结果，德方马上采取措施、修改工作辊结构和润滑设计，进而大大减少了事故发生频率。当时，宝钢冷轧项目正在实施，其 2030 带钢冷连轧机也是联邦德国 SMS 公司提供，采用的是与武钢 1700 冷连轧机同样的设计。为避免同样的问题，德方对 2030 冷轧机的设计也进行了修改，避免了同类事故在宝钢重演。该成果获国家科学技术进步奖三等奖。

　　20 世纪 90 年代后期，武钢 1700 毫米和宝钢 2030/2050 毫米宽带钢冷、热连轧机组均占当时我国薄板生产能力的 70% 以上，但被形象描述为"海带钢"的板形缺陷问题越来越突出。陈先霖老师又一次站在学术科研的风口浪尖，转战板形控制战场，继在 1993 年在冷轧板形控制领域获得国家科学技术进步奖之后，又向迈向宽带钢热轧领域，在武钢 1700 热连轧机生产线，领导课题组完成了当时国内外规模最大的工业生产环境下的实物取样、测试工作，创造性地开发了 VCR 和 ASR 板形控制技术，提升了设备的板形控制能力，改善了板形质量。

　　在冷轧、热轧板形控制领域研究的研究过程中，他总结提出了"机型-辊型-工艺-控制"一体化系统的板形控制理论，他的这一理论以及在项目实践中设计、采用的手段和方法，对我国的板形控制理论实践产生了重要影响，也被国内相关研究单位和学者所采用，他在我国板带轧制与板形控制研究领域的突出地位被广泛承认，他的理论被其团队和学生继承并不断发扬。

陈先霖院士指导学生开展科研工作

六、继往开来，钢铁立国——热连轧技术

钢铁行业是一个国家的重要支柱产业，钢铁行业发展水平在一定程度上代表了整个国家的工业技术发展水平。带钢生产技术难度大，产品附加值高，主要生产方式包括热连轧、冷连轧等。20世纪70年代至80年代，机械系冶金机械教研室在带钢热连轧领域的研究取得了重大成果，保证了武钢引进的1700毫米热连轧机组成功投产，并实现了国内自主研发的轧制数学模型在1700毫米热连轧机组的成功应用。

改革开放以前，我国只有从苏联引进的1700毫米半连轧热轧机组，技术水平相对落后，轧钢没有计算机控制，都是人工手工操作，工人劳动强度大，产品质量不稳定，生产效率不高。进入20世纪70年代，随着国民经济的发展，下游行业对带钢的规格和质量提出了更高的要求，为此，经中央特批，国家计划从国外引进一套具有国际先进水平、计算机自动控制的1700毫米热连轧生产线，即一米七轧机工程（简称"〇七"工程），以全面提升国内钢铁企业带钢生产的技术水平。

为保证技术引进的顺利实施，冶金工业部专门给北京钢铁学院发文，要求配合做好热连轧计算机控制系统的前期技术准备工作。机械系副主任孙一康教授承接了此项课题，牵头组建了带钢热连轧计算机控制系统的技术攻关团队，孙民生老师负责具体组织工作，冶金机械教研室、冶金机械实验室、电工教研室等近

100 名教师在项目负责人孙一康教授的带领下，通过大胆创新和不懈努力，克服各种想象不到的困难，最终出色地完成了本项任务。

课题组的首要工作，就是在冶金机械实验室搭建一条小型热连轧生产线，包括加热炉、小立辊轧机、四机架 300 四辊热连轧机组、电动压下机构、活套装置、简易卷取机等。

整条生产线由冶金机械教研室教师自行设计并组织安装调试。由于缺乏运输工具，系里几十位教师硬是从北京轧钢一厂行走数十公里，用大板车将生产线所需的四辊轧机等二手装备拉到学校。为加快试验进度，课题组协调冶金工业部十九冶建公司机装队，共同开展轧机系统的安装调试。这些参与调试的工人和技术人员，日后都成为了在武钢 1700 毫米大型热连轧机组引进项目中担负现场安装调试任务的技术骨干。

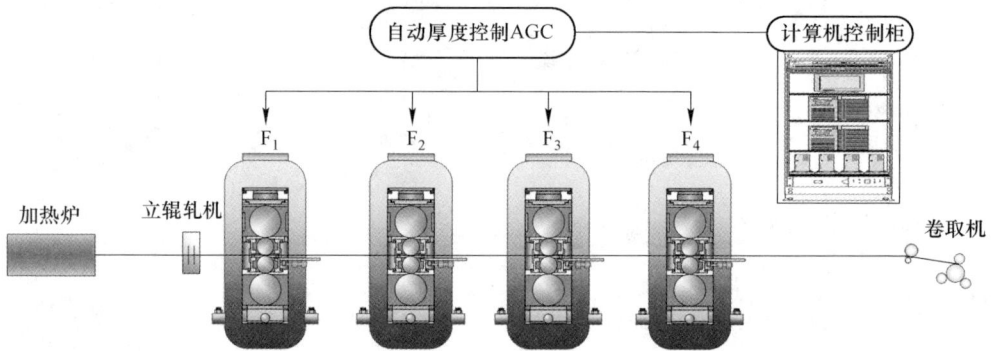

简易热连轧机及带钢热连轧计算机控制示意图

试验轧机改造过程中，立辊轧机及液压传动部分设计由程建中老师负责完成；恒张力活套、简易卷取机设计由蒋家龙老师负责完成；四辊轧机的直流电机采用了当时最先进的可控硅控制系统，由机械系电工教研室、冶金工业部自动化院、冶金工业部十九冶建电装公司、冶金工业部二十冶建电装公司等共同协作完成；热连轧生产中各机架轧机速度、辊缝都需要由计算机控制数学模型计算设定，在当时国内计算机水平还较为落后的状态下，课题组购置了天津电气传动所生产的国内自产第一台计算机，同时配备了仪表、打印机等相关设备，研发了我国第一套热连轧机计算机控制系统，并成功实现小型热连轧生产线的生产调试。

课题组研发成功的简易热连轧试验机组及带钢热连轧计算机控制系统，为武钢成功引进国际先进水平的 1700 毫米热连轧机组提供了重要的技术支撑。同时，在课题研究过程中，一大批武钢技术人员在试验机组计算机控制系统上进行了深入的培训实践，提前储备了生产运营所需的技术人才。1977 年 12 月，冶金工业部为北京钢铁学院颁发奖状，专门表彰机械系为冶金工业科技进步作出的突出贡献。

奖　状

为表彰对发展我国冶金工业起了重要作用的科技成果,特颁发奖状,以资鼓励。

受奖项目: 简易热连轧机及带钢热连轧计算机控制

受奖单位(个人): 北京钢铁学院

中华人民共和国冶金工业部
一九七七年十二月

"简易热连轧机及带钢热连轧计算机控制" 获冶金工业部颁发奖状

　　1978 年，武钢 1700 热连轧厂建成，冶金工业部领导、日方负责专家以及数学模型专家、中方技术专家共同参与了首次试轧，冶金机械教研室的管克智老师就是技术专家之一。在试轧当天，首先轧制的是由日方运来的四块钢坯，加热后的四块日本钢坯使用日方提供的数学模型顺利轧制成功。

　　但在接下来轧制武钢自产的三块钢坯时，都没有成功。第一块钢坯进入 1700 热连轧机后，发生了轧机电机控制跳闸而没有完成轧制；第二块钢坯在轧机之间因轧制速度不匹配而出现断带的情况。面对试轧两块武钢钢坯的失败事实，日方专家提出控制用的数学模型在轧制日本钢坯时是没有问题的，却在试轧中国的两块钢坯时都失败了，询问问题出现在哪里。在试轧现场的管克智根据长期积累的实践经验，认为是钢种硬度不同的问题。中国的钢中含有更多的铜元素，比日本的钢更硬，钢的硬度不同，轧辊的弹跳不同，就造成各架轧机的轧制出口厚度和模型计算厚度不一致，所以若不更改控制参数，继续进行生产是很难成功的。管克智同时提出中国钢比日本钢约硬 15% 以上，日本专家根据钢的硬度特性，对热连轧机的压下量进行了适当调整。但由于只调整了压下量，而轧制速度和新更改的压下量并不匹配，第三块钢又断带了。

吸取了前三块钢生产失败的教训，日方又对轧制的速度等参数进行了修改，且关闭了各机架之间的全部冷却水，第四块钢勉强完成轧制，但带钢的厚度精度远远没有达到预期。之后，日方面对试轧带钢断带以及厚度精度不达标的情况，态度强硬，不帮忙解决任何实际问题，只坚持根据合同负责保证轧制日本钢坯的指标。国家投入巨资购置的日本控制模型却长期无法达到厚度精度要求，为解决这个关乎国家钢铁生产自主性的问题，周纪华、管克智等老师开始研究中国武钢含铜钢的轧制数学模型。

周纪华、管克智等采集了武钢热轧厂的钢材料，在冶金机械实验室自主研制的凸轮式高速形变试验机上进行了大量压缩试验。经过一年多的艰苦努力，终于研究出适用于武钢 1700 热连轧控制轧制用的含铜钢数学模型。

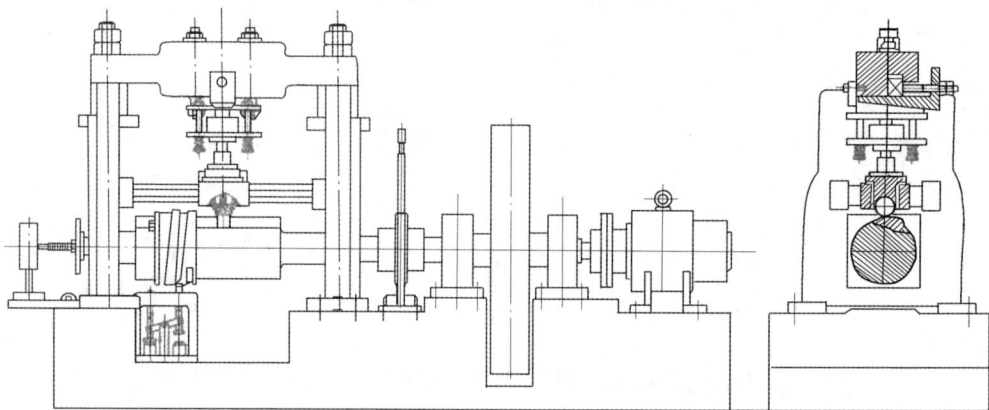

凸轮式高速形变试验机

为将研制的数学模型成功投入生产，以替代日本的数学模型，并保证生产效果好，产品精度高，周纪华、管克智等老师在现场进行了长期的探索和试验。

最初在生产中，继续使用日本的数学模型，自主研制的数学模型同步计算，但不参与实际控制，将日本数学模型的计算数据全部打印出来，同时将自主研制数学模型的计算数据也全部打印出来，将两组数据进行相互比较。在打印对比进行到第三个月的时候，发现都是自主研制的数学模型控制精度更高，但是为了保证万无一失，打印对比的工作还是持续了半年，打印出来的纸堆满了一个屋子，得出了始终是自主研制的数学模型控制生产得到的带钢精度更高的结论。

周纪华、管克智在武钢热轧现场

　　之后，热连轧厂决定将自主研制的数学模型正式投入实际轧制控制，日方的数学模型同步计算，但暂不参与实际控制。经过三个月的轧制生产表明，自主研制的数学模型控制精度更高，投入自主研制模型后的轧制产品质量更好。

　　为保险起见，武钢热轧厂又将轧制生产切换到以日方提供的数学模型控制生产，自主研制的数学模型仍并行运行而不参与实际控制，经半年实际轧制运行记录对比，国内模型控制产品精度高于日方提供模型的控制精度。

　　最终，冶金机械教研室和武钢合作研究自主研发的数学模型长期稳定地投入了生产控制过程。此项研究成果 1985 年通过冶金工业部技术鉴定，1987 年获国家科学技术进步奖三等奖。

武钢热连轧数学模型鉴定会

　　1700 热轧数学模型的成功投入，是我国消化引进国外先进技术的一次巨大成功。在科研过程中，周纪华、管克智对全国的几百个钢种进行实验研究，根据实验的结果出版专著《金属塑性变形阻力》。管克智本人在这个项目中，从实验研究，到模型调试，到投产生产，在武钢待了 4 年。之后，管克智又对武钢的模型进行了一些改进开发，1989 年，管克智参加了武钢和西屋公司合作的计算机改造项目，再次进行模型开发，前后在武钢待了 10 多年。

管克智在进行模型开发

　　1990 年，"武钢一米七轧机系统新技术开发与创新"获得国家科学技术进步奖特等奖，管克智深耕科研一线的事迹也被《光明日报》等媒体进行了报道。

"武钢一米七轧机系统新技术开发与创新"项目获国家科学技术进步奖特等奖

第五章　社会服务　力学笃行

一、率先引进，承载重任——记物流工程专业的诞生与发展

新中国成立初期，我国实行计划经济体制，国家对生产资料和主要消费品的生产、分配等实行计划管理，具体由计划部门负责管理指标、物资部门负责管理调拨、交通部门负责管理运送，以满足经济恢复与社会主义建设的需要。随着改革开放的来临，我国众多学者赴国外考察学习，其中我院吴清一教授借鉴发达国家的成功经验，作为国内第一人将"物流"概念引入国内，专注物流专业研究，培养物流领域人才，积极推动国内物流业的发展。

缘见日本"物流之父"平原直，初识物流

1984年4月，当时研究机械工程的吴清一教授被派往日本神奈川大学做访问学者。一个偶然的机会，吴教授结识了在日本被称为"物流之父"的平原直，这一见竟就此改变了他后半生的研究方向，也直接催生中国物流行业萌芽的产生。

在日本，吴老师结缘物流可谓戏剧性十足。"这是一次愉快的见面"，事隔近40年，吴教授谈起此事仍然记忆犹新。当时八十多岁的平原直对中国具有深厚的感情，对中国的历史非常了解。这次谈话从唐代诗歌谈到近代的中国历史，内容十分广泛。其中吴教授印象很深的是平原直谈到了他最喜欢的三首歌曲都是中国歌曲即"孟姜女""二郎山"和聂耳的"码头工人歌"。而恰巧这都是与物流相关的歌曲，如"孟姜女"歌曲中的万里长城，在当时的条件下将如此大星的砖石材料运进崇山峻岭，这是物料搬运史上的一个奇迹。后来的谈话中，平原直建议吴教授不一定限于某个具体技术领域，而要发挥知识面较广、有一定的社会经验的特点，建议吴教授关注一下物流领域。

20世纪80年代初期我国的生产力水平虽然比较低，但也将由大批量生产向多品种小批量生产形态发展，生产和流通的形态都会发生变化，将来经济越发展，物流的重要性会越来越体现出来。吴教授认为平原直的建议很有道理，认为物流对中国来说肯定也是很重要的领域。于是吴教授首次将"物流"这一词汇引入国内并大量收集有关物流科学的书籍资料，从此义无反顾地走上了长达40年的物流普及、教育、研究与推广之路。

吴老师学成归国，致力于宣传和普及当时人们还很生疏的物流科学。并在国内培养了一大批物流人才。回国后，吴教授向学校领导汇报了有关物流科学的情况，在学校的支持下开始了物流教育普及工作。他以原来的一个起重运输机械教学小组为基础，又吸收了一些年轻教师组建了一支基本队伍，成立了物流工程教研室。

从 1987 年开始，物流工程教研室先后请日本的平原直和德国多特蒙德大学的著名物流专家尤内曼教授等来中国讲学，在此基础上又整理讲义继续举办物流讲习班。先后举办了 10 次全国性物流讲习班，其中前 4 次是请外国专家讲学的形式。这是中国最早的全国性物流讲习班，参加学员来自新疆、广东等全国各地，达数百人之多，在全国形成了较大的影响。除了进行物流学科的普及以外，物流教研室也着手物流人才培养的长远规划。1986 年物流工程教研室开始招收硕士研究生，物流这个词汇首次直接作为研究生的课题，1989 年物流工程教研室开始招收博士研究生，1991 年在物流工程教研室的基础上组建了国内第一个以物流工程和物流技术为主要研究对象的物流研究所，1993 年物流工程教研室开始招收本科生，并创办废钢物流班，以定向培养的方式为当时的冶金工业部废钢公司培养人才。1996 年，编写出版教材《物流学》，这是中国最早进入学校的物流教材之一。在此阶段物流工程专业培养了一批以李苏剑、王转老师为代表的行业领军人物，这在国内尚属首批。

除了在学校专业教育培养之外，物流工程系还为国家物流师系列人才的培训工作付出巨大努力。2003 年，国家劳动和社会保障委托中国物流与采购联合会针对物流从业人员指定一个国家职业标准，在此重要时刻，学院时任中国物流与采购联合会副会长的吴清一教授再次出马，领衔承担此项重要工作，最终决定把物流师分为高级物流师、中级物流师以及初级物流师三个层级，并确定了每一级人员应该掌握的知识、具备的技能，以及能够担任的相应工作岗位。在此基础上，吴清一教授被任命为物流师教材编写小组组长，全权负责系列教材的编写工作。5 部系列教材，近 300 万字，吴教授亲自把关每一份稿件提出修改意见，反复修改才最终定稿。这个过程使得近 30 万从业人员接受了物流师资格认证培训，很大程度上缓解了国内物流人才紧缺的状况。

潜心研究物流科学本质，促进中国物流装备业发展

提到中国物流的科学研究，不得不提行业内的一本知名期刊《物流技术与应用》。1996 年由吴教授创刊的《物流技术与应用》以"让世界物流了解中国，让中国物流走向世界"为宗旨，以推广先进物流技术和设备的普及应用为己任，是我国最早以报道物流系统技术与应用为主要内容的国家级刊物之一，刊物在国内外公开发行，读者遍及世界各地。在杂志创办初期，吴清一遇到了很多困难，但

吴教授没有放弃，亲自前往日本参观杂志的创办过程，依托北京科技大学创办了《物流技术与应用》杂志。时至今日，这本杂志以其政策性、权威性、技术性与实用性，已经成为物流企业及物流从业者手中必读的杂志。

《物流技术与应用》杂志

物流行业中最重要的是系统观念。物流工程系提出实现物流系统的高效率，系统中的物流机械设备必须协调化，它们的规格尺寸要和货物单元相适应，也就是要依据所选用的托盘标准来决定。为此，吴清一率领本专业的教师第一个提出创办中国的托盘行业组织，并向中国物流与采购联合会会长提出成立托盘专业委员会。在委员会成立之后，还积极开展托盘领域的国际交流工作，多次参与和组织在中、日、韩举行的亚洲托盘标准化专家会议，加强了与会各国的相互了解和合作。2013 年，托盘理论得到了延伸和拓展，创建性地提出单元化物流理论，《物流技术与应用》杂志上连续发表多篇文章对单元化物流进行阐述，得到了广泛关注。此外，举办了首届单元化物流系统建设研讨会，着力在业界推进"单元化"物流理念与实践，为我国物流效率地提高和成本降低提供了有力的支撑。

多年来，物流工程系师生持续赴国外学习、考察、科研合作，出席国际会议，进行多方面的学术交流，有的学成获博士学位后归国，成为骨干和学术带头人；有的完成国外合作项目，带回最新科技成果，有力地推动了物流工程系的学科建设。在"真"探索和"真"改革的不断发展中，物流工程系毕业生分布在全国各地，如联想、神州数码、华为、海尔等著名企业从事物流技术与管理工作，也有一部分在大专院校和科研院所从事物流教学及研究工作。多年来，作为工程学科和管理学科的交叉学科，物流工程系持续做了不少有挑战性和开创性的工作，研究领域涉及物流系统建模与仿真、物流信息系统、物流系统规划等。2002年以来，物流工程系投资近300万，分别建成AS/RS自动化存储实验室、物流与工业工程综合实验实训实验室、物流系统仿真实验室、物流信息采集与跟踪实验室和人因工程实验室，包括先进的eM-plant仿真系统、AIS物流中心仿真系统、GPS、RFID及条码系统、Logis物流企业管理信息系统、企业生产及物流管理系统、工业工程时效分析系统，为教学和科研提供了良好的实验及研发环境。此外，在科学研究方面，物流工程系多次承担国家"七五""八五"和"十五"重点科技攻关课题项目，获多项国家和省部级科技进步奖；与数十家国家特大型企业、公司及政府部门、军工单位合作，开展物流系统分析和仿真、物流中心规划和方案设计、物流管理信息系统开发等方面的科研项目30余项，科研经费达到900多万元；同时开展面向企业和社会的物流咨询服务工作。

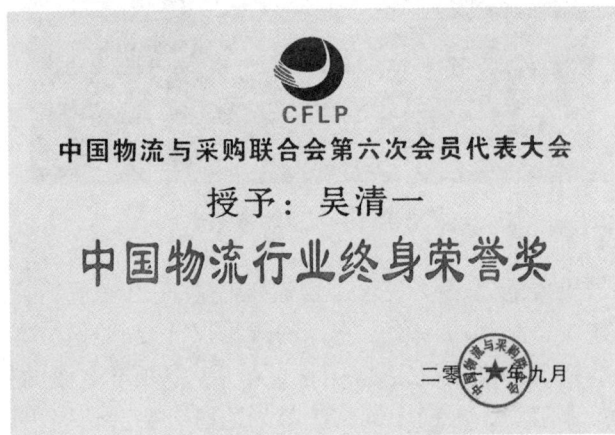

CFLP

中国物流与采购联合会第六次会员代表大会

授予：吴清一

中国物流行业终身荣誉奖

二零一一年九月

研究物流，推广物流，为中国物流业发展培养人才

从最开始的认识到将来中国可能需要物流，到后来一步步实践验证，越来越感觉物流领域对我国经济发展所起到的作用是不可估量的，物流工程系的教师们始终觉得自己所做的一切是非常有价值、有意义的。也就是这种使命和责任感，教师们将物流融进了自己的人生。就像吴清一教授所说"我今年86岁了，现在还干得动，所以我想再干几年！"

二、相互扶持，才华接力——亚运"潮流"火炬的设计

2010 年 10 月 9 日，第 16 届广州亚运会圣火火种采集仪式在北京居庸关长城北烽火台成功举行。从 10 月 12 日开始，亚运会火炬开始了为期一个月的传递。在众多火炬手中，有一个人和火炬有着非同一般的情缘，他就是我校工业设计系前副主任洪华老师，他曾带领北京科技大学工业设计系的老师们作为主创设计师参加了第 16 届广州亚运会火炬投标的整体设计过程，并且最终以"潮流"火炬的设计方案中标。2010 年，北京电视台《魅力科学》栏目、凤凰网、网易新闻等主流媒体相继报道了我校工业设计团队设计广州亚运会"潮流"火炬的故事。

第 16 届广州亚运会"潮流"火炬和两位主创设计师

壮志未酬，奥运四强

与亚组委的第一次会议

2010 年广州亚运会火炬设计团队由北京科技大学机械工程学院工业设计系副主任洪华带队，他和工业设计系郑阳老师、李亦芒老师一起作为产品主创，杨丽辉老师作为平面设计主创，当时刚确定留校任教的张俊海老师和工业设计系的几位同学们也参与了建模等部分工作。整个设计周期，从最初接到设计邀请到完成火炬以及圣火盆、火炬支架、取火器和火种灯等配套设施的设计，前后共用了一年左右。2008 年冬，新年将至，来自亚组委的设计邀请电话让工业设计系的老师们无比激动。对于刚刚成立不到十年的北京科技大学工业设计系来说，这无疑是个难得的崭露头角的机会。但这个年轻的设计团队却有一种无形的压力，因为在这之前不久，洪华老师带领着老师们设计出杀进 2008 年北京奥运火炬全球招标四强的火炬"竹韵"。"竹韵"最后败于"祥云"，止步前四，成了工业设计系老师们心中不小的遗憾。但是那些经验，包括在日喀则地区火炬抗风研究、火焰颜色测试等都为"潮流"的设计成功埋下了伏笔，老师们已经意识到了应将人文精神引入工业设计中，并且更加注重团队的合作。因此，面对亚组委的邀请，工业设计系的老师们非常兴奋，非常珍惜这次机会，他们有个共同的信念：一定要设计出最合适的广州亚运会火炬！

从头开始，深入岭南

在广州 2010 年亚运会火炬设计的征集要求中，明确提出火炬的设计应充分体现中国文化特色、蕴涵岭南文化元素，展现广州人文风采和时代风貌。获得投标机会后，老师们立即展开桌面调研，对"广州"进行深入挖掘，五羊城、木棉花、岭南文化、"弄潮儿"……这些来自网络的资料让老师们充满了好奇和迷茫，为了找到最能代表"广州"文化意义的形象，他们决定实地走访调研，"因为我们要找到一个概念能够让亚组委和老百姓、广东省内和省外的人都要认可，而我们的团队没有广东人，在领悟文化的时候难度很大，所以我们就去广东实地进行了采风，最终将设计概念定了下来。"洪华老师如是说。

广州实地调查——南越王墓博物馆、陈家祠

2009年2月中下旬，春节刚过，洪华老师、郑阳老师、李亦芒老师动身前往广州。他们采风的地点不仅包括能够展现广州现代化风貌的新城区，还对一些充满风土人情、文化特色的老城进行走访，想要探寻出这个城市最独特的味道，找到能够让公众普遍认同的概念。终于，在广州的实地调研为团队收集了丰富的素材，返回北京后，他们立刻将这些内容与其他团队成员进行交流，开始了概念发想，并结合技术、文化、亚运会理念、举办地等多方因素，希望能将广州如潮流般城市文化融入火炬设计中，表达通过公平的体育竞赛提升亚洲年轻人的体质和道德水平、增进相互了解和友谊的美好愿望。同时，以此为契机，增强大家的自信心，提升城市的影响力，塑造城市品牌，体现广州特色。

团队合作，集思广益

团队的老师们在极短的时间内集思广益，系里的其他老师们也都积极参与到了设计过程讨论与方案的内部评选中，一次次的分享，一夜夜的线条勾勒，一场场的交流讨论，老师们设计出多套方案，他们将各个代表着华夏文明和广州文化的符号汇聚在一起，然而，看到这么多的方案，这个年轻的设计团队却迷茫了。因为大家是各自分头绘画的草图方案，没有很好地发挥团队的作用，因此，在洪华老师的领导下，团队有了新的工作方法：根据老师们对主题的理解，先制定出几个既符合亚运精神、又符合广州特点的设计方向来，再进行草图的设计。而在确定方向的过程中，老师们又进行了激烈的思想碰撞。在数不清多少次讨论后，终于，团队确定了"风帆"和"潮流"两个火炬设计方向，"风帆"对应于广州作为海上丝路的起点，"潮流"则折射出广东的历史定位。确定了设计方向后，便是夜以继日的方案设计和优化，而后确定在"潮流"的方向上继续深入设计，并细分为"潮流"和"雅流"两个设计方向。

最终应该将哪个火炬送去评选，又让老师们犯了难，洪华老师建议用投票的方式解决意见的分歧，"潮流"在这次投票中以高票胜出。它融合了火的激情和水的柔美，更符合广州亚运会"激情盛会，和谐亚洲"的口号。于是，老师们又进一步开展视觉化工作，参考现有的视觉元素和当地的工艺，设计出在视觉语言上能够让普通大众理解的纹样——"潮流纹"。

实践求真，毫米推敲

确定了设计方向，确定了将"潮流纹"作为主纹样，让想法成为一件实实在在的作品，还有很长的路。杨丽辉老师作为平面设计主创也克服了很多的困难。由于杨老师之前的作品大多呈现在二维平面，而火炬是一个曲面，这是她第一次在不规则的三维立体产品上做平面设计，因此，设计过程中充满了挑战，花费了数不清的夜晚，甚至晚上做梦时脑子里都在思考如何修改这些火苗。

　　为了看到更真实的效果，老师们把设计好的纹样画在纸上，把纸卷成一个圆筒来看呈现效果。郑阳老师建议把设计好的图案做成纸模，用来推敲纹饰的大小和位置。后来，团队又将设计好的纹样贴在木棍上进行检验。这些尝试，对最终火炬的整体造型、曲度变化、火炬口的设计以及"潮流纹"的排布等都有很大帮助。纹样大小和位置基本确定后，张俊海老师和他的同学赵立强等完成了建模，将火炬设计由想法到落地推进了重要的一步。

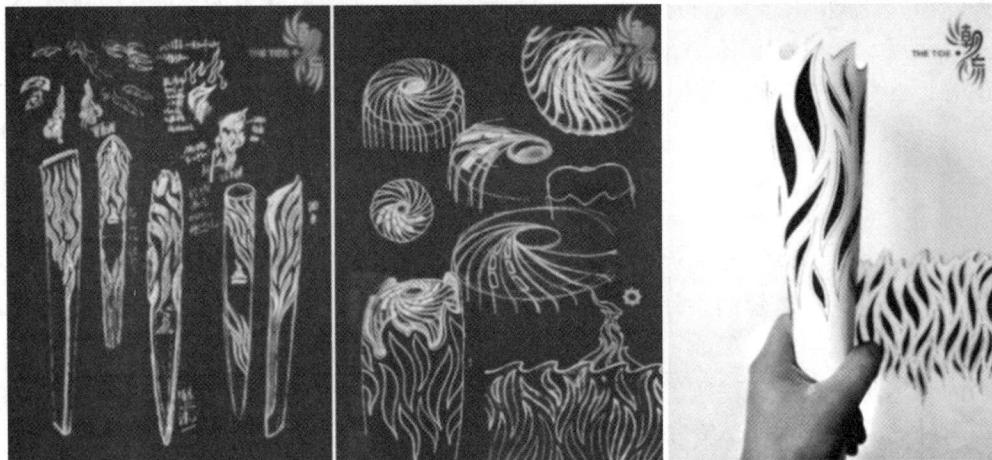

火炬设计草图、纸模

　　团队根据这样的方法制作出第一根火炬后，老师们发现模型非常缺乏韵味，这样的实践结果让他们感到功亏一篑。当时，洪华老师正在准备他的博士论文，学业、教学和火炬设计的三重压力，让他想放弃亚运会火炬，但是看到团队成员们依旧废寝忘食地精进方案，他被团队的热情所感染，终于，这个突破口很快就找到了。一天，系里一位来自广州的学生送给洪华老师一件仿象牙雕的小礼物，看到这件工艺品，洪华老师的灵感迸发了。牙雕是广州一种特色的工艺，作品玲珑精致，十分美观，洪华老师和团队其他老师们交流后，决定把这样的工艺和火炬的设计相结合。

　　对火炬的造型进行推敲，根本的标准在于团队老师们对火炬设计的两点设想：一是造型要饱满有气势，二是手感要好。有时候这两点是矛盾的，当火炬造型比较修长的时候，手感是比较好的，但是气势却体现不出来，如果体现出气势的话，手握起来又会比较累。因此，团队做了很多样品进行测试，一毫米一毫米的推敲，直到达到气势和手感两者的平衡。"潮流"火炬在结构上分为里外两层，带有一定的神秘感，外层上有类似广东牙雕的镂空，这就需要有一定的壁厚，因此在重量上有所增加。团队对火炬的极限重量做过测试，如果火炬达到2千克重，拿在手中就会比较累。但是团队一致认为：火炬需要一定的分量，拿在手里才有"礼器"的感觉，更加庄重。因此"潮流"火炬比奥运"祥云"火炬略重，重量在 1 千克以内。火炬的色彩是木棉红到中国红的渐变过渡，火炬顶部的出火口像一个发散的太阳，与亚奥理事会的标志相匹配。

一决清华，网投胜出

第一次评审全体成员（左四为领队时任北京科技大学党委副书记陈曦）

很快就到了提案评审的时刻，时任北京科技大学党委副书记陈曦带队，时任机械工程学院副院长刘金辉、工业设计系党委书记魏东以及火炬设计团队共同前往广州参加答辩。让老师们印象深刻的是，在前往广州途中，陈曦副书记就火炬设计方案向团队提了几个问题，第二天的答辩会上，工业设计团队第三个出场答辩，评委会恰巧也提出了相似的问题，好在团队提前有所准备，答辩非常成功。回想起来，这对当时年轻的设计师们是一次非常有意义的体验，对一件设计作品的评价，往往不单有"设计师"的维度，尤其是"火炬"这样一件公众价值、社会意义丰富的作品，来自公众的、社会的评价和思考非常重要。其实，在方案设计过程中，团队就很重视大众的建议，老师们经常向非设计专业的亲朋好友征询意见。老师们的努力终于有了很好的结果，在与广州美术学院、清华大学美术学院、华帝股份有限公司三个强劲的对手答辩比拼后，"潮流"成功入围。

2009 年 9 月，亚组委将候选火炬造型"潮流"和"进取"放在网上接受全民票选。工业设计系的老师们全都积极投入到网络投票的宣传工作中。经过 24 天的 PK，在参与投票的 126000 多人中，支持"潮流"的超过 90000 人，超过总票数的 70%。"第 16 届亚运会火炬形象为'潮流'！"随着亚奥理事会官员话音落定，万众期待的第 16 届亚运会火炬形象终于揭晓。

才华接力，"火炬"传承

"潮流"的成功依赖于团队力量。当时的北京科技大学工业设计系成立不到十年，只有几位老师，繁重的课程任务压力并没有让他们因此提出放弃。老师们倍加珍惜这次可以让北京科技大学工业设计系在设计界、在中国、在亚洲发声的机会，带着共同的使命感和荣誉感，带着像"火炬"般团结、互助的精神，老师们一年来夜以继日，把课程外的所有精力都投入于此，在办公室挥洒自己的热情。"潮流"火炬采用的是双燃烧室设计，外边是火焰，里边是值班火种，这样即使外面的火焰熄灭，里面的火种并不会受到影响，并且能继续点燃外面的火焰，这样的设计让火炬在大风、大雨中仍能很好地燃烧。这就如同我们的工业设计系，他们的相互扶持、才华接力定义了火炬的意义，互相给予支持和燃烧的激情，互相碰撞思维和创意的火花。

回忆起十多年前火炬设计的故事，每一位老师都非常激动，他们的眼睛里都闪烁着光芒，仿佛又回到了当时共同拼搏的岁月。过程中的辛劳和困苦，没有一位老师再提及，留下的只是欢乐和收获这份荣誉的幸福感，他们的青春在教书育人和设计事业中像火炬般熊熊燃烧却永不熄灭，他们正在带领工业设计系走向更加辉煌的明天。

三、心系祖国，不负使命——机械师生服务国家各项重大活动

不管是建成初期的北京钢铁工业学院机械系，还是发展到后来的北京科技大学机械工程学院，一代又一代的机械人始终坚守"把服务国家作为最高追求"的崇高信念，在攀登知识高峰中追求卓越，在肩负时代重任中行胜于言，在真刀真枪的实干中成就一番事业。七十年来服务国家重大活动一直是机械工程学院的光荣传统，从20世纪50年代修建十三陵水库，到35周年的国庆游行，再到2008年北京奥运会、国庆70周年阅兵、2022年北京冬奥会等活动，始终有北科大机械人的身影。学院坚持理论与实践并重，将国家使命融入教学科研和教书育人工作中，机械学院师生在各项重大活动中激发爱国热情、锤炼坚强意志、培养合作意识，锻炼交际能力，汇聚团队精神，多方位提升新时期"三全育人"工作实效，全面展现了机械人朝气蓬勃的精神风貌。

20 世纪 50~60 年代　"钢小伙、铁姑娘"美名广流传

20世纪50年代那次规模空前的公益劳动——修建十三陵水库，北京全体高校的数万名师生参加，其中不乏机械系师生的身影。当时的工地上没有什么机械设备，几乎所有的土石方都要靠同学们用箩筐挑、用扁担抬，住的是临时搭建的

帐篷，吃的是窝窝头就咸萝卜条，条件十分艰苦。3000 余名师生自发组织了刘胡兰突击队（全都由女生组成）、青年近卫军突击队、黄继光突击队等，每队 40 人左右，热火朝天地开展劳动竞赛。这些"钢铁战士"们不畏困难和艰险，苦干实干加巧干，不仅在施工速度上遥遥领先于其他高校，而且还超额完成了任务。同学们的感人事迹在兄弟高校师生中广为传颂，他们所表现出的无私奉献的英雄气概和革命乐观主义精神，为钢铁学院赢得无限荣光。从此，"钢小伙、铁姑娘"美名广流传。

修建十三陵水库仅仅是一个缩影，在修建颐和园昆明湖、人民大会堂、人民英雄纪念碑的重大工程中，都能看到机械系"钢小伙、铁姑娘"的身影。

20 世纪 70~90 年代　热情参与国庆游行和亚运会服务

丁文英（右一）参加 35 周年国庆游行

1984 年 10 月 1 日，建国 35 周年庆典在天安门广场举行，首都 50 万人参加了天安门广场的庆祝活动，北京钢铁学院师生也积极投身参与其中。机械工程学院物流系副教授丁文英老师回忆到，当时她还在读大四，和杨荃、范云、刘晋平、樊百林等同学一起参加了国庆当天群众庆祝游行和夜晚广场联欢。38 年过去了，丁老师说起这段难忘的经历时，仍然掩盖不住激动和自豪。她回忆到，当时几乎全年级 150 多位同学都参加了群众庆祝游行活动，大家前期进行封闭训练，虽然辛苦但劲头十足，在空旷的郊区骄阳下，一练就是一天。同学们记不得出了多少汗，记不得挥了多少次手臂，只记得每次都是累得回校倒头就睡。临近国庆，虽然动作已很熟练，但同学们一有时间就凑在一起，复习动作，精益求精。游行当天同学们手持花束，衣着鲜艳，步伐欢快的走过天安门广场，内心洋溢着万分激动和兴奋，为自己骄傲，为学校骄傲，更为祖国骄傲。

1990 年北京亚运会是我国体育志愿服务的起点，首都近 4 万名大学生以

"学雷锋精神，为亚运奉献"为主题，承担了亚运会大量的宣传准备、环境整治、会务服务、文体表演等志愿服务工作，大批机械学子也响应号召参与其中。很多人是第一次参加这样的工作，都很兴奋。从这以后，在北京亚运会志愿服务成功开展的影响下，体育志愿者也逐渐成为我国各类体育赛事上一道亮丽的风景线，也吸引着越来越多的同学热情参与。

新时代（2000 年至今）　启航新征程

志愿服务，展现奥运荣光

在 2008 年北京奥运会中，北科大机械工程学院的志愿者们无私奉献、辛苦付出，圆满完成北京奥运会一系列志愿服务活动。

2008 年北京奥运会，百余名机械学子和学校数千名志愿者一起投身奥运相关服务。北科大体育馆、数字北京大厦和奥林匹克公园交通场站，处处都有志愿者们辛勤工作的身影；在海淀区、宣武区、朝阳区 18 个站点城市志愿者共计服务 4.5 万小时；社会志愿者全程服务地铁奥运支线，累计达到 1.7 万小时；1.5 万人次的文明观众啦啦队志愿者，参与了 32 场比赛、11 万小时的助威活动；近千名奥运实习生全程服务奥运会和残奥会。国际奥委员会主席罗格、国际奥运会残奥会主席克雷文亲切慰问了我校志愿者，高度赞扬了志愿者的服务工作。

2008 年北京奥运会机械工程学院部分志愿者

2022 年 2 月第二十四届冬奥会在"双奥之城"北京拉开帷幕，机械工程学院共派出 34 名师生参与冬奥会人员管理、赛事服务以及观众引导等志愿工作，圆满完成了冬奥会 14 个竞赛日、29 场冰球比赛的服务保障任务，累计服务时长 1500 余小时，服务工作人员及观赛观众超过 20000 人次。

冬奥会志愿者们用热情与真诚的服务，向世界展示青春风采。2019 级本科生丰翊航是赛会通行控制志愿者，工作期间他坚决履行志愿者职责，用友好的态度以及得体的方式为各国人员提供帮助，热情周到的服务使他获得了冬奥志愿者"服务之星"称号。机械师生们以实际行动响应习近平总书记对冬奥志愿者"振奋精神、鼓足干劲、团结协作、共同努力"的号召，成为了"有理想、能担当、肯吃苦、乐奉献"的最美冬奥服务保障队伍。

丰翊航同学在 2022 年北京冬奥会场馆

工设 191 班侯佳龙接受中国教育电视台采访

机械学院 2022 年北京冬奥志愿者

机械学院 2022 年北京冬奥志愿者

除了参与志愿服务，老师们也为冬奥会贡献着科技创新力量。学院副教授陈哲涵带领的团队负责参与国家重点研发计划"科技冬奥"专项"室外大中型压雪车研发及应用示范"项目，打造中国人自己的压雪车，打破了国际垄断，为国产室外大中型压雪车登上冬奥会雪道做好准备，为科技创新赋能"智慧"冬奥做出了贡献。

科研团队在雪场实地勘探

我国首批高端室外大马力压雪车 SG400

与国同庆，释放爱国激情

在国家重大庆祝活动中，总能看到北科大机械学子的身影。60 周年国庆的庆祝活动，北京科技大学参与了"能源发展方阵"的组建和训练任务，与广场合唱和群众联欢工作。机械师生和其他北科大学子一起，为国庆献上了一份厚礼，为伟大的祖国母亲送上了最真心的祝福与祝愿。

当时参加训练的机械工程学院 07 级国防生侯现仁提到，面对压力大、责任重的训练任务，针对同学口令意识不强、踏乐节奏混乱、精神不够专注的问题，全体教练员深入研究、狠抓落实，有效纠正了同学们训练中的不足，锻炼了他们坚强的意志品质，践行了"爱祖国、爱母校"的诺言。学院师生参加国庆60周年庆祝活动，见证了伟大祖国的发展历史，锻炼了团队精神，有力地证明了奉献精神在机械工程学院是可以保持和发扬的。

在2019年国庆70周年的庆祝活动中，有270名机械师生参加第10方阵的排演。他们经历了88个日夜的刻苦训练，用无数努力付出成就了"0秒误差"走过核心表演区，为新中国70周年华诞献上了一片"希望的田野"。

国庆70周年游行训练

参训同学们秉承"为祖国献礼"的信念，同心奏响"爱国强音"，用青春风华牢筑"我要游行"的使命担当。国庆当天除游行方阵外，另有1000余名机械师生参与到志愿者、合唱和联欢等庆典环节，机械学子在学校五环广场参加了隆重的千人升旗仪式和"青春告白祖国"主题活动，在机电楼106组织集中观看庆祝大会现场直播，积极营造国庆氛围，以线上线下多种形式为祖国生日送上祝福。七十周年，国之大典，机械师生用高度的政治责任、饱满的工作热情、精益求精的工作态度，向祖国献礼，为人民赞贺！

时光流转到2021年7月，在建党百年举国同庆的重大时刻，机械师生奔赴建党100周年庆祝大会现场，11名学生参与演唱暖场歌曲，10名师生参与集体致献词，24名师生参演文艺演出合唱团，24名师生参与志愿服务，24名师生参演《伟大征程》文艺演出，10名学生参与七一勋章颁授仪式。所有师生以最忠诚的信仰、最饱满的热情、最昂扬的斗志、最动人的风采、最振奋的状态，圆满完成了党和国家交付的重大政治任务和光荣使命，向党的百年华诞献上机械人最诚挚的祝福。

国庆 70 周年游行

建党 100 周年庆祝大会机械学子集体献词

建党 100 周年庆祝大会机械学子参加志愿服务

建党 100 周年庆祝大会参加广场演唱同学

在北京园艺博览会志愿服务、亚太经合组织领导人峰会（APEC）志愿服务、"一带一路"国际合作高峰论坛志愿服务、中非合作论坛北京峰会志愿服务、2019 年北京世界园艺博览会志愿服务等国家重大活动中，处处展现着机械师生全情参与的身影。他们以昂扬的精神状态和饱满的工作热情奉献自己的力量，圆满出色地完成了各项志愿服务任务，用青春激情在国际舞台上打造最美"中国名片"。70 载峥嵘岁月，从未缺席过时代的北科大机械人，将永续传承"心系祖国，不负使命"的光荣传统，为新时期中国的蓬勃发展而不断努力奋斗。

四、一直坚定，一点轻快——学院优秀实践与志愿服务项目

北京钢铁学院在建校初期的教学计划中就增设了"公益劳动"课程，教学时间安排是集中开展一周，组织实施单位是学校后勤部门。20 世纪 80 年代，课程内容主要是以系为单位组织学生到延庆八达岭植树，师生吃住在八达岭；20 世纪 90 年代，课程内容主要是以班级为单位组织学生在校园植树绿化、打扫卫生等，到了 90 年代后期，工作内容主要是扫树叶、拔杂草等，工作任务不饱满，工作内容单调，学生的积极性不高，消极怠工情况严重；与此形成鲜明对比的是，学生到敬老院、福利院、科技馆等社会单位参加志愿服务活动的积极性很高。学校团委与教务处进行了深入研究，将原来的"公益劳动"课程改革成为"志愿服务"课程，组织实施由校团委负责。

机械志愿者打扫校内设施

近年来高校学生志愿者协会等公益类社团蓬勃发展，许多高校共青团组织为了加强志愿服务工作的指导和管理，纷纷在团委成立了志愿者工作部或志愿者指导中心。2003 年，机械工程学院青年志愿者协会成立，将机械工程学院的志愿服务工作纳入统一管理。在近二十年的时间里，机械工程学院打造了多个志愿服务挂牌基地和精品社会实践及志愿服务项目。

第一届机械工程学院青年志愿者协会成员

太阳村志愿服务活动项目成立于 2006 年 9 月，志愿活动地点为北京市顺义区赵全营镇板桥村太阳村儿童教育咨询中心。自 2006 年以来机械工程学院长期组织志愿者前往太阳村进行志愿服务。每周周末，两名活动负责人会带领 15~20 名志愿者早上 7 点从学校北门出发，到六道口乘坐地铁 15 号线至顺义站，转 856 路公交到达太阳村进行志愿服务活动。

机械工程学院与太阳村的合作已经将近十一年，联合组织了形式多样的志愿

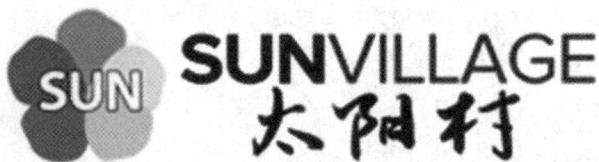

每个孩子都是太阳花

服务活动。在校内举行多次图书、衣物、学习用品等的募捐活动，并在物美超市长期设立爱心募捐箱，定期收集整理，每次都能获得 1000 元以上的募捐资金。

活动成立初期机械志愿者在太阳村开展志愿服务

太阳村志愿服务活动不仅仅局限于学院，志愿者招募范围很早便扩大到全校，因此在整个北京科技大学具有很大的影响力。志愿者们在学校内及太阳村举办的一系列爱心志愿服务活动中，得到了太阳村老师和学校的一致好评。同时，经过几代机械志愿者的努力，太阳村系列志愿服务项目已建成学校制度规范、参与人数最多、最成熟、开展活动最频繁的大型校外志愿服务活动之一。

通过太阳村志愿服务，志愿者们深入了解了社会上这部分弱势群体，对同学们的心灵产生了一种震撼，一方面更加珍惜自己的幸福生活，另一方面增强了同学们关注社会弱势群体的意识，唤起了同学们"奉献友爱互助进步"的精神，真正达到了志愿服务的目的。

木兰社区志愿服务是一个以关爱和帮助来京务工女性的子女为宗旨的志愿服务项目，为打工女性及子女提供文化教育和精神方面的服务。项目创立于 2011 年 4 月，由北京科技大学机械工程学院青年志愿者中心承办，活动地点在北京昌

志愿者为太阳村孩子辅导功课

平区北七家镇东沙各庄 218 号木兰社区活动中心，活动过程管理高效、有序，有完整、系统的规范制度，志愿者参与热情高，社会反响好，多次优秀的志愿服务得到了木兰社区的高度评价，被寄予极高的期望。

"木兰花开"的地方

　　志愿者们在木兰社区进行的活动有：对孩子们进行阅读推广、陪孩子们游戏、在社区的工作人员带领下去工地及集市进行义卖、在学校举行为外来打工者募捐活动、进行社区相关工作等。义卖和募捐所获得的流动资金用于为儿童开办兴趣活动、课业辅导等。而学院则希望通过此活动整合社会资源，把平时大家不用的闲置物品捐赠出来，提供给有需要的外来打工者。同时，也可以让参与志愿服务的志愿者能够有机会"零距离"去了解，接触一个他们不熟悉的社会群体及了解他们的真实状况，扩大对社会的认识，从而在学会理解、包容与关爱。

　　"木兰社区是由四个普通的女性一手创建起来的民间慈善机构，她们用自己的努力为那些在外务工人员以及他们的子女提供力所能及的帮助，为她们的生活提供便利，为他们的业余生活增添色彩。她们之中还有刚毕业的大学生，年龄跟我们差不了多少，却已经开始为社会奉献自己的爱心，为公益事业奉献自己的青春，这一点深深打动了我。"

志愿者进行阅读推广

志愿者准备进行爱心义卖

　　"当我们着手开始整理时，才发现这任务并没有想象中的轻松。随意地跪在地上整理各种衣物，挑拣无法出售的，打包整理好的，期间大家有说有笑，欢乐非常。近10个小时的整理，打包好的衣服堆成一座小山，看上去特别有成就感。离开木兰社区时我心里便想着，一定要让更多的人知道这个组织，一定要让更多的人来帮助这些平凡而又伟大的外来务工人员！"

　　志愿者每次来做活动带着期许而来，带着满心的满足而归，我们收获的是志

志愿者在木兰社区组织亲子比赛

愿者的认可，是木兰为更多工友的服务。在这个木兰花开的地方，我们遇到了对工作认真负责、平易近人的负责人，待人友善的居民，以及一群天真烂漫聪明可爱的小朋友。这里的居民们，绝大多数都是外地的打工者，或者说是北漂，他们拖家带口，在这个压力巨大的城市里顽强地生存下来。生活现实虽然冷峻，但他们的热情始终暖人，我们感受到的，是他们在生活压力下始终乐观的心态。最可爱的小朋友们，拥有着强烈的好奇心和求知欲。

"一个执着的团队，一群坚强的身影，一则奋斗的历程。用爱心传递温暖，以真情创造美丽，四载岁月，他们坚定地耕耘在关爱未成年人成长的路途上，他们用持之以恒的无私与奉献，赢得了孩子们灿烂的面庞和茁壮的成长，奏响希冀中最闪亮的吟唱！"这是北京科技大学第六届青年五四奖章颁奖典礼上的颁奖辞，奖项授予的是"禾欣实践团"。

禾欣少儿服务与发展中心
Hexin Children's Service & Development Center

唯爱与禾欣不可辜负

2015 年 6 月参加青年五四奖章颁奖礼的禾欣成员

"禾欣"寓意"禾苗欣欣向荣"。LOGO 中左侧小禾苗代表小朋友，右侧大禾苗代表青年学生，他们为"小禾苗"撑起一片蓝天，沐浴在"红橙黄绿青蓝紫"的七彩阳光下，与禾欣夏令营的七彩活动相呼应。整体 LOGO 呈太阳的造型，寓意青年学生和小朋友在禾欣阳光的关怀下共同成长。

2011 年 8 月 6 日第一届禾欣夏令营开营

禾欣的魅力，在于让大学生和小朋友之间通过七彩活动架起一座爱的桥梁，从此心里多了这样一个人，陪伴着我们共同成长。而这座七彩桥梁，每一年都别出心裁，每一年都风景独特。

每年跳蚤市场的最后都会进行爱心义卖，筹集善款给需要帮助的小朋友，他们有些是不幸身患重病的小朋友，也有贫困地区需要物质帮助的小朋友，既然禾欣是小朋友们的夏令营，所以希望通过同辈之间的援助，从小为他们种下一颗善心。第五届禾欣跳蚤市场，禾欣的成员为烟台恶性骨肉瘤患者郭兆越小朋友筹集善款，那天正好是禾欣五周岁生日，现场购买了五层蛋糕跟到场的小朋友和家长分享，共同庆祝五周岁生日，借着这个高潮之后播放了小兆越的病情和截肢后的近况，不少家长看完之后热泪盈眶，纷纷慷慨解囊，小朋友们更是把跳蚤市场的收获甚至零花钱全部捐了出来，最后筹集到4020.7元，由汤妈妈公益慈善中心定向捐助给小兆越用于术后康复。可喜的是，小兆越手术后恢复很好，2018年特意从烟台来到苏州参加第六届禾欣夏令营，虽然戴着假肢的腿脚不太利落，但是坚持参加完了所有夏令营活动。第六届禾欣跳蚤市场的爱心义卖是筹资为青海玉树贫困山区的孩子们购买净水桶，小兆越和他的同组伙伴李悉源用灵巧的双手编制手工气球玩偶售卖，俩人赚了395余元，全部捐了出来。值得一提的是，小兆越术后情绪非常糟糕，不愿意别人亲近，也不与别人说话，整天愁苦着一张小脸，让人看着十分揪心。刚来苏州时，他还不愿在公众面前露出他残疾的那条腿，多热的天始终穿着长裤，但是没想到他笑着拿了一串自己制作的气球玩偶，蹦跶着来到台上，感谢去年禾欣为他筹集的捐助，并且卖出了所有玩偶将钱捐给了需要帮助的玉树山区小朋友们。回到家后，他不再是那个沉默寡言的孩子，当天晚上一到家就兴奋地跟爸爸讲述在苏州的所见所闻，分享参加禾欣夏令营和汤妈妈英语亲子夏令营跟小朋友之间发生的趣事，第二天一早没吃饭就跑到奶奶家又说了一通。每一年都有这种爱的传递发生，也是这种感动让王靖坚定着办好禾欣的信念！

第六届禾欣夏令营东沙湖分营开营式授旗

说起禾欣夏令营里，能跟王靖这种创始人的"重量级"有一拼的，是一位"常驻小客户"——李悉源，他真是比每一届禾欣人都要"元老级"的存在，有时他会在活动中跟带自己的大学生说"这个活动应该这样这样…"，让稍显手忙脚乱的大学生志愿者哭笑不得。

在2018年的暑假，他即将迈入初中学堂，也就意味着，参加完第八届禾欣夏令营，他再也无法参加今后的禾欣夏令营了（禾欣的服务年龄是6~12岁）。在这个特殊的时刻，团队成员们悄悄为他筹备了一场"禾欣毕业典礼"。团队在存放历届禾欣影像资料的移动硬盘中，一张一张找出他从第一届（5岁）到第七届（11岁）的所有照片。刚好第五届带他活动的嘟嘟姐姐，闭幕式当天在苏州毕业旅行，特别邀请她作为"惊喜"出现，给李悉源颁发代表着大学生志愿者的蓝色胸卡绶带和邀请函，并由创始人王靖送上饱含八年祝福的纪念册。恍然间，参加第一届禾欣夏令营的孩子已经小学毕业成长为小男子汉了。

禾欣通过一条明线，也就是七彩纷呈的夏令营活动，让孩子们开拓眼界、增长见识，塑造城市社区孩童的责任和担当；同时通过一条暗线，也就是大学生和小朋友的感情互动，让家长爱护的孩子们和辅导员关爱的大学生们共同成长，更是满足了城市中"失陪儿童"的情感需求。这就是禾欣坚持走到今天的爱的动力。

积极参加夏令营活动的孩子们

五、桃李天下，奉献国家——部分校友风采

陈先霖，中国工程院院士。1954 年进入北京钢铁工业学院任教，历任钢铁机械系冶金机械教研室主任、钢铁机械系副主任、研究生院副院长，机械工程学院教授，为中国首批博士研究生导师。1993 年任北京科技大学图书馆馆长，1995 年当选为中国工程院院士，被评为全国教育系统劳动模范并授予人民教师奖章。曾任国务院学位委员会第一、二、三、四届学科评议组成员；中国金属学会冶金设备学会理事长；中国机械工程学会机械设计学会管委会委员；中国金属学会《钢铁》杂志编委。先后获得国家科学技术进步奖一等奖，国家级科学技术进步奖三等奖，中国机械工程学会全国机械装备失效分析先进项目一等奖。曾被国家科委及冶金部联合表彰为"六五"国家科技攻关"有重要贡献人员"及冶金工业部通令嘉奖为"深化移植引进技术工作中先进科技工作者"。

胡正寰，中国工程院院士。1952 年进入北京钢铁工业学院钢铁机械系冶金厂机械设备专业学习，零件轧制技术专家。毕业后留校，现任北京科技大学博士生导师、教授，"国家高效零件轧制技术研究与推广中心"主任，中国机械工程学会塑性工程（锻压）分会名誉理事长，1997 年当选为中国工程院院士。所领导的团队从 1958 年起从事轴类零件轧制技术研究工作，使我国成为世界上少数掌握这项高新技术国家之一，"高效零件轧制（斜轧与楔横轧）技术"被列入《中华人民共和国重大成果选集》（1979—1988），是我国轴类零件轧制技术公认的主要开创人，为我国该技术处于国际先进水平做出重要贡献，在将科技转化为生产力上成绩显著。先后获国家发明奖、国家科学技术进步奖等国家级奖励 4 项，省部级一、二等奖 10 余项；获全国优秀科技工作者、国家级有突出贡献中青年科技专家、全国"五一劳动奖章"、中国机械工程学会与中国金属学会"科技成就奖"荣誉称号。

钟掘，中国工程院院士。1955 年进入北京钢铁工业学院钢铁机械系冶金机械专业学习。机械工程专家，"极端制造""和谐制造"学术思想的提出者，长期从事冶金机械教学与科研工作。1960年大学本科毕业后分配到中南矿冶学院任教，先后担任助教、讲师、副教授、教授、博士生导师、机械系系主任；1995 年当选为中国工程院院士；2000 年被选为全国先进工作者；2002 年获得何梁何利基金科学与技术进步奖；2009 年 12 月钟掘当选第六届教育部科学技术委员会主任和战略研究指导委员会主任；2011 年获得"十一五"国家科技计划执行突出贡献奖。

关杰，中国工程院院士。1958 年进入北京钢铁工业学院机械系冶金机械专业学习，连铸设备专家，中国重型机械研究院股份公司副总工程师、研究员级高级工程师，长期从事连续铸钢设备的设计、研究和开发工作。毕业后，进入西安重型机械研究所工作；1987 年晋升高级工程师；1994年晋升研究员级高级工程师；1996 年担任西安重型机械研究所副总工程师；1997 年当选中国工程院院士。先后主持和参加过各类连铸机（方、板坯连铸机）单机设备和成套设备的设计和研制，国家重点科技攻关课题、国家重大技术装备项目等 40 余项。获实用新型专利 3 项。撰写、发表科技论文和译文 10 余篇。曾获全国科技大会奖、国家科学技术进步奖一、二等奖各 1 项，省部级奖多项。

刘玠，中国工程院院士，1964 年进入北京钢铁学院机械系冶金机械专业学习。冶金自动化及信息工程、工程管理及企业管理专家，教授级高级工程师，国家级有突出贡献专家，全国劳动模范，全国五一劳动奖章获得者。致力于冶金工厂技术改造和重大冶金装备国产化的创新与实践。

曾任第十五届、第十六届中共中央候补委员，第九届、第十届全国人大代表，第十一届全国政协委员，中国科协副主席，武钢第一副总经理兼总工程师，鞍钢党委书记、总经理，中信集团顾问，中信泰富特钢集团董事长，中国金属学会副理事长。先后荣获何梁何利基金科学与技术奖、魏寿昆冶金奖、袁宝华企业管理金奖、冶金科学技术奖特等奖。

主持并参加研究的武钢一米七新技术、控制新系统等多项重大项目，分别获得国家科学技术进步奖特等奖、一等奖，以及二等奖 1 项与三等奖 2 项。

建成我国第一条 1700 热连轧生产线和第一条 1780 大型宽带钢冷轧生产线，拥有全部自主知识产权，分别荣获国家科学技术进步奖一等奖、二等奖。作为我国热连轧及冷连轧生产线国产化的开拓者，打破了西方厂商在这一领域的长期垄断，为我国重大装备国产化做出巨大贡献。

郝时远，中国社会科学院学部委员。1973 年进入北京钢铁学院机械系冶金机械专业学习，长期从事民族理论、世界民族和民族历史研究工作。1986 年，担任全国哲学社会科学规划民族问题学科成员、副组长。2006 年，当选为中国社会科学院学部委员。2009 年起，担任国务院学位委员会学科评议组成员、民族学科召集人，中国民族学学会会长、中国世界民族学会会长、中国民族史学会会长，现任中国社会科学院院长助理、学部主席团秘书长，民族学与人类学研究所所长，享受国务院政府特殊津贴，国家级有突出贡献的中青年专家。

沈政昌，中国工程院院士。1978 年进入北京钢铁学院矿山机械专业学习，2008 年获得北京科技大学博士学位，矿冶科技集团有限公司首席专家，长期从事浮选设备研究工作。2021 年 11 月，当选中国工程院院士。沈政昌作为当今中国浮选设备研究的学科带头人，在我国浮选设备大型化、创建和完善新的浮选设备体系、带动浮选工艺变革、拓展浮选应用领域等方面起到了关键作用，带领团队打破国外大型浮选装备技术的垄断。先后获得国家科学技术进步奖二等奖 2 项，获国家发明奖三等奖 2 项，国家发明奖四等奖 1 项。获部级科技进步奖二等奖 5 项，获部级科技进步奖三等奖 3 项，获部级科技进步奖四等奖 1 项。先后在国内外学术刊物和专业学术会议上发表论文 40 余篇。

徐宝陞，冶金机械专家，中国连续铸钢技术的主要开拓者之一。1958年进入北京钢铁工业学院机械系任教，他发展了钢轨垫板生产的新工艺及其设备；设计制成中国第一台工业生产型立式连铸机和建成世界上第一台工业生产型板坯、方坯两用弧型连铸机，开发了高速小型连铸机等新型连铸机，为中国钢铁工业的发展作出了重要贡献。

孙一康，1952年分配至北京钢铁工业学院参加建院工作，在钢铁机械系任教，1978年任自动化系首任系主任，1983年任自动控制研究所首任所长，北京市第七届人民代表大会代表，冶金工业部计算机领导小组成员，冶金自动化学会副理事长，1992年享受国务院专家津贴待遇。

楼大鹏，中国机能运动专家。1954年进入北京钢铁工业学院钢铁机械系冶金厂机械设备专业学习。曾以25秒2的成绩打破男子200米低栏全国纪录，获国家体育运动荣誉奖章。历任国家体委国际司副处长、训练竞赛三司副司长、中国田径协会副主席、主席，亚洲田径联合会副主席并兼任竞走和技术委员会主任，国际田联理事。

张吾乐，1955年进入北京钢铁工业学院钢铁机械系冶金机械专业学习。曾任国家有色金属工业局局长、党组书记。

马仲才，1955年进入北京钢铁工业学院钢铁机械系冶金机械专业学习。曾任中共山东省委副书记。

朱宗葆，1956年进入北京钢铁工业学院钢铁机械系冶金机械专业学习。曾任中共上海市委常委、常务副市长。

王大名，1956年进入北京钢铁工业学院钢铁机械系冶金机械专业学习。曾任河北省秦皇岛市人大常委会主任。

应文华，1957年进入北京钢铁工业学院钢铁机械系冶金机械专业学习。曾任国有重点大型企业监事会主席，国内贸易部副部长。

雷秀祥，1959年进入北京钢铁工业学院机械系冶金机械专业学习。曾任四川省建材工业局局长。

张长富，1963年进入北京钢铁学院机械系冶金机械专业学习。曾任中国钢铁工业协会党委副书记。

孙建群，1964年进入北京钢铁学院机械系冶金机械专业学习。曾任中共河北省廊坊市委书记。

孙安民，1972年进入北京钢铁学院机械系冶金机械专业学习。曾任全国工商联专职副主席、第十二届全国人大常务委员会委员、全国人大法律委员会副主任委员。

王永明，1972年进入北京钢铁学院机械系冶金机械专业学习。曾任浙江省人大常委会党组书记、人大常务副主任。

刘树和，1976年进入北京钢铁学院机械系冶金机械专业学习。曾任外国专家局经济技术专家司司长。

姜荣，1976年进入北京钢铁学院机械制造工艺及设备专业学习。曾任中国冶金结算中心主任。

黄鹂，1977年进入北京钢铁学院机械系制氧工艺及设备专业学习。现任国家能源局能源节约和科技装备司司长。

陈建华，1978年进入北京钢铁学院机械系冶金机械专业学习。曾任广东省广州市市长、人大常委会主任。

姜军，1978年进入北京钢铁学院机械系制氧工艺及设备专业学习。现任辽宁省政协副主席，民进中央常委、辽宁省主委、沈阳市主委。

刘明轩，1978年进入北京钢铁学院机械系机械制造工艺及设备专业学习。曾任河北省石家庄市政协主席、党组书记。

彭华岗，1979年进入北京钢铁学院机械系冶金机械专业学习。现任国务院国有资产监督管理委员会党委委员、秘书长。

张义全，1982年进入北京钢铁学院机械系冶金机械专业学习。现任中央纪委国家监委驻中央办公厅纪检监察组组长。

周立军，1983年进入北京钢铁学院机械系冶金机械专业学习。现任中共北京市纪律检查委员会、北京市监察委员会驻北京市人大常委会机关纪检监察组组长。

王志忠，1985年进入北京钢铁学院机械系冶金机械专业学习，现任北京市西城区政协党组成员、副主席。

黎晓英，1985年进入北京钢铁学院机械系冶金机械专业学习。现任民进中央参政议政部部长。

程昌宏，1986年进入北京钢铁学院机械系冶金机械专业学习。现任北京市西城区委常委、区委组织部部长、区委统战部部长，政协西城区第十五届委员会主席。

周雄，1986年进入北京钢铁学院机械系冶金机械专业学习。曾任团中央机关服务管理局局长。

俞伟跃，1988年进入北京科技大学机械工程系冶金机械专业学习。现任教育部校外教育培训监管司司长。

黄国华，1988年进入北京科技大学机械工程系冶金机械专业学习。现任中国海关总署统计分析司副司长。

洪亮，1996年进入北京科技大学机械工程学院流体传动及控制专业。现任团中央办公厅副主任。

刘金辉，1998年进入北京科技大学机械工程学院流体传动及控制专业学习。现任北京市房山区人民政府副区长。

王起祯，1953年进入北京钢铁工业学院钢铁机械系冶金厂机械设备专业学习。曾任北方工业大学党委书记。

齐鸿恩，1954 年进入北京钢铁工业学院钢铁机械系冶金厂机械设备专业学习。曾任江西冶金学院、南方冶金学院院长。

杨静云，1956 年进入北京钢铁工业学院钢铁机械系冶金机械专业学习。曾任中共北京市委党校党委书记、常务副校长。

钱榴云，1960 年进入北京钢铁学院机械系冶金机械专业学习。曾任湖南工学院校长、党委副书记。

刘建平，1973 年进入北京钢铁学院机械系冶金机械专业学习。曾任天津大学党委书记。

徐金梧，1973 年进入北京钢铁学院机械系冶金机械专业学习。曾任北京科技大学校长。

吴晚云，1978 年进入北京钢铁学院机械系冶金机械专业学习。曾任北方工业大学党委书记。

罗维东，1978 年进入北京钢铁学院机械系矿山机械专业学习。曾任北京科技大学党委书记。

谢辉，1986 年进入北京钢铁学院机械系机械制造工艺及设备专业学习。现任北京工业大学党委书记。

沈克林，1953 年进入北京钢铁工业学院钢铁机械系冶金厂机械设备专业学习。曾任中国重型机械总公司总经理。

马俊才，1954 年进入北京钢铁工业学院钢铁机械系冶金厂机械设备专业学习。曾任济南钢铁总厂厂长、党委书记。

王典钧，1955 年进入北京钢铁工业学院钢铁机械系冶金机械专业学习。全国"三八红旗手""巾帼建功标兵"。

常纯哲，1955 年进入北京钢铁工业学院钢铁机械系冶金机械专业学习。全国劳动模范，曾任上海钢铁工艺技术研究所总工程师。

谢有润，1959 年进入北京钢铁工业学院机械系冶金机械专业学习。曾任首钢总公司副总经理。

刘炳南，1959 年进入北京钢铁工业学院机械系冶金机械专业学习。曾任武汉钢铁公司副总经理、计量委员会主任。

蔡登楼，1962 年进入北京钢铁学院机械系冶金机械专业学习。曾任鞍山钢铁集团公司副总经理。

李龙珍，1964 年进入北京钢铁学院机械系矿山机电专业学习。曾任鞍山钢铁集团公司设计研究院院长，2002 年全国五一劳动奖章、全国"三八"红旗手获得者。

朱昌述，1965 年进入北京钢铁学院机械系冶金机械专业学习。曾任马鞍山钢铁公司总经理。

王天义，1965 年进入北京钢铁学院机械系冶金机械专业学习。曾任首钢京唐钢铁联合有限责任公司副董事长、总经理。

朱津秋，1973 年进入北京钢铁学院机械系冶金机械专业学习。曾任上海有色集团公司总经理。

张清富，1973 年进入北京钢铁学院机械系冶金机械专业学习。曾任中国光大国际经济技术合作公司总经理。

魏柳明，1978 年进入北京钢铁学院机械系冶金机械专业学习。曾任河北五矿进出口股份有限公司副总经理。

康典，1978 年进入北京钢铁学院机械系机械制造工艺及设备专业学习。曾任新华人寿保险股份有限公司董事长、执行董事。

高大勇，1978 年进入北京钢铁学院机械系冶金机械专业学习。现任珠海爱迪生智能家居股份有限公司董事长。

刘峰，1979 年进入北京钢铁学院矿山机械专业学习，现任中国大洋协会主任、秘书长、蛟龙号海试现场总指挥。

高祥明，1979 年进入北京钢铁学院机械系冶金机械专业学习。现任太原钢铁（集团）有限公司党委书记、董事长。

郑才刚，1979 年进入北京钢铁学院机械系冶金机械专业学习。现任宁波东力传动设备有限公司执行董事、总经理。

黄宝利，1980 年进入北京钢铁学院机械系制氧工艺及设备专业学习。现任本钢机械制造有限责任公司党委书记、董事长。

冯毅，1980 年进入北京钢铁学院机械系冶金机械专业学习。现任华润双鹤药业股份有限公司董事长、党委书记。

胡兆奎，1980 年进入北京钢铁学院机械系机械制造工艺及设备专业学习。现任烟台冰轮集团副总裁。

冯贵权，1981 年进入北京钢铁学院机械系冶金机械专业学习。现任中国铝业集团有限公司副总经理、党组成员。

陶登奎，1981 年进入北京钢铁学院机械系冶金机械专业学习。现任山东钢铁集团有限公司党委副书记、董事、副董事长、总经理。

田景崎，1981 年进入北京钢铁学院机械系冶金机械专业学习。曾任五矿地产董事总经理。

宋占江，1982 年进入北京钢铁学院机械系冶金机械专业学习。现任中国一冶集团有限公司董事长、党委书记。

蔡中斌，1984 年进入北京钢铁学院机械系冶金机械专业学习。现任中国十九冶集团有限公司副董事长、总工程师。

郑键，1984 年进入北京钢铁学院机械系流体传动及控制专业学习。现任宁波理工环境能源科技股份有限公司监事会主席。

彭原，1985 年进入北京钢铁学院机械系冶金机械专业学习。中国内地音乐人，北京华深中色科技发展有限公司名誉董事长。

贾国生，1986 年进入北京钢铁学院机械系矿业机械专业学习。现任河钢股份公司副总经理、党委常委。

高国华，1986 年进入北京钢铁学院机械系矿业机械专业学习。现任国投创新投资管理有限公司董事长。

杨浴滋，1986 年进入北京钢铁学院机械系矿业机械专业学习。现任上海丽语仕韵服饰有限公司执行董事兼总经理。

杨维志，1987 年进入北京钢铁学院机械系冶金机械专业学习。现任北汽越野汽车有限公司法人、执行董事。

刘华鹏，1987 年进入北京钢铁学院机械系冶金机械专业学习。现任天津冶金集团轧一制钢有限公司总经理。

何伟速，1987 年进入北京钢铁学院机械系冶金机械专业学习。现任中投汇丰投资管理（北京）有限公司董事长。

张晗亮，1987 年进入北京钢铁学院机械系冶金机械专业学习。现任中国石油技术开发公司党委书记、执行董事、总经理。

成沛祥，1987 年进入北京钢铁学院机械系冶金机械专业学习。现任湖南华菱涟源钢铁集团有限公司党委书记、总经理。

周顺林，1988 年进入北京科技大学机械工程系流体传动及控制专业学习。现任杭州迪普科技股份有限公司董事、副总经理。

卫伟平，1988 年进入北京科技大学机械工程系冶金机械专业学习。现任中科唯实（北京）科技有限公司董事长、中科金睛（北京）科技有限公司董事长、深圳市向日葵投资有限公司总局总经理。

王德成，1988 年进入北京科技大学机械工程系机械专业学习。现任机械科学研究总院集团有限公司党委书记、董事长。

董晓辉，1988 年进入北京科技大学机械工程系机械制造工艺及设备专业学习。现任中冶华天工程技术有限公司党委副书记、总经理。

张晓峰，1988 年进入北京科技大学机械工程系冶金机械专业学习。现任北京桓裕投资集团有限公司董事长。

周国涛，1989 年进入北京科技大学机械工程系冶金机械专业学习。现任福建省南铝板带加工有限公司副总经理。

李谢华，1989 年进入北京科技大学机械工程系冶金机械专业学习。现任中国铝业集团高端制造股份有限公司党委书记、总裁。

何愿平，1989 年进入北京科技大学机械工程系冶金机械专业学习。现任碧兴物联科技（深圳）股份有限公司董事长。

蒙进暹，1991 年进入北京科技大学机械工程系冶金机械专业学习。曾任物美商业集团股份有限公司董事长。

潘海东，1991 年进入北京科技大学机械工程系机械电子工程专业学习。互动百科创始人、CEO，曾任亚商在线首席信息官。

赫荣伟，1993 年进入北京科技大学矿业机械专业学习。中国首次火星探测任务"天问一号"探测器总指挥。

姚林，2001 年进入北京科技大学机械电子工程专业学习。现任中国铝业集团有限公司董事长、党组书记。

刘德，2001 年创办北京科技大学工业设计系并担任系主任。现任小米公司执行董事、联合创始人、高级副总裁、集团组织部部长。

洪华，2002 年进入北京科技大学任教，曾任工业设计系副主任，2010 年广州亚运会"潮流"火炬设计团队负责人，谷仓爆品学院创始人兼 CEO。

徐骥，2004 年进入北京科技大学机械工程学院工业工程专业学习。现任华远集团董事。

邹小武，2004 年进入北京科技大学机械工程学院工业工程专业学习。现任易点天下网络科技股份有限公司董事长、总经理。

第六章　规划未来　再创辉煌

七十载风华正茂，七十载砥砺前行。一代代北科大机械人在满井村这片热土上接续奋进，潜心育人，勇攀高峰。一批批优秀学子从这里走出，在国家各行各业、各个领域建功立业，一项项科研成果在这里问世，打破国外技术封锁、推动行业发展、促进社会进步。北科大机械人用汗水和智慧，为我国成为制造业大国做出了不可磨灭的贡献，在共和国的历史和钢铁工业的发展中，谱写了一曲爱国奉献、矢志奋斗的壮丽华章。

站在"两个一百年"的历史交汇点上，站在学院快速发展的新起点上，回望历史，我们能清晰地感受到火热的干事创业激情，严谨的办学治学理念，以及奔涌在每一代机械人血脉里的冶金机械精神。展望未来，我们将接过历史的接力棒，走好新时代长征路，坚持守正创新，锐意进取，书写北科大机械工程学院新的辉煌。

我们要继承和发扬北科大机械人矢志不渝的报国情怀，勇立时代潮头，擘画发展蓝图。要贯彻新发展理念，围绕国家和学校发展规划，聚焦国家重大战略需求和行业发展前沿，以学科建设为统领，以科学研究为抓手，以平台建设为支撑，抓住学校新校区建设契机，进一步优化以机械工程为主、工艺管结合、多学科交叉融合的学科布局和资源配置，推动学院各学科协调发展，全面提升综合实力。坚守学科特色，继续保持冶金机械、矿山机械的传统优势；拓展新兴方向，努力在智能制造、新能源汽车、国防军工等领域取得突破；加强组织与策划，推进核心技术的原始创新和集成研发，促进科技成果的转移转化。努力将学院建设成为高水平人才培养、基础研究与技术创新的人才高地，助力我国钢铁工业转型升级，有力助推我国成为世界钢铁强国。

我们要继承和发扬北科大机械人严谨求实的治学态度，潜心求索真知，培育时代英才。要不断提高人才培养质量，加强教风建设和学风建设，积极探索和实践"本研贯通"的人才培养新模式，全面推进新工科背景下复合型卓越工程人才培养。要强化学生创新实践能力培养，进一步加强基础设施建设，为学生创新创业提供便利条件。依托本科生全程导师制，建立和完善以导师为主导、研究生辅导本科生、高年级本科生指导低年级本科生的创新型学习科研团队。通过坚持以人才培养为根本，以队伍建设为核心，培育更多国家和行业迫切需求的高质量创新型人才。要全面加强师德师风建设，引导广大教师以德立身、以德立学、以德施教、以德育德，增强教师教书育人的责任感和使命感。不断优化师资队伍建设，逐步提升师资队伍规模，更加精准地引进和培育具有影响力的领军人才，支持学科、学术带头人组建高水平科研创新团队。加强青年教师培养，为青年人才发展创造条件。

我们要继承和发扬北科大机械人担当作为的奉献精神，牢记初心使命，坚定理想信念。要更加紧密团结在以习近平同志为核心的党中央周围，不断增强"四个意识"，坚定"四个自信"，坚持"两个确立"，做"两个维护"的忠实践行者。要不断完善学院党委治理体系，坚持贯彻民主集中制，提高决策水平、质量和效率。坚持"围绕中心抓党建、抓好党建促发展"的理念，实现党建工作与中心工作深度融合。抓好支部建设，传扬冶金机械"十面红旗"优良传统，提高基层党组织的影响力和战斗力。抓好党员培养，进一步规范学院党员发展工作。抓好党员教育，健全学院党员教育培训工作体系，切实提升培训质量和学习效果。抓好作用发挥，引导师生党员争做"四讲四有"合格党员、"四有"好老师、"三有"时代新人，做好标杆榜样选树，增强党员模范作用发挥。持续推进"三全育人"综合改革，健全完善学生日常思想政治教育工作体系。通过推动学院思想政治工作高质量发展，不断凝聚师生共识，为学院改革发展提供坚强思想保证和强大精神力量。

育人不辍传七秩星火，砥砺前行谱时代华章。北京科技大学机械工程学院将以习近平新时代中国特色社会主义思想为指导，深入贯彻落实学校第十二次党代会及学院第六次党代会精神，坚持社会主义办学方向，坚持落实立德树人根本任务，聚焦"双一流"建设，实现内涵式发展，向着建设国内一流、国际知名的高水平研究型学院不断奋进，努力为实现中华民族伟大复兴，做出无愧于时代的新贡献。

附　录

附录一　历史沿革图

本科专业历史沿革图

校名	北京钢铁工业学院(1952—1960)	北京钢铁学院(1960—1988)	北京科技大学(1988—)
院系	钢铁机械系(1952—1958)	机械系(1958—1988)	机械工程系(1988—1993)／机械工程学院(1993—)

本科专业：

- 冶金厂机械设备(1952—1954)
- 冶金机械(1955—1995)
- 机械制造工艺及设备(1975—1995)
- 机械电子工程(1992—1995)
- 机械工程及自动化(冶金机械方向)(1996—1998)
- 机械工程及自动化(机械制造方向)(1996—1998)
- 机械工程及自动化(机械电子工程方向)(1996—1998)
- 机械工程及自动化(1999—2012)
- 机械工程(2013—)
- 流体传动及控制(1980—1998)
- 机械设计(1980)
- 矿山机械①(1972—1983)
- 矿业机械①(1984—1995)
- 矿山机电①(1960—1965)
- 制氧工艺及设备(1976—1978)
- 冶金炉②(1958—1981)
- 车辆工程(2004—)(2010年由土木与环境学院转入)
- 机器人工程(2019—)
- 工业企业电气化与自动化(1959—1971)
- 冶金企业及矿山自动化(1972—1975)(1975年转出至自动化系)
- 热能与动力工程、热能工程③(1982—2012)(1996年由热能工程系转入)
- 能源与动力工程(2013—2016)(2016年转出至能源与环境工程学院)
- 建筑环境与设备工程(2002—2012)(2010年由土木与环境学院转入)
- 建筑环境与能源应用工程(2013—2016)(2016年转出至土木资源工程学院)
- 机械制造工艺与设备(物流工程方向)(1993)
- 金属资源回收利用工程(1994)
- 机械制造工艺与设备(物流工程方向)(1995)
- 机械工程及自动化(物流工程方向)(1996—1998)
- 机械工程及自动化(工业工程方向)(1999—2001)
- 工业设计(2000—2002)
- 工业工程(2002—2004)
- 工业工程(2005—2010)
- 物流工程(2005—)
- 工业设计(艺术类)(2003)
- 工业设计(艺术类)(2004—2012)
- 视觉传达设计(2013—)
- 暂停招生

①该专业在该时期隶属于采矿系；②该专业在该时期隶属于冶金系；③该专业1982—1996年隶属于热能工程系。

研究生学位授权点历史沿革图

研究生学位(1954—，不授学位)

普通硕士

- 冶金机械(1978—1997)
- 机械学(1981—1997)
  - 工程图学(1992—1997)
  - 机械制造(1988—1997)
  - 机电控制及自动化(1993—1997)
  - 流体传动及控制(1995—1997)
- 机械设计及理论(1998—2008)
- 机械制造及其自动化(1998—2008)
- 机械电子工程(1998—2008)
- 机械装备及控制(2004—2008)
- 机电测试技术(2004—2008)
- 机械工程(2009—2011)
- 机械工程(2012—)
- 矿山机械工程(1981—1997)
- 车辆工程(1998—2011)
- 物流工程(2003—)

工学博士

- 冶金机械(1983—1997)
- 机械设计及理论(1998—2007)
- 机械制造及其自动化(2001—2007)
- 机械电子工程(2000—2007)
- 机械装备及控制(2004—2006)
- 设计艺术学(2004—2018)
- 设计学(2019—)
- 机械工程(2008—2011)
- 机械工程(2012—)
- 矿山机械工程(1990—1996)
- 车辆工程(1997—2011)
- 物流工程(2005—)

工程硕士

- 机械工程(1997—2016，在职，无学历)
- 车辆工程(1998—2014，在职，无学历)
- 机械工程(2009—2019，全日制)
- 车辆工程(2010—2014，全日制)
- 机械(2020—)
- 工业工程(2002—2015，在职，无学历)
- 物流工程(2005—2013，在职，无学历)
- 物流工程(2010—2019，全日制)
- 物流工程与管理(2020—)

工程博士

- 机械(2022—)

附录二　历届院（系）领导成员名单

院长（主任）

任职年份	职　务	姓　名
1952~1958	机械系主任	杨尚灼
1958~1966	机械系主任	徐宝陞
1966~1978	该时期未任命行政领导干部	
1978~1982	机械系主任	徐宝陞
1982~1991	机械系主任	陈克兴
1991~1993	机械工程系主任	罗圣国
1993~1996	机械工程学院院长	罗圣国
1996~2000	机械工程学院院长	王长松
2000~2004	机械工程学院院长	张欣欣
2004~2016	机械工程学院院长	王　立
2016~2019	机械工程学院院长	乔　红
2019~	机械工程学院院长	马　飞

书　记

任职年份	职　务	姓　名
1963~1972	机械系书记	杨静云
1972~1978	机械系书记	吕济恒
1978~1988	机械系书记	方兆彰
1988~1996	机械系书记	何福泉
1996~2009	机械工程学院书记	许纪倩
2009~2014	机械工程学院书记	臧　勇
2014~2020	机械工程学院书记	马　飞
2020~	机械工程学院书记	苏　栋

副院长（副主任）

任职年份	职　务	姓　名
1952~1957	机械系副主任	吕桂彤
1952~1957	机械系副主任	刘景云
1952~1966	机械系副主任	王祖城

续表

任职年份	职务	姓名
1958~1966	机械系副主任	刘景云
1958~1966	机械系副主任	孙一康
1966~1978	该时期未任命行政领导干部	
1978~1982	机械系副主任	陈先霖
1978~1982	机械系副主任	沈久珩
1978~1993	机械系副主任	胡正寰
1978~1993	机械系副主任	吴清一
1978~1982	机械系副主任	石 磊
1978~1991	机械系副主任	黄宏忠
1982~1991	机械系副主任	罗圣国
1982~1991	机械系副主任	许德宽
1986~1993	机械工程系副主任	郭 俊
1991~1993	机械工程系副主任	刘建平
1991~1993	机械工程系副主任	徐金梧
1991~1993	机械工程系副主任	王万瑜
1991~1993	机械工程系副主任	王长松
1991~1993	机械工程系副主任	翁海珊
1993~1996	机械工程学院副院长	翁海珊
1993~1996	机械工程学院副院长	王长松
1993~2009	机械工程学院副院长	王万瑜
1995~2018	机械工程学院副院长	张 杰
1996~1999	机械工程学院副院长	汤学忠
1996~2009	机械工程学院副院长	于晓红
1996~2004	机械工程学院副院长	王 立
2001~2009	机械工程学院副院长	郗安民
2004~2009	机械工程学院副院长	臧 勇
2009~2010	机械工程学院副院长	张少军
2009~2018	机械工程学院副院长	夏德宏
2009~	机械工程学院副院长	景志红
2010~2010	机械工程学院副院长	刘 立
2010~2018	机械工程学院副院长	马 飞
2013~2018	机械工程学院副院长	董春阳

任职年份	职　务	姓　名
2018~	机械工程学院副院长	李 鹏
2018~	机械工程学院副院长	李洪波
2018~	机械工程学院副院长	孙朝阳
2018~	机械工程学院副院长	郑莉芳

副书记

任职年份	职　务	姓　名
1980~1989	机械系副书记	钱忠贵
1983~1986	机械系副书记	张 铃
1986~1993	机械系副书记	郭 俊
1996~2000	机械工程学院副书记	金仁东
1996~2004	机械工程学院副书记	王 立
2000~2003	机械工程学院副书记	刘新军
2004~2006	机械工程学院副书记	洪 亮
2009~2018	机械工程学院副书记	张 杰
2009~2011	机械工程学院副书记	刘金辉
2011~2018	机械工程学院副书记	董春阳
2018~	机械工程学院副书记	景志红
2018~	机械工程学院副书记	李 鹏

附录三　教职工名单

1952 年入职

吕桂彤	刘叔仪	孙一康	杨尚灼	赵元坡	钟鸿儒
董德元	蒋国庆	温金珂	穆承章		

1953~1976 年入职

丁明星	于雅清	万孟根	马凤英	马玉田	马正午
马永坚	马连仲	马金花	马 勋	马香峰	马 毅
王一云	王万瑜	王 义	王元佐	王长春	王公侃
王凤庄	王书林	王书新	王玉玟	王世全	王世均
王 生	王仪尊	王立海	王永英	王邦文	王吉生
王迈柏	王光清	王光睿	王延柏	王华栋	王兆鹏
王兴仁	王孝忠	王志正	王志全	王秀美	王希周
王社君	王松林	王忠亿	王佩玲	王欣江	王 炬
王绍纯	王玲梅	王树平	王 贵	王秋霞	王顺晃
王保祥	王 勉	王恒洲	王祖城	王素兰	王素华
王起祯	王桂清	王继海	王 萍	王鸿晓	王淑兰
王淑荣	王淑倩	王淑琴	王璋玉	王增森	韦安群
云英力	尤乙照	车 英	牛秀岩	毛信理	卞国兰
方 丁	方之岗	方正培	方兆彰	方兆镐	方安详
孔庆德	左希贤	左宗朴	石满芝	石 磊	龙树德
卢勤英	卢德霖	卢攀柱	叶煦琳	叶德顺	申默根
田凤英	付先浩	白尔清	白志定	白培林	白彩凤
冯占娥	冯志华	冯克清	冯德坤	宁久瑞	宁尔谦
司徒乃瀛	边春芳	台 芳	邢汝信	邢旺安	邢国安
吉兰女	成锦燕	吕正梅	吕庆顺	吕济恒	吕桂林
吕焕云	吕维媛	朱士元	朱万云	朱允言	朱孝禄
朱国钧	朱忠才	朱笑芳	朱培寿	任春林	任美荣
任淑琴	伦怡馨	向树春	刘元钧	刘云暖	刘少民
刘少璋	刘长田	刘正山	刘占龙	刘冬梅	刘立成
刘吉成	刘廷楷	刘华成	刘红彦	刘扬程	刘来峙
刘时和	刘秀贤	刘宏才	刘英华	刘国俊	刘国联

刘秉富	刘金玉	刘宝智	刘建平	刘建生	刘孟鸾
刘　荣	刘　峥	刘　逊	刘振中	刘桂兰	刘晓辉
刘　峰	刘继升	刘继华	刘萍甫	刘雪萍	刘康志
刘淑春	刘景云	刘慰俭	齐希忠	齐建旺	齐建国
齐秋菊	闫世公	闫延生	闫金荣	关桂琴	关家林
关　焯	米舒平	江心智	汤昆年	汤学忠	兴国安
安广琦	许万凌	许协和	许启瑞	许明菊	许德宽
寻尹君	孙玉卿	孙民生	孙绍元	孙荣平	孙荣厚
孙钦彦	孙晓丹	孙海峰	孙家昆	孙鸿宾	孙淑芬
孙淑琳	牟世堂	严允进	严忠惠	严　焰	芦玉淑
苏士奎	苏长浩	苏晋成	杜淑琴	李　力	李大奇
李天恩	李云彩	李云新	李少启	李长令	李长明
李玉京	李正熹	李白男	李有泰	李有章	李华德
李庆鸿	李兴烈	李丽清	李秀山	李秀兰	李秀志
李良弼	李松富	李奇珍	李国华	李明娣	李忠祥
李波亭	李学义	李春寿	李珍良	李贵龙	李叙友
李勇泉	李　耘	李　振	李淑贞	李淑芬	李寅年
李辉东	李　晶	李景泉	李富松	李瑞亭	李　群
杨正坤	杨世成	杨永辉	杨吉有	杨先肖	杨志坚
杨志忠	杨　林	杨国樑	杨季峰	杨金标	杨金峰
杨宝书	杨　柯	杨桂泉	杨桂琴	杨崇英	杨淑清
杨静云	肖秀文	肖　英	肖金禄	时学素	吴玉珍
吴业云	吴令娥	吴永生	吴庆明	吴并瑧	吴坤仪
吴宝亮	吴宗泉	吴春城	吴复元	吴保亮	吴朔生
吴继庚	吴菊英	吴清一	吴惠兰	吴禧评	邱明迎
何永智	何连生	何福泉	何德铸	余达太	余畅修
余重三	余梦生	余雪子	狄春良	邹润候	邹家祥
闵嗣鸠	汪泽瑞	汪家才	沙德元	沈久珩	沈水福
沈祥芬	沈熙林	沈蕴方	宋文权	宋　满	张人骧
张大树	张长生	张风德	张永贵	张守真	张红旗
张志宏	张志强	张吾乐	张秀叶	张秀芳	张秀珍
张希健	张怀甫	张启民	张英会	张国英	张国林
张明丽	张明浩	张忠波	张鸣秀	张凯涛	张佩珍
张春生	张春蕴	张艳南	张振声	张振国	张振峰
张振强	张桂铎	张晓洗	张继曾	张　彬	张清富

张瑛	张超	张雄飞	张景民	张瑞成	张群
张黎军	张翻	陈力	陈子灵	陈天恩	陈元文
陈仁宽	陈凤毛	陈东豪	陈田才	陈岑华	陈立周
陈立新	陈永凤	陈匡德	陈再豪	陈先霖	陈克兴
陈武	陈松	陈国兴	陈明	陈树荣	陈剑勋
陈清辉	陈淑荣	陈景茗	陈道南	陈端树	苗土领
范之瑶	范民政	范垂本	范俊广	范淑英	范德珍
林文兴	林克真	林连桂	林学福	林慈	林鹤
郁连生	易秉钺	罗田	罗圣国	岳光达	岳喜林
金秉时	金绍棠	金健国	金懋庆	周大年	周凤山
周文凯	周玉华	周玉凯	周本慧	周汉良	周伟庆
周自勇	周纪华	周亨达	周其庚	周其琨	周杰
周建樑	周绍英	周复初	周剑英	周通义	周隆盛
周曾雄	郑卉	郑如惠	郑里武	郑学芳	郑宝光
郑重一	郑德玲	单仁	屈革	屈莲清	项德
赵开群	赵长生	赵文林	赵光华	赵年瑞	赵廷洁
赵华建	赵国利	赵学庆	赵彦枢	赵素莲	赵素真
赵家贵	赵景华	赵殿甲	赵耀曾	郝木华	郝玲君
荣克弟	胡正寰	胡福生	胡德润	胡儒久	钟廷珍
钟延炯	钟克永	钟家桢	涂纪明	施东成	闻德春
姜中秋	姜仁初	洪永清	洪定国	宣淑庄	宫心喜
祝德山	姚凤荣	贺聿江	贺景波	秦小耕	秦本一
秦念祖	袁星军	袁思勃	耿长志	耿玉田	聂美光
栗万金	贾玉国	贾永林	夏琦	顾彤	顾淑媛
党志樑	党紫九	钱良璧	钱忠贵	倪忠远	倪蓉琴
倪翠兰	徐立刚	徐存瑞	徐言东	徐旺芳	徐旺英
徐国芳	徐宝陞	徐柏香	徐昭霖	徐素平	徐雪琦
徐康德	徐淑彬	徐景林	徐照霖	殷惟杰	高文义
高世友	高庆福	高秀民	高泽标	高学曾	高宝光
高哲	高颂烈	郭有库	郭志炎	郭希林	郭启杨
郭纲智	郭俊	郭景兰	唐义隆	唐远伟	唐俊武
唐晋文	诸祖同	谈定国	谈嘉祯	陶育光	黄兰银
黄华清	黄全福	黄汝激	黄约德	黄志伟	黄宏忠
黄国钧	黄亮	黄海玉	黄畲	黄照明	曹仁政
曹淑文	戚秀兰	盛汉中	盛永祐	常连启	常秉禄

常相和	崔万兴	崔　军	崔金兰	崔绍良	崔绍棠
崔贵荣	康　扬	康志田	康贵信	康祖立	鹿　鸣
鹿崇发	章锦清	梁郁惠	梁桂琴	梁继奎	彭凤娥
彭仲恩	葛玉琢	葛德华	董木森	董玉芳	董华清
董　毅	蒋克铸	蒋家龙	韩丽姝	韩建德	韩要红
韩蕴秋	惠风光	覃竞南	景水生	景玉华	程建中
程振坤	程祥元	程道蕴	傅德明	焦宝辉	舒守华
舒迪前	童隆恩	曾全英	曾绍良	曾献文	温友淦
谢文玉	谢桂珍	甄同乐	雷知行	虞大江	解遒如
廉以智	窦时清	赫崇燕	蔡志勇	蔡启明	臧汝涛
臧剑秋	管克智	谭志豪	谭　敏	谭慧清	翟万田
翟玉英	熊载黎	熊　雪	滕向阳	颜世公	潘仰仁
潘荣海	潘毓淳	薛秀琴	薛　崑	薛裕根	霍　月
穆　岳	戴近渊	魏吉禄			

1977～1999 年入职

丁万顺	丁文英	于佩琛	于建国	于晓红	于海荣
万　静	马宇蓓	马春野	马祥华	王小群	王　升
王长松	王允禧	王玉普	王永红	王再英	王庆华
王呈祥	王启录	王　转	王国华	王昌言	王佩馨
王征丽	王宝雨	王建宏	王品贞	王　顺	王保全
王恒训	王　铁	王　健	王彩萍	王新立	王蔼薇
王曙东	车晓东	卞致瑞	尹忠俊	尹常治	左咏梅
卢　梅	叶红梅	田毅盛	史小路	史铁军	付俊庆
白凤春	白建军	包成铭	冯李合	冯爱兰	永　青
边新孝	邢　宏	权良柱	曲开宏	吕卫阳	朱　东
朱超甫	朱漪钢	任大刚	任　瑛	华　勤	伊胜民
刘　力	刘小辉	刘长水	刘北英	刘占伏	刘　江
刘纪文	刘冶钢	刘　凯	刘佩忠	刘　京	刘宝山
刘　临	刘晋平	刘鸿飞	刘瑞华	刘　颖	刘新军
衣红钢	闫庆仁	闫晓强	米　帛	池桂芬	汤绍亭
许三星	许纪倩	阮　钢	孙业胜	孙乐殿	孙成宪
孙志辉	孙　诚	孙胜利	孙瑞华	苏　平	苏兰海
杜国洪	杜颖梅	李　元	李化治	李月梅	李玉芝
李世忠	李东辉	李存久	李志鹏	李声牧	李苏剑

李秀荣	李应强	李宝善	李　珍	李　威	李贺忠
李素明	李素琴	李　烽	李谋谓	李辉珍	李　焱
李献人	李德荣	李德高	李燕滨	杨卫华	杨光耀
杨启敏	杨　明	杨荣英	杨　洋	杨　竞	杨海波
杨雪芳	杨　琳	杨　皓	杨德斌	肖志权	吴小燕
吴营滨	邱丽芳	何冬久	何亚梅	何遁普	邹平平
邹　静	沈定召	沈　琳	宋明宇	宋　莉	宋景喜
初玉梅	迟桂芬	张卫山	张少军	张世荣	张　伟
张苏华	张　杰	张国强	张春平	张春香	张思宇
张　铃	张康生	张清东	张敬强	张　辉	张锁梅
张福山	张　巍	陆　勤	陈　工	陈志健	陈克杰
陈宏杰	陈述拯	陈　旺	陈美英	陈　彬	陈维理
陈　键	陈新华	苗雁宾	苑宝荣	范小芳	范　云
罗　斌	和　丽	季　秀	岳广太	金仁东	金佳利
金　章	周文豪	周晓敏	周培琨	庞永军	郑秋文
郑瑞琨	郎骥昌	房殿军	赵　平	赵丛月	赵立合
赵　华	赵　昕	赵彦芳	赵候明	赵淑敏	郝义田
郝凤华	胡包钢	胡纪五	胡志国	胡建英	胡素文
胡善志	胡福泰	段柏平	侯克平	侯春梅	俞　杰
郗安民	饶明远	姜惠珍	贺　铭	秦　勤	聂柏平
贾志新	夏玉华	顾佩华	党荣华	倪伟敏	徐月琴
徐立坪	徐金梧	徐春光	殷官朝	奚艳玲	翁海珊
高大勇	高同林	高英奇	高树瑜	高　真	郭　炎
唐　英	唐　勇	容尔谦	陶　晋	黄卫平	黄书江
黄厚斌	黄效国	曹　彤	曹惠平	崔兴山	崔　勇
崔振斌	章　博	商东核	梁方明	梁淑琴	彭　虹
董绍华	董　湧	蒋成志	韩建友	景志红	景建中
程　伟	程国全	程宜萍	童惠聪	游京西	谢金雪
路　鹏	解洪兰	窦忠强	臧　勇	管大超	管　华
谭惠清	翟华英	翟锦原	樊世清	樊百林	潘仁湖
潘汝牛	潘明方	薛成志	薛朝晖	霍红玉	

1996 年热能工程系整建制划入机械工程学院

于　帆	王世钧	王　立	王尚槐	王　恒	王素兰
方之岗	尹丹模	乐　恺	冯世忠	冯　旭	冯诚芝

冯俊小	成身菊	毕云江	吕尊善	华奇平	刘向军
刘应书	刘　荣	刘　磊	汤学忠	孙鸿滨	李化治
李有章	李君慧	李宝善	李　珍	李瑞亭	杨　晶
吴自勤	邱国仕	邱夏陶	沈桂芬	张凤禄	张玉明
张欣欣	张桂莲	张晓丽	陈文仪	陈洁珍	陈鸿复
林　林	周筠清	郎骥昌	赵　平	赵立合	赵禹民
俞昌铭	姜泽毅	夏德宏	倪学梓	徐业鹏	高仲龙
高　婷	郭鸿志	曹冠之	董补全	韩昭沧	覃竞南
童莉葛	曾全英	温　治	薄宗昭	戴绍德	

2000 年入职

冯妍卉	邢凤霞	刘双科	吴迪平	张建宇	郑　阳
曹建国					

2001 年入职

刘　杰	刘　德	刘柏谦	杨翠苹	洪　卫	覃京燕
魏　东					

2002 年入职

许　倩	洪　华	洪　亮	温　薇	丁双月	王建武
黄明吉	蓝　蕊	潘广文			

2003 年入职

刘　平	孙淑凤	束学道	张庆华	姜　南	焦　让

2004 年入职

王立刚	邓　君	巩宪锋	刘文海	李　疆	周　雯
郑　凯	孟　晔	翁爱辉	洪　慧	徐立业	盛佳伟

2005 年入职

王小龙	王晓东	刘训良	苏庆泉	李　淳	李亦芒
李晓武	陈　兵	范志军	赵　宁	贺可太	郭艳琳
董焕波					

2006 年入职

马　莉	吕震光	刘　涛	刘金辉	米万良	阳建宏

杨丽辉	肖　潇	吴秀丽	张　辉	俞必强	郭美荣
韩　天	程相利	楼国锋			

2007 年入职

于耀刚	王　旭	王国梁	冯　明	任　玲	刘国勇
孙学彬	牟世堂	杨光辉	宋　瑶	张　洁	张盈盈
陈　华	武志文	岳献芳	金新芳	赵建勋	郜志英
俞瑞霞					

2008 年入职

王文瑞	王晓玲	王雪皎	牛　犁	尹少武	史瑞丰
包　成	朱冬梅	孙　浩	孙朝阳	杜彦华	李永玲
李鸿梅	李　瑞	陈　平	郑莉芳	钮建伟	黎　敏

2009 年入职

王丽红	李洪波	张俊海	周　珂	郑振华

2010 年土木与环境工程学院设备工程系整建制划入机械工程学院

丁予展	门玉贵	马　飞	王　晶	尤志生	毛力增
毛信里	方　湄	石博强	卢月品	申焱华	史肇华
白佳宾	白俊英	冯志鹏	冯茂林	曲世琳	刘　立
刘庭楷	刘桂霞	孙　刚	孙遇春	李乐静	杨　珏
杨耀东	肖成勇	吴延鹏	吴红梅	吴灵娥	宋连天
张　舸	张文明	张民友	张志强	陈玉凡	陈定远
陈树新	范让林	范慧芳	罗维东	金　纯	周志鸿
孟　宇	孟永良	柳　靖	俞　洁	姚正德	耿秀兰
殷秋生	凌正炎	凌　胜	高澜庆	黄重国	商铁军
韩　仁	韩丽华	谢　慧	谢道建	靳添絮	

2010 年入职

马　特	王　斌	王静静	白艳茹	刘传平	牟仁玲
苏福永	汪　晖	张晓峰	梁合兰	韩凯儒	

2011 年入职

尹家鸣	孔德雨	刘兰斌	刘　锋	李　想	李鑫磊
余　宁	张大志	张咏梅	张培昆	党璐璐	董春阳

2012 年入职

毕　佳	刘基盛	刘　震	李守忠	杨　雄	赵志南
靳　颖					

2013 年入职

于宝库	李　帅	杨　通	豆瑞锋	臧甜甜	管　奔
缪存孝					

2014 年入职

王晓慧	刘　春	杨文明	杨锐杰	邱林宾	张立元
张　鑫	林　宇	罗春欢	赵立峰	顾　青	涂　壤
黄夏旭					

2015 年入职

王　津	孔　宁	冯黛丽	玄伟伟	乔小溪	张佳明
张欣茹	林建国	周文宁	周　靖	赵鑫鑫	顾钟杰
黄　志	龚　龚	康翌婷	解玉磊	冀　如	

2016 年入职

王　靖	乔　红	刘晓芳	陈哲涵	陈　雷	郭馨蔚
曹雅涵	谢　璐	靳舜尧	裴　磊		

2017 年入职

牛　奔	任天明	李艳琳	杨乐昌	肖会芳	余远金
张勃洋	栗　琳	钱凌云	梁帅帅	韩泓冰	喻　蕾

2018 年入职

冯少川	任小均	刘博深	许文茂	李　鹏	张　升
陈小旺	廖茂林	潘　丹			

2019 年入职

王志鹏	王京南	冯光烁	刘海平	关云鹏	李俊玲
李　勇	杨潍旭	陈　雅	曾新喜		

2020 年入职

马　超	王丕东	王　洋	王晨鉴	王　馨	甘珍夕
白国星	冯彦彪	仲天琳	向　东	刘新洋	苏　栋
李少伟	李冬月	杨威威	宋　琦	张　静	洪吉超
徐晓明	彭龙洲	窦金花			

2021 年入职

成金鑫	刘　波	李洁瑶	李海泉	李跃华	何思倩
张一犇	张　杰	陈鸿燕	范振虎	赵彦琳	赵靓璇
郝　旭	郝雨飞	胡　松	高路路	郭飞燕	阎东佳
韩君敏	蔡腾飞	潘　岩	薛晓彦		

附录四　历届本科生名单

1952 年

冶金厂机械设备

马香峰	王汝怡	王炬遴	毛绍发	介　森	卢德霖
叶熙琳	付务本	邢建敏	邢振华	吕伯英	朱志明
刘东华	刘希圣	刘河兴	江穗茂	许桂林	志文华
李仕福	李兰鑫	李庆鸿	李茂基	李　群	杨开沛
杨永辉	杨春明	杨德保	时重雯	吴中心	吴申杰
何学才	谷永海	应云飞	沈久珩	张人骧	张广铎
张永虎	张昌富	张凯涛	张维伦	陈石林	陈立周
陈昆洞	陈树芳	陈桂康	陈敬常	呼鸿都	季家骏
金士陵	房仕英	赵仲宣	胡正寰	胡晓霞	洪　伟
洪效祖	贾志文	候金荣	徐小婕	徐爱林	徐德林
翁大为	高学曾	黄华清	龚剑霞	崔鸿儒	康绍斌
梁致平	蒋永贵	蒋克铸	韩克仁	韩秀章	鲁济顺
童嘉伟	谭　敏	潘泰贤	薛恒润	魏吉禄	瞿文吉

1953 年

冶金厂机械设备

马志胜	马绍棠	王子午	王长生	王凤仪	王兆凯
王志铨	王佐钧	王　沂	王忠忆	王金仲	王金鉴
王宗之	王起祯	王桂兴	王效孔	王竞武	王培铸
王　堃	韦栋元	尤其佳	孔庆芳	邓立信	石宝璋
卢兴鸿	卢修义	叶大河	叶定球	史仲民	白明本
白晶华	仝俐春	冯钧一	冯鼎煜	邢秀英	过重阳
朱孝禄	朱明义	朱承禧	朱德隆	任巨川	刘巨源
刘志学	刘希中	刘国祯	刘挺生	刘　斌	江　麟
许剑欧	孙石麟	孙尧卿	孙　果	孙炳炎	孙家鋆
孙家骥	孙瑞增	苏亚立	苏家文	李五仁	李长福
李正熹	李成华	李松山	李国金	李栋荣	李是新
李保麟	李润芳	李继宗	李盛林	李　淳	李　镔

李慰饴	杨文华	杨文恭	杨传书	杨孝声	杨克睿
杨金标	杨崇本	杨 琳	杨 斌	杨鹤龄	时学素
吴 旭	吴克成	吴明水	吴金莺	吴柏青	吴崇德
吴善元	何连杰	何 健	佟锦衡	邸 达	闵嗣鸠
汪仲义	沈水福	沈克林	沈定成	沈 流	沈德佩
宋丽生	宋春佳	张大齐	张汉懋	张永康	张先声
张全莹	张者一	张林芝	张朝纲	张德政	陈明时
陈金琳	陈冠群	范民政	林学福	林 臻	罗万敏
罗圣国	罗树榛	金守训	周立新	周永春	庞嘉裕
郑庆征	郑丽君	郑僧慧	孟繁伟	经力行	项礼贤
赵良玉	赵述端	赵学智	赵荣汉	赵桂滨	郝志琳
胡传安	胡传浩	胡微微	侯永祥	俞从义	姚 杭
秦本一	秦念祖	袁际云	耿秉乾	聂鹤鸣	贾洪琪
夏士礼	钱治民	徐先儒	徐传津	徐春楠	徐银权
徐耀轩	殷惟杰	栾秉衢	高世昌	高振文	谈嘉祯
黄石浓	黄培文	黄瑶祥	曹家桐	常 钊	常国庆
鄂中凯	章朝光	阎惠公	梁正风	彭 善	彭楚雄
葛瑞群	董申生	蒋维兴	韩旭兽	韩致远	傅德明
鲁中月	曾繁诲	雷闻宇	裴 敏	廖世堡	熊天富
熊文堂	滕 阳	潘宝田	薛秉銮		

1954 年

冶金厂机械设备

丁建民	马俊才	马恩祥	王大权	王大芳	王广汉
王长春	王凤英	王正心	王幼敏	王 伟	王会武
王青春	王秉乾	王 炎	王泽普	王宗元	王荣中
王荫宇	王振全	王海涛	王焕康	王景惠	王魁章
牛炳伦	毛祚熙	文汉英	方启宇	方 诚	尹瑞芝
邓 磐	甘拔群	卢振亚	叶于敏	叶德政	田淑荆
丛宝滋	冯有伟	冯保生	宁 可	朱士琴	朱仲良
朱学北	朱绍程	任百城	任自强	任国栋	任春雨
邬显高	刘元钧	刘玉田	刘可培	刘扬程	刘伟民
刘灵新	刘秉富	刘金谋	刘俊杰	刘恒昌	刘莎莉
刘根旺	刘萍甫	刘淋洲	刘想亮	刘锦春	刘鹏翔

刘馥贞	齐鸿恩	闫惠公	关学湛	汤昆年	安大善
安世昌	安绍勤	许文生	孙　弘	孙克成	孙国华
孙荣平	孙培禄	孙　斌	阳至俭	纪有魁	严忠瑞
苏凤云	苏亚丽	苏逢荃	苏意颜	杜兆年	李玉奎
李永寿	李先庆	李纪潮	李孝先	李秀凤	李秉权
李宝璋	李贻铮	李将双	李济东	李恩伦	李淑秀
杨文林	杨正智	杨永清	杨民望	杨　珂	杨桂春
杨通顺	肖锡光	吴连恕	吴坤仪	吴宗扬	吴彦雪
吴　谦	吴锡祺	吴德龄	吴翰文	何纪奎	何纬奎
何德铸	余卓才	余钦义	余瑞锦	邹家祥	应根福
汪国梁	沈家彦	宋之刚	宋克臣	张人路	张乃斌
张元傏	张凤祀	张凤德	张兆良	张旭升	张庆瑶
张守真	张步潮	张春雺	张益诚	张培英	张鸿铭
张道予	张　强	张静如	张静君	张聚桥	陈大刚
陈子炯	陈文吉	陈玉颜	陈仲明	陈知耻	陈俊毅
陈健生	陈梅生	陈维贤	陈　鹏	陈毓德	陈肇铮
陈　蕙	武清泉	范长山	郁希珍	卓祖汉	易秉钺
罗元敬	周尔辉	周光华	周兆祥	周庆林	周宇平
周启明	周国盈	周家梁	周勤梁	郑文铁	郑乐民
郑如惠	郑贤俊	郑树德	郑家华	郑梦兰	屈智麟
孟昭闾	孟信亮	项廷爵	赵世连	赵传富	赵良玉
赵金修	赵学智	赵桂珍	赵　瑸	荆世英	胡光祥
胡志强	胡章壁	钟长远	钟明琛	钟晋达	段华芳
施济生	施振方	姜言成	袁伟麟	袁良田	桂冠雄
倪淑英	徐大生	徐长庚	徐平善	徐景雍	翁绮秋
高乐奇	高亚雄	高体培	高国深	高树良	郭允德
郭玉霞	郭龙光	郭　兰	郭朴仲	郭念怡	唐先珑
黄心华	黄乐恒	黄道松	黄殿孙	黄德翔	曹永嘉
曹亦芳	龚炎午	崔功斐	章训强	梁汉强	梁　前
梁端儒	董天元	蒋繁伟	韩旭曾	韩锦辉	程建中
程振坤	程福明	舒祖钦	温华洪	富伟光	楼大鹏
楼焕丙	詹炳社	鲍　和	解坤荣	窦连宏	臧鲁杰
谭志豪	熊天富	熊佩康	樊贵绪	薛　勇	穆天启
戴文琴	戴明珠	戴孟懿	魏承先		

1955 年

冶 金 机 械

丁乃中	于声奇	马仲才	马莲薏	王又新	王天升
王天利	王中铭	王立成	王克良	王宏立	王青春
王国华	王典钧	王学书	王学良	王春生	王茜琳
王祖岩	王起祯	王继勋	王竟成	王琳	王惠珍
区永年	尤文	车翟	牛光宗	毛化民	毛乔庵
文沛元	方国礼	孔令多	邓庭荷	古可玲	平爵鹏
东继光	卢自强	卢怡	卢学仁	田家熙	冯国纯
刑裕国	朴文奎	毕绮美	毕震中	曲培宪	朱文侣
朱达敬	朱华	朱志强	任贞禄	任贞禄	任志明
刘广银	刘本修	刘尔膺	刘扬程	刘臣祥	刘有延
刘成明	刘志广	刘杨程	刘贵宗	刘超景	刘羡亮
关学湛	关锡寿	汤冬琴	安呈玉	安宝森	安宜家
许才文	许家谨	许德宽	许鑫和	孙民生	孙发源
孙连江	孙述祖	孙宝田	孙钦彦	孙钦彦	孙根宝
孙鸿瑰	纪伯文	寿尔康	严幼祥	苏国桢	李永鑫
李坦	李秉绪	李学政	李定玲	李晨	李鸿生
李维舟	李鹏	李锵霜	李德基	杨凤才	杨文桐
杨光晰	杨兆凯	杨金祥	杨昭儒	杨康乐	肖秀文
肖瑞珍	吴友良	吴今古	吴吉卿	吴明珂	吴承贤
吴涤东	吴清一	吴淑娟	邱绍麟	何钜华	何梓鹏
何德铸	余子才	余定凰	邹绍光	邹家祥	汪秀武
沃国纬	沈士玒	沈文灼	沈礼锐	沈昌	沈厚铸
沈思孝	沈荷新	沈湘	沈熙桂	宋立	宋志庆
张乃斌	张月宜	张风德	张汉樊	张伟林	张兆良
张守经	张守真	张孝桐	张志方	张吾乐	张步生
张步潮	张启民	张忠豪	张春栋	张荣光	张栋华
张栋男	张济生	张振国	张铁砚	张培金	张鸿琪
陈一鸿	陈友梅	陈凤林	陈兆枢	陈学正	陈贻伍
陈俊玉	陈祥生	陈鉴本	纵肇基	林艺	林仁源
林朝重	季中铭	金光基	金敏庆	周川霖	周光华
周春	周家梁	周善洪	周勤梁	周德馨	周耀淼
郑克美	郑国任	郑国禄	郑瑛	郑镛鑫	单文富

屈福显	赵凤鸣	赵为印	赵金修	赵贵临	赵贵临
赵恒奇	赵家耀	赵焕臣	胡一鸣	胡兆凯	胡秉章
胡家春	胡鼎峙	柳又非	钟掘	段慧文	施惠娟
姜兆熊	姚卫华	姚文安	贺森栓	袁志范	贾礼序
夏士礼	夏广林	夏文杰	顾听兴	顾明冲	顾惠生
党紫九	徐仁元	徐同勖	徐志德	徐树栋	徐树栋
徐崇朝	徐善路	奚履新	翁瑜	高云章	高乐奇
高守儒	郭志敏	郭闽珠	唐正千	唐亦梅	陶才智
黄文伟	黄乐恒	黄汉权	黄汉标	黄荣福	黄保康
黄道松	曹诚明	曹智堂	戚銎	龚太宇	常纯哲
鄂津生	盖学尧	梁邦云	梁序知	梁暄芝	巢自谦
彭孝祥	彭茂芳	彭胜敌	蒋荣富	韩金泉	韩经懿
程雪琴	傅启庆	傅淑梅	傅懋刚	曾昭纲	曾嘉福
雷知行	鲍长水	鲍佩锦	鲍振声	蔡硕贞	谭志豪
翟世平	熊自勉	樊孝福			

1956 年

冶金机械

丁岐岭	丁德沅	于在礼	于国胜	于洞洲	么树芸
马正午	马英民	马超逸	王士宏	王大名	王长法
王书文	王玉玲	王世沣	王同寅	王庆和	王希和
王劼孝	王启东	王启增	王炎	王学良	王宗喆
王春萱	王树倩	王振绩	王铁君	王海诚	王福宾
王璋玉	卞学谅	孔祥赢	邓国禄	邓庭荷	艾蕴华
石少炎	石光智	石宝璞	卢丽莲	卢锡忠	叶家钦
田淼	史义德	丘家威	付楚玷	白希鸣	邝结妍
冯春灼	冯绪治	邢宝林	吕仁华	吕书江	吕仙琪
吕植本	吕臻	朱士元	朱圣学	朱驯	朱宗葆
朱润枢	仲敏	任凤英	庄荣浩	刘友锁	刘书民
刘玉孟	刘延芳	刘如桐	刘志忠	刘国俊	刘春华
刘秋荣	刘俊岩	刘泰来	刘素芳	刘晓玲	刘雪奋
刘淑春	刘淑娟	刘德珊	齐小鲁	齐化一	闫志让
闫彤	闫昭华	关秀珣	关焯	汤大志	汤裕生
许君琼	许经义	阮徐炤	孙少杰	孙仲锡	孙佳苑
孙晓丹	孙家昆	孙遇春	孙慧然	孙毅仲	寿尔康

严秀娟	苏成忠	杜英林	杜冠珍	李广才	李开泰
李 云	李凤岭	李以明	李书惠	李玉泉	李吉勋
李成修	李成修	李光瑾	李庆泰	李志新	李克定
李丽清	李秀筠	李伯安	李希平	李宏伟	李郁荣
李国华	李学谦	李宝谦	李定康	李荣东	李树河
李树翰	李炳文	李桂生	李寅年	李 链	李富松
李瑞宝	李嘉森	李 德	杨义萍	杨世希	杨他眉
杨永丽	杨幼梅	杨兴珠	杨志忠	杨其胜	杨奇庄
杨春莲	杨树元	杨俊卿	杨润林	杨淑贤	杨静云
肖长根	吴乃劲	吴友良	吴水碧	吴芝桂	吴庆明
吴纪泽	吴忠德	吴鸿玉	邱东方	邱林坡	邱烈山
何玉山	何安民	何 诚	何慎修	佟之振	佟文菖
佟明生	佟济亚	余 刚	余雪子	汪兆东	汪时翠
汪明芝	沈仲牟	沈思孝	沈铸英	沈鑑清	宋寿岑
宋宗文	宋鸿芦	迟淑珍	张元僚	张正文	张占东
张令铨	张发智	张企明	张如信	张孚镇	张良达
张林康	张建华	张春珊	张春栋	张春蕴	张钧钧
张恒年	张振庆	张振源	张祥林	张 维	张景民
张瑞贞	张新民	张福生	张聚宏	陆兴华	陆颂安
陈子源	陈风岗	陈尔宽	陈启强	陈孟兰	陈绍庚
陈绍琦	陈剑壎	陈瑞珍	邵存忠	邵 康	招光文
范永泰	范永遐	林山鸣	林其康	林 泉	金兴龙
周文凯	周以尧	周必贤	周兆祥	周纪华	周建明
周绍英	周高泽	周浩庆	周海中	郑钧华	单文贵
郎荣恩	房世兴	屈 革	孟靖德	赵玉霞	赵定凡
赵景华	郝乃嶔	荆瑞莲	荣效愚	胡中甲	胡凤荣
胡永安	胡光美	胡征安	查志根	柳家治	钟 鑫
段荣建	侯义明	侯月轩	侯宁伦	俞振鎬	逢永娥
闻家训	姜鸿昌	姜瑞博	洪永清	洪定国	洪振漠
姚兆九	姚锦华	贺瑞霖	秦天卯	袁介媚	袁凯寰
聂家骥	栗万金	贾国智	贾定远	顾慎行	钱忠贵
徐文华	徐兆炎	徐 军	徐季平	徐瑞康	徐锦棠
徐德佩	殷立德	殷洁春	殷道安	翁庆国	高成涛
高颂烈	高福家	高霞飞	郭西缅	郭佛聪	郭琨樟
黄友荷	黄国钧	黄忠谦	黄剑秋	黄家惠	黄葆元

黄蕴丽	萧香燕	曹秋安	曹 薇	常显武	崔玉康
崔清云	崔援民	阎俊歧	阎德山	梁广德	梁振明
屠品芳	隗有忠	彭志一	彭树万	彭振民	董学伟
董瑞金	董懋晋	蒋达民	蒋学成	韩志钢	韩康良
韩淑琳	程广麟	傅双南	傅宋人	傅国豪	鲁长发
鲁 旭	童耀森	曾西琼	谢 选	谢维森	蓝德昌
赖之琰	雷 捷	鲍乃钧	廉以智	窦宴斌	蔡开明
蔡先培	蔡寿林	蔡志勇	蔡金华	蔡晴辉	裴崇文
管克智	熊天富	樊正民	樊兆馥	樊孝福	潘绍综
薛松令	霍秀岩	穆振海	戴超元	魏晋铭	

1957 年

冶 金 机 械

丁应生	丁宋忠	马金发	王凤午	王成元	王绍璞
王春霖	王珂仑	王恩九	王益才	王智杰	毛润海
卜学谅	方伯科	方 廉	邓润添	邓 絮	艾蕴华
可仲龄	叶 芸	叶柏盛	叶德顺	白永贵	包长吉
冯万恒	冯宗强	朱光立	朱若兰	朱 诚	朱绍仁
朱耀祁	任志义	任颂东	刘文斌	刘泽彰	刘宝膺
刘映芬	刘剑华	刘雅君	齐鸿泉	关天池	汤端士
安培仁	许协和	孙克军	苏成忠	李文华	李石生
李延龄	李行奇	李庆泰	李励前	李利发	李勋隆
李钟岳	李振锡	李谋渭	李 晶	李瑞亭	李嘉森
杨世成	杨百强	杨金峰	杨俊浦	肖海民	吴延康
吴英志	吴焕荣	何立高	何安民	何国忠	何竞忠
何福泉	何赛玲	邹革非	应文华	宋金寿	宋复兴
宋振起	张玉英	张令铨	张兰英	张汝和	张远大
张俊霄	张振尧	张崇祥	陈元龙	陈如珍	陈克华
陈克昌	陈宗元	英建安	林祥辉	罗惠文	罗惠玲
金建国	金 显	周为法	周芷仙	周明官	周隆盛
郑英强	郑保元	郎妙法	赵友善	赵良默	赵素炎
赵培兰	荣俊奎	胡 予	胡延松	姚开云	贺聿江
贾 纲	贾继芳	夏邦芝	顾慎行	柴大祥	徐正启
徐 俊	徐家栋	殷道安	高焕章	郭志刚	郭佛聪
郭昆章	唐志洁	唐惠珍	黄南湘	曹福永	龚颐泰

常肖娟	常 晶	章 敏	商顺昌	梁社农	梁星科
彭文华	彭胜敌	董恒一	董 琏	韩 冰	韩浦镠
韩康良	韩震英	喻飞鹏	童耀霖	谢 选	雷 捷
蔡先培	蔡伟清	潘与同	霍银海	魏富玉	

1958 年

冶 金 机 械

丁启圣	于锡维	马辛未	马树仁	王大智	王之洵
王扑增	王庆宗	王珂仑	王炯元	王啸华	王淑兰
王 漪	王德顺	王繁滨	方云芝	方 廉	邓兰祥
叶国华	申万玺	申佩琳	田文永	白发璋	冯士俭
冯中一	朱 诚	伍家君	任玛莉	任绍美	华仁德
刘 方	刘玉山	刘西云	刘和林	刘剑华	刘海成
刘德秀	齐 丰	关达基	关 杰	祁秋鸿	阮志桢
孙凤琴	孙有潮	孙庆生	孙国梁	杜甫钧	李开文
李更新	李茂华	李虎臣	李国祥	李学明	李帮唐
李宽和	李崇武	李谋谓	杨天赐	杨双楚	杨成云
杨秀泰	杨希瑾	杨启强	杨绍平	杨桂福	肖金昌
吴开贵	吴诗金	吴崇康	吴德贤	何福泉	谷世雄
谷增卯	邹舜卿	汪云朗	汪彝尊	宋国川	宋法舆
初成国	张一方	张广祥	张文钰	张允宏	张恒贵
张祖发	张振儒	张培忠	张崇绪	张 雷	张颜声
陆子渝	陈士佼	陈玉华	陈汉林	陈仲达	陈克珍
陈宗芥	陈定涛	陈建渔	陈博沅	陈惠英	陈楚才
邵懋维	林金闪	林傅尧	罗忠舆	罗徵芳	金水清
金家鑫	周洪宾	周宪章	周裕国	周 椿	周嘉崇
郑世艺	郑宗尧	郑津昌	屈运安	孟宪军	赵广厚
赵仕维	赵西元	赵名浅	赵国定	赵振鹏	郝丕俊
郝秉强	胡玉成	胡道弘	胡 蕙	胡懿同	段景奎
侯佐亮	施雨强	洪丽英	姚林良	贺 贞	顾正义
顾树泽	徐天宁	徐公恬	徐宝太	徐辅仁	高桂兰
高 琳	郭名禧	郭 琦	谈耀南	陶不凡	姬奎生
黄人骦	黄大奇	黄世铠	黄国栋	黄佩球	黄景涵
黄 锦	梅秉良	曹芬耀	盛在明	崔德山	康进陵
梁威振	梁燕孙	彭家虎	董 英	韩家璋	韩惠珍

傅长勇	傅从林	焦忠道	谢科夫	赖凤楼	赖奕宏
褚鹏遥	谭彬贤	翟欣明	魏日昶	魏傅远	

1959 年

冶 金 机 械

于一公	于连德	于明孝	马文池	马迎武	马振升
马常顺	马碧云	马儒林	王玉芳	王占国	王立同
王孙纹	王志隆	王 彤	王汶宗	王国明	王泽祥
王建基	王春山	王俊仁	王俊昆	王继勋	王盛松
王鸿昭	韦汉辉	云建坤	方伯科	邓居林	古仲基
帅洪翰	叶为铿	叶伯英	叶肇纯	申怀民	田文信
田学谨	田颖林	丘玉生	白瑞萍	印恩麟	包正荣
冯福康	西德源	毕震中	曲木阿呷	曲洪泉	吕 仁
吕功先	朱文远	朱永多	朱铭德	伍顺光	任育华
华克环	刘永治	刘圣明	刘庆生	刘志学	刘秀兰
刘沛大	刘和荣	刘荣宗	刘树泉	刘贵琮	刘炳南
刘洪环	刘慕贞	齐孝庠	闫志让	关明福	江炎坤
安致谦	许仁彪	许事兰	孙东辉	孙连禧	孙朝光
孙翠娣	严肖铁	劳沛昌	苏培方	李万祥	李文虎
李文康	李玉树	李光恩	李良海	李 纯	李杰俊
李宗亨	李居泽	李绍华	李桂英	李景煌	李 锐
李精中	李曙光	杨伟观	杨跃亮	杨满堂	杨慧贤
连永章	吴玉钦	吴永江	吴苟卯	吴振宝	吴继庚
吴敏晶	吴敬勋	岑延佑	邱利民	何万里	邹汪元
邹炳元	邹德堂	汪玉佩	汪声娟	汪里红	汪曼济
汪景霞	沙德元	宋 琳	张文彬	张汉歧	张壮款
张志芳	张宏才	张启符	张宝珍	张淑芬	张维森
张景青	张韵声	陆舟根	陈元勋	陈存荣	陈志强
陈丽影	陈应斗	陈英玄	陈国栋	陈 明	陈 泽
陈思锡	陈顺茂	陈勇华	陈振一	陈祥生	邵元魁
邵淳钰	范铭泽	林元哲	林文溢	林运平	林承芳
林炳照	林 根	林 立	林基明	林瑞珍	罗代兴
罗运淮	罗铎明	岳祚英	所耀堂	周龙山	周花桂
周宗兴	周俊德	郑玉禄	郑时佐	郑壁涛	孟非力
孟昭硅	赵文豪	赵东升	赵任杰	赵灼文	赵启怀

赵宗耀	赵修永	胡之瑾	胡蒽	柯子和	钟德瑜
段文静	俞祖荣	施友生	施邦政	洪增祺	姚明华
姚谨	贺荣贵	秦广文	袁帼英	钱多焱	钱鸣
候铁麟	徐乐声	徐乐韶	徐孝春	徐敬敏	徐新邦
高凤	高凤琴	高桂兰	郭世献	郭振荣	席振球
黄光灿	黄志秋	黄宏忠	黄绍汉	黄荣基	黄健儒
黄培照	黄铭怀	黄渭昌	黄耀群	梅浩林	常淑义
崔叔凯	崔涛	符载亚	麻瑷	康益铭	鹿平理
鹿崇兰	商宝芳	阎丽坤	梁正忠	梁仕福	梁喜文
梁掌庆	彭怡辽	彭康白	葛志祺	董立祥	蒋全法
韩友信	程琦	傅庚辰	曾纪奋	曾嘉福	谢有润
裴予瑶	赖凤楼	雷秀祥	虞达耀	路建淮	蔡萍
蔺喜宗	谭学道	谭彬贤	滕世其	潘家喜	潘翠莲
薛典民					

1960 年

冶 金 机 械

丁文斌	于卓如	于学海	马树政	王尔和	王秀英
王伯荣	王希坤	王昌井	王孟军	王思富	王素妹
王晋成	王爱梅	王雪歧	王维厚	王耀宗	毛求之
孔令士	石新亚	卢柏昌	叶伟昆	田忠	史德福
付丛林	白培林	冯益国	冯肇熹	皮树连	师泽敏
吕芳	朱祥麟	朱铭德	伍依广	向树椿	庄俊华
刘立升	刘有杰	刘成	刘林宝	刘依梓	刘宝旭
刘春胜	刘洪武	刘倚平	刘爱梅	刘森	闫恒璞
关大新	汤先钟	孙广启	孙允财	孙秀英	杜秉炎
李天生	李平训	李回年	李仲廉	李兴禧	李守根
李国生	李昌和	李春旺	李俊同	李森林	李瑞府
李德良	杨杰贤	杨尚武	杨祖达	杨德贤	吴郁清
吴亮交	吴瑞仪	吴禧臣	何贤章	佘玉森	余广
余铭	余戴强	邸秀琴	沃庆忠	沈鸿英	宋振杰
宋淑琴	宋善明	初洪林	迟玉琴	张人宜	张月兰
张巧桂	张伟社	张振宇	张骏奇	张铭昌	张善春
陆沛清	陆松年	陆振华	陆桂华	陆善鹏	陆静成
陈凤仁	陈龙官	陈式敬	陈先国	陈兆武	陈宝林

陈积萱	陈继虞	陈淑萍	陈曾福	陈兢德	陈　熹
邵懋芝	范锡尧	林连桂	林知华	罗　厚	周可澄
周贞芳	周庆华	周亨融	周明英	周树棠	周桂荣
周家裕	周慧明	庞达民	庞新满	郑云斌	郑永瑞
郑行吉	郑国梅	郑学升	郑学峰	郑南台	郑显涛
单静波	单德海	赵定潘	赵浩年	赵鸿生	柳桂梅
奎　颖	姜大鹄	姜益祥	姚美娟	袁梦书	顾明逵
钱明辉	钱榴云	徐子凤	徐英录	翁伯雄	凌志豪
凌承筑	高长发	高春芳	郭春华	陶绍法	陶洪德
黄少明	黄可玑	黄　伟	黄兆中	黄雨龙	黄庭栋
黄雍礼	黄赛珍	菅相慧	符福柳	章百上	梁荣华
彭理本	董玉琴	董尔丽	蒋申田	蒋有彩	韩伯英
韩周先	韩铁成	韩　敬	程天禾	程全生	傅常红
曾火林	曾国凤	温敬生	谢凤英	谢玉生	谢鸟山
靳士农	赖中仁	虞幼幼	虞顺进	鲍凤珠	褚长宝
蔡瑜慈	廖秋源	谭德年	潘家林	穆云喜	

1961 年

冶 金 机 械

刁景周	于景华	王广华	王文志	王克淼	王树英
王振山	王振义	王桂平	王舒民	王殿武	王蕊芳
王德福	韦比泽	区其山	孔繁祥	邓浪献	本有光
申佩琳	白静秀	冯士平	冯庆庚	邢心国	朱圣柏
朱庄生	朱国桢	刘汉林	刘庆绪	刘炳武	刘振玺
许宛生	孙世恩	严忠和	李本衡	李杏华	李杏荣
李金柱	李念增	李春生	李晓生	李淑芬	李富廷
杨世环	杨素景	杨景波	肖　英	吴龙兴	吴　奇
吴昌炎	何振声	余大典	汪惠蓉	汪蜀浩	沈鸿英
宋泽玉	张大权	张凤池	张兆鹏	张茶如	张荣玉
陈锡芳	邵俊亭	邵德良	邵懋芝	范永善	林玉蓉
林和生	林锦煌	林福甫	欧阳琪	罗金库	金炳兴
周慧明	郑国梅	宗立庚	宗其法	赵连钧	赵福荣
赵嘉平	胡进春	查建安	柳占富	祝元恒	骆志铿
莽大清	夏汉安	顾惠良	钱世昌	徐庆仁	徐　琪
高　杰	高敏彦	高越芬	郭效谊	郭瑞珍	郭瑞珊

唐鹿鸣	唐 燕	黄水月	黄季铨	黄跃群	黄鸿谋
黄富璋	黄新充	龚松茂	崔玉林	章百上	梁臣波
彭里本	景平忠	傅瑞生	储万里	曾正魁	谢子勋
鲍少清	谭锦培	缪克淳	潘存孝	霍建人	

1962 年

冶 金 机 械

丁一汶	王友章	王安全	王宗英	王炳乐	王新国
戈广印	方胜年	方健敏	尹光国	邓明堂	左 铁
卢英泽	冯礼让	乔 治	乔新池	江绍辉	许志宏
许克天	孙梦钦	纪宝发	李士杰	李开鼎	李东成
李向民	李 庆	李连成	李春生	李遂西	李景勋
杨文元	杨玉璋	杨树森	杨锡强	吴克庆	吴英斌
吴郁清	吴惠龙	何纪山	沈守福	张印朝	张维礼
张敬熙	张锡光	张 腾	张嘉伦	陆德全	陈文娟
陈珊珊	陈荣发	陈 蕾	林文翠	林仲挺	林 晖
罗永怀	罗运均	罗怀成	金宏钧	周国贤	周德康
赵传鹄	赵福荣	胡建民	钟辉玉	俞长辉	施天山
秦亚豪	袁力宪	袁志洪	袁志根	耿春祥	高正宗
高家良	郭松林	唐朝洪	黄友生	黄若松	黄洪谋
曹元琨	龚树林	龚洁身	常保民	崔榕良	梁建明
程文忠	童慎光	曾顺华	曾祥麟	梁龙金	蔡松庆
蔡登楼	黎召玉	颜经贤	霍建人	戴善英	魏遵洁

1963 年

冶 金 机 械

于淑慈	山内文明/李文琛		马安兰	王必建	王伟兴
王志坤	王志虔	王克美	王显祖	王昭惠	王 虹
王浩岩	王清任	王福义	王福淇	王 蕾	亓成孝
戈 璜	邓星球	左永林	石永焜	叶家正	叶晚和
田 凯	田振刚	田淑荣	白 燕	丛树宸	兰雄武
朱瑞堂	任家之	刘友群	刘玉敏	刘世忠	刘庆绪
刘继尧	刘福兴	关荣宠	许木桐	孙宝琪	孙柏龄
牟之训	李 丰	李文祥	李伯馨	李国英	李春山

李家宇	李惠兰	李富吉	李衡奇	杨仁杰	杨学孟
杨锡强	吴定川	吴　燊	何文荣	何瑞萍	佟康龄
余昌荣	宋崇荣	宋铭科	宋维义	张长富	张怀玉
张国新	张明欣	张敫生	张淑英	张联荣	陈大宏
陈行毅	陈秋梅	陈慈霞	陈毓敏	陈增修	邵　涓
邵源培	范庆生	林晨光	易华成	罗会炉	罗棣华
周文良	周　猛	庞鸣梁	郑祖尧	郑德顺	宗述茂
孟荣光	孟祥荣	赵光祖	赵连荣	赵明曦	胡　刚
胡承忠	施肖椿	姜喜凯	洪尚任	宫崇霜	姚传智
袁百平	耿凤阳	徐致让	徐　竞	奚志鹏	高义龄
黄人兴	黄建义	常卿林	屠鹏翔	彭德富	葛学文
董维扬	蒋泰礼	曾　瑞	温福慧	谢贵生	甄　绪
蔡汝贤	谭仲发	黎现林	黎若愚	潘巧计	潘振雄
戴　红					

1964 年

冶 金 机 械

马玉福	王友义	王化中	王文毅	王允娴	王吉生
王廷福	王守观	王治中	王宗耀	王荫陪	王树增
王胜利	王祖蛟	王景玉	王登怀	方安石	方树和
石秀英	卢星照	付启景	付黎珠	丛书荣	邢凤仪
邢同训	刘光华	刘全庆	刘兴富	刘连中	刘秀君
刘　鸣	闫玉堂	关启美	许永志	孙玉珍	孙受海
孙治平	孙建群	孙厚均	孙福刚	孙增跃	纪贵明
苏俊民	杜玉书	杜志源	李久清	李仁寿	李汉武
李来旺	李明远	李明湘	李和云	李春浦	李春鑫
李　唯	李瑞姝	李增林	李德立	李德荣	杨在春
杨贵良	时银书	吴明兰	余伟刚	邹传伦	沈颖熙
宋家昌	迟振华	张小林	张小滔	张仁法	张玉芝
张占先	张有远	张庆祥	张志强	张卧山	张昌荣
张绍宇	张拾津	张爱民	张家湘	张盛琼	张焕永
陆金彪	陈友仁	陈沙英	陈须连	陈炳华	陈泰洪
陈祥平	卓　能	尚子申	罗延绍	季雨新	周银位
周翠珠	周景西	郑　秀	单希录	胡友德	姜世运
姚君录	袁绍芝	贾秉智	钱国铭	候　芳	倪诗峰

倪裕兴	徐元善	徐学良	徐家驹	郭一匡	郭本兴
郭伟强	郭佛印	郭孟玉	唐继英	陶玉明	黄友法
黄旭明	黄庆吉	黄美祥	曹俊江	龚福忠	崔英琴
符策干	鹿泽理	彭 鸥	彭洪轩	曾纪鹏	温永泉
温育智	谢家华	解庆达	谭化春	潘玉衡	潘应松
瞿嘉农					

1965 年

冶 金 机 械

马天骥	王天义	王以明	王正刚	王世恒	王兰清
王志英	王启平	王国津	王绍涵	王海平	王登全
王墨菊	王镇武	历书香	尹立库	邓沔育	叶根基
白丽华	冯月仙	冯嘉全	兰成坤	兰锡乾	邢梓亚
朴贤峰	成大功	毕桂芬	曲新江	吕伦彪	朱竹亭
朱昌述	朱恩朴	乔清维	仲耀忠	刘小浔	刘小根
刘永范	刘庆芳	刘英杰	刘国恩	刘佩忠	刘宜昌
刘春英	刘 新	闫庆文	孙海波	苏元熙	苏亚娟
苏富银	李万胜	李开公	李正曦	李东彪	李 冬
李台华	李丽娜	李希良	李宝珍	李建东	李荣华
李勋平	李晓忠	李雅奎	李瑞基	杨秀富	杨泽民
杨建平	杨贵荣	杨森宝	杨景秀	杨福庆	肖建平
吴 汉	何大钊	何效锋	余达太	邹文龙	邹淑芳
汪杏生	沈承路	沈洪斌	宋喜久	张广云	张光惠
张昌培	张治富	张 参	张淑琴	张 锐	张新安
张慧金	陈士忠	陈文来	陈守信	陈宝珠	陈 定
陈 涛	范振昌	林良胜	林照普	周 义	周引弟
周世升	周金来	郑信明	郑馨海	封坤礼	赵汝德
赵志安	赵燕翼	郝麟超	胡朝玺	郜月琴	段宗禹
祝汝川	姚少勋	秦国华	倪银光	徐文德	徐玉美
凌培铭	高天明	高正发	高淑英	郭长安	郭洪熙
唐宗民	陶家俭	黄广斌	黄庭昌	黄壁湘	梅俊魁
常永安	梁世玉	彭贤森	蒋忠安	韩素英	韩铁夫
曾梓榕	谢锡斌	赖庆昌	蔺学栋	臧士贞	管君致
漏顺宫	熊顺泉	黎志群	薛金栋	魏际红	糜心睿

1972 年

冶 金 机 械

马东英	王云峰	王永明	王邦文	王忠来	王秋芬
王晋莲	王鸿晓	王淑芬	王淑玲	元智文	牛宁萍
从文滋	尹　俊	孔令新	甘继桐	付仲芬	冯安民
邢素英	刘万梅	刘子香	刘　军	刘阿才	刘国联
刘　彪	刘瑞杰	刘锡贵	孙安民	杜国洪	杜莲香
李林省	李贺忠	李流敏	李能枝	李淅鲁	杨世明
来永文	吴春城	吴　静	邹新年	沈国水	宋耕田
张　励	张其颖	张和清	张建明	张富和	张福顺
陈福利	范玉妹	林　颖	郑成元	郑盘根	郝长青
郝兰庄	徐定伟	高春荣	郭运鹏	郭绥芬	黄良才
阎　立	董继学	韩结旺	程克华	蔡继红	蔺海荣
谭　兵	潘志新				

1973 年

冶 金 机 械

卜庆生	于　欣	于晓红	马志山	马增祥	王万根
王忆珍	王世忠	王仪尊	王永生	王全生	王庆华
王安顺	王　军	王别昌	王剑飞	王洪祥	王彩云
王掌宝	王瑞兰	王　群	亓胜雨	云英力	云俊华
牛大庆	牛志敏	卞致瑞	方爱元	尹忠林	叶　伟
包成铭	边志平	邢秀珍	过明融	毕荣福	吕和平
朱光军	朱津秋	伍成应	任玉敏	刘永健	刘安溪
刘放坪	刘宝山	刘建平	刘晓文	刘高基	齐敬思
闫润平	江　军	江志新	祁振奎	许国森	许俊芳
许婉媛	孙业红	孙　华	苏仕奎	苏　宁	杜忠良
李万里	李友友	李凤祥	李利民	李若愚	李建平
李贵江	李思立	李　耘	李晓雨	李铁光	李瑞芹
李新民	杨秀英	杨　鸣	杨惠颖	杨新荣	连云枝
吴企娥	吴春梅	岑锦富	邱春林	何发全	何显瑞
何　强	余桂芳	余晓妹	闵翠华	沈　永	宋景喜
张广贤	张玉麟	张世忠	张占平	张成喜	张伟山

张延安	张 英	张忠祺	张 珍	张俊平	张济祥
张振东	张海桂	张清富	陆治祥	陈文昌	陈文娟
陈启放	陈叔本	陈贵君	陈举华	陈 晓	陈银章
陈银章	陈 蓉	邵文国	苗 伟	尚新富	呼 和
罗 江	图门巴雅尔	季秀仙	周 海	周培琨	周培德
郑建华	赵文杰	赵生林	赵俊德	赵梅芳	郝凤华
郝时远	胡成忠	胡树文	段瑞成	侯大保	闻建初
姜桂信	骆以开	秦士新	袁会朝	耿 萍	贾国琳
顾月英	倪志宇	倪晓光	徐凤祥	徐佩倩	徐金梧
徐俊芳	徐博生	徐 键	徐德亮	高文义	郭金祥
郭 俊	郭暖生	唐晓芳	黄 豪	曹加令	戚永强
常生祥	崔连兴	崔俊平	梁春生	梁 栋	韩志刚
韩新娥	焦隽英	谢春延	谢援朝	詹启超	蔡康泽
谭曙光	霍保升	戴阔生	魏 彪		

1974 年

冶 金 机 械

于萍珍	马晓华	王袖之	王淑芳	王德清	方 刚
玉保全	石千峰	石志军	叶春甫	白占国	邢 克
朱超甫	乔桂生	伍东宪	刘文同	刘彩章	刘琪卉
刘琪惠	孙书英	孙瑞玲	苏凤英	苏忠富	杜 鹏
李天中	李凤苍	李 宏	李素霞	李桂琴	李淑忠
李新川	杨西辰	杨政荣	杨福源	邸 应	辛月莲
辛喜乐	汪天浩	张风茂	张玉滨	张占霞	张亚娜
张保升	张铁成	张遂叶	苑素菊	林友贤	罗香梅
单海林	赵秀竹	胡永菊	胡志文	胡志廷	段佑武
侯时宜	俞 洁	洪 序	聂秋忙	贾军洋	高金祥
郭志宇	唐述森	黄仕久	梅秀英	曹玉峰	盖春城
梁宝珍	梁洪魁	梁淑珍	董 茜	韩振洲	靳 明

机械制造工艺及设备

于秀娟	王云霞	尹永富	邓和平	曲开宏	朱自成
刘湘辉	齐世清	孙符平	李建国	李桂馥	李 焱
狄春良	张二力	张世秀	陈凤朝	周本义	周慧慧
屈长春	赵玉梅	顾帮英	郭卫国	常有为	韩强民
童惠聪					

1975 年

冶 金 机 械

马福安	王广义	王巨涛	王仿茹	王旭明	王金华
王　亮	王　健	尹复辰	田　丰	付俊庆	曲凤祥
吕　萍	朱　云	朱　平	刘小波	刘凤娟	刘志忠
刘改军	刘忠泉	刘建忠	刘桂芬	刘锡江	米国庆
安书文	许宪良	孙　伟	孙丽杰	杜一玲	李延峰
李振民	李　萍	杨志强	杨　奋	邱　虹	何　花
余伯华	沈德第	宋晓蓉	迟作秋	张长江	张文学
张玉堃	张淑娟	张敬强	张　群	张　衡	陈　工
武长茂	范　波	卓必光	赵玉岗	赵贵荣	段振江
袁安意	贾苍军	高增岷	郭川云	郭　光	黄文广
黄金海	曹文林	曹国臣	曹继强	蒋成云	韩俊花
韩景兴	程晓琴	薛铁林			

机械制造工艺及设备

于克营	王有山	王春喜	王桂荣	尹常治	龙友生
托　娅	齐振章	闫津生	江爱福	苏莲芬	杨成威
吴永继	吴奎林	宋　力	宋金兰	张维平	张惠庆
陆广霞	陈世荣	林经玲	金国义	周秀瑛	周洪明
郑延寿	胡伟平	涂纪明	顾永勤	徐存瑞	高瑞前
曾珍宝	曾新荣	甄　勇	綦吉祥	滕向阳	

1976 年

冶 金 机 械

于秀恩	门小平	马　平	马福生	王文江	王立海
王　志	王荣花	王树人	旦念龙	申俊卓	田林虎
白青山	白　雪	玄兆友	宁哲均	邢义广	朱伟民
任志军	任智慧	刘小平	刘永斌	刘建华	刘树和
刘桂英	江伟平	安生瑶	祁　斌	许明华	孙治国
孙晋刚	孙富强	孙照雨	杜金安	李二平	李云武
李风梅	李　文	李连顺	李阿波	李　杰	李昌明

李践	李新民	李燕	杨中乐	杨泽雁	肖栓成
吴国如	吴建华	何芳	何明达	邹明忠	辛鲁湘
汪立新	宋守利	宋铁壮	张小宁	张永祥	张光明
张同法	张庆伟	张志龙	张建	张思京	张康生
张嘉梅	陈小乔	陈启全	迪穆拉提·马合穆迪	岳玉马
金培英	周卫	周望国	庞爱萍	郑贤	孟献西
项瑞宝	赵卫东	段小建	段振华	郗静	姜广义
姜良初	姜春荣	贺士贵	秦建平	桂素芳	夏杰生
柴敏	徐龙发	凌琦	高光宗	郭延滨	郭志军
郭豪	郭德纯	唐建华	黄全喜	黄宪文	常华
崔玉卿	崔洪岭	梁春淑	梁洪生	韩志安	滑铁钢
樊民					

制氧工艺及设备

于亚南	王中雨	王凤桐	王绍康	王勇	王彩萍
毛解南	叶燕岑	付显伟	代宝华	代斌	宁永清
刘芬	李伟光	李志华	李志春	杨建国	连成平
吴秋霜	吴桂莲	吴燕芳	张苏萍	张春莲	张铁军
张维仲	张瑞君	邵承俊	段文生	袁丽民	崔丕江
程国华	谢显军	蒙杨松	蔡秋英	戴万胜	

机械制造工艺及设备

马立国	马忠波	王茂年	王春花	王庭宏	王炳申
王淑琴	田爱华	田静	吕景雄	许祝英	芦岩
杜中华	杜长宝	李东营	李英林	李南征	李迺水
李素霞	李慧全	杨安时	杨盛光	杨淑芬	吴广良
吴英平	沈江平	宋功平	宋刚	张洪智	张海萍
陈志丹	陈爱梅	陈超真	邵忠科	林家栋	林强
周柏新	庞厚金	郑小平	郑尤汉	胡明志	姜荣
姚伟明	耿溪刚	贾合利	贾庆芳	贾秀敏	徐力敏
徐遂建	高文风	高萍菊	高德芳	黄建国	黄根林
黄耀星	曹立亚	崔树成	梁克湘	梁建明	彭为云
董广泽	曾新云	蔡红芹	潘援朝		

1977 年 （1978 年入学）

冶 金 机 械

卫汉平	马引平	马全明	马宝春	马曼华	马腾阳
王小群	王 卫	王卫武	王 兴	王庐嘉	王健宝
王智超	孔小美	邓志宏	叶 林	田云琦	田 玲
田增建	白 伟	冯李合	宁佩忠	邢振民	巩春华
朱文伟	朱红一	朱 茵	朱晓君	朱 斌	乔沙林
任全福	任红光	任 洁	刘红军	刘冶钢	刘美兰
安塞岗	孙夏明	杜颖梅	李大华	李良卓	李 健
李喜桥	李登峰	李冀宁	李巍巍	肖益群	吴建明
吴晚云	利 敏	宋少峰	张乃洪	张卫国	张 元
张少军	张建平	张 笈	张健民	张晨光	张淑平
张 强	张 燃	陈令浩	陈完成	陈 涛	陈海泓
林 刚	罗达文	金壮烈	孟利霞	赵少华	赵如凡
赵 威	赵侯明	赵 微	胡利平	查众望	侯企正
侯进军	侯建新	饶明远	施新国	洪 跃	姚金生
贺 名	贾同和	贾全宇	夏乃木	晁攸亮	钱洪源
徐立刚	徐永恩	徐 扬	徐昌银	徐晓鹰	徐滨宽
郭 方	郭兰京	郭明秀	郭春芳	郭顺喜	黄伟学
黄准清	曹 钢	曹焯男	常寿敏	常 青	崔彦彬
梁渤涛	董绍华	景作军	程建光	谢金雪	谢贺斌
梁伟兴	廖一凡	潘明华	魏柳明		

制 氧 工 艺 及 设 备

王世英	王 立	王作安	王俊林	韦太萱	文小凡
计虎掌	尹志宏	叶志学	朱 丁	朱 禾	任应文
刘 青	江 洪	孙冬青	李 芸	李 兵	杨明立
吴 斌	何雅平	张北雄	张丽莉	张牧风	陈一航
陈 刚	陈锦明	陈耀祯	周 璐	郑连起	郑道尔
宗先泰	赵子平	郝 良	袁 江	黄杰峰	黄 鹏
戚正庆	董继昌	靳瑞安	蒲志雄		

机械制造工艺及设备

丁 明	马 明	马雅岷	王永东	王若冰	王晓光

王淑平	仇鸿伟	邓 文	叶乃成	田 放	冯晓颖
宁春林	邢伟民	曲星云	朱必军	朱启庄	朱晓华
任舒宪	任德礼	刘之镭	刘百田	刘 侃	刘爱军
刘继英	刘继茹	刘 崟	刘 颖	江 琳	安振国
孙成宪	孙 偁	孙崇伦	牟双胜	李小英	李正义
李永兴	李 伟	李怡平	杨雪亮	肖 安	岑 勇
余晓兵	邹养素	张卫钢	张槐祥	张翼明	陈 红
陈 丽	陈清平	陈 新	陈新生	林 平	金 杰
周良墉	赵元庆	赵延波	段日富	郗安民	夏侯淳
徐 行	徐林江	高 羽	唐经棣	黄泽民	黄 珏
崔成斌	康 典	梁方明	彭友民	湛苏陵	谢世海
解新势	臧汝涛	廖武陵	翟向东	樊 华	潘家冰

1978 年

冶 金 机 械

卫满库	马占民	马生武	马伟红	王引章	王占华
王任群	王孝平	王英俊	王学锋	王 勇	王继平
王新惠	车晓东	方力文	艾玉山	卢 明	白文跃
宁子风	扬景秋	权良柱	吕燕玲	延林熬	任亚平
刘天温	刘文奇	刘 齐	刘 宏	刘 英	刘卓华
刘国强	刘宝林	刘惠林	齐登强	江建国	许建中
孙同一	孙家玮	孙 骏	孙新文	苏 平	苏 维
苏蓝海	李玉琦	李恒伟	李 骏	李 斌	李群辉
李 榕	杨文军	杨 波	杨惠传	杨舒拉	肖 林
吴建生	佟 辛	邹礼忠	宋晓光	张天虹	张中珩
张民权	张 江	张守言	张安杰	张 璇	张 鹰
陆 智	陈志健	陈明中	陈建华	陈建国	陈建荣
陈冠群	陈静芳	林建汉	林建军	金 昇	周朝华
郑秋文	房殿军	赵小建	赵志国	赵建军	胡 俊
柯 原	姜学斌	姚克奇	姚秉翊	耿志卿	贾云曲
党 兵	徐国宝	徐学文	徐 峥	高大勇	高 玮
郭 炎	黄汉舟	黄 伟	黄津生	盛雪辉	盛德恩
常学传	崔 淳	董炳军	焦 辉	谢启尧	廖品军

机械制造工艺及设备

马彤哲	马继民	马跃邦	马 雁	王卫东	王 炎
王 培	王翔云	卢亚斌	卢敬国	田富春	冯建平
冯建实	任 翀	刘 伟	刘明轩	苏 立	苏 晓
杨孟军	杨 曦	吴桂林	谷 元	汪源济	沈菊才
张小莹	张从军	张建民	张思宇	张 蘅	陈伟林
罗 明	郑 华	孟庆虎	孟 逑	郝 斌	段卫国
侯俊安	耿 波	徐林江	黄小宁	黄绍胜	梅 苏
梁殿印	董克勤	程国全	温炳光	谢富德	蔡 健

1979 年

冶 金 机 械

丁平弟	于惠民	马景山	王万春	王 闻	王 波
王振远	王效忠	王益平	石红梅	卢 玉	田 征
田毅盛	丘征宇	付 可	冯广灿	宁 涛	司奎壮
扬小虎	刘世军	刘汉卿	刘秀飞	刘国营	刘晓慧
刘 歌	许卫华	孙乐殿	孙京哲	牟青波	纪川生
芦少英	李长勇	李龙华	李向东	李晓东	李德高
杨裕民	杨 赛	吴文忠	应庆斌	汪韶炜	沈景远
沉景远	张 方	张志方	张洪炯	张福建	陆 勤
陈幼平	陈 红	陈其超	陈宝官	陈颂泳	尚 飚
金 章	周 翔	周瑞成	周 滨	庞秀兰	郑才刚
房荣向	赵光森	赵虎臣	赵 凯	赵党星	赵慧梅
胡毅诚	段柏平	信 飞	侯世辉	姜 莹	洪晓峰
姚作勋	袁伟杰	夏 宁	原 侠	倪伟敏	徐 恺
高 乐	高祥明	高锦岩	郭书营	黄 伟	彭华岗
彭 耀	曾 星	谢士强	谢 红	解先敏	蔡 芬
裴世泽	暨京文	樊 红	潘仁湖	魏建芳	

1980 年

冶 金 机 械

王 迅	王纪龙	王秀峰	王京龙	王建飞	王建明

王建涛	王晓东	王继祥	王菊英	尤西军	牛志刚
毛爱菊	石茂华	石磊	龙莹	包元晖	冯毅
曲京奎	吕萍	朱来宝	乔永才	刘万录	刘平
刘余嘉	刘杰	刘果	刘宝桐	刘建军	刘俐
刘洪潮	刘琼芳	刘路原	刘露白	江基旺	祁合生
许春晖	许勇	苏笑鹏	杜琦	李大双	李小琴
李方	李延松	李江华	李劲宏	李俊岩	李勇
李靖宇	杨广友	杨明富	邱兰	余明	余育民
沙黎明	张剑锋	张洪军	张祖德	张晓波	张晓春
张辉	陆朝勇	陈宏杰	邵长军	武其俭	岳海龙
金士兵	郑力	郑玉锚	郑正豪	郑宏伟	相瑞凤
姜卫国	姜巍青	袁靖	夏国祥	徐勇	奚斌
高广文	高贤麟	郭英时	郭杰	郭曼怡	陶文来
陶聚京	曹宪勇	曹喜发	谢一平	谢琳玲	潘大辉
燕月	戴强				

机 械 设 计

丁宁新	于钒	于晨	马宏	王正卫	王光
王向勇	王素茵	王晞	王锂	毛保和	叶红梅
白焕霞	冯京跃	曲智	吕华	朱青	刘丰田
刘玉和	刘兵	刘临	刘燕生	孙福城	李卫东
李晓非	杨小羽	杨晶	何全顺	宋秀丽	张庚生
张桂灵	陆焕玲	陈健	林景顺	周宪敏	周巍
郑旗	赵玉莹	赵迩冬	赵鸿	耿仙状	夏燕冰
徐驰	殷春林	盛军	盛纳	梁琪	隆京一
董进	董杰	韩伟红	樊亮		

机械制造工艺及设备

王启明	王陆英	王学新	王建南	王琦	史宝栋
史寅	冯英	毕川	刘国栋	刘斌	齐福玲
严宓骏	李友川	吴明波	吴欣欣	邹春生	张连正
张积明	陈岭	邵俊华	金兴邦	赵全喜	胡兆奎
姜晓宁	贾颖	黄健辉	崔光明	商平度	潭至聪

流体传动与控制

王民志	王　帆	王君宁	王林山	王　洪	王恭秋
王根宝	王蔼薇	冯　均	永　青	乔志瀚	许　浒
李诗京	杨信志	吴　迎	邱永林	何新勇	张进寿
张志平	张　雪	陆金龙	陈建国	金德华	郑红星
赵　真	贺新刚	高宝忠	谈似锋	黄冬颐	黄　欣

1981 年

冶 金 机 械

丁明富	于建国	马春印	马春野	王四龙	王传刚
王全生	王红缨	王学武	王宝雨	王树玲	王俊兰
王桂玉	王继英	牛雅君	方成平	尹忠俊	龙文武
卢　敏	田景崎	田　燕	冯贵权	冯爱兰	朱　卫
刘　艺	刘少银	刘英德	刘　萍	刘　辉	闫凤桥
闫效东	江　铧	孙丽萍	孙福海	杜秋云	李友汉
李　冬	李国栋	李金成	李海涛	李鸿波	李燕滨
杨立生	杨华兴	杨国际	杨　键	肖洪飞	吴永红
吴　楠	何汝迎	佟云海	沈　培	张文忠	张秀丽
张　勇	张　铜	陆国清	陈利兵	陈昌安	陈景波
陈福印	邵毅敏	罗浩川	周恩财	庞玉亭	郑为力
胡利康	段文蔚	俞　卫	徐根燕	郭　帆	陶　平
陶白翎	陶登奎	黄元梅	黄有路	黄运成	龚天翔
符布明	梁长林	梁国平	蒋　伟	韩荣杰	韩素梅
程风春	舒　平	鲁腊福	曾爱民	蔡玉荣	翟文俊
潘传标	魏建强				

机械制造工艺及设备

于怀春	于　浩	王小平	王建铭	刘彦彬	孙宝寿
严鸿欣	吴丽娟	张志军	张秀丽	张治军	张建平
张振强	张福生	张燕华	陈力民	范英斌	林宏韬
底建英	封黎明	赵久琴	赵顺才	赵燕华	姚荣政
郭子彬	唐晓君	韩子森	樊邦人		

1982 年

冶 金 机 械

丁文英	马建林	王卫东	王玉利	王传刚	王 汶
王春鹏	王德海	石 岩	卢汉权	叶 英	田彦生
付英师	白燕萍	冯 邦	冯国安	庄 军	刘年平
刘 宇	刘连生	刘京山	刘京艳	刘宝正	刘建勇
刘艳丽	刘晋平	孙立军	苏雪群	李小雁	李凤琴
李双灯	李四清	李汝强	李 浩	李智平	杨希茂
杨 荃	杨 琦	杨撵上	余 苹	邹炳燕	沈 斌
宋占江	宋德周	张小光	张义全	张 军	张 勇
张 鹏	张 颖	陈志浩	陈 枢	陈素芳	陈铁田
陈海青	招金翘	范立生	林福阳	罗春祥	周世明
郑孝记	孟继跃	赵长飞	赵 晶	姜双备	耿墨礼
莫敏钊	贾 伟	贾庆春	夏元科	钱志强	徐 力
高宝林	郭继红	郭雪松	黄衍强	曹殿政	矫继罡
章瑞兵	董华文	董 杰	谢凤华	窦金平	蔡义光
廖雪菲	谭福全	樊百林	滕 爱	颜培明	薛颂菊
冀淑英	穆向阳	魏茂林			

机 械 制 造 工 艺 及 设 备

王吉生	王若平	古学东	石润学	白明海	边瑞宏
毕仑本	刘国宝	刘毅平	安庆军	孙 禹	严鸿欣
李丰实	李日春	李亚杰	李建平	李冠宏	杨子翔
张 伟	张启初	张治奎	张俊惠	张海燕	陈宇波
陈国立	范 云	贯会利	秦国平	徐小平	郭 军
曹兴平	阎湘龙	梁善德	董 莉		

流 体 传 动 及 控 制

卜庆军	于沈亮	方玉文	方立新	任继东	刘正新
李平举	李平举	杨德祥	佘高强	沈卫民	张 庆
张 杰	张彦滨	邵 琳	武云昆	孟宪义	赵国华
高星田	唐金武	黄时钦	裴 金		

1983 年

冶 金 机 械

于淑芳	马　芸	王布林	王立柱	王　英	王明乐
王　迪	王　炜	王贵云	王桂文	王敬欣	王　斌
方成平	方树铭	冯建伟	冯　隆	宁新建	曲洪海
吕桂芝	任天宝	任凤英	任彩云	庄　波	刘仁和
刘志军	刘来运	刘炳乾	刘润松	许　赞	孙　娟
李月明	李　立	李克勤	李艳茹	李　浩	李婉平
李登印	李　蒙	杨建立	杨思安	谷建中	汪渭琦
沈志前	沈　岩	宋志勇	张汉华	张炳祥	张倩杰
张清东	陈子琦	陈征宇	陈振泉	陈祥伟	陈湘平
陈　薇	武新兴	郁志强	周书莉	周立军	周先军
周伟平	周伟涛	郝宗权	俞钢强	姜双备	贺祥龙
莫敏钊	夏　伟	殷官朝	郭健康	唐建刚	涨有利
谈利萍	常　虹	崔学红	阎子良	梁彦山	续春艳
董波涛	薄　玲	戴小中	戴春祥	魏如香	

机械制造工艺及设备

于宝良	万　捷	王华芳	王欣义	王　琳	王耀增
史康华	白海雁	吕丽娟	朱桂霞	朱晓东	闫会选
孙丽娟	杜建东	杜朝忠	李幼华	李志远	李春东
李铁敏	吴　江	张云鹏	张　霄	陈宏军	周自斌
崔　勇	崔森林	章　恒	曾志平	薄　俐	

1984 年

冶 金 机 械

丁　魏	习建英	马洪如	王永昌	王红光	王宏斗
王金龙	王学路	王　群	王德宽	牛大勇	邓晓旬
付　勇	白云山	白　洁	兰立新	兰愿明	巩孟魁
毕连骏	师雅并	吕永平	吕青山	吕保印	朱有成
任良洲	华金火	伊　阳	刘永林	刘　军	刘　然
许克宁	孙世轶	苏本红	杜　炼	杜继红	李　东
李　和	李建立	李绍军	李　敏	杨克昭	杨桂君

吴宝东	余　强	邹　晓	邹　静	宋克学	宋　勇
张文峰	张秀峰	张国锋	张炳奇	张桂江	张　颖
阿戴勒	陈　健	罗守勋	罗征宇	周师伟	周利君
周　斌	郑军波	赵幸发	赵海英	赵　宾	胡华舰
胡建勋	钟　声	钟俊波	骆　强	秦素玲	聂小平
顾复余	恩乍依科罗	钱兴南	徐才发	殷国萍	高守忠
高俊杰	高恩中	高蓉莉	郭红荣	郭清生	唐中银
唐恩元	曹向东	曹官水	崔金萍	彭志强	彭碧辉
董晓菁	惠进社	童恒纯	谢明智	简朝东	蔡中斌
廖春生	谭正松	霍秀梅			

机械制造工艺及设备

牛立新	邓　斌	石　骏	白雲天	冯惠君	任红奎
刘振中	刘　钰	李晓军	杨建斌	吴建和	邱丽芳
余立华	张戈星	张立新	张鸿萍	金海鹰	胡日成
胡　斌	柳世高	俞红兵	高龙士	高　伟	高　军
唐云霞	常锡年	康　华	蒋仕男	蒋艳兴	韩志强
谭升源					

流体传动及控制

丁　文	王　硕	王满元	石志良	白海旺	朱小龙
华建慧	刘祖培	李月梅	李兴跃	李跃霞	李　越
李瑞贵	杨志辉	何秀美	何　洋	张君彩	张　清
张清霞	陈学清	陈洪杰	陈　晶	林　卫	罗建明
周　蕾	郑　键	胡　海	高文颖	郭凤英	郭晋宏
黄效师	龚福民	康　青	续红伟		

1985 年

冶 金 机 械

于学军	马立新	马光林	马　如	王可俭	王志忠
王志武	王　昕	王金升	王春选	王　玲	王　革
王梓生	王朝晖	王燕蕾	孔　频	龙　琨	史天舒
付　钢	丛振宇	吕严格	吕严格	乔一兵	刘仁华
刘明胜	刘宗义	刘建武	刘俊普	刘洪学	刘　艳
闫　勇	汤承中	孙光范	孙志辉	纪文新	纪振江

李华玲	李纪宏	李来平	李忠武	李　勇	李晓游
李　宾	李祥龙	杨文革	杨立华	杨　钒	肖　力
吴华东	吴钟琦	何文萍	何吉波	佟立军	余　强
邹伟鸿	辛海燕	汪锡文	宋　治	张金芝	张健强
陈立臣	陈　奇	陈金波	陈　浩	林久良	金培革
周亚辉	周　强	孟令强	赵干波	赵丛月	赵秀英
胡乃志	胡卫中	娄　文	宣建南	莫雁北	候艳军
徐　红	徐春文	徐　艳	高　宏	高宏娟	高　岩
高　爽	唐小川	唐偎生	黄茂能	曹　兵	章　青
梁景文	彭　勇	彭　原	彭　锐	路　军	熊东兵
熊年高	黎晓英				

机械制造工艺及设备

于国新	于海军	于淑红	叶劲松	朱继彦	任云亮
刘安民	刘志琪	刘树权	刘　斌	孙汉兵	孙　岩
芮肯法	宋正和	张玉革	张俊平	金乐乐	周新宇
郑　群	单　峰	承惠娟	赵文鸽	莫桂海	贾　砚
唐　纯	梁　友	梁有祥	蒋德虎	曾　明	谢华龙
戴　纯	魏　东	魏建国			

流体传动及控制

刁晓峰	王华军	王　玲	王　钢	王晓玲	石勤学
田玉军	田　晖	冯铁斌	刘玉德	李朋义	李　勇
李　蓓	杨　荣	杨　辉	肖晓华	何　进	汪朝虹
张文泉	张宇青	张　磊	陈华芳	苑光宇	周曲珠
胡　海	南　松	侯　谨	施　起	贺祖安	徐根涛
曹卫红	康仁荣	董　云	潘曼滢		

1986 年

冶　金　机　械

王学军	王恭芬	韦文华	孔　频	卢开颜	田宝顺
史天舒	刘　力	刘　冬	刘贤荣	刘国生	刘　虹
刘　艳	刘　斌	刘富廷	江利光	肖　力	余冽挺
宋　伟	张永利	张海兵	周　雄	赵　军	赵晓宁
段全胜	宫江容	费明华	顾燕辉	徐寿文	唐晓川

寇炳渠	彭绍南	彭晓君	程昌宏	曾远红	魏宏民

机械制造工艺及设备

于占泉	王大东	尹　松	仵　艳	任婷婷	刘长岭
刘文平	刘　晖	刘智鑫	宇振凯	李　朴	李清泉
杨代林	邱俊林	邹泽金	张芙丽	张清永	陈　东
陈亦学	赵建芳	姜永华	胥立忠	贾　晛	柴　斌
郭立新	郭朝晖	姬广杰	黄开万	常耀俊	鲁晓春
谢　辉					

流体传动及控制

王玉林	王亚川	史少云	朱祥舰	刘　仑	刘凤潮
刘显东	孙树青	李文慧	李　峰	时苏淮	吴立超
张永春	张军泽	陈　军	陈　迅	范继英	金仁东
周卫明	郑朝宏	赵晓东	徐　康	梅　文	崔　勇
彭红伟	谢永忠	谢　阳	詹德胜	潘　杰	霍保平

1987 年

冶 金 机 械

丁　杰	丁渝宁	马庆格	马建设	王军杰	王红春
王宏权	王建业	王　峥	左金兰	叶　红	冯　文
边仲元	成沛祥	任　涛	刘东华	刘礼华	刘金芳
刘缉江	刘福成	汤丹松	杜丽明	李文英	李　东
李　伟	李宝为	李晓芳	李　晖	李　斌	杨建华
杨　涛	杨维志	杨　喆	杨　毅	何伟速	但红文
宋　战	张世金	张志东	张利民	张武军	张金意
张树海	张　晓	张锐华	陈军锋	陈　捷	范　唯
林建新	易咏梅	金　波	金　晖	金晨海	周士平
周　蔚	庞京虎	郑加娟	郑志斌	郑瑞琨	孟向东
赵文龙	赵志宏	赵忠凯	赵海石	赵　森	郝伏忠
胡天立	侯日斌	饶和平	施建胜	施　科	洪桃生
秦彩华	秦　勤	袁　敏	贾　伦	高　扬	高国华
黄　生	黄　钰	黄益群	黄德良	阎红兵	梁鉴森
董春玉	韩　兵	景彦明	曾志国	曾朝华	魏立新

机械制造工艺及设备

卫卉红	王二乐	王小燕	王文彬	王红梅	王秀丽
王 琪	王 磊	五文彬	邓波平	卢军文	田延盛
包华明	边立东	吕 红	刘 江	刘俊贵	许炳超
李立红	李永全	李 艳	李德华	张 冬	陈德强
席建华	黄 晨	商红梅	韩学军	谢红军	蔡燕新
谭显金					

流体传动及控制

于卫锋	于晓东	王 旻	王梦晓	王 锋	古思海
卢 莹	兰 静	邢 然	刘向东	刘明珠	吴 健
沈 欣	宋为革	张又新	易 非	金亚宏	周京辉
庞福芹	泮忠民	赵晓萍	秦玉波	夏浩然	钱叶宏
黄力军	黄利瑛	梁 静	葛良竹	董庭红	蔡志强
潘忠民					

1988 年

冶 金 机 械

于天斌	于 钧	卫伟平	马建设	马艳丽	王玉荣
王 际	王忠元	王 珂	王彩红	石胜猛	龙 宇
冯建春	毕一兵	曲 洁	朱松涛	朱相宇	乔祥河
任里伟	华剑平	刘广雄	刘玉蓉	刘 伟	刘 华
刘 坚	闫红兵	祁 东	孙延安	孙胜利	孙彦江
杜宇晖	杜红霞	杜建林	李同庆	李 宇	李 杰
李 昱	李高谋	李 鸿	李智伟	李焱琦	李曙光
杨文开	杨双钧	杨 军	吴宏帆	吴宏煜	邱明罡
何昌伟	佟 舟	宋 旸	宋章明	初 绽	张开典
张少海	张国林	张 勇	张晓峰	陈以豹	陈宇夏
陈 洵	陈 智	陈新岳	范庆国	季朝晖	金 钢
赵文龙	赵玉柱	赵红雁	赵艳利	皇甫斌	侯 锋
俞伟跃	姜军利	姜学斌	袁晓东	柴永红	晏世红
徐学毅	徐 峰	徐瑞永	唐维雄	陶传标	黄元江
黄国华	黄 舜	曹建国	曹海啸	崔文昌	康晓兵
梁义维	彭春林	葛茂兴	韩 敏	傅 强	蒲 阳

雷顺明	熊道想	缪克军	潘令兵	薛昭晖	戴远平

机械制造工艺及设备

丁卜平	王东林	王俊文	王聪兴	邓洪杰	付梅榕
宁新昌	朱泽轩	全　杰	刘玉春	孙　丰	李　军
李启建	李铁成	杨晓箐	吴庆伟	宋　方	张旭东
张晓强	陈　平	周公伟	周　涛	赵云会	胡东星
袁长年	顾伟国	柴红兵	高军晓	郭爱民	黄　川
彭志才	董晓辉	焦永中			

流体传动及控制

牛　军	文廷秀	白占宾	邢伟东	扬　蕊	吕晓春
刘　华	刘　浩	刘　巍	池行翔	安宏生	李　刚
杨　光	杨慧宇	张绍泉	张　弈	张寒松	邵子琼
周顺林	郑文锦	胡红军	耿　斌	郭　岚	席　军
唐　斐	黄　伟	黄新民	盛国华	詹文辉	蔡　苗
谭　云	颜宇清				

1989 年

冶 金 机 械

丁嘉庆	于　来	万亚民	马金平	王卫政	王　东
王志峰	王　芳	王学群	王建平	王绍强	王剑钢
王竞春	王雪萍	王朝晖	王繁生	尤文刚	牛玉明
牛京伟	牛　颖	仇　英	叶　淼	付祥华	白　波
包仲南	朴海渊	毕红兵	毕海廷	曲海光	吕松璟
朱广宏	朱　岩	华　萍	向　嵘	刘　伟	刘　军
刘金林	刘建勇	刘　钢	齐显军	关　炜	江　鹏
孙大宇	孙保顺	孙高军	苏　远	苏　强	李大明
李天翔	李长江	李玉庆	李冬梅	李　伟	李亦农
李君林	李晓清	李　涛	李浩江	李　银	李谢华
李新刚	杨　成	杨成伟	杨茂强	肖志权	吴卫东
吴　伟	吴军庆	何绍荣	邸亚洲	邹劲松	况勋强
辛　鸿	沈洪宇	宋示华	宋学志	张一檬	张乃鸿
张　卫	张云鹏	张日飞	张文胜	张　伟	张　庆
张兴平	张拥军	张英涛	张贤志	张　波	张诗学

张　勇	张振铁	张晓勇	张海军	张　跃	陈　宇
陈劲松	陈季红	陈　波	陈建全	陈建兵	陈　俊
陈雪平	陈　湛	武　岩	林冬辉	林秀景	果　榕
罗　琪	罗裕卫	金　琪	周纪悦	周国涛	周学武
单宜昌	宗　峻	绍斐绪	项　松	赵　华	赵晓卫
赵晓军	赵晓沪	胡良玮	胡　恺	胡　鹏	相振东
贵　军	钟晓峰	钟朝兵	段生灵	段连勇	侯建民
施延宁	费明利	姚华强	姚建民	袁　斌	贾丹江
贾连芳	贾晓华	顾　玲	钱建华	徐小岭	徐　威
徐　科	徐　琳	徐　飚	高树军	郭良斌	郭英睿
郭普松	唐利民	唐昌凯	黄　朵	黄明炜	黄佳仁
黄　建	黄福海	黄赞文	梅建新	常文军	章　博
彭宏亮	董洪伟	蒋　耘	覃旭红	景志红	喻辅梅
焦广宇	鲁福利	曾凡辉	曾宗义	温素珍	谢　华
赫　毅	蔡永慧	管文浩	谭群峰	黎　林	颜　新
霍守成	戴苡隽	戴　倩	魏尚红		

1990 年

冶 金 机 械

卜建军	马向红	马政峰	马德高	王永江	王华树
王志强	王呈祥	王　青	王现元	王欣芸	王建国
王晓慧	王　彬	王　琼	王锦枝	王　儒	车永学
尹长灵	邓志中	卉　泌	甘　春	卢　军	田万富
田明慧	史页珠	冉　鸿	司徒诠	邢桂香	朱杵玉
朱涛声	任　伟	任　军	任　强	兆天勃	刘玉钢
刘　阳	刘志家	刘　灵	刘春青	刘海波	刘瑞琴
刘新军	汤卫强	许宛青	许建祥	许　剑	孙红信
孙　铁	苏丹宇	杜　娟	李一波	李大国	李文泉
李玉霞	李亚静	李屹波	李红军	李时光	李定齐
李　真	李　磊	杨文静	杨　华	杨志成	杨学哲
杨春亮	吴坤荣	吴迪平	吴艳娟	吴爱松	邱一凡
邱克非	何安瑞	何海平	余建波	余承荣	余群虎
宋红武	宋建春	初国生	张大志	张　文	张本明
张东斌	张　伟	张　舟	张宇伯	张克东	张卓贤
张俊英	张彩芬	张朝辉	张智勇	张　煜	张群芳

陈华江	陈南镝	陈相根	陈铁梅	邵 璐	范小宁
林 立	林名驰	林 强	欧阳泳	罗 建	罗俊辉
罗晓东	金百春	金明昱	周剑锋	周莉萍	周富强
周 谨	庞 军	郑 实	孟海翔	赵子沛	赵永力
赵 昱	胡爱欣	胡朝霞	钟 江	皇甫君羽	姚卓策
秦生财	倪晓峰	徐汝锋	徐春梅	高自宜	郭军霞
郭福师	郭潞海	黄志钢	黄晓玲	黄 捷	龚 彦
崔东燮	梁 钰	续国骥	彭仕军	彭旭东	彭雄飞
韩岳峰	舒易长	曾京武	谢 谨	蒲小军	蒲好学
虞 军	鲍翰明	蔡靖波	廖 明	熊家泽	黎炽聪
潘 阳	潘赞民	薛小强	魏兰州	魏 鹏	

1991 年

冶 金 机 械

丁亚峰	王千斌	王国利	王爱秋	王 程	王燕豫
车禄增	孔 羽	邓振州	卢长江	申 勇	史小红
吕念波	乔 杰	任育军	刘亚平	刘 枫	刘季冬
刘学坤	刘翔涛	孙文海	扶承碧	杜 杰	李忠富
李京梅	李险峰	李 珺	杨万良	杨 勇	杨海立
吴庆海	沙义元	张永钢	张华毅	张军红	张春发
张秋月	张淑红	陈文桂	陈 军	奉光炳	罗湘晖
周业荣	胡成威	段 巍	贾冬妮	高春田	姬冠容
黄继德	黄德立	戚寅寅	盘小龙	康珍梅	康德军
葛辰东	蒋明军	蔡祥国	赛俊选	熊康元	潘年华
戴 峰	魏富均				

机 械 电 子 工 程

王公诠	冯 焱	任小旭	刘义昆	刘翔涛	孙文海
李 冰	余 帆	汪涪蓉	张雪松	陈云峰	武君婷
季 翔	周业龙	周 彦	郝勤静	宦晓峰	蔡 敏
谭志慧	潘年华	潘海东			

机 械 制 造 工 艺 及 设 备

王庆丰	王克财	王 雷	石永琴	乐建华	乔建龙
刘文渊	刘 毅	安志军	杨国光	杨 典	杨金勇

杨雪涛	杨　康	吴德宏	余江锋	余　阳	林　舒
赵　锐	胡吉昌	龚早翔	覃匡宁	程　颂	谢心刚
窦立锋	藏文超				

流体传动及控制

王志英	王　敏	王　熠	车法星	邓海芳	毕　青
毕荣华	刘　立	江　帆	杜建风	李火德	李宇林
李　俊	杨　畅	杨　泉	宋朴生	张　勇	陈丹冉
陈　湘	林　鹏	郑伯欧	赵新鹏	饶巨力	饶富春
施海洋	骆守忠	董　愚	蒋　莉	魏海波	

1992 年

冶 金 机 械

万　华	王凤斌	王坚强	王宏伟	王金坤	王俊强
王前军	王　恒	王　桓	王景峰	王新典	王　耀
牛正刚	艾　钢	朱　华	刘乃军	刘亚洲	刘晓春
刘　鹏	孙一鑫	孙艳红	严松涛	杜　中	杜立强
李久宏	李书政	李培元	李　晨	李　森	杨滋荣
杨新华	杨慧敏	吴小刚	吴卫迅	吴学斌	旷　林
何　辉	张　畅	张　勇	陈伟红	陈兴禹	陈　琦
林应广	林　恒	欧　冬	欧耀侨	郑建晖	郑　巍
赵景环	郝正武	胡　静	侯　伟	顾云舟	徐文辉
郭昕宾	黄纶伟	曹　鹏	崔学民	商慧妍	游卫群
熊垣桓	滕和富	魏　东			

机械电子工程

王冠宇	石春雷	许立新	李　玲	李铁北	李滨涛
张　昀	张　鸣	邵云高	周　媛	赵京兵	胡广义
郜东东	饶海峰	秦光炳	顾　民	郭文伟	朝　霞
蔡启斌	廖金宁	潘　凯	魏秀刚		

机械制造工艺及设备

王向前	王　欢	王　林	王　磊	吕俊刚	邬　可
刘光明	刘志辉	刘海军	李金靖	杨艳茹	何占华
余凌峰	宋叶萍	周玉凯	周胜强	赵　宏	赵　剑

| 姜　勇 | 姚家宁 | 贾志强 | 顾　睿 | 葛生芳 | 曾　光 |
| 黎广生 | 潘为民 | 潘运良 | 潘秀琴 | 魏永俊 | |

流体传动及控制

马福义	王　华	王　勇	王喜林	朱　可	刘　欣
许立新	孙　亮	李文明	李　刚	吴根兴	吴根兴
张国民	张雪梅	陈　中	陈亚峰	苟羽鹏	苑冰哲
林强兴	郑中坤	屈　峰	胡广义	秦　政	秦　庶
顾　斌	党　毅	徐素春	郭少军	彭向辉	朝　霞
程占松	谢　玲	戴旭华			

1993 年

冶 金 机 械

卫　强	马恩凤	王　卫	王立峰	王　江	王建斌
叶新东	包家琦	任　玲	刘乔冰	刘振力	关　键
孙　刚	孙冀军	李文青	李书国	李　惠	李　强
肖春军	何　淋	张涤非	张雁鸿	陈峰波	苑　楠
周传玉	郑文锋	郑立君	南润冬	贾　璐	栾同冈
席洪艳	黄活超	蒋家奎	韩玉明	温锦松	翟卓群

机械电子工程

王　东	王旭芳	石健卿	白崇林	朱文艺	刘静涛
孙笑琳	汪新满	宋现锋	张　宁	张　和	张柏伟
张德辉	陈奇挺	郑利民	聂世刚	徐　杰	楼敏蕾
蔡俊英	熊　勇				

机械制造工艺及设备

于海兰	卫月娥	王国坤	王　涛	王海英	牛文兴
龙建军	吕海鹏	吕智勇	朱红娟	江　亮	孙　兵
孙　波	孙　琰	苏哲学	李卫东	李庆祥	李　宏
李建忠	李勇实	李　艳	李　淼	杨军民	杨　俊
吴　迪	何　宁	宋现锋	张式广	张怀军	张金钊
张艳鸿	张　涛	武亦文	周　翔	郑立君	郑江山
郑建惠	承炳日	孟祥民	赵乃文	施爱民	祝东奎

费德来	姚耕耘	袁险峰	贾璐	徐凌	黄文
黄奇峰	龚丹敏	董海宁	虞巍	谭先吉	潘翔
魏嵩					

流体传动及控制

马玲	王科华	王鸿娟	仇连强	冯国虎	吕立民
刘建	刘振宇	刘瀛	许冰	李生勇	李志健
李丽红	肖武林	吴晖寒	沈健	张俊杰	张艳妮
张瑾瑜	赵永新	胡良军	姜保喆	钱海潮	徐波
曹迎芳	惠晓星	雷金蛟	廖世云		

物流工程

王正武	王宇宁	王宝花	王炳成	孔庆红	朱兆鹰
刘金林	刘德军	关宇昌	李松	李婧	李馨
何宝华	何娟春	张龙海	张伟	张晶	林京晨
金雅萍	郑国华	孟庆华	郝玉海	袁波	党小纲
高华丰	姬彬	黄珊	鲁广军	谢晓峰	薛常香

1994 年

冶 金 机 械

冯素芳	丁雪松	马伯旭	王中	王晓明	王雷
祁正林	李冬梅	李伟	李彦清	李冠贤	杨志华
杨翠平	连春央	吴啸	何运珍	余跃海	张建华
张萍	张寅军	陈伟红	陈高让	邵建生	卓祖辉
易良民	侯燕青	徐小林	陶务纯	龚国林	程建国
温锦松	裴观峰				

机械电子工程

马岩	王子鑫	王明灯	王学文	王磊	王耀德
叶开勋	田兴朔	刘艳	江楠	孙昕	杨晓峰
杨浩	吴秀海	张震	陈平	林炜	罗永军
金增文	周波	屈蓉	胡立国	宣蔚恒	贺炜
贺颐	袁帅	徐长锐	徐可	徐勤全	殷藏星
谈理	曾代维	窦艳梅	廖东勇	黎超云	

机械制造工艺及设备

王烁洋	王艳丰	王慎平	叶青松	肖肃宇	何非
陈勇	郑元	郑兴东			

机 械 设 计

于克旺	王允升	王奇涵	王健	王敏	牛玉刚
石磊	龙启洪	令狐克岩	乔向博	刘子君	刘水桃
刘勇	孙继国	杜英娇	李可乐	李向辉	李宏
李枫	杨涛	杨跃	邱欣华	邹涵	张林娜
陈伟红	陈琦	陈善山	赵岩	郭智勇	彭廷钟
廖长江	潘静	薛泽锋			

流体传动及控制

丁勇	王大刚	王少伟	王轩	王俊明	毛义辉
方红旺	毕丽娜	吕金华	朱玮	李珩	肖凤林
吴志雷	何曦	邸向华	邹世红	张百灵	张翔宇
陈志华	陈兵	郑峰	赵立国	赵雪	胡朝刚
侯继承	柴叶盛	黄石	崔世强	彭银球	雷益鹏
鲍锋	霍娴				

1995 年

机械制造工艺及设备

万华	万向勇	王伟	王兆荣	王志国	王建民
王梅	王添福	王惠蓉	王强	牛远振	牛磊
毛世洪	石文学	石廷鑫	卢志翀	田跃	宁国虎
吕伟	刘天见	刘天乐	刘玉刚	刘光丰	刘兵
刘茂勇	刘国才	刘威	刘俊	刘雪平	闫敏
米黎	许敬	苏建红	巫朝旭	李东	李强
杨丽娜	杨博荀	杨鹏程	肖曙光	吴颖果	余昶辉
宋春华	张文龙	张明	张春恒	张政	张晨
张暴	陈志勇	陈思明	陈俐栋	武少刚	金雨辰
周世交	周宁利	周辉	赵玉平	赵宏	赵青
赵承	赵俊涛	胡云平	胡景霞	侯利军	袁洪仙
袁新会	耿化云	莫华毅	栗广亭	徐皖峰	高宇新

高希岩	高青风	高　星	高美华	唐石群	唐莉华
姬　凯	曹琰斌	曹　燊	常小鱼	笪远平	章程斌
葛海龙	韩芹静	程　亮	廖高波	黎国泉	滕海波
潘傲青	薛　武	穆慧博	魏仁坚	魏　峰	魏景鹏

冶 金 机 械

于海峰	马江静	王志军	王　玮	王　凯	王爱华
王海峰	王　箫	王　震	王毅军	邓一擎	石先云
田建伟	史宣平	尼立杰	朱　斌	全　涛	刘少凡
许　倩	孙　戬	李奇峰	李　勇	李晓勇	杨万东
杨天志	杨　东	杨　波	杨俊恒	吴　军	吴细福
张九军	张天宇	张秋科	张维升	张新琦	张　震
陈宇博	陈贻波	范　宁	范海华	季如春	金国干
郑家枚	赵　威	胡博嘉	姚　刚	贾长宇	徐五四
高治国	高赞华	黄　煜	崔　悦	梁治国	董令玉
程　功	舒学智	谭　澍	翟梦琴	樊　辉	潘永强

流 体 传 动 及 控 制

于永初	王少卿	王同庆	王国娇	王　柘	王晨龙
王　琦	王　瑜	韦　云	石盛贤	刘　成	刘　强
刘翠莺	孙天健	李东海	李鹏斌	吴　杰	吴　昊
何　军	余军涛	邹剑波	张晓东	周艳玲	钟开利
贺文琮	翁小郎	曹学光	曹新九	阎玉红	韩　霞

机 械 电 子 工 程

王志军	王　玮	王海锋	王　震	王毅军	尹佐勇
石先云	田建伟	史宣平	白晓宁	朱　彬	刘启伟
孙　戬	李奇峰	杨万东	杨天志	张秋科	张维升
张新琦	陈宇博	范海华	季如春	赵　威	胡博嘉
姚　刚	贾长宇	高治国	黄　煜	梁治国	舒学智
潘永强					

1996 年

机 械 工 程 及 自 动 化

| 丁卫霞 | 于少轶 | 于　堂 | 于　鲛 | 马青梅 | 马　涛 |

马 霞	王一敏	王文献	王亚光	王 刚	王 位
王 荔	王 雄	王 雄	王 强	王 强	王靖帮
元 勇	韦 涛	毛钢枫	方 敏	方 辉	尹双兴
尹江祖	尹志杰	邓一擎	石 江	石志刚	石洪磊
田冠飞	宁北平	巩志民	吕建志	朱 炜	朱德利
任 浩	华 丽	刘央元	刘向东	刘 汛	刘志英
刘晓峰	刘 涛	刘 敏	刘逸清	刘 鹏	江东海
孙长城	孙玉杰	孙 伟	孙会欣	孙兴华	孙海龙
阳建宏	杜惠萍	李大伟	李元年	李文东	李 刚
李 刚	李会先	李志能	李秀强	李国勇	李 炜
李保平	李 勇	李晓辉	李海霞	李 斌	杨华玲
杨好颖	杨位钢	杨启鹏	杨贤武	杨晓佳	杨朝霖
杨湘曦	吴 平	吴贵芳	吴 斐	何国强	何 健
何清政	何嘉亮	邸 明	辛庆艳	宋 强	张华晨
张庆林	张笑梦	张爱国	张 磊	陈永韬	陈贵荣
陈铁权	陈 凌	武晋平	范 雷	林程勇	罗 春
周 松	周泽慧	周晓刚	周新人	周 巍	孟 乐
孟振峰	项晓鹰	赵 承	赵 晋	胡乐杨	胡 伟
查成东	饶志英	姚先锋	姚香贵	莫 锐	贾晓震
夏文川	顾少明	钱 凯	徐子龙	徐 丹	徐世江
徐自晨	徐建群	徐静姝	殷 萍	翁卫兵	凌 云
凌云霞	郭兆钟	郭 昊	郭彦邦	黄建坤	黄厚军
黄海萍	曹永强	曹婷婷	彭全平	董虎军	韩青岑
韩 涛	舒 铭	童曙涛	谢丽菊	谢 锋	慕 军
裴 涛	廖新春	谭 研	谭渭清	谭 澍	翟培英
翟 猛	樊惠明	滕 晖	潘 驰		

流体传动及控制

马俊超	王 琪	王 滨	韦 云	牛 巍	石盛贤
孙天健	李冬冬	李 卓	李凝华	吴高庭	余锁成
宋澜澜	张一昆	张文涛	张 静	林琉斌	罗明林
郑莉芳	施海峰	洪 杰	洪 亮	贾小娜	黄 炜
黄海平	彭海英	焦 刚	臧传友		

热能与动力工程

马　锋	王中坤	王文武	王林章	王妮妮	毛洁红
勾宏图	申　利	田艳萍	向　飞	刘军芳	刘祖新
刘海珠	刘鸿雁	齐炜炜	江　波	许　剑	孙翊斌
李如彬	李章华	杨建龙	吴唐燕	吴楚雄	宋盛华
张良杰	张　虎	张　炜	张俊英	陈仁祥	陈志勇
陈金英	陈敏杰	欧阳闽浙	罗　斌	周　涛	周晨昱
郑　芳	郑明辉	赵　玲	郝丽娟	柯　萍	姜永强
秦素梅	袁长虹	候常女	凌雷鸣	高丞梁	曹　波
葛海标	董文清	董春阳	程其江	蔡　军	潘祖芬
霍　芳					

1997 年

机械工程及自动化

弋永朝	卫向荣	马立涛	马荣南	王少彬	王平峰
王　乐	王其乐	王　奇	王春会	王恩嵩	王崇岳
王瑛琳	王　鹏	王新伟	王新锋	尹　辉	尹燕涛
邓　刚	邓华容	邓春妮	邓彦军	甘　乐	付天坤
代启能	令狐克志	冯展国	宁春元	朴龙云	成　明
成勇群	曲　欧	吕济晓	朱欣昱	朱恩成	朱海峰
朱　强	任　超	向力波	刘广伦	刘从昊	刘文浩
刘东升	刘　军	刘晓晖	刘　峰	刘海民	刘　雷
关明慧	孙士强	孙咏春	孙　维	李仁杰	李　冲
李红光	李宏党	李枝梅	李海栋	李　琳	李　楠
李　滨	杨立国	杨　君	杨　青	杨　俊	杨海波
杨　鹏	肖华明	吴宗键	邱柏舜	何明路	何　朋
何晋波	余习文	余　国	沈晓慧	宋　伟	宋悦铭
张开林	张　韦	张文锋	张亚平	张光明	张庆平
张　恒	张浙冰	张浩生	张新宇	陆　莹	陈超武
武玉全	范普成	林文琦	罗高亮	金永峰	金　枫
金新慧	周晓晖	周家新	郑小利	赵英波	赵学文
胡　寅	钟晓鹏	娄永新	贺　怡	贺建新	秦朝晖
贾爱红	顾　颐	徐文升	徐言波	徐　桂	奚志敏
翁　迅	高连友	高　峰	郭志仪	郭桂涛	郭德华

唐 岚	唐英男	唐治国	唐 洋	黄小飞	黄 翰
曹 越	章立军	梁小军	梁 静	彭国宏	韩建军
韩跃平	景 磊	喻渠伟	程丽春	鲁海涛	童志河
曾昭毅	谢义兵	靳宗向	蓝 建	赖小霞	廖春杰
谭世杰	黎小霞	颜 毅	薛为光	霍 川	戴 菲

流体传动与控制

于雪娜	王 斌	田学义	冯学丽	向 宇	刘晓燕
孙 剑	李 凯	李建新	李祥富	李 锋	李 鹏
肖 静	佟 强	谷聪敏	张孝毅	张学锋	张 艳
陈国华	徐彩华	郭华侨	黄 河	曹 宁	葛立奇
蒋金燕	程 远	温 淳	廖飞燕	廖灿雄	

热能与动力工程

于成文	于率浩	马文涛	王军峰	王 莉	王晓博
王彩云	王 德	尹少武	尹翔天	孔 宁	邓代印
龙筱琴	冯安建	邢文伟	吕东方	朱 理	刘 伟
刘志诚	刘 挺	刘 津	刘道芳	闫 飞	祁青福
孙荣权	杜雄伟	李生忠	李宗辉	吴立峰	吴永红
何煜晔	邹 忠	张文良	张利民	张秀丽	张绪洪
陈 奎	陈 钢	陈 彪	陈 强	欧 均	季永锋
金 哲	周 虹	赵 恒	赵雅茹	姚文君	高 林
郭海涛	郭景宇	陶毓伽	龚志辉	梁立晓	靳彩玲
熊华文	樊 奇	黎 明	滕云龙	戴志刚	

1998 年

机械工程及自动化

马海涛	王小东	王云龙	王文广	王成兵	王 旭
王春利	王荣建	王胜雷	王洪生	王 健	王 章
王 超	王 澜	文洪波	尹海斌	邓卫平	付 俊
付 毅	成 浩	朱志刚	乔 瑞	刘玉龙	刘吉庆
刘 林	刘金海	刘钟涛	刘冠英	刘海宇	许正晓
许申雄	孙延添	孙宏林	杜世举	李 宁	李明晟
李 俭	李 焕	李清阳	李蒙蒙	杨来宝	杨超亮
吴太国	吴禄刚	冷 奇	闵 锐	宋泽波	张小宇

张海涛	张　媛	陈志宏	陈　勇	武　鑫	苟建辉
苟继军	林青龙	林得志	林德祥	欧阳芸	欧忠良
罗　毅	季　军	金丽娜	金　星	周冬胜	郑　川
郑玲玲	郑美良	孟政业	赵小平	赵　年	赵　凯
赵建强	施伟君	顼宇峰	聂慧萍	贾贞华	贾　伟
徐　勇	高志永	唐砚语	盛佳伟	董国胜	蒋金钟
蒋建湘	鲁君瑞	解绍伟	蔡忠华	颜廷荣	戴　星
魏玉波					

流体传动及控制

文　雨	邢家乐	乔卫义	华贵斌	刘宏坤	刘　杰
刘金辉	孙元波	李　彬	杨　洁	杨莉燕	肖兴凤
谷家东	宋永茂	张永丰	张海源	张献筠	罗　健
周鸿海	孟　丹	赵彩霞	胡永登	胡　茜	姜庆义
姚玉超	曹增光	龚杰峰	韩鹏勃	焦　龙	管东方
潘新军	穆大君				

热能与动力工程

丁国伟	于　泉	马立平	马　伟	马晓梅	王　栋
王俊升	王　峰	王　浩	韦　炜	邓浩璞	付海元
付　鑫	吕国义	朱小辉	刘红艳	刘武彬	刘　建
刘　耀	严勇波	李正强	李　栋	李　树	李勋峰
李　俊	李智勇	杨纯勇	肖宁霞	肖　磊	吴　波
宋　波	张小毛	张文元	张光源	张省现	张　莹
张　琳	陈国海	陈智超	陈　锦	范礼明	林文清
罗宝龙	孟天华	赵　伟	赵　旭	赵　凯	禹　闪
侯晓斌	骆　娇	徐宏斌	郭美容	黄伟钢	曹志军
康　羽	章　杰	彭桂英	靳华栋	蔚　龙	廖　强
薛虓嵘	戴先知				

1999 年

机械工程及自动化

于　龙	于　野	马　岩	马海涛	马赫坤	王加贵
王亚亭	王　伟	王　旭	王国玉	王金权	王官锋
王建波	王建宝	王轶平	王艳萍	王晓辉	王　健

王海龙	王海霞	王彬	王爽	王婉秋	王瑞
王瑞杭	王谨	王豫	长大琦	邓壮山	邓健
龙月泉	卢家兴	田小龙	田进权	田丽莉	生静宇
白剑	冯欣军	冯威	冯重	吕拔	吕鹏
朱长勇	朱冬梅	伍章明	任红梅	任冠星	庄海丹
刘文达	刘文杰	刘宁	刘永录	刘庆云	刘季烨
刘健	刘惠璞	刘晶	刘斌	刘魁	刘磊
齐欧	衣忠波	许建柱	孙伟丰	孙汝超	孙建辉
孙思涛	杜江	李元思	李凤伟	李平	李申
李光祖	李仲达	李会民	李兆琨	李军	李玥
李官平	李枳	李洪波	李洋	李勇	李涛
李涛	李萌	李斌	李想	李颖	李碧玲
李慧斌	杨光	杨帆	杨昆鹏	杨波	杨建明
杨俊	杨洋	杨洋	杨琳	杨鹏	杨新元
杨磊	肖尧	肖铁阳	吴小亮	吴文昭	吴东
吴印	吴君	吴强	邱彦	何立军	余顺利
应荣梁	宋慧峰	张义力	张卫	张飞	张风港
张文超	张东	张伟	张全兵	张兴	张宏宝
张武	张其峰	张明	张金侠	张学文	张树俊
张洪涛	张恒	张晋玄	张晓明	张晓峰	张通
张跃鹏	张喆	张敬伟	张磊	陈抒彦	陈胜
陈斌	邵峰	邵健	武刚	武新丽	苗秀宽
林帆	林俊豪	易宏宇	和锦	周小鹏	周建波
周建朝	周恺	周新宇	郑方章	郑荣	郑海峰
郑皓	宗立明	孟轩	孟浩	赵月琴	赵延强
赵红超	赵勇	赵峰	赵雯	赵薪	郝燕飞
胡文杰	胡伟	胡典章	胡浩	胡蔚	柯尊凤
段明南	侯建平	侯俊	姜申波	洪云飞	姚聚峰
秦允海	秦丕法	袁佳康	贾永茂	顾长铭	顾浦
晁国量	倪海侠	皋凯	徐星	徐海伟	殷伟
奚浩兵	高学忠	高茜	高凌辉	高展	高斌
高燕	郭文权	郭军	郭峰	郭望	郭晶华
唐薇薇	黄贵东	黄磊	梅宝兴	曹维璞	戚晓宇
崔媛媛	康铁宇	康瑶	梁瑞凤	颉晖	揭刚
彭鹏	葛拥军	韩广秀	韩志清	曾正强	曾迪

谢林辉	谢敏理	詹海兵	詹慧剑	蔡胜利	廖明艳
谭明君	谭　勇	谭喜涛	熊　钢	熊家伟	樊　响
薛建军	薛德勇	霍　旭	魏　强		

热能与动力工程

王明青	毛　莹	司俊龙	边　琳	朱婵娟	朱　强
刘伟岸	刘宏辉	孙　强	杜　岩	李月恒	李　民
李　伟	李茂军	李　震	杨　坚	杨勇强	杨　涛
肖　丹	狄彦强	张　刚	张欣茹	张　楹	张　魁
张　燕	陈建邦	陈家怡	邵　鼎	罗嗣兵	金成哲
庞　可	庞和平	孟福健	赵义琴	赵　丰	施慧勇
娄雪玲	袁晓强	夏　永	顾海涛	徐　磊	郭　梁
唐德风	黄　倩	梁　彦	韩国庆		

2000 年

机械工程及自动化

丁向娟	丁　军	于　洋	马　丁	马　刚	马建飞
马保瑞	马　楠	王正钦	王业南	王加贵	王　刚
王　伟	王兴龙	王兴兵	王　军	王　阳	王志伟
王　杨	王　虎	王明龙	王　征	王金权	王金峰
王官锋	王春会	王晓敏	王晓辉	王恩锋	王海龙
王　翀	王继伟	王　彬	王　爽	王晨凌	王绪龙
王　辉	王　瑞	王　瑾	王　震	牛江波	牛明智
文　雨	文　敢	文朝阳	邓九林	邓晓波	甘健斌
龙月泉	叶振楠	史俊明	付进军	付海洋	白俊明
丛柏全	冯文彪	冯　重	冯俊波	宁振宇	司天保
成耀祖	吕世愚	朱　龙	朱庆杰	朱金珠	朱浩达
朱　骞	伍　俊	任志国	任　磊	伊文君	庄惠敏
刘一楠	刘　飞	刘文龙	刘　伟	刘远山	刘国强
刘金海	刘宝军	刘春丹	刘荣峰	刘　贺	刘　跃
刘　啸	刘清媛	刘　越	刘　斌	刘　渤	刘　鲲
齐安龙	齐　昕	产启兵	江文锋	安永茂	安　杨
许宏宇	孙　飞	孙文晖	孙学彬	孙嘉浜	苏　阳
苏　栋	杜　洁	李升波	李文越	李可嘉	李　平
李立元	李　军	李志鹏	李　玥	李国平	李金泽

李建锋	李贵能	李洪旗	李　洋	李　娜	李艳娇
李　峰	李健斌	李　涛	李　娟	李清华	李　密
李朝辉	李新东	李　璞	杨加春	杨　敏	杨聚星
时　靖	吴　君	吴　波	吴俊军	吴　健	吴递飞
吴海丹	吴　强	何　飞	何永生	何　鲲	闵　锐
宋海东	张　飞	张　东	张永生	张　伟	张华中
张全兵	张庆雁	张　军	张　昌	张明亮	张治建
张建辉	张　威	张俊堂	张洪涛	张晓峰	张　展
张　超	张　楷	张　颢	张　巍	张鑫鑫	陆汉华
陈月华	陈　丽	陈丽君	陈　波	陈　珊	陈　钦
陈　亮	陈济强	陈雅佺	武敬力	苟建辉	范振华
欧　剑	季　冲	季　军	岳士丰	金　玲	周　光
周建朝	周　恺	周　娜	周浩岩	周　鹏	周　巍
郑海峰	郑　擎	宗立明	孟小靖	孟凡伟	孟　丽
孟　轩	赵丹丹	赵　军	赵　阳	赵秀宽	赵朋波
赵建领	赵美田	赵　峰	赵　铭	赵　琪	赵　靓
赵　雯	赵　磊	郝　彤	段　航	侯晓婷	俞发兴
贺永淼	贺亚妮	贺宇雷	贺　均	贺振更	秦　鸣
袁　岳	贾　炜	顾　浦	晏　芬	晏晓锋	钱彩凤
徐庆新	徐肖君	徐　勇	徐　雷	高学忠	高秋悦
郭兰方	郭　灿	郭战锋	郭　峰	郭瑞琳	唐　琳
黄发牯	黄达毅	黄华福	黄丽君	黄　杰	黄　晟
黄淑娟	戚晓永	常　磊	崔　明	崔明宇	梁合兰
彭　军	彭　林	彭　路	董　娜	董朝兴	蒋林明
蒋建华	韩云波	韩立静	覃　拥	程　朔	焦晓凯
舒克娥	曾还尤	曾　卓	曾　迪	温英光	谢朋昕
谢春雷	解　峰	熊　钢	樊　响	滕　伟	霍　旭
霍　毓	戴治国	魏彦彪	魏　巍		

热能动力与工程

于　乔	马海龙	马　强	王　宁	王　冰	王　军
王志强	王　波	王秋影	王爱国	王海丽	王　博
王　楠	尹大燕	史子英	成　龙	危声南	邬传谷
刘　凤	刘凤益	刘　伟	刘传平	刘宝平	刘晓亮
刘　磊	池跃鑫	孙士恩	孙中海	孙　晨	孙鹏飞

牟兴文	苏葛蓬	苏福永	杜学谦	李乃亮	李亚奇
李 伟	李红英	李雪丹	李维军	李 鹏	李 磊
杨业建	杨俊峰	杨彩青	豆瑞锋	吴大鹏	吴冬梅
吴燚昌	何 鹏	余 凯	余 涛	张手琴	张向磊
张国志	张 岩	张学义	张春利	张珈铭	张政伟
张清芳	张燎原	陈万里	陈 晟	陈 斐	陈 蒙
陈 鹏	陈 磊	邵素铭	武宇亮	范 林	欧阳洋
罗 申	罗 松	罗 斐	罗 磊	金新芳	周 佳
周 韬	郑 维	郑新港	单 明	屈化田	赵永平
赵彩云	赵 琰	胡晓刚	胡琛亮	施清清	贺明星
顾有恒	徐 飞	徐国雷	徐春风	高 博	郭道远
龚 勋	常青青	崔 宇	鹿维波	章新波	彭 立
蒋华峰	蒋彦军	韩 雪	程奇伯	焦红蕾	温丽梅
谢天华	谢占军	赖 青	解金锋	雒文伯	廖小军
翟浩春	熊 超	黎 想	潘文华	魏 宁	魏 欣
濮晓明					

工 业 设 计

马 玮	王 珂	王海燕	朱 伟	朱鹤群	刘清媛
刘 渤	江 英	江树源	李正品	李肖爽	李雪峰
杨 帆	张 琳	张 楷	陈一凡	陈 亮	周 娜
周 璇	赵丹丹	赵 洁	侯晓婷	姚亮亮	聂小亮
钱彩凤	陶 祥	黄 晨	董 娜	韩 培	程 辉
童 娜					

2001 年

机械工程及自动化

丁春雨	丁 皎	丁 磊	卜鑫鑫	于 坤	于阔沛
万川特	马 旭	王龙龙	王 帅	王 权	王全军
王会学	王庆衍	王 宇	王宇浩	王 利	王利峰
王秀玮	王 尚	王 凯	王俊通	王 莹	王晓峰
王 健	王留呆	王站影	王 浩	王硕凯	王 琦
王鼎瑞	王 锋	王 斌	王 磊	王 巍	元 刚
车小波	毛 娜	丹巴达杰	方 雷	尹华奇	邓 勇

邓晓宗	龙海涛	东海峰	叶 英	叶杰材	叶海丽
叶 斌	田 淼	付晓岗	冯锦平	尼斯呼	邢 磊
过 跃	成 梁	朱光亮	朱希庆	朱 敏	伍朝澄
任晋海	华福祥	仰永华	刘 飞	刘 巧	刘 华
刘向金	刘 会	刘 军	刘志斌	刘连邦	刘胜华
刘 浩	刘 辉	刘 辉	刘鹏飞	刘 静	刘黎明
齐杰斌	闫占磊	闫 伟	闫沁太	闫明辉	米海亮
江 洋	祁 镡	孙文权	孙延龙	孙建涛	孙 浩
买买提牙生	纪媛媛	苏荣芳	李丹熹	李芳文	李 若
李 苗	李 杰	李建辉	李 娜	李袁守	李 哲
李 晋	李桂华	李 涛	李 爽	李雪峰	李 崇
李 琳	李 锋	李 斌	李靳春	李新强	李 磊
李 燕	杨一夫	杨林邦	杨昆鹏	杨和进	杨 洁
杨晓峰	杨 涛	杨 琳	肖铁阳	吴小鹏	吴 鹏
何 川	何俊丽	何 彬	余 宁	谷世群	狄玄佳
狄全奇	邹润生	辛烁文	宋 丹	宋书惠	宋任光
宋兆泉	宋 昊	张文超	张 尧	张齐柞	张 宇
张明华	张亮亮	张庭溢	张津恺	张艳良	张 萍
张 喆	张智宏	张 蕊	张 磊	张德彪	陈少学
陈立权	陈亚鹏	陈 刚	陈柏联	陈将俊	陈 强
陈 韬	陈 磊	陈鹤霁	陈鲲鹏	邵 杰	邵学智
武建国	武 博	范木丽	范康平	林应学	林雨雷
林 俊	罗大林	罗 宠	季明明	金 程	周龙清
周永文	周纪元	周雨濛	周勇刚	周钰亮	周 葛
周敬华	周新宇	庞 豪	郑 明	郑家境	郑 毅
孟小鹿	孟凌燕	赵宝华	赵 洁	赵 然	赵鲲鹏
赵 巍	胡 妍	胡 函	胡 珊	胡 蔚	茹小琴
柯韩飞	柳 林	柳 斌	钟建军	段 宇	信海涛
侯 俊	侯 雁	施春燕	姜立峰	姜 磊	姚鸿贤
姚 赟	贺文文	贺 超	袁 博	特列克	皋 凯
徐兴刚	徐 坚	徐伽诺	徐 杰	徐善君	高轶桐
高振宁	高 展	高 晶	高 翔	郭志芳	郭炎红
唐有园	唐启松	唐 京	黄以红	黄金诚	黄唯珉
梅小明	曹永新	曹春华	曹维璞	龚海鹏	崔宏雷

崔　巍	梁　媛	葛荣宗	董维刚	董　雷	韩　冰
韩　磊	程　辉	曾耿耿	温江波	温　玥	谢林辉
谢海鲸	詹振刚	鲍　俊	蔡月日	蔡亚宁	蔡昌达
蔡　嘉	裴凤杰	谭智桢	翟运浩	熊　波	熊　珊
樊峻麟	潘　雯	薛佳鑫	霍东菊	霍　峰	穆树亮
戴志华	戴杰涛	魏　韦	魏臣隽		

热能与动力工程

于利标	于　鹏	马　达	马成龙	王　伟	王自豪
王松安	王　昊	王　恒	王　勇	王爱国	巨小虎
从　琳	邓　娜	左　磊	卢　娇	田宝宝	史艳峰
史海涛	付　超	冯双杰	匡松平	朱天春	朱文晓
任春晓	任晓燕	刘　方	刘向亚	刘向坤	刘　阳
刘　丽	刘桂芹	刘家军	孙小波	孙云峰	孙志斌
孙宏佐	孙鹏飞	孙　毅	苏　丹	杜　娟	李云竹
李升进	李　伟	李　利	李启博	李　玥	李　浩
李清艳	李　强	李　鹏	李德君	杨国萍	杨怡菲
杨　润	肖歆昕	吴　松	谷　捷	宋绍峰	张世强
张利琴	张青娟	张　杰	张建军	张胜凯	张晓锦
张　健	张培昆	张淑英	张微微	张福龙	张　霞
陈　平	陈　希	陈灿林	陈　昊	陈钧伟	陈　勇
金　虎	周登攀	郑海薇	郑　维	郑　璐	房贤卓
赵大庆	赵　洁	赵　静	柳翠翠	俞月光	逄　宁
祖力皮卡尔	祖克热古丽	袁世丽	栗凤超	贾荣荣	钱电生
徐立昊	郭　华	唐宗辰	黄海兰	龚　勋	鹿维波
葛铭霞	董文敏	董　剑	韩启东	童连喜	褚　霄
蔡　斌	廖良良	谭　婧	熊君霞	薛　桦	魏　宁
魏　欣					

工　业　设　计

马振雷	王大明	王芄芄	王荣华	王浩森	王　晶
王墨君	左华成	刘健夫	李　丽	杨　亮	吴志勇
何　潇	沈鹤然	张春醒	张玲娟	张珈铭	张　霖
陈古廷	郑天天	孟祥宇	钟伟建	姚莉莉	徐步菡
曹　波	曹爱征	衡士伟	魏徐亮		

2002 年

机械工程及自动化

于海金	于　睿	马　青	马晓杰	王　川	王　飞
王令宝	王　凯	王绍华	王　垚	王　胜	王洪磊
王耿坤	王　婧	王　琢	王　鼻	王瑞丹	王瑞峰
王鹏飞	王　歌	王　霆	王　震	牛　犇	仇丹圣
公方鹏	凤成龙	文　杰	文　震	邓　杰	邓海波
左　浩	石　悦	卢志军	叶淑静	申世娟	田　政
田硕涛	田　野	史慧群	付敏飞	代　仙	代佳良
丛　庆	包　森	冯　林	冯　蕊	冯　磊	宁　妍
巩晓晴	吕　铮	朱　伟	朱国强	朱　磊	仲婷婷
任　伟	任宇杰	任宝情	刘文斌	刘　尧	刘会聪
刘秀春	刘　凯	刘　佳	刘洪磊	刘洋波	刘艳香
刘琦超	刘喜松	刘　鹏	刘慧芳	齐　伟	米凯夫
许蒲双	孙秀涛	孙　欣	孙　峰	孙　雪	孙　腾
严进乔	苏哲欣	李士博	李夫亮	李文才	李文学
李　欢	李　昕	李宝江	李　耕	李桂培	李　根
李积云	李祥位	李　娟	李　楠	杨立睿	杨　伟
杨仲元	杨　杰	杨海荣	杨惠新	杨　麟	轩新想
肖爱彪	肖　楠	吴志敏	吴丽华	吴杰生	吴　敏
吴斯森	吴锦刚	邱新洪	何启雄	佘晓铕	余　星
闵晓超	汪致富	宋明明	宋　涛	张丹娜	张文超
张　龙	张仕忠	张立强	张立儒	张　伟	张向磊
张志伟	张　杰	张咏梅	张　岩	张俊杰	张　洁
张洪亮	张艳杰	张笑寒	张　喆	张　锋	张　斌
张　锦	张　飙	阿布来提·依布拉音		阿衣努尔·司马义	
陈春辉	陈星杰	陈俊宁	陈智勇	陈富泳	邵鸿丽
武渊源	苑承志	林　宇	林燕文	欧潇瑜	罗小草
周乐来	周　绪	庞杰林	郑召丰	郑　勋	郑振华
屈海涛	孟现珂	孟坤荫	项　杨	赵晨熙	赵晗磊
赵静娴	郝兴鹏	郝　璞	胡晓斌	胡海琴	茹照乾
施　建	姜　贺	洪　曼	宫兆鸿	祝　烽	秦　耿
袁　珏	索春明	贾瀚龙	钱卫华	殷　平	殷　卓
栾苏娟	高世卿	郭帅科	郭军硕	郭俊龙	郭高文

郭欲晓	谈 峰	黄文辉	黄永山	黄寿基	黄 河
曹海燕	常志强	崔佩娟	崔宝洲	崔 超	崔籍升
梁炜权	寇晓东	彭文飞	董小刚	董子峰	董立杰
董艳栋	蒋小林	蒋良斌	蒋舒丹	程 云	童得力
曾 鸣	游桃雄	禄志春	谢振宁	褚 征	蔓 莱
蔡林林	裴正强	廖永亮	廖垂鑫	熊令芳	颜钦钦
潘 毅	潘曜华	燕 翔	魏冉君	魏 孝	

热能与动力工程

马莉娅	王 帅	王 伟	王丽红	王宏超	王泽群
王 亮	王 博	王惠永	王 斌	王 楠	尹 冉
尹 晶	邓惠方	田 野	白 鞾	冯 健	司顺阁
毕寒冰	朱明明	朱 佼	朱高峰	刘 立	刘 杰
刘晓丹	刘晓芳	刘富强	刘 磊	许玉成	孙子乔
孙文渊	孙奉昌	苏 成	苏葛蓬	杜丽丽	李 文
李学志	李 科	李晓明	李海亮	李 理	李 鹏
杨 杰	杨福明	吴忠勇	何 军	何 超	汪德好
沈昊为	宋小伟	迟金玲	张大宝	张子杰	张永国
张 扬	张华涛	张 昀	张 甜	张 超	张 博
张 鑫	陈世英	陈 涛	陈 嵩	陈赛虎	邵强星
罗运晖	金 勇	郑素丹	孟祥瑜	赵国椿	胡志远
胡志彬	胡晓刚	胡 晨	柳少波	奎 炼	段 炜
段 睿	敖雯青	袁丽文	耿海洋	贾 敏	夏 珉
徐春风	徐 雪	高 君	高培养	郭水华	郭 康
桑 岱	黄广振	黄佳祥	龚 伟	康奇兰	梁 郑
蒋大伟	韩 涛	喻之昂	鲁建雄	曾宪芳	温 贤
游良平	谢晓燕	路振龙	鲍洋洋	窦鑫禄	廖腾飞
翟 晖	薛 坤	薛根山	魏正中	魏 旭	魏 驰

工 业 工 程

卫 炜	王兴华	王 琼	王霁寒	王 慧	孔令森
孔继利	白 宇	兰 雪	兰得志	朴春爱	吕 乐
刘 钢	许晓冬	孙 莉	牟金合	李玲玲	杨卫星
杨 浪	杨露茵	陈 廷	胡拔雄	柳文彩	秦 娟
袁 冶	曹天昊	麻昱楠	章发宝	智 赟	魏 萌

工 业 设 计

于向飞	王　青	王　毅	支晶晶	朱文明	朱　溪
李婷婷	杨　潇	吴海权	吴　敏	何希明	沈建华
张俊海	牧　洁	胡进锋	胡晶晶	姜铁英	贺　瑶
贾　灿	柴　森	高　岩	高　颖	郭子嵘	唐　妤
龚　伟	蒋　雯				

2003 年

机械工程及自动化

丁　莽	于洪瑞	马　林	王　力	王水英	王月刚
王　乐	王立楠	王永付	王　伟	王红保	王志坚
王志俊	王　丽	王　林	王建峰	王晓鹏	王　晗
王富华	王新东	王燕萍	韦　星	尹滇平	孔维杰
邓文旭	厉宣浩	石立富	龙思习	卢　倩	田　磊
史少杰	史业晟	史　宁	付　强	白双梅	白屺峰
司媛媛	邢迎春	毕崇强	朱景晖	任家仪	全　坤
庄清玉	刘　广	刘　丹	刘文科	刘成刚	刘　阳
刘佳音	刘宝川	刘　彦	刘　洋	刘继伟	刘晶鑫
闫世明	汤鹤达	许炎炎	孙二锋	孙占锦	孙立恒
孙建朋	孙　洁	纪　佳	麦喜鹏	严顺发	杜　成
杜进辅	杜伸锋	李小娜	李友顺	李　宁	李成伟
李庆明	李丽石	李国新	李昌林	李　昕	李　昂
李　岩	李　政	李晓琨	李高科	李　瑛	李晶晶
李　楠	杨二涛	杨才海	杨　钊	杨秀勤	杨希曦
杨　玥	杨　毅	杨　巍	来　毅	肖　军	时阿剑
吴　边	吴　钪	吴　亮	吴炳臣	呙凌云	邱家富
何佳星	何经良	何艳兵	何　鹏	沈文发	宋　杰
张小玉	张风祥	张立杨	张后龙	张　旭	张丽娜
张　林	张昌明	张　凯	张凯亮	张　栋	张庭君
张　涛	张维善	张　琼	张　楠	张滔源	陆子聪
阿其图	陈文东	陈　列	陈志强	陈宏萌	陈　泽
陈晓慧	陈家林	陈瑞攀	陈德来	陈耀燕	范连东

范福军	林尧	林振华	郁道宽	欧阳宜光	易宏远
罗彪	郑光普	郑武	郑晓军	孟小明	孟凡花
赵文现	赵光辉	赵顺亮	赵涛	赵景云	赵然
赵睿杰	胡浩	胡鹏	胡憨	柏晓明	柳其硕
饶竹化	洪志奇	洪武	耿磊	聂江	栗世界
贾小旺	贾文强	贾胜磊	徐建	奚卫宁	郭飞
郭天强	郭江	郭苗	郭明	唐蕾	曹冬清
曹驰	曹利飞	梁冰	梁超众	塔西甫拉提·地里夏提	
彭鹏	蒋周强	韩凯儒	韩峥	韩爽	覃国航
程松林	傅全	曾庆龄	曾杰	曾杰伟	谢小锋
谢乾坤	蓝培钦	蔡阳春	蔡松涛	蔡洪沉	裴超
管奔	鲜光洪	谭正宁	谭熠帆	熊祎	熊紫微
黎伟斌	戴天禄	戴杨	戴威		

热能与动力工程

丁戎	丁建亮	于鹏	马卫	王子成	王刚
王玮玮	王昌亮	王金龙	王冠鹏	王振中	王静静
王慧玲	毛金浩	方帅	孔万东	尕永婧	邢一丁
朴仪丽	毕铖硕	朱铃	任华平	刘有东	刘伟锋
刘建平	刘俊龙	刘敏	汤剑	安宾	祁瑛
孙立佳	孙海洋	牟仁玲	玛依努尔·吐尔逊		李方方
李帅牵	李延辉	李威	李胜	李秦	肖东明
吴松	吴佳滨	吴磊	邱琳	佟艺	邹雷
张材	张勇	张烨	阿迪力·赛买提		陈丹
陈再	陈毕杨	陈远飞	陈明航	陈夏	陈楠
陈鹏远	武文	苗金刚	范帆	尚飞	尚迎春
罗春欢	金世祥	金东国	金珂	周济	周博
孟宇	赵扬	赵志南	赵明	赵瑞	姜方宁
姜晨	袁冰	热依汉古丽·日希提		聂鑫	贾磊
党璐璐	徐升	徐根花	徐睿新	徐澜	高元景
高春燕	高晋磊	高鹏飞	郭广栋	郭珊珊	黄旭
海萨尔·胡马汗		龚袁珺	章帅	彭杨焜	葛小亮
掌效	程庆	程杨	傅国涛	楼素江	蔡邈
谭雯					

工 业 工 程

丁 悦	王拥昌	王 萌	王琦璐	王 斌	尹 迎
石 磊	冯月姣	刘明勋	刘 波	刘 垚	刘菁菁
许晓润	杜振华	李云锋	李 航	李 颖	杨少鹏
吴 迪	邹雪丁	宋津晶	郑 慧	赵 岩	胡 亮
贺 波	柴如胜	高 坡	黄 柯	戚大华	常 展
薛 良					

工 业 设 计

王 冀	冯 春	巩 薇	刘 辉	李美娜	李 想
张 文	罗词亮	周丹丹	周 锐	周鹏云	赵 楠
胡晓晨	胡 喆	郗小超	姜 波	桂 胜	徐 原
黄君状	黄 融	梅 健	常天娲	彭 彧	葛仕钧

工 业 设 计 （艺 术 类）

王 鹏	王 璐	方 沛	田珊珊	冯 轩	孙 淼
李炳翔	杨 煦	宋传波	张 飞	张馨元	郑鹏玉
高 岩	曹 然	戚恩胜	梁 爽	韩 丰	

2004 年

机 械 工 程 及 自 动 化

于 凯	于宝库	于耀韬	卫海豹	马 立	王小平
王川明	王 刚	王守新	王丽新	王 波	王学磊
王建杰	王秋生	王 俊	王 莹	王博乐	王 谦
王 蒙	王 毅	井海远	韦传友	云天灯	毛艺伦
方远俊	方晓磊	孔祥立	孔繁甫	邓智文	古 进
石 岱	占 涛	田 冰	田 勇	付晓晨	白 洁
毕明烜	曲宏飞	吕文泉	吕庭英	吕振天	朱 乐
朱 位	朱林林	朱 佳	朱晓东	任少鹏	任照毅
全 瑞	刘 宇	刘志杰	刘尚锦	刘明全	刘金尧
刘金榕	刘 波	刘 称	刘 涛	刘 新	刘 源
刘澜涛	江柏红	江厚继	许 乔	许 姣	许海星
孙忠升	孙佳奎	孙孟雄	孙 雷	严红英	
买买提明·沙比尔		劳益锋	苏经广	杜文中	杜光远

李　龙	李　宁	李红卫	李财宝	李伯文	李茂松
李林亮	李　昕	李忠凤	李佳林	李　欣	李柏君
李　钧	李　智	李　楠	李　想	杨　杰	杨　波
杨建成	杨晓东	杨　鹏	杨　睿	肖艳华	肖添祥
肖超政	肖德飞	时米清	吴云利	吴　昊	吴宝通
邱增强	何茜晨	何喜廷	辛　娜	汪益平	沈明星
宋迺斌	张广萍	张天奎	张云霄	张文喜	张东方
张立强	张　进	张连万	张　研	张　亮	张振帅
张　健	张　涛	张绪泉	张　琪	张喜榜	张　强
张　磊	张　毅	陆进添	阿力牙·艾比西		陈从鹏
陈　伟	陈伟斌	陈　涛	陈　锋	陈　雷	邰坚剑
武天中	武　刚	武　彬	范　章	林旭壮	林　敏
罗方旭	罗健魁	金文姬	金　玲	周正坤	周　旭
周泽民	周治平	周铁强	周耀灵	郑立文	郑　成
郑秋月	郑超越	房　厦	赵庆林	赵泽波	赵振伟
赵晓娇	赵海鹏	赵　瑛	赵鹏宇	赵　鑫	赵　鑫
郝刚刚	胡　伟	胡学韬	胡海燕	胡朝辉	郦玉龙
战立刚	段　磊	侯恩才	饶华平	姜文雪	姜国峰
秦　英	袁琳阳	贾石祥	贾百龙	贾军伟	贾　森
夏效升	倪　挺	徐时贤	徐　牧	徐　锋	殷子健
高　旭	高静波	郭达清	郭迈迈	郭煊恪	唐志超
唐　越	陶朝生	黄飞飞	黄华政	黄应光	曹竞儒
崔　磊	符　容	康亦宁	康智虹	董海峰	曾　磊
谢国芬	蒙丽丽	詹智敏	窦　智	蔡东宝	管春飞
管健龙	谭志强	翟冬冬	樊　蕾	霍明磊	霍　雄
檀傈锰	魏　涛				

热能与动力工程

万红梅	万学东	马春泽	马晓波	马　磊	王乃帅
王夫龙	王文亮	王宁波	王成军	王春飞	王海涛
王偲臣	王　曦	牛启智	方　旭	邓　利	申孝国
史　伟	白瑞瑞	冯虎庭	兰小青	向云畔	刘明艳
刘　雄	刘　磊	刘　攀	关　磊	池德钰	许德军
孙艳阳	孙　鹏	孙新星	买尔旦·米吉提		严　冬
严　彪	杜　锋	李一帆	李晓凤	李景涛	李　鹏

李　静	杨月涵	杨助喜	杨绪飞	肖宝琦	肖辉明
吴博鑫	邱一男	何剑雄	邹伯科	沈鉴彪	宋兴飞
宋明浩	张大保	张丹丹	张　成	张传钊	张　欢
张志刚	张　良	张　欣	张　艳	张晓娜	张益阳
张富翁	陆垠澔	陈　冲	陈　军	陈　阳	陈良泽
陈　钰	邵　琳	范冬梅	林新标	林　蔚	果乃涛
呼启同	金　鹏	周圣亮	周　钢	周晓云	郑晓明
郑银银	赵　军	赵应昱	赵　恒	赵越超	赵　锁
胡　斐	钟　珊	姜永诚	宫文斌	姚　健	姚　颖
贾　月	夏　军	夏建剑	徐国栋	徐　征	高志超
郭子义	郭亮吾	黄　建	曹荣富	章　齐	巢　强
舒　斌	曾　剑	蒯　军	赖　寒	鲍　让	薛智高
戴环宇	戴群特	魏益民			

工 业 工 程

丁国君	王向阳	王　茜	王盼盼	王艳宇	王　鑫
龙腾炎	卢泓翰	吕　威	庄　骥	刘立涛	刘鸥瑶
闫大卫	许腾飞	孙凤正	孙志爽	阳文杰	杜　薇
李荣虎	李艳丽	李银歌	李　淼	杨晓鸥	邹小武
张云超	张志强	张　桢	张　晶	陆　丹	陆丹华
陈丽君	陈恩明	范海波	易亚兰	庞　慧	赵宇峰
赵莎莎	郝雪非	胡俊杰	胡彬斐	俞志兴	祖汉超
徐　骥	高国钰	高树城	涂雪平	桑林涛	黄利文
康　凯	康渊泉	喻洋波	谭　颖	潘天雄	魏晓明

工 业 设 计

于晓明	马磊磊	王　戈	王　超	王新星	计汇文
邓　洵	宁杨明	吕　婧	刘　威	江　亮	孙凌芳
孙慧琳	李　刚	李　钧	李敦耀	李媛媛	吴　恙
吴　琼	何　阳	张　强	张　毅	陈　姗	陈　茜
林　桓	赵力强	赵　旭	姜　岩	徐宇喆	郭媛媛
黄汉宾	黄　林	梁　炳	甯　力	赫　丹	廖紫斌
谭佳亮					

艺 术 设 计

王文第	王明宇	田 卉	丛 雪	匡玲娟	刘白洁
刘娅颖	刘 勇	许 洁	农冬云	孙大鹏	李忠惠
肖 娜	吴 遐	吴婷婷	张 昭	张 莹	陈冬冬
周梦一	赵 亮	赵鑫磊	郝 艳	徐霞飞	高 雷
董 憧	程 垚	曾 雷	廖剑珂	谭小凤	翟 萌

2005 年

机械工程及自动化

丁中久	丁智渊	丁 源	于 洋	马玉升	马永述
马克宇	马 勇	马 健	马维儒	王于岳	王小波
王永伟	王亚伟	王 帆	王兆起	王 宇	王 欢
王志东	王建军	王树财	王 钪	王科炜	王振华
王晓文	王玺宁	王海均	王家兴	王 维	王雁林
王 雷	王 嫱	王 磊	车 识	毛杨军	方诗琪
尹 策	孔令杰	邓 乐	卢国超	叶 青	田平平
田 兴	田明君	田 震	丛 隽	印 奇	乐 磊
包仁人	冯 瑶	司 铎	毕 佳	曲 亮	朱秀勤
朱 林	朱承熙	朱恪谨	朱 攀	乔留军	刘一哲
刘 方	刘为彬	刘 成	刘 昊	刘爱志	刘 晨
刘 超	刘 锟	刘 颖	刘 颜	米大伟	汤 伟
祁 麟	孙先涛	孙辰辉	孙 明	孙 鹏	杜 川
杜海江	李飞荷	李立志	李臣习	李伍龙	李 阳
李阳阳	李青林	李松超	李国娜	李虹毅	李振东
李晋祥	李 莎	李海斌	李鸿伟	李喆庆	李 博
李 辉	李 鹏	李 慧	李慧慧	杨小楠	杨文广
杨立楚	杨明涛	杨 凯	杨金才	杨治晓	杨建超
杨 哲	杨 涛	杨超琪	吴小虎	吴云峰	吴发明
吴 波	吴 波	吴晋亚	吴晨龙	吴银亮	吴景泽
吴翼材	邱兆伟	邱明达	何开元	何 冷	何重阳
何俊虎	何竞择	何舒培	何 源	余 捷	辛国庆
汪小淞	汪 蕾	沙 靖	沈 全	宋少宁	张二成
张双虎	张永科	张 江	张兴贺	张国振	张建民
张建博	张 俊	张洪鹏	张 浩	张 萌	张梦蕊

张　琨	张登博	张　翼	陈子觉	陈友昌	陈　龙
陈志宇	陈君华	陈茂骁	陈国强	陈宝琦	陈绍虎
陈铁群	陈海峰	陈　铖	陈辉鸽	陈　程	陈衡山
邵桂阳	林　洋	罗　铸	周广良	周中杰	周文忠
周　杰	周　峰	周慧红	郑　旭	郑　旭	郑旭涛
郑红光	孟二政	孟　伟	孟　洁	孟毅飞	赵　庆
赵英俊	赵　强	赵　聪	荀　鹏	胡志勇	胡晓泽
胡益鑫	胡维岩	胡　锋	南钟基	柳　杰	钟　鹏
侯敬超	闻　亮	洪　彬	姚幸杰	秦伟翔	秦晓光
袁　铮	耿文强	贾宏元	贾铁流	贾碧康	原娇丰
钱　承	倪纯俊	徐义芝	徐　冬	徐　炜	徐鹏飞
殷昌文	殷　实	凌　子	高升健	高文磊	高军城
高智超	郭中炯	郭邦智	郭江真	郭金龙	郭茜茹
郭标军	郭　俊	祥　雨	陶　鑫	桑建微	黄太池
黄金雷	黄金磊	黄熠辉	曹建刚	曹晏墅	崔元来
康长春	章　川	章培成	梁一超	梁文焘	彭先林
彭定强	董利永	董载虎	蒋　杰	蒋　铃	韩　洲
程强强	焦方超	舒　凯	鲁　甜	谢洪明	甄　浩
雷一凡	虞美峰	鲍　岩	蔡光明	管文悦	廖最巧
谭瑞雷	熊　庆	墨志宏	潘日华	潘结春	潘雷涛
薛　乾	魏　超	魏　巍			

热能与动力工程

马子阳	马　军	王启立	王胜卓	王高强	王海鸿
车鸿彬	方　向	孔祥雷	田　丰	田梦洁	付　磊
白静国	冯黛丽	朱建军	任　尧	任　超	刘天力
刘书选	刘　岗	刘学生	刘春光	刘彦伯	刘家欣
刘　聪	刘履孟	许泽强	孙　岳	牟晓哲	芦　奎
苏　健	杜　争	李　岩	李泽琳	李海东	李　智
李　焱	李媛媛	李　蓓	李　磊	李蕻川	李　鹭
杨　荣	杨海军	肖红俊	余　跃	辛　旭	沙会娥
宋魏鑫	张　扬	张庆环	张　凯	张学昌	张　雄
陈　旭	陈　洋	陈逸凡	周晓颖	孟境辉	赵阿龙
赵京国	赵　卿	荣　瑞	胡记彪	胡　羽	胡　强
侯　燕	施先军	施绍松	娜吉玛·艾合买提		贺凤娟

秦　勇	聂　宇	贾彦翔	夏　炎	徐元博	徐清定
徐　鹏	高腾飞	郭珊贝	涂扬赓	姬文科	姬江峰
黄沛洋	梅华春	寇志宇	葛　军	葛胜非	董　楠
雷焕宇	鲍亚宏	霍　婧	魏成亮	魏兆福	魏　星

工 业 工 程

丁　健	于　颖	马子琦	王小飞	王月明	王　帅
王　欢	王　琳	王锦程	王　薇	占华龙	卢　刚
田子祥	冉　霞	邢景茂	向芳菲	刘玉彬	刘　佳
刘偲纯	刘赫仁	刘　震	关金涛	孙红玉	孙银玲
李珊珊	李鹏程	李增胜	杨公振	杨　阳	杨　腾
岑　慧	沈洞峰	张恒阳	张　敏	张　超	张博良
张　森	陈　忠	金成炜	南东雷	袁　剑	贾桂花
郭文能	康俊峰	彭丽杰	题　畅		

物 流 工 程

王玉婷	王　军	王　芳	王贺涛	王　璐	叶　奇
叶铁成	邢美芳	朱德科	向谷春	刘　平	刘　达
刘宇博	刘　杰	刘　佳	刘　悦	安中青	安智超
李　宁	李芝平	李　健	杨益永	吴　彪	宋　乾
张晓蕊	张　博	陈远光	陈郁葱	陈　博	陈　瑶
武　佳	周晓艳	庞瑾璇	郑志鹏	郑碧晨	胡云成
胡双有	侯霁昀	俞　江	姜虎生	姚　强	党志军
徐一航	徐　艳	徐艳荣	徐　徽	陶旭君	黄　锋
崔惠娴	康露丹	梁　超	韩　放	韩　亮	鲍　捷
蔡志鹏	臧甜甜	戴金池			

工 业 设 计

马天舒	王晨晖	尤　月	邓　旭	石　曦	朱荣华
孙　芝	李旭影	李　芳	李明悦	李　娇	杨　毅
辛　玥	张晓诗	张　瑞	张　煊	陆施佳	陈乐中
陈　伟	陈　思	陈洪毅	陈　燕	林上清	周　玲
赵　清	洪汉津	徐玉珍	曹　成	常馨月	康秋艺
章　博	商晓龙	解雅娜	管　璐	谭　杰	魏文耀

艺 术 设 计

于 伟	马 乐	马明明	王亚洲	王统浩然	王博宇
王 媛	史玉峰	朱晓晓	乔美美	刘元军	刘 猛
闭 月	农定丰	李文文	李晓盈	李静雨	杨彦鹏
何 敏	沈燕芳	张亚茜	张 衍	张 然	张聪聪
张 蕾	陈冲冲	陈志亮	陈香莹	陈 娇	周小艾
赵 森	钮书童	秦伶艳	徐 卓	徐振寰	曹 硕
章栩源	章 靖	彭 程	董雨轩	董 强	鲁 旭
霍 娜	魏雨姝				

2006 年

机械工程及自动化

丁恒富	于德淼	万弟龙	马文慧	马 军	马绍兴
马晓彬	王云贤	王永山	王邦志	王 伟	王旭东
王进成	王志超	王志强	王克沛	王克妍	王良杰
王学慧	王 星	王保健	王 洋	王 逗	王 陶
王啸峰	王 晶	王景仕	王 燚	王 鑫	尤 戈
牛 凯	牛 超	毛泽伟	毛 勃	邓梁魁	邓 博
邓雅麒	左 斌	卢兴福	卢 康	叶 强	田维德
付文斌	付 翀	代贤成	冯 伟	边文博	曲启伟
吕 盟	朱更青	朱森茂	朱 辉	伍招冲	任 力
向 阳	刘 飞	刘文博	刘 双	刘 立	刘 伟
刘向宁	刘志超	刘阿宝	刘阿俊	刘研学	刘 星
刘 健	刘 彪	刘 博	刘 赓	刘溢溥	宇浩润
安鹿颖	许汉忠	许 宁	许 诺	许瑞蔚	孙 权
孙晓军	孙通达	牟 进	牟 振	严 波	杜时宇
杜钱洪	李正梁	李 托	李伟强	李华龙	李 军
李 辰	李 佳	李泽鹏	李宝宁	李美谕	李艳琳
李海伟	李继豪	李晨艺	李瑞奇	李翠平	杨小松
杨亚军	杨毕杏	杨明明	杨宝方	杨春雷	杨 健
杨富成	杨 鹏	杨 瑶	束二洋	肖 尧	肖新航
吴问才	吴峻瀛	吴 超	吴 楠	但永国	余志龙
余洋鹏	余 寒	狄英豪	邹天舒	邹腾兴	汪浩鹏
沈 阳	宋自立	宋尚娜	宋 威	宋瑞彪	初曜旭

张大伟	张万霖	张东亮	张永新	张帆	张延
张庆海	张志从	张克钊	张建梅	张星	张俊
张勇	张哲	张涛	张海天	张彬	张斌
张强	张滨	张静	张静洋	张磊	陆兰博
陆连强	陈小姣	陈孙炬	陈松林	陈岳	陈建
陈勇	陈福兵	陈蕾	邵琦敏	范有余	范海涛
林宇	林相杞	林森	欧阳叙鹏	罗鹏	岳大川
岳翔	依力江·依明		金英俊	金晓宇	周一豪
周成莉	周其武	周昊	周鹏飞	周靖	庞泉
宗志程	居龙	孟朋军	孟宪龙	赵玉龙	赵学克
赵勋	赵晋龙	赵婷婷	赵错	胡波	钟标霖
段建军	侯映洲	姜浩	姜雷	洪志明	袁永力
袁泉	袁嵩	袁源玮	莫钱中	柴致伟	柴晓明
徐元庆	徐有啟	徐英家	徐朋福	徐海鹏	
爱新觉罗·鑫		高升	高尚武	高翔宇	郭志远
郭新宇	唐宇舟	唐真	唐超	唐辉	黄克桦
黄陈	黄欣宇	黄桥宝	黄晨	黄鹏	曹秦
曹竣	曹强	盛兵	崔景伟	崔翔	符益知
符铭铄	康乐	康达	康海锋	商中新	梁明涛
梁顺可	隋建锋	彭顺	彭鑫	董超超	董强
蒋俊	蒋铿	韩吉浩	韩杰	傅培城	童润泽
曾玉祥	曾令强	鄢光荣	蒲燕斌	赖琦岩	雷洋
路艳齐	褚广海	蔡林智	蔡明辉	蔺都	裴文跃
廖静平	翟士民	熊兆文	缪文俊	樊悦	黎俊希
滕丰健	潘冉	潘虹吉	燕琳琳	薛建华	霍景然
穆春成	鞠健	魏国栋	魏俊楠		

热能与动力工程

丁小平	于洪亮	于航	马宗杰	马彪	马磊
王文华	王龙	王东	王东晨	王克军	王宏宇
王浩苏	王淦	王辉	王富红	王谨	王鑫
卞春伟	文通	方晓飞	石宁	占帅	叶欣
叶笑扬	田付山	田强	冯庆鑫	冯晨	邢远
吕邑	任凯	任洋	刘士林	刘义平	刘丰
刘丕源	刘应	刘昕	刘健	刘高平	刘强

刘　颖	刘　磊	刘鑫韬	闫有智	闫　辉	许宗冕
孙大勇	孙亚伟	孙兴飞	杜莹莹	李大伟	李小康
李云刚	李东雄	李兰兰	李佳奇	李　树	李　娜
李　哲	李　磊	杨　江	杨　杰	杨　贺	杨培培
杨　爽	杨攀红	何东昌	何金涛	佟瑞鑫	位天时
余立明	宋　双	张子龙	张文彬	张　龙	张　阳
张俊贤	张　涛	张　涛	张敏敏	张　磊	张　鑫
陈六彪	陈　正	陈西磊	陈　亮	苑喜男	林　立
罗　韧	周　华	郑　剑	郎文博	屈　斌	赵　阳
赵应升	赵　林	郝向龙	胡　枭	胡修浩	胡海涛
柯慧心	柏　维	祝显强	祝童炳	聂炎君	贾　壮
贾露露	徐豆豆	徐　剑	徐剑波	陶富贵	曹　冕
常正则	崔　柳	章洪强	章　程	梁　坤	隋秀明
董书君	董新利	蒋文杰	程文祥	谢云飞	强　艳
雷庆春	满　旭	颜　磊	潘映沛	戴　伟	

建筑环境与设备工程

于　倩	马文军	马昕蕾	王文涛	王兴龙	王　宇
王国华	王金保	王晓亮	王　敏	王　斌	王裔腾
方志祥	田　川	邢　奇	庄馨瑶	刘思园	刘莎莎
刘益民	孙天雷	李　伟	李　洪	杨利香	杨　卓
杨　雷	吴　龙	何文娜	邹世锋	邹坤坤	宋　堃
张　帅	张宏飞	张　苗	张春光	张朝颖	张　瑜
陈　曦	金人杰	郑　妍	郑晓蛟	赵　丁	赵　元
赵媛媛	贾　跃	钱　堃	徐　晨	高胜男	郭忠伟
郭　珊	黄凌锦	黄　瑶	曹东明	崔大志	韩晓峰
程新明	冀　如	魏　奇			

车辆工程

卫金金	马　威	王子超	王有磊	王汝成	王晓庆
文仕辉	邓鹏飞	叶天慈	付贤杰	朱龙锋	刘　强
刘　翼	许思睿	李大庄	李元剑	李文娟	李江涛
李红杰	李玮敏	李　明	李明烁	李荣鹏	李楗楠
杨东坡	杨　琦	杨　楠	吴　荻	吴德健	宋晓剑
张立超	张欢欢	张俊哲	张　娜	张　健	张　虓

张　博	陈立成	陈　雷	陈　磊	范素君	周先勇
周　琦	周　渝	郑建源	赵庭钰	赵　慧	段丙旭
段　浩	施学晖	徐　麦	殷玉明	高博华	高婷婷
康　睿	董朝辉	韩　松	黎　源	霍志明	魏　莎

物 流 工 程

于国福	王冬宇	王守鹏	王志申	王　昊	王　雅
王　毅	毛文强	尹　辉	功旦·吾图那生		叶拉西
白小静	白　洋	兰　洋	司东洋	刘　宇	刘辰荻
米俊杰	安庆虎	孙　忠	买　磊	杜建中	李钟权
李善姬	杨　健	杨　超	肖敬伦	吴小龙	何胜超
佟晓菲	宋学强	迟钧瀚	张一凡	张安吉	张　阳
张丽娜	张　波	张晓微	张瑞婷	陈川洪	陈　义
陈春艳	陈晋培	陈　强	邵辰东	武晓威	武晓婧
范路鹏	林晓芬	罗　瑶	郑　杰	赵龙飞	赵亚妮
侯　方	姜　锋	姚朝阳	袁高伟	钱　程	高　璇
黄照懂	章　达	章　华	梁振国	蒋　博	程昌顺
曾庆隆	温大勇	蓝　天	黎　鹏		

工 业 工 程

于化龙	于安世	于　萍	马东洋	马　凯	马骁汉
马　越	王　悦	王祥吉	王　舒	王疆龙	王　鑫
龙程彬	史煜琳	白星宇	白　洁	邢俊杰	刘　伟
刘若楠	孙　博	玛尔旦·拜克提亚尔		李成伟	李牧远
李　龛	肖文博	吴水山	吴文金	何一灵	何　柯
张子强	张天韵	张　欢	张　拯	张　语	张梦茜
陈　实	陈莎莎	武　迪	范　娜	尚　涛	赵树亮
胡智林	南伟光	侯蒙师	俞艳涛	饶志伟	耿　欢
高　磊	黄　鑫	曹润葛	梁锦贤	彭　勃	谭　俊
熊运鹏	缪鹏飞	滕晓光			

工 业 设 计

于　佳	马佳宁	王　鹏	王　慈	王　赛	邓袁圆
刘家琛	刘鸿清	刘碧雨	许　珂	孙志鹏	李　丹
杨　浩	杨　蕾	吴成江	邱桂荣	余　滢	张　金

张彩云	张蔺波	陈福海	苑小军	罗虹荣	郑 悦
胡红红	柳志明	要杨华	夏力克提·夏德克		夏梦超
郭晓雨	唐琦丽	陶 宇	黄 俊	黄海涛	程佳乐
谢浩华					

艺 术 设 计

马明蕾	王 伟	王 阳	王金杰	王 震	亓辰光
亓 静	尹翠娜	孔凤辰	华妍婷	刘伟强	刘伟霄
刘峰丽	许子龙	苏文君	苏 皓	李 帅	李 伟
李宝江	李晓强	李 婷	李椿雁	吴海超	宋洪业
宋海娜	宋 端	张运东	张馨月	陈思思	林 园
郑雨欣	赵 侃	赵 梦	施鲁航	祝海洋	费 博
姚逸睿	徐 颖	高 博	扈文杰	董俞杉	窦伟伟
瞿绍成					

2007 年

机械工程及自动化

丁尧相	丁 俊	卫 健	马 也	马闻宇	马 隆
马喜超	马 强	王卫国	王元仕	王东伟	王 远
王志成	王志凯	王助伟	王 建	王建虎	王 政
王 衍	王剑伟	王胜斌	王晓东	王晓景	王海文
王超俊	王瑞泽	王嘉杰	王 璐	牛麒麟	卞 江
文 伟	文泽贵	方晓捷	孔令源	邓士杰	邓国辉
邓艳昭	石九亮	石晋川	石晓辉	卢 意	申原任
田力方	田 龙	田 瑞	史生晨	史宏伟	史学伟
冉 磊	付 康	冯 闯	冯国林	冯 莎	宁敬之
邢佳纯	吉飞虎	吕 洋	朱天熠	朱永洲	朱 军
乔 迁	延俊贝	任天明	任乐乐	任建红	任俊霖
任晓明	任 浩	任震宇	庄 圆	刘长栋	刘玉琪
刘旭冉	刘 阳	刘雨龙	刘国刚	刘 波	刘宝林
刘建龙	刘 政	刘顺华	刘冠男	刘晓军	刘 健
刘梦海	刘 铭	刘 甜	刘 超	刘紫涛	刘智亮
刘 滢	闫秀兵	闫树堃	江先亮	江 洲	汤小龙
许 昊	许威威	许祥坤	阮天逸	阮剑斌	孙丹海

孙 哲	孙 超	运 超	苏世亮	杜金根	李大伟
李少平	李东哲	李 帆	李 阳	李 远	李孜劼
李林杰	李雨洁	李 昂	李泽丰	李学虎	李建宇
李胜男	李 勇	李晓虎	李海胜	李 硕	李 超
李鹏飞	李 璇	杨正东	杨乐毅	杨光亮	杨 旭
杨 威	杨施思	杨 涛	杨 海	杨梦尧	杨 澜
肖天予	吴 飞	吴远洋	吴苏峰	吴 灿	吴 灿
吴 昊	吴海建	吴黄剑敏	吴啸跃	吴 博	吴 鹏
旷 静	何金龙	何 姣	何 峰	何 健	邹卓珂
邹靖康	汪 冲	汪希源	沈小龙	沈 磊	宋争一
宋铁明	宋碧颖	张少敏	张 龙	张 帆	张 帆
张 伟	张伟志	张华光	张 欢	张英善	张学伟
张宝驷	张 春	张勃洋	张思硕	张亮亮	张 前
张 莹	张 涛	张 涛	张 硕	张 爽	张超龙
张 博	张锦锋	陆成卿	陈术平	陈 帅	陈红祥
陈 虎	陈美育	陈勤柳	邵祎希	苗 龙	林 宇
林智生	欧宝星	尚妍梅	罗 太	罗远洪	罗泳诗
罗 涛	季成龙	竺国卿	金 鑫	周邦羽	周在中
周 岁	周述军	郑 东	郑 凯	郑璐晗	孟军辉
孟显强	赵一举	赵泾钊	赵 派	赵晋杰	赵 培
赵 震	胡东辉	胡俊杰	咸 舒	侯中晓	侯 宇
侯现仁	施一鸣	姜海艇	洪志能	姚学斌	姚 舜
骆青桦	袁 帅	袁项南	袁 歌	聂永康	贾海龙
贾朝阳	柴箫君	晏炳荣	倪宝银	徐大伟	徐 帅
徐延锦	徐恩光	徐 悠	徐震宇	高志民	高 坤
高泽栋	高春梅	高 峰	高竟杰	高新宇	郭冬阳
郭 科	黄一津	黄 飞	黄冬菁	黄华杰	黄 京
黄 珂	黄振康	黄鹏辉	曹成浩	曹 苹	曹建永
常晋泽	常 楷	崔继斋	崔熙伟	银家琛	康 辰
章嘉骏	梁佛泽	梁 萌	隋丽丽	彭传龙	葛宸宾
董苗苗	敬小斌	蒋 力	蒋亚林	蒋成钢	蒋 磊
蒋露莎	韩胜超	韩银平	韩 璐	程 涛	程海洋
焦志远	谢红岩	谢志沛	甄宇阳	虞秩翔	阙福恒
蔡润佳	谭 荡	樊 凡	潘 波	潘祎伟	潘倍需

| 薛天扬 | 薛 龙 | 薛海军 | 鞠久明 | 魏东源 | 魏宝鑫 |

车 辆 工 程

于振伟	于 桐	于 艇	马振东	马 鑫	王 凡
王 宇	王凯迪	王 斌	王 璇	王增泽	文 武
文海林	叶忠杰	令狐绍华	冯存生	冯彦彪	吕树清
吕凌志	任含加	刘 鹏	刘新旭	米海娇	孙剑雄
李文超	李 岚	李 良	李 昊	杨贵云	杨银超
吴新龙	汪 星	张 一	张 权	张璐璐	陈 强
罗一鸣	季智燊	周 洽	周 峰	庞尔超	郑 皓
郑 鑫	赵泓毅	郝胜杰	胡 波	柯 辉	段 晨
侯任远	侯振洋	贺齐安	聂 余	贾 楠	徐梦飞
郭梦童	黄 璐	葛鹏飞	傅佳锋	焦 轲	蔡泓深
戴瑞龙					

工 业 工 程

马瑞江	王 瑞	田晓美	史 冰	兰天鹏	师龙涛
师筱含	刘 强	齐剑川	许士强	孙 伟	孙宇飞
李少宁	肖久志	肖 海	吴 倩	吴 静	何 丹
汪 旻	张佳庆	张 敏	陈 峰	林志彬	周 杰
周 鹏	赵江北	赵雯静	陶博志	黄雯思	曹常东
戚凌霄	龚 航	樊 娜	潘保琰		

工 业 设 计

王玉静	王声霖	王 圆	王雪晴	王雅婷	刘会聪
刘欣皓	关鑫宇	江 凯	杜映霖	李少博	邱森辉
何 悦	沈艺迪	张 松	张捷思	欧 龙	罗 超
赵一熹	赵 曈	俞 越	索米亚	柴 晓	柴逸飞
郭介夫	曹 姣	彭 甫	童 超	戴岩德	瞿金杨

建筑环境与设备工程

万艾迪	卫 磊	马 雪	马 康	王帅斐	王利峰
王 静	水滔滔	邓 玓	石红静	宁天一	邢 伟
曲振佳	朱秉森	任美兰	刘 拓	刘宝雪	刘 洋
刘 韬	闫博威	安 然	孙梦健	孙廉清	李永雷

李　帆	李伟达	李华鑫	李洪涛	李　挚	李浩然
李　淼	杨志勇	杨宏春	杨海露	杨　涵	佟　振
张　亚	张青青	张　辉	陈立人	陈　恒	陈紫光
范　雯	金　汐	郑宝山	郑雁翔	赵宇晨	胡玉亮
段　炼	贾　兢	郭　琳	郭　瑞	黄家略	梁思静
梁　薇	彭　莉	董美智	韩梦瑶	曾裕权	靳瑶军
澈　更					

热能与动力工程

弓晨晨	马大朝	王小溪	王云波	王永强	王建通
王超超	王儒腾	毛莉军	尹贤锋	左　弘	石允飞
付衍琛	成金鑫	曲方园	吕鸿瑞	朱克加	任兴成
刘亚昆	刘孝楠	刘利军	刘欣彤	刘　莹	刘梦亭
许　斌	孙　振	苏文博	杜龙环	李　力	李广南
李亚飞	李伊宁	李兴乾	李　阳	李志强	李　昂
李洪波	李晓飞	李　萌	李遥远	李靖男	杨　峰
杨　晨	杨　辉	吴声龙	何亚兰	何　亮	佟克丰
汪小云	汪　鹏	沈立挺	沈亚琴	宋　扬	宋祉霖
张龙华	张　伟	张旭光	张如许	张　松	张建超
张钟予	张铎瀚	张　爽	张　晨	陈少龙	陈　伟
陈　林	陈剑飞	陈　健	苗　竹	林晨森	易知通
罗晓睿	周剑锐	周　超	周敬之	周　锐	郑星龙
赵　宁	赵威亚	柏　庄	钟　柯	俞诗园	姜伟韬
姜　磊	姚志兵	袁思伟	聂东方	栗　顺	顾鹏鋆
钱伟明	徐剑忠	徐　博	高　栋	郭松超	郭　海
郭　德	唐文杰	唐晶晶	黄　鹏	梅生福	曹亚平
曹　雨	康　乐	章迎松	蒋兴宇	谢小岗	鲍平轩
蔡　航	翟　鹏	樊林林	薛　旭	冀　涛	魏广飞

物　流　工　程

于利波	万英杰	马有布	王晓林	王　喆	王　鑫
石　冉	卢　辉	白绍娟	白　鑫	朱　岩	刘力根
刘弘扬	刘明潇	刘　欣	刘　斌	闫　旭	米　钊
杜毓佩	李　丹	李　红	李佳佳	李金龙	李金欣
李　妮	李思南	李思琪	李维超	李　鹏	杨　迪

杨 蓉	吴 俊	吴晓彤	吴 超	何 佳	佟建如
余 峰	张 达	张浩宇	张 娴	张 森	张聪立
张默然	陈立洋	陈景活	林广茂	金 威	金海明
孟阳捷	赵中义	胡 清	钟德胜	耿 倩	聂宝林
郭广富	黄卓菲	盛 健	常 远	梁 艳	程 为
曾 哲	窦文龙	熊 乐			

艺 术 设 计

丁海霞	于书伟	王 凡	王骆宾	牛杰元	申 然
田丽超	田英婵	冯 忱	吕晓萌	刘 帅	刘 苏
刘昱川	许博文	阮晓旭	苏 含	杨小龙	杨 扬
杨 静	张北南	张汝洁	张 波	张 婷	张 慧
陈超然	武 哲	郑向德	宗芯如	屈孝千	孟 灿
封雪娇	郝 勇	贾连东	贾明达	徐 超	臧恒静
谭湘琳	霍 达				

2008 年

机械工程及自动化

丁超成	丁 蕾	丁翰超	卜 奕	于 川	于方弟
于 亮	于 洋	于得涛	么爱东	门 亮	马君君
马泽祥	马荣升	王士元	王 义	王天聪	王友祥
王文景	王 帅	王亚飞	王丽婷	王辰旭	王秀娟
王启衡	王奇源	王 佳	王 栋	王峦涛	王洪尧
王 晋	王 雷	王 睿	王薇薇	扎玛托夫	尤亚娟
车 达	仇天阳	仇 实	方叶凉	方亚南	孔 政
孔 睿	邓天星	左 迅	石 凯	石彦超	石登仁
石聪惠	石露露	卢臣智	叶 帅	田晓耕	史全宇
史 婧	付可蔚	代 巍	冯逸飞	边晓童	成 龙
毕 龙	毕培信	吕宗凯	吕翔宇	朱子睿	朱成璋
朱光宇	朱美军	朱璐航	伍智宏	任永俊	任 娟
任潮群	向仕坤	刘 月	刘 帅	刘亚雄	刘伟男
刘 欢	刘克飞	刘近悦	刘译允	刘 杰	刘 炜
刘宝顺	刘晓丽	刘 海	刘超岳	刘 辉	刘 皓
刘 煜	刘 赛	刘 熹	刘巍俊	祁梦颖	祁 鑫
许 可	孙 开	孙正涛	孙 闯	孙 宇	孙志伟

孙　明	严进亮	苏芳臣	苏振国	苏　超	杜思齐
杜　赛	李　万	李元鹏	李成龙	李庆龙	李　辰
李　轩	李秀佳	李彤彤	李启超	李治民	李玲艳
李星祥	李艳辉	李　秾	李　然	李　翔	李鹏飞
李鹏涛	李煜德	李　豪	李　璐	李　懿	杨小龙
杨　龙	杨丛莱	杨亚男	杨欢欢	杨祖源	杨　晔
杨　港	杨　鹏	杨新龙	杨德霖	连亦健	吴子文
吴　宁	吴　兴	吴学文	吴洁雯	吴　晖	吴　浮
汪长波	沈　忱	宋云龙	宋英哲	宋　莎	张一泽
张大元	张东旭	张仙文	张　乐	张　进	张　宏
张旻远	张佳明	张经纬	张　健	张　彬	张　颉
张　斌	张道童	张　鹏	张　雍	张　聪	陆天杨
陆登峰	陈云龙	陈书瀛	陈　汉	陈宇峰	陈志华
陈　果	陈祖国	陈振星	陈　健	陈锋林	陈　墨
邵　鹤	邰紫鹏	苗海宾	范吉忠	范志强	范应标
范城杰	范　融	林　双	林　俊	林　潇	欧阳乐
易倍羽	罗　扬	罗志晖	罗春雷	罗晓明	金大兴
金欣鑫	周玉琪	周　林	周　春	周　栋	周晓龙
周晓帆	周　浩	周晨初	周斯宇	周　鹏	郑先华
郑　浩	郑燕超	单洪祝	孟立周	赵国斌	赵　凯
赵宝实	赵爱国	赵彬舟	郝精诚	胡旭东	胡建龙
胡　荣	郦　彬	战　宇	哈　楠	段程程	侯　帅
侯永兴	侯振兴	侯雪鹏	姜天龙	姜　宇	姜　恒
姜　婕	姜靖涛	洪　流	宫　刻	祝志刚	姚伟超
姚驰寰	骆立锋	袁登鹏	耿晴鹏	聂　帅	聂　祎
校文超	贾瑞鹏	夏聪颖	钱　程	倪彬彬	徐亚闻
徐亚康	徐　壮	徐宝龙	徐俊伟	徐美宝	殷亚国
殷　鹏	凌希信	高旭东	高俊龙	高真熙	高晓伟
高　浩	高　颖	郭良凯	郭　凯	唐西豫	唐　慧
陶　哲	陶湖云	黄文滔	黄向宇	黄应聪	黄陈熙
黄　河	黄南洋	黄振斐	黄　蓉	曹文军	曹泽鑫
崔伯瑞	崔　凯	崔建敏	崔　健	康帅克	阎亚军
梁艳超	逯　畅	颉旭东	彭　月	彭关伟	彭维民
蒋宇涛	蒋　彬	韩润启	程金辉	程雪明	程　强
曾华伟	温正略	谢　卓	谢　眺	蒯声政	虞川一

虞学宾	詹旭明	解亮	蔡向前	蔡昌琦	管延刚
廖涛	谭勇	翟文桥	翟利强	樊军伟	潘一丰
潘佩琨	鞠新	魏龙	魏明远	魏淼	

车 辆 工 程

于海洲	凡其涛	马阳	马巍	王文俊	王平
王宇	王冠军	王健	王璀	乌险峰	尹宝乐
宁垒	皮水均	朱国稳	朱春波	乔紫轩	刘盼利
刘盾	刘真	闫云	关赢	许敏	孙健宁
李义文	李凤娇	李江涛	李欣	李金刚	李楠
杨言陇	杨海林	吴靖杰	何洋	何淼	冷飞虎
汪鹏	沈通	张华清	张自	张志远	张凯
张峰	张强	陈述	陈瑞平	陈锦辉	罗婧怡
孟繁臣	赵月	赵雅丹	郝海龙	胡亚松	姜振华
贾春宇	徐玉振	高玉冰	黄春鹏	曹晶晶	梁策
巢洋	蒋雪	韩富龙	暴宇健	潘艳飞	戴晓波

工 业 工 程

马艳	王欣	王重	王禹诚	王倩	王蒙
牛萌	冯晓琳	吕天云	任昊哲	李冰雪	李晨
李翔	杨念舟	肖炬	张乐	林明坤	胡玉龙
姜宸	钱昱婷	徐飞	郭匀欢	黄彬	

工 业 设 计

么雪佼	王振甲	王琛颖	朱小恬	杜欣阳	李元毅
李幼琼	李安卫	李岩	李捷	李璐	杨斯博
肖又歌	吴鹏飞	张文晖	张光耀	张绪桐	陈巍
林德强	周朦	胡若冲	段晓宇	郭倩倩	郭超
黄鑫	崔文楠	韩颖	韩璺	路文华	蔡召洲
蔡亮	潘阳				

建筑环境与设备工程

马千	马浩然	马维平	马瑞璞	王皓	方捷
邓文庆	付宇	白清瑞	朱学瑞	朱继宏	朱敏

刘　洋	刘　强	安瑞楠	孙国伟	孙　鹏	纪宏飞
杜　鹃	李冬冬	李弘琬	李克冉	李丽霞	李佳骏
李　欣	李博文	杨　军	杨钦海	杨娜娜	吴晓琼
吴晓蒙	何　晋	邸云竹	邹艾娟	宋博杰	张海昕
陈思源	罗　侃	岳　冰	周丽艳	郑云峰	孟迪文
赵　申	赵兴海	胡玉龙	胡甲国	姜　天	姜倩倩
姚雅妮	贾直运	贾　晨	钱传绩	殷其德	殷　悦
高　展	高　婷	郭雨涵	陶　川	崔　薇	谢清伟
谢　颖	谢　薇				

热能与动力工程

丁玮强	于虹伟	马　宁	王子龙	王文博	王帝杰
王莹莹	王晓博	王海俊	王晨飞	王　晴	王　耀
牛永健	文　钰	火元栋	巴桑次仁	邓立伟	邓敏鑫
石教厅	叶　启	田思洋	史晓东	白惠东	白　璐
包建安	成保林	毕天骄	吕晓星	竹怀礼	任建良
刘　牛	刘志涛	刘　冶	刘　昭	刘桂桂	刘晓宁
刘　峰	刘　娓	刘　敏	刘腾跃	闫　冬	江崇邦
杜　阳	杜银林	李子宜	李艺群	李少帅	李成柱
李全江	李兴辉	李梦华	李皓琰	李　斌	李瑞锋
杨　云	杨　达	杨合理	杨　健	吴　非	吴　昊
吴洪斌	吴　祥	吴康乾	邱明晶	何　坤	何昱辰
余新昌	谷京晨	冷艳威	沈　策	迟兆武	张　帆
张阳阳	张志红	张星一	张晓飞	张爱京	张　鑫
陆元翔	陈　宜	陈道会	林　永	林　佳	尚　乐
罗亚冰	罗　锐	周钟檀	周闻华	庞亚楠	郝骄骄
郝鹏飞	郝溥俊	胡　健	钟　铖	姜永浩	祝　涛
骆　翼	袁　浩	袁海波	袁儒强	夏　勇	顾竣文
顾廉斌	党俊杰	徐大文	徐小磊	徐永煜	高加尧
郭　丽	唐　兵	黄明亮	曹　欢	崔　迅	梁　策
彭玉浒	葛　聪	董　干	韩越扬	韩智领	喻宏宇
曾义波	曾　诚	谢　飞	谢佳琳	蓝海鹏	蒲永先
雷雨川	詹佳明	褚学文	翟小宇	黎　磊	霍进东
戴松忠	戴鹏飞	檀　鹏	魏云龙	魏　箭	

物 流 工 程

丁华骏	丁 胜	万 萌	王 卫	王依莉	王 昭
王 洋	文 彬	方文胜	甘 韬	龙 潭	付林杰
朱兴龙	邬松涛	刘云辉	刘 平	刘 尚	刘尚春
刘剑雄	刘晓颖	闫德隆	许曲明	许 恩	李泽京
李厚泽	杨基帆	杨鹏飞	吴 江	吴承峰	何帅志
何光辉	邹文瀚	沈 周	张 宁	张芃芃	张凯强
张佳秀	张腾飞	陈依可	陈思宇	孟祥贞	郭 飒
黄晨南	黄 维	龚登峰	崔文举	梁 晨	韩 硕
樊 龙					

艺 术 设 计

王 茜	王虹霁	朱雨晴	孙怡莎	李少宇	李亚萍
李冠娇	李浩岑	李 崔	杨 娜	杨 堃	肖 霆
辛向军	汪 洋	宋聪聪	张 帆	张伟坤	张 莹
张潇琳	陈瑜金	范晓蕾	庞禹伽	郑 悦	孟 嫭
孟 涛	赵 茜	郝 婷	郝燕丽	袁 蕾	贾艳清
顾文峰	高 杰	唐晓萌	崔娜娜	韩佳宴	韩雅娣
燕 飞	霍振杰				

2009 年

机械工程及自动化

丁 扬	于开迪	于会阳	于好雨	于洪洋	于 洋
于艳鹏	于 静	马 超	马 璇	王小华	王文浩
王 计	王 乐	王伟任	王 非	王明阳	王洁琼
王 洋	王都虎	王晓刚	王培建	王博文	王路通
王遥遥	王 磊	王 徽	车 坤	方旭东	尹东旭
尹冠乔	邓化鹏	邓齐贵	邓 迪	邓野强	石海鹏
龙 刚	龙 游	卢诗杨	田智超	史铁楠	冉国华
付军华	代 阳	邝汉光	冯志伟	兰先炎	邢立夺
邢 铮	曲云峰	吕汉平	朱利克	朱鸣宇	朱紫龙
朱鹤鸣	任志鹏	任 玮	任 欣	任 腾	刘凤仪
刘 东	刘存生	刘佳朋	刘佳波	刘 岳	刘 欣
刘金玲	刘 朋	刘 庚	刘思南	刘洪伟	刘哲瑜

刘晓凡	刘晓超	刘博	刘翔	闫青	闫泽宇
关晓	米雨佳	安全昆	许水华	阮志强	孙文军
孙冬	孙圣男	孙俊	孙庭乐	孙哲	劳可浩
苏愿晓	李大鹏	李小龙	李久文	李元勋	李文竹
李文昭	李古建	李业发	李成	李兆骏	李进
李杨	李良鑫	李林玉	李金城	李宝庚	李政昊
李威	李响	李娜	李涛	李继鹏	李越
李超	李喆	李祺岩	李遥	李韶飞	杨雨谋
杨威	杨洋	杨振	杨道鹏	肖伟	吴庆镝
吴威振	吴超越	何名成	何丽娇	何玲	佟超
应冬冬	汪仁杰	宋红攀	宋金连	宋威强	宋家斌
宋磊	张小丰	张子健	张帅帅	张亚文	张丽强
张丽新	张金鑫	张珈玮	张勇	张倩倩	张海波
张海猛	张能运	张晨晖	张雁斌	张阔明	张翔
张鹏	陈帅	陈荣	陈栋	陈思瀚	陈鑫
范明争	林世权	欧阳晨	罗飞	罗发游	罗金龙
罗雄	金军波	金涛	周尧	周江涵	周进
周济生	庞昊	郑飞	郑杰	孟庆颖	项兰倩
赵宏旭	赵英含	赵杰	赵泽方	赵盼盼	赵哲
赵继平	赵琬达	赵斌涛	赵翔	胡挺	胡浩然
胡敏	姜爱民	洪刚	洪恒艺	祖文君	姚国栋
袁玉芹	袁北哲	袁秀欣	袁锦程	莫昕	夏侯晋委
柴洪	徐文军	徐礼贤	徐海洋	徐铭泽	徐翔宇
徐颢	殷太新	高元桢	高正斐	涂招	黄兆坤
黄金灿	黄宗林	黄琮杰	曹星照	曹晶	龚磊
常江	康维维	章竑骎	淡若晨	梁广钊	梁冰
梁春雨	梁海洋	彭辉	董星言	董然	董裕兴
蒋大俊	蒋兴奋	蒋杰	蒋建明	蒋智	韩迪
韩炜	韩海滨	智建伟	焦宗寒	曾力	曾世景
谢心宇	谢豪	慕伟	裴玉龙	熊浩	颜璐琦
操宁波	魏秋奕				

车辆工程

| 马国轩 | 王义政 | 王云肖 | 王玉玮 | 王龙辉 | 王亚男 |
| 王伟 | 王纯 | 王庚 | 王娅琪 | 王浩然 | 王继瑶 |

邓骏鸿	甘逢雨	石丹宇	卢雯	包润阳	冯涛
乔丰	刘博远	孙闻波	孙晨辉	孙博	李飞阳
李帅	李指南	李健	李海南	杨亚兵	杨皞屾
杨赟	吴祎迪	吴静远	余国卿	张华鸿	张阳
张择阳	张海洋	张彪	陈小旺	陈天雨	陈华东
陈辰	陈涛	陈鹤元	林智亨	林程芳	易筱
罗川	郑振群	孟昊	赵怿	胡洋	段国晨
耿狄	顾双弛	柴光男	徐勇	徐博文	徐傲
高军	高思鹏	高翔	黄凯	曹圣涵	韩旭
韩泓冰	韩衍东	喻常静	程少杰	蔡纳	

工 业 工 程

马玉生	马驭	马松	王亮	王姣洋	王鉴男
韦昌辉	龙海生	付潼	丛洋	朱雪巍	朱嘉斌
刘兴国	刘宇坤	刘福佳	杨秀贵	沈叶东	张津
张浩	陆立波	周隽宁	单婷玉	郝奇	曹前
曹鹏	詹謇	潘午阳			

工 业 设 计

丁曼索	王亚飞	王昱迪	王晓玉	王晓宇	王程
王静	从靖晨	叶佳	田文斌	冯杨兰	刘子琦
闫佳宝	江奕婕	孙明	孙哲	李维	李景昱
杨珺涵	杨博超	吴凯	吴怡	何羚钰	张嘉琦
欧阳明江	孟烨	胡宇波	侯宗保	钱鸣峰	徐婷
高炳欣	黄倩颖	曹苗苗	彭昭阳		

建筑环境与设备工程

马宇飞	马丽霞	王月	王东旭	王佳能	王春旺
王盼盼	文祥计	艾淞卉	冯万里	匡忠	吕达
朱佳璐	刘书瑜	刘亚萌	刘阳	刘波	汤晓岑
李成龙	李枫楠	李俊	李祥	宋成	张达顿
张旭	张春华	张俊亭	张楠	陈迪	邵蒙恩
金学权	金绣清	周琪	孟祥杰	赵玉波	赵芸立
赵绍峰	赵顺	郝志刚	胡秦锢	姜涌	洪迎迎
骆静文	贾建强	徐钱	凌云培	高兵	郭晓斌

| 常　瑜 | 董家男 | 董　璐 | 程世彪 | 滑亚娟 | 鲍朝洛蒙 |
| 窦立杨 | 蔡　亮 | 廖佳军 | 潘雪斌 | | |

热能与动力工程

丁　勇	王广轩	王书晓	王占营	王　凯	王　京
王孟伟	王　俊	王淑婉	王　越	王慧荣	方明昊
石　珺	石　镇	田　莉	史　强	代　尧	冯留建
朴成敏	曲　强	朱探金	朱腾达	任耀启	刘一琛
刘文宇	刘立静	刘永旭	刘　欢	刘佳磊	刘泽淼
刘桂玲	刘晓龙	刘晓芳	刘　超	刘新昊	江崇邦
汤王阳	牟俊宇	花仁东	李世俊	李　冬	李向娜
李灵芝	李　星	李晶磊	李　楠	李　鹏	杨　广
杨　权	杨振华	杨　硕	杨惠杰	束　杨	肖　尧
吴川集	吴汉栋	吴浩玮	邹龙辉	汪　轩	汪　洋
沙彬巍	沈志成	宋　达	宋　健	迟　强	张二林
张书旋	张宇鹏	张　驰	张泽威	张建睿	张　贺
张　琼	张　蕊	张攀威	陈　诚	陈禹琴	陈　锐
武永健	武春旭	明　哲	周　拓	周厚泽	周素琼
周　雷	房金城	赵永杰	赵永亮	赵　璐	郝诗宇
胡亚飞	胡　庆	胡志举	胡　林	胡　健	南景阳
柳汀洋	姜玉龙	姜　竹	祝雨涛	袁　彬	徐小龙
徐文强	徐思旸	高　颖	郭思思	陶跃群	黄坤荣
黄若琳	黄珍梅	黄珊珊	章波明	章晨伟	梁雨春
葛天然	韩永辉	傅华斌	焦璐璐	游　操	蒯　兵
雷大鹏	褚福强	蔡盟利	雒　青	潘仕刚	潘雄伟

物流工程

王　乐	王宋阳	王　雨	王宪宸	王梦迪	王梓晋
王　晴	仁青罗布	甘明伟	田佳雨	刘一辰	刘亚飞
刘　成	刘　俊	刘圆圆	孙　滨	李开典	李长于
李　杨	李　智	杨文财	迟　越	张天宇	张　帆
张伟建	张　洁	张清平	张　超	张　博	呼　雪
周立杰	庞俊喜	弥　珊	赵文鹏	胡振涛	保　鑫
洪　蕾	宣　政	姚　宇	聂梦迪	夏嘉聪	高　颖
唐捍迪	黄运中	黄　蓉	曹峻峰	崔明敏	符丁杰

| 章澄澄 | 梁　迪 | 韩　博 | 程龙婷 | 童　钢 | 普　穷 |
| 温见培 | 緱晓勇 | 靳　浩 | 窦俊泼 | 魏广兵 | |

艺 术 设 计

于　蓝	王　齐	王岩美	王　笛	王　瑾	王骧骧
孔　敏	田　欣	邢　岩	吕　鹏	刘启晓	刘　博
孙秀彦	李吉临	李　均	李姿阅	李艳青	杨　艺
杨　畅	杨佳希	宋天骄	张亚奇	张伟航	张　昕
张爱杰	张梅逸	陈　羽	陈　琛	郑艳华	郑　悦
赵子瀚	段　正	徐红岩	徐晓晨	殷诚媛	寇子璇
蒋日星	蒋凌云	雷　蒙	窦晓璐	穆凯奇	魏　雪

2010 年

机械工程及自动化

丁仁宝	于学东	于学松	马　丹	王小宇	王　丰
王伟伟	王红伟	王　坤	王佳杨	王佳男	王　树
王俊杰	王勇哲	王晓婕	王钱保	王　健	王爱鑫
王　斌	王湘嵘	王鹏飞	王新杰	王福鑫	王　韬
王鄱帆	王　赛	王燕龙	牛卓林	牛佳斌	从云鹏
方　程	邓　雨	邓金华	石　森	龙国栋	东晓林
田文静	田宏志	田静昀	史生军	冉路瑶	代文亚
代　敏	白广晨	印思琪	冯　东	冯禹铭	冯肆禹
吕承起	朱　辉	乔　冰	乔志明	伍祖槐	华　鹏
刘　丹	刘帅岐	刘亚雄	刘廷宇	刘呈祥	刘园园
刘　坤	刘雨轩	刘　畅	刘　岱	刘学良	刘振武
刘晋祥	刘海财	刘　娟	刘培恒	刘博瀚	刘新尧
江列霖	汤六行	汤　静	安国旗	祁俊威	祁　峰
孙世栋	孙代新	孙新义	孙韵韵	芮博超	苏亚龙
苏　领	李一泽	李乃白	李天伦	李云鹏	李　龙
李　立	李弘扬	李传东	李良新	李佩林	李金文
李　泽	李泽宇	李宝泰	李　建	李星辰	李俊峰
李济严	李振坤	李　根	李　晔	李　浩	李继浪
李　菁	李维奇	李煜琦	李静轩	李　稳	李德莉
李　璐	李　鑫	杨　众	杨　欢	杨　林	杨　尚
杨宗烽	杨晓琛	肖靖东	吴少丹	吴灿烽	吴宏颖

吴佳琪	吴政宝	吴嘉康	吴德民	何泽威	何哲明
邹　江	汪名飞	汪　洲	沙小花	宋一波	宋正宇
宋亚男	宋明月	宋家为	张广成	张云飞	张中一
张毛雨	张亚辉	张华平	张自振	张向前	张宇威
张　阳	张志勇	张　杨	张环宇	张　坤	张英臣
张　苑	张苑岚	张昊阳	张国强	张金慧	张泽宏
张胜利	张晓华	张　航	张海根	张梦钊	张博洋
张　强	张登博	张　曦	陈一镖	陈　伟	陈旭展
陈良敏	陈　虎	陈明腾	陈佳伟	陈建华	陈威宇
陈　禺	陈　俊	陈莎莎	陈　浩	陈祥明	陈菁玮
陈嫒嫒	邵佳星	武　磊	范方芮	范智斌	林连聪
林星航	林　鹭	罗　江	罗沙浪	季群策	金小红
周建龙	周科可	周逸芸	周　翔	庞灿兴	郑　策
宓宇石	赵久松	赵文娣	赵玉伟	赵君伟	赵劲涛
赵　涛	赵展跃	赵德龙	郝悦星	胡　建	胡　鑫
南奇雄	南　洋	钟　鹏	钟　磊	钮旭华	姜仁山
姜冠昌	娄　伟	洪博文	骆彭彭	袁　斌	贾红朝
夏　飞	夏　秦	夏银亮	夏鹰飞	顾　程	顿海洋
徐永前	徐修超	徐　健	翁贞建	高　扬	高　冲
高　远	高俊翔	高晓旭	高　萱	郭东源	郭　帅
郭明玉	郭春宵	郭垚鑫	郭曼仪	唐　权	黄　龙
黄佳樑	黄　河	黄　健	黄磊阳	符梁栋	脱浩虎
康　锴	章迪之	梁伟业	梁　勇	梁紫宇	梁　毅
隆　宝	彭　俊	彭婷婷	董训海	韩玖锜	雷　强
詹　林	谭正奇	翟瑞霖	熊　威	缪阳岳	潘　阳
潘　鑫	薛功荣	薛庆昊	薛　林	薄其雷	霍文杰
戴　戈	魏鹏程				

车 辆 工 程

于　欢	马四伟	王皓民	乌力吉	邓　迁	石　轩
田丰硕	田薛岩	代振梦	冯弟瑶	乔佳琪	刘　军
刘　尚	刘　昊	刘　洋	闫　然	孙赫喆	芦思琪
李　达	李伟男	李岩峰	李培君	杨威威	吴　博
张驭浩	张亚男	张红琼	张宏源	张　顺	陈思言
苗　婷	尚　可	周　加	周易尊	周　钦	赵一舟

胡早前	钟明胜	钟家梁	姚 松	高 孝	高路路
郭文俊	诸姜斌	谊 波	黄靖远	崔 贺	葛 亮
董文峰	董 超	管 超			

工 业 工 程

于 洋	尤东朕	巴桑次仁	厉昶霖	任云肖	刘 刚
刘靓晨	孙 磊	李 力	李雨茜	李 昂	李 洋
肖宇航	吴正鹏	张 浩	陈 滨	周慧秀	孟燕南
胡 泊	俞佳莉	高淑强	郭志强	黄青文	

工 业 设 计

车宇希	叶茂腾	吕 凯	任杉杉	刘安安	杜 兴
李喆琦	吴若莹	邱宇辰	汪 晗	张宇晗	张欣欣
张 旋	张超杰	张雅洁	陈晓宇	范 濮	周 循
赵 畅	侯雅鸿	姜 珅	姜 攀	夏 天	舒 然
谢 瑶	雷月雯	熊祝萱	滕 菲		

建筑环境与设备工程

马秀岩	王荣光	王蕴婷	牛妍洁	石 欣	叶瑞环
叶 睿	付世豪	刘 畅	闫常宏伟	孙可欣	芦子健
李林桃	李思达	李博儒	杨九珍	杨启凡	杨 静
吴旭东	吴鹭翔	何 姗	余 强	沙炫君	沈会来
宋鹏远	宋鑫焱	张成浩	张振洋	陆 阳	陈旭峰
苗文帅	孟 帅	赵立博	赵旭杨	段江菲	秦 宇
袁艺荣	聂 杨	高 原	郭子一	龚 伟	彭鑫泽
葛荣阳	曾乔迪	谢先平	谢洋旸	谢新雨	潘存巧
衡 山	魏 来				

热能与动力工程

丁玉杰	于海广	马世鑫	马若初	王乃亮	王占界
王 安	王红春	王丽妍	王衍翔	王 晶	王 震
尤洋洋	牛择晗	毛即欣	方宗元	方思萦	尹 帅
叶星韵	田智武	付诗萌	付艳辉	冯 涛	回 声
朱国帅	朱家男	朱鹳舟	仵 斯	向国栋	刘亚洲

刘　尧	刘松倩	刘雨浓	刘　昊	刘　洋	刘健昌
刘堂琳	刘　璇	江海兵	许冰心	孙　静	杜森磊
李　冉	李亚林	李丽华	李钦晔	李洪宇	李　振
李桢森	李　晓	李晓明	李　晨	李智勇	杨月明
杨立坤	杨　林	杨　洋	杨海洋	杨　鹏	杨　朦
吴举茂	吴　跃	吴鸿超	何小康	何军凯	何　津
余智文	沈　忱	张卫星	张四宗	张利娜	张　杰
张彼得	张宝华	张　姚	张　朝	张　强	张翠珍
张翼翔	陈　飞	陈　爽	林达濠	周　尧	周丽莎
孟凡凯	赵　月	赵　京	赵泽敏	赵梓伶	郝毅龙
胡开伟	胡时涛	胡　宏	姜欣宏	姜理俊	袁　盼
袁　辉	贾锐亮	贾震雄	夏烈洲	徐扬淇	徐祥鑫
高　畅	郭　屿	郭　强	黄鸿锋	黄澄澄	符良才
阎雪滢	彭方爱	彭远旺	葛思怡	董　昊	董康飞
惠茂森	焦　亮	温　骊	游利锋	蔡欣治	蔡峻杰
谭雅倩	熊梦雅	薛建邦	薛涵心	霍谢琛	戴　晗
魏　鑫					

物 流 工 程

马　闯	王　辉	付小江	兰　颖	邢艳雪	朱亚洲
刘凌玄	刘琳琳	李再伟	李　锐	杨　丽	沙　聪
张志强	张英武	张卓正	张念念	张晓梅	张善睿
陈东卫	陈　欣	陈　超	国美玲	罗来勇	周　征
周　剑	胡步军	胡　骞	唐梓淇	黄海庆	彭　豆

艺 术 设 计

于健凯	于德华	马绘宁	王工力	王　争	王　悦
王　笛	毛耀弘	冯　琦	刘丽萍	刘燕飞	孙庆森
孙渤涵	牟格格	杜玮宁	李班班	杨春雨	沈濛霏
张　娜	张雪珂	张媛龄	陈月笛	陈亚卓	陈维佳
林　莹	竺知孟	赵云鹏	胡龙钦	胡春雪	侯玥希
贾大伟	徐　艺	高玉娇	高莎莎	郭　彦	曹梦晨
韩　哲	霍诗漫	鞠月萍			

2011 年

机械工程及自动化

丁 攀	于佳鹏	于海军	万 盛	马斌畅	马靖龙
王一婷	王大维	王天怡	王巧智	王立强	王礼勇
王成杰	王宇航	王安琪	王志刚	王 昊	王忠强
王春琪	王 科	王俊淞	王 浩	王堉企	王 硕
王 爽	王深平	王维悦	王 琦	王期超	王 瑞
王 瑜	王督皓	王靖宇	王新宇	王冀康	尤 媛
毛文健	毛建坤	文 哲	方君伟	方 雄	孔 阳
孔志超	邓 帆	邓 露	古金江	叶博洋	叶墅锋
田明亮	史志飞	史 勇	付永星	付伟男	付 余
白生辉	白雪林	冯海光	兰永斌	宁占胜	邢万里
邢 冲	邢涌潮	同秦毅	朱云山	朱杰星	朱 昭
朱晓晗	朱 棣	乔焕奥	任远飞	华 强	全学军
刘 日	刘 宇	刘宇晨	刘红章	刘陈辉	刘诗文
刘绍强	刘珊珊	刘 柯	刘姝佩	刘晓涛	刘 霄
齐淑慧	关永强	汤辰歌	许志强	孙 升	孙乐鹏
孙勇涛	孙 晨	孙晨晓	孙斌斌	孙新宇	孙嘉钰
牟金涛	严 谨	苏泽兴	杜 新	李一江	李子扬
李长城	李文虎	李东方	李芳蕊	李枝盛	李 奎
李炳伸	李浩琪	李润鑫	李梦蝶	李博月	李 奥
杨天威	杨 帅	杨 帆	杨松鹤	杨 迪	杨孟瑶
杨 俊	杨振旺	杨 铭	肖 骏	吴正伟	吴沛沛
吴泽南	吴洪水	吴晓鸣	吴 鹏	吴嘉俊	邱映杰
何兴曦	希吉乐	完颜锐峰	宋子豪	宋 斌	张 力
张飞跃	张亚楠	张兆龙	张名星	张壮壮	张宇航
张国玺	张国豪	张建芳	张彦杰	张 勇	张健文
张晨钟	张旋华	张 琪	张 超	张 翔	张 楠
张 鹏	张福旺	张 赛	张露丹	陆嘉昊	陈小龙
陈 凡	陈 帅	陈 伟	陈 欢	陈凯强	陈 泽
陈思成	陈 炯	陈海翔	陈腊梅	陈 新	陈 聪
陈翼科	苟少辉	范博宇	欧世星	欧阳星光	罗 爽

罗　斌	罗　磊	岳铭杨	金　涛	周文兵	周庆鹏
周利波	周　雨	郑炳头	郑晓虎	郑　惠	治　曦
孟齐志	孟维岩	赵天晓	赵文杰	赵东旭	赵　乐
郝士光	郝文腾	胡　纯	柯　睿	相　帅	柳　冰
侯　党	洪　磊	耿思同	贾文鹏	贾　佳	夏义洲
柴振攀	党垦原	徐云峰	徐尉洪	高　凡	高寰宇
高　鑫	郭文娟	郭丙壬	唐小佩	唐　陈	陶俊宇
黄立函	黄传曦	黄　余	黄启运	黄忠杨	黄卿明
黄　超	梅宏礼	曹　禹	盛晨炜	常　帅	崔峻搏
崔　超	梁　倩	梁　斌	梁　霄	扈晓敏	董大巍
董明真	蒋志成	蒋金阳	韩智杰	程　刚	程　斌
童晓煜	曾宪稳	强　皓	靳举重	詹思源	阙嘉程
窦　策	蔡静楠	颜　琦	潘　聪	薛仁杰	薛永强
薛利强	戴山佳	魏诗林			

车 辆 工 程

王志鹏	王淏楠	王鑫彤	孔德宇	白志聪	皮先伦
朱佳佳	刘本勇	刘　帅	刘新雯	刘　赛	孙廷浩
孙寒杰	李尔默	李有焘	李旭弘	李　阳	李志军
李　杨	李玺业	李　辉	李智宇	杨旭东	何永健
何君华	余海龙	汪武训	汪　钰	张　东	张　军
张连德	张颖麟	陈亚珏	罗俊峰	赵雪松	赵　森
赵　耀	娄诗烨	姚　旺	秦博男	袁　磊	高天熠
郭　航	郭锦锋	海婷婷	谈　天	彭　玺	童生华
曾日芽	楚思晗	廖　哲	谭森起	黎　驰	潘　岩
薛　超					

工 业 设 计

万　金	王学倩	王舒郁	王静雅	牛宣权	叶振鹏
毕钰晨	刘珊珊	刘　硕	刘　婧	刘睿琪	孙　畅
纪　琭	杨思超	吴文昊	吴朝阳	沈　洋	宋樱棋
张云帆	张　平	张莹珏	张　博	张源耕	陈　念
陈德勇	柏　璐	姚玉洁	郭丁彰	唐小乔	黄智行
曹　莎	崔天奇	符金健	续　爽	谢洪涛	鲍春雷
蔡　萍					

建筑环境与设备工程

王 珊	王笑吟	王雅玲	古思思	左明伟	石 磊
叶秀辉	吕孟强	乔康吉	任 义	李公一	杨凤苗
吴 桐	佟新宇	邹佩轩	张 轩	张泽宇	张泽宇
陈志奇	陈 胜	邵俊斌	罗 瑜	金晓媛	金梦菡
周 静	胡卫丽	施文慧	姜 超	聂 鑫	柴 唱
殷涛涛	黄丽青	曹 峰	梁天均	梁 爽	董 倩
童曲阳	曾 晨	樊学海			

热能与动力工程

于泽沛	马飞虎	马平华	马 娟	马 敏	王小荣
王文科	王志超	王西鑫	王学文	王 敏	王 康
王 琛	王 蒙	王 鹏	王 端	王 磊	王 璐
元一龙	韦海林	毛 琪	邓升安	古鹏梅	田小康
田辉武	冯乃武	匡宇宵	吉家宾	成 亮	师铭泽
曲恒宇	吕嘉伟	朱晓玉	刘 伟	刘兆森	刘兴文
刘志超	刘 杨	刘丽平	刘建国	刘 威	刘思涵
刘倩颖	刘磊磊	齐 骏	汤 珏	许海涛	孙亚伟
孙依帆	孙宜轩	孙 楠	孙 赫	苏瓦提·波拉提	
杜 未	李 东	李弘炜	李则卉	李劲松	李佳欣
李相澎	李哲然	李彬洁	李 飘	李 鑫	杨全坤
杨衷杰	杨 晨	杨 智	杨 婷	肖吾才让	吴生慧
吴能凯	谷 京	邹振飞	邹德伟	冷绍泽	沈思渊
宋玉鹏	宋伟光	宋凌戈	张 沛	张欣蕾	张征东
张 赫	张 磊	陈永杰	陈则贵	陈庆楠	陈绍华
陈彦良	陈哲宇	陈 超	林江鹏	林勇磊	周炫杰
郑 杰	郑 政	孟 阳	封冠男	赵浩翔	胡广达
相梦如	施王影	施洪基	骆 森	秦修远	袁 景
贾亚伟	晏雪娇	钱 元	徐科珺	高 扬	郭亚楼
郭 伟	郭 媚	郭霄宇	涂 政	黄居安	黄 烁
曹晓雨	曹新平	符鹏飞	章君韬	蒋滨繁	韩睿霖
喻宏伟	舒 建	雷章萍	窦欣蓓	熊 瑞	潘 尚
薛飞扬	戴椰凌	魏长鸿	魏润枝	魏 琳	

物 流 工 程

丁　双	于立君	王　东	王宝梅	王　益	王　博
王　翠	井慧芳	石　静	叶志光	叶　松	叶　婷
田文振	刘　旭	刘　硕	许悠然	孙阳君	牟凌雨
李乙娜	李如月	李莹莹	李　钰	李　蕾	杨惠琴
吴平宇	吴佳轩	岑钧均	汪登佑	张　宁	张　辰
张　轩	张　勇	张效华	张潇予	林祎祎	罗　磊
周丁康	钟　毅	袁　青	贾　楠	徐　达	徐　堃
高立霜	郭清扬	黄巧玲	常文静	常继飞	崔　琪
梁咪咪	韩春涛	程思远	程莎飒	曾淑云	蔡仕俊
蔡　宇	蔡瑞璇	潘凌昊			

艺 术 设 计

于　蕾	马慧娟	王　珏	王　亮	王　娜	王　硕
毛子彦	石梓洁	朱　腾	任　森	刘运非	刘佳欣
刘蓉蓉	许　可	孙　娟	李怡晓	李晓萌	李颖华
杨柳笛	张安琪	张璐璐	周介铭	周　鹤	屈晓林
赵国超	赵雪飞	胡晓雪	袁玉凤	倪　敏	徐梦诗
涂　松	桑　浩	曹佳丽	鹿时建	董文强	董向南
韩利鹏	甄轶群				

2012 年

机械工程及自动化

丁鹏宇	于华森	于浩波	万元宇	万　珊	马　用
马利强	马　杰	马顺宝	马锦玲	王士豪	王少显
王正伦	王兆中	王　金	王　顺	王晓峰	王　康
王绪丰	王超杰	王博群	王　植	王斌忠	王　强
王　灏	扎　西	文伟明	尹和山	邓蹇超	甘君宇
艾敬书	卢日星	卢明华	申屠跃辉	田　闯	田宇瞳
丘启平	付　饶	包振男	冯亚东	冯智猛	冯道方
吕斌斌	朱中静	朱金凤	朱咸斌	朱浩民	朱维帅
任晓文	庄　璐	刘少鹏	刘　东	刘仲夏	刘国权
刘　畅	刘金童	刘　烁	刘洪源	刘洺锋	刘章龙
刘雍璋	刘　聪	齐孝悦	齐　鑫	关　硕	江伟文

汤嘉越	安元卜	孙 文	孙汇江	孙恒强	孙 宾
牟忠强	牟博男	苏 阳	苏晨璐	杜金磊	杜俊龙
杜毅程	李中南	李 宁	李 尖	李后进	李亦然
李应哲	李卓然	李京津	李 洁	李晓峰	李康佳
李 潇	杨汉平	杨建华	杨梓童	杨 磊	肖佳乐
吴文昊	吴加跃	吴建伟	吴建洲	吴威龙	吴俊龙
吴菲菲	吴 超	何川阳	何 涵	邹 彪	沈良进
宋枝蔓	宋国涛	宋 鑫	张仁仁	张 帅	张宇菲
张沛然	张 坤	张 杰	张 雨	张 昊	张国龙
张佳康	张宝岐	张复建	张洪浩	张晓龙	张浩然
陈乃新	陈元本	陈 宏	陈赵俊	陈哲昊	陈 超
陈新华	陈 磊	范大卫	范云飞	范晓铎	林 杰
林洁琼	罗长保	罗迪凡	金 祥	周文杰	周 宇
周杨松	郑子牧	郑永泽	郑承昆	孟广泓	孟朝炜
赵一锦	赵 帅	赵 回	赵 典	赵 恺	赵峰轩
赵 康	赵 婷	胡 宇	胡忠阳	胡 鹏	胡潇潇
钟奇龙	钟思平	钟智颖	侯栋文	俞杲杰	姜小宇
姜洪晓	贺 凯	秦天浩	秦 浩	贾丽娟	钱 讯
钱清婷	徐 沙	徐佳男	徐 锐	徐鹏举	殷建林
翁玉宇	高浩强	高鹏飞	郭孟春	唐良良	唐浩楠
黄立宇	黄兴元	黄 昊	黄国荣	黄俊忠	黄敏敏
黄 鹏	曹永坤	曹 征	曹 煜	崔建京	崔建鹏
崔振东	崔鑫蕾	梁 凯	梁经玮	尉 蔚	彭桂腾
董 岩	蒋志敏	韩 林	童 心	曾 佶	富辰瑶
谢天添	鄢宇勤	靳腾飞	蒲松松	蒙明华	赖仕林
路 迪	詹闻喆	窦致夏	蔡晓强	谭 庆	谭俊强
熊茳菲	熊 胜	樊文庆	樊 茂	滕宇奇	颜弋凡
潘 登	戴一鸣				

车 辆 工 程

王文鑫	王向锋	介 伟	孔德哲	书 伦	左 前
史开元	付 毅	宁洁清	吉 晶	朱 涛	刘天雷
刘红梅	刘忠祥	刘学军	苏明宇	杜国辉	李 丹
李 佳	李佳妮	李 晨	李敬洋	李 想	李鹏飞
杨丽蓉	杨烈奔	杨 瀚	肖小凤	肖 钰	吴 飞

吴　越	何　宇	余　泳	邹　柠	张　勇	张晨曦
张　琪	张　朝	张喻涵	张楚源	张　瑾	陈坤煌
陈　焱	郅　慧	周小钧	周卓异	周益雷	赵晓燕
赵　菲	郝德光	胡杰伟	胡梦雅	费振南	袁细祥
高　伟	郭世通	郭墨涵	唐　炜	涂狮鹏	梁佳华
曾楷腾	靳国路	蔡　钰	管一臣	魏春光	

工 业 设 计

于修坦	王月菊	王为栋	王　劲	王梦尧	王　硕
王雪君	牛萌萌	毛亚宽	冯　瑞	刘会芳	刘　柯
祁　欣	祁　粲	杜悦萌	李光敬	李函泽	李彦潮
李　航	李　晨	李琦冉	杨　然	肖博文	吴天琪
吴晓刚	宋　艺	宋　立	张　媛	陆　静	陈小西
林　霄	周　佳	赵　青	赵　静	侯宪达	殷靖越
唐瑄孜	彭志超	葛小格	傅　伟	温　馨	谢　朗
潘路茜					

建筑环境与设备工程

于斌韬	万海旭	马　鹏	王正宇	王　宁	王　远
王志华	王思正	王熙竹	牛旸旸	方　钦	刘　达
刘　芳	刘　玮	刘瑞琪	汤京华	祁逸卓	孙凡卓
李永杰	李　妍	李　森	杨　硕	张宇宸	张晓杰
张铭健	张淑芬	张维升	陆禹名	陆晓玲	陈枭鹏
陈耀冉	茅阿潇	林雪银	罗丞朝	季　忆	周金龙
郑露霞	项　楷	胡乃元	施冯斌	袁振乾	剡婧婧
黄　昕	梁灵娇	彭　宜	董　颖	韩金权	韩　策
焦　彤	曾亚静	曾　昱	廖智松	熊鹏飞	

热能与动力工程

丁俊杰	马永乐	王　旭	王志豪	王奇明	王　明
王秋鸣	王将平	王晨曦	王　超	文羿诗	邓　阳
邓钰骞	田佳垚	白子琦	冯　博	司腾山	吕兴亮
朱成会	朱雪艳	乔津津	邬云鹏	刘兆祥	刘晓川
刘恋至	刘滨玮	刘　鑫	安苛苛	孙立松	孙泽义
孙逢辰	杜俊彦	买吾拉尼·阿尤甫		李士明	李风雷

李甲珊	李 达	李杰聪	李金峰	李建森	李思博
李晓颖	李 晗	李皓月	杨立力	杨 超	杨 鑫
吴飞舰	吴 玮	吴若琳	吴 洋	何 旭	何城炽
何 莹	邹瀚影	汪正涛	宋义涵	宋 灿	宋朝辉
张 凡	张文博	张旭东	张远航	张宏伟	张定瑞
张荣钊	张 振	张 真	张 辉	张嘉奇	张 睿
张澳清	陈 戈	陈旭东	陈 宇	陈冠中	陈晓楠
邵 将	武文臻	林雪枫	林琪皓	金修丞	周元超
周俊杰	周 晗	庞泽鑫	宗文坤	赵云洋	赵 星
赵 健	赵培旭	赵新多	胡金月	胡 亮	茹 雷
查 普	柏 硕	侯 业	姜 锴	袁璐凌	耿亚东
聂日辉	聂显铧	夏建童	顾 涛	徐常皓	高邦淦
高雅楠	郭子琦	郭良锐	郭 佩	郭 浩	浦碧露
黄泽宇	黄 新	曹 鑫	常耀予	崔 凯	康 艺
章 诚	蒋慧晶	喻绍飞	程业春	储 杰	童云宇
谢 升	靳碧涛	臧雪静	裴时俊	冀 强	魏文涛
魏海康					

物 流 工 程

丁 颖	于 鹏	马程远	王本尚	王仪坤	王 远
王 建	王 勇	王雪莲	毛 晨	刘一默	刘 羽
刘夏晶	刘海笑	祁美桥	孙 跃	孙 琳	李昕祎
李春媛	李艳琪	李雪莲	李奥杰	杨 玥	杨俊丽
杨艳楠	杨 雪	何 宇	何翠云	余 凯	张之涵
张巧钰	张舰云	张 越	张燕秋	陈 明	陈俊伶
林莹璐	周大洲	周洪宇	郑艳玲	赵 钦	赵 瑞
胡 迪	徐振武	高东亮	高 娟	郭佳鹏	郭俊杰
唐 宁	崔译文	隆淇卉	程 凯	傅芳艳	蔡 申
蔡贺贺	裴泽平	谭红应	樊 榕		

艺 术 设 计

丁洪浩	马 旺	马 萌	王三羊	王志鹏	王佳琪
王 威	王凌岩	王 菲	王 硕	厉 源	朱鑫影
刘亚娟	刘译泽	刘硕洋	刘博雯	刘静雯	孙 平
孙继玮	李 珊	吴 冰	吴晓旭	谷盼盼	张青楠

张　亮	张钰曼	张雪婷	张婧涵	张雅平	张　颖
金钰奇	郭文惠	郭晓静	郭慧榕	唐恒右	崔永俊
梁宇潇	董浩程	韩　旭	谢小红	裴宸震	

2013 年

机 械 工 程

于子雄	于炳涛	口彦龙	马旭刚	马彦鸿	马鹏飞
马　腾	王大玮	王卫峰	王少兵	王玉峰	王巧平
王　帅	王吉鹏	王延青	王向乾	王江江	王志康
王志富	王　妍	王　杰	王凯华	王岳茹	王周兴
王春阳	王革明	王彦钧	王美钦	王恒旗	王　康
王　琛	王湘龙	王路加	王新苹	王滨雁	王嘉星
韦云鸿	韦国宁	牛广春	牛威震	牛星宇	亢雪峰
方贤亮	邓　洋	邓　霜	左世鹏	占翔南	田孝猛
田超然	田　强	付登科	代　玥	丛文韬	包龙飞
吉鑫城	同一帆	任　尧	兆振宇	邬贝特	刘　云
刘文杰	刘召林	刘庆旭	刘志成	刘志彪	刘明亮
刘径舟	刘　洋	刘津良	刘晓豪	刘倩男	刘乾坤
刘铭伦	刘　媛	刘瑞雪	闫成龙	闫雨涵	许泓宇
许奎举	许桐晖	孙雨飞	孙　超	孙　博	阴鹏艳
杜　畅	李元思	李连福	李坚定	李卓燃	李昊宇
李建冲	李　勇	李　浩	李晨曦	李　博	李　腾
李增富	李镇炜	杨帅杰	杨华琴	杨志尧	杨志恺
杨青鑫	杨　雨	杨昌鹊	杨　炯	杨洪东平	杨紫阳
肖　旭	吴　健	何红红	何国彬	余　灵	邹广森
辛浩然	宋　安	宋雄康	张　力	张立弘	张立昕
张志宇	张利名	张希琛	张明亮	张金霖	张泽洲
张　威	张娜雯	张　爽	张逸舟	张超华	张誉翰
张鑫桥	陈　兵	陈明坤	陈慧杰	陈　翰	陈　璐
邵博庆	林轩增	林树林	林　亮	明志鹏	易　岩
罗志刚	罗　昊	罗建园	罗静心	周　龙	周　全
周兵营	周英翔	周　峰	周家立	周祥聪	周程瑜
郑　科	郑鸿强	屈佳庆	孟　岩	赵世通	赵亚辉
赵霁野	郝勇凯	郝锦岚	胡子星	胡俊杰	胡　啸
查明玮	侯小成	侯泽昊	施剑睿	秦艳平	耿　赛

徐　才	徐英恺	高艺丹	高东昕	高占友	高伟晋
高　畅	郭建强	唐　丹	唐　莹	唐敏杰	唐　辉
海　青	陶　剑	姬波林	黄小海	黄光远	黄　婷
崔梦嘉	梁　山	董亚飞	董倩倩	蒋飞鸿	景云鹏
程一坤	程书培	程玉亮	傅　也	温国栋	温胜涵
赖娅翎	蔡潇瀚	廖学知	熊　胜	樊依圣	樊晓东
黎天畅	戴玉国	魏　宁	魏安安		

车 辆 工 程

于欣楠	王　阳	王莎莎	王　钰	王敬虎	王鹏超
王　麟	牛子刚	邓治超	邓淇夫	甘　鑫	皮新成
邬杨明	刘虹晓	刘　秋	刘　舸	闫书宗	许桂铭
许凌贵	苏向阳	李飞飞	李佳楠	李宗玉	李春雄
李　洋	李　维	李韫笙	杨　方	杨　帆	杨旭东
杨盛开	吴龙正	何兴顿	汪世营	沙　震	张一鸣
张　佳	张郑武	张强强	张煜鑫	张藜千	陈李帮
陈佳傲	金成树	金哲曦	郇双宇	胡波迪	柳添琦
郜嘉鑫	段智林	徐　彪	徐　斌	高小凡	高　旺
高翱冉	黄　莹	梁水林	梁统一	逯世玉	韩雨麒
韩　峥	粟　瑶				

工 业 设 计

王雨菲	王明刚	王思佳	王津津	王浩歌	申璐瑶
田昆青	冯　甜	刘欢欢	刘　硕	关冬睿	李子薇
李思琦	李洁瑶	杨澍田	肖诗雅	吴智苑	宋　熠
张艺纯	张文姣	张　珊	张瑞伦	陈　刚	陈安东
陈　佩	陈　烨	陈　鹏	明　凡	屈子悦	费　腾
钱　朝	徐子越	高　星	郭　森	董　晶	韩金轩
惠　蓉	程椿权	谢婷婷	靳惟一	蔡　昱	廖宇芳
霍建军					

视 觉 传 达 设 计

于雅菲	王敬泽	支杨程	印田甜	冯　琦	刘先峰
刘　萍	李玉洁	李芳舟	李沛江	李金山	李怡林
李盈盈	李祥玉	李　涵	李雅娜	李瑞雯	杨一帆

谷雨杉	宋云鹏	宋化雯	宋 玥	迟玉心	张天豪
张 仟	张 振	张浩哲	武雪梅	苗孟荿	罗绍忱
赵 阳	郝泽宇	洪江定平	耿焕豪	徐冰倩	高伟斯
韩 雪	颜思彤	薛银臣			

物 流 工 程

千山雄	王天男	王 丹	王世洲	王 成	王禹铮
王喜爱	王楠楠	文雪卿	史恩可	史静雯	仲天琳
刘军义	刘承林	闫 蕊	江家兰	安佰开	许雅星
孙洪见	李一楠	李昌金	李 珺	李梦雨	李涵轩
李博超	杨 凯	杨 婧	肖 晓	吴光谱	吴 蓓
何小妹	何季芯	沈先利	张宏刚	张婧博	张 然
张 潇	张 薇	张 露	陆艳玲	陈敏琦	陈 超
苑向云	周 柳	赵玉婷	赵浩勋	桂 聪	贾叶玲
倪 楠	徐天峰	徐 宽	郭海容	郭 强	姬 轩
龚世泽	寇贞贞	彭 博	董竹青	韩 冰	程雁宇
傅国绩	傅雪凡	雷传锦	戴暮云		

2014 年

机 械 工 程

丁 恒	丁毅冰	于宪元	上官泽钰	马胜鹏	马登元
马瑞峰	王 力	王小东	王文宇	王文杰	王文娟
王发存	王圣权	王有林	王 帆	王兆轩	王庆升
王志伟	王志洁	王言任	王若筱	王 杰	王 明
王佳明	王岳正	王钦钦	王弈龙	王冠雄	王 莉
王皓然	王锡哲	王稼祥	方 圆	方智龙	孔泽锦
甘生雨	田丹凌	田 波	史 力	冉小川	冉紫玮
付浩成	白景虎	边 远	边博琨	师博雅	吕 冲
吕能斌	朱虹宇	朱俊桥	朱冠伦	朱 阔	庄梦轩
刘 叶	刘旭鹏	刘苏宁	刘佳澄	刘 峥	刘炳辉
刘 洋	刘恩敬	刘 继	刘 镭	齐文博	闫宇泽
许 鹏	阮鹏飞	孙书剑	孙旨安	孙思远	孙 斌
芦 欢	杜德渝	李卫文	李长城	李化洋	李扬梅
李宇恒	李 旺	李 明	李明珅	李 波	李星烨
李 洋	李 根	李 展	李继周	李梓源	李 锦

李慧彬	李磊	杨光	杨阳	杨露	吴友琪
吴世超	吴昊天	吴秋冰	吴梦瀚	何玖蓉	何强
何韵	邹帅	邹捷	汪玉浩	汪晗	沈国瑞
宋宇航	宋政林	迟骋	张万年	张义	张天乐
张志峰	张彤伟	张玮珺	张洪达	张峰	张海滨
张榆	张鑫磊	陆业衡	陈子龙	陈书清	陈业胜
陈齐	陈红桥	陈岳	陈治淇	陈星宇	陈俞
陈铎	陈锐	陈傲	陈渝阳	陈鑫威	武子豪
苗卫首	苟钦	范城城	林木音	林武艺	欧珠次仁
明久益西	罗星	罗家鹏	罗磊	罗攀	周彤
周贤松	周嘉诚	郑宸	郑淞元	赵圣晨	赵俊杰
郝诗文	胡飞	胡仁宇	胡亦思	胡朝宇	胡蝶
段海成	侯学敏	姜立达	宫盛瀚	秦德浩	袁雪
贾彦昌	贾蕴豪	徐子文	徐平湖	徐宏白	徐祥云
徐晨阳	徐翊轩	徐鲲鹏	高天翔	高文斌	高宗觅
高浩洋	郭一冉	郭祖旭	郭海东	唐澎	容永丰
桑世兴	黄子帅	黄天元	黄会东	黄树芳	曹桢锴
戚伟	龚平	龚必成	龚健	崔帅帅	崔禹恒
康瀚文	葛祥子	葛葳	蒋世全	蒋志兴	韩一菲
韩成	韩轲鑫	韩玺	覃恣凯	程时意	曾凯
曾祥永	温征	蒲浩	路宏远	詹达标	慈岩
蔡立成	蔡仲恒	蔡竞东	谭阳	谭星	熊鑫
黎泽彬	潘田华	潘发明	戴安怡	魏宗智	

车辆工程

王宇晨	王志超	王贵林	王强	王靖凯	王横
牛振兴	方华珍	左明聪	卢甲	冯佺	司马浩东
朱铭	刘晓坤	刘峰	刘海峰	刘瑞瑄	刘燿瑄
李乐山	李雨航	李易峰	李家俊	李彩龙	杨光华
杨林	杨率	宋高明	张天福	张元清	张伟
张振宇	张哲	张鸽灵	张煜	张殿坤	陈子豪
陈泽辉	陈鹏丞	邵乃仕	林容州	欧阳宇航	罗家璇
周致成	胡生国	郦鹏	厚花雨	钟家杰	段晓辉

姜健祺	徐晓宇	翁梓峻	高　岱	高　晗	黄喆馨
黄潇辉	曹建平	康朋瑞	宿　桐	韩军立	韩瑛奇
焦冠红	湛彦钦	蓝贵宗	熊　亮	颜鲜鹏	

工 业 设 计

丁若洲	卜　帝	卜燕妮	马可心	王雨佳	王佳雪
王京京	王祺正	王馨语	从　鑫	文　雪	尹润恬
卢星晖	田立雪	向方宏	许　涛	许　琳	李　丹
李佶阳	李晓松	李梦婕	李　歌	杨　娟	杨　爽
吴雨佳	张　炎	张梦竹	陈宝雯	陈晴晴	范思远
林梦婷	孟　梦	赵　鹤	侯伟健	姜欣雨	晁梦南
崔　滢	康　悦	董锡涛	焦敏蕊	蓝小青	路彦坤
熊霖胜					

视觉传达设计

于　飞	马　丽	王天娇	王　原	王家赓	车尚蓉
田　曼	朴清心	向昱蓉	刘　帅	孙丰晓	苏春朵
李玥琦	李雨明	李　莹	李晓雯	张丽丽	张译允
张　博	张紫金铃	张　静	张　赟	陈玥彤	陈　璐
林凡茜	周　婷	庞文娟	胡丹琦	饶星星	高小婷
高　鸾	郭飞云	郭绍晨	黄　泷	黄梦瑶	曹家萌
曹靖雯	程　岩	谢宇星			

物 流 工 程

王冰倩	王　芳	王　悦	王晨阳	成　鹏	朱诗敏
朱孟峰	朱雅坤	刘佳慧	刘徐畅	刘韵婷	刘　静
安留福	孙　宇	苏清扬	李明亮	李　俊	李　姣
李　晶	杨逸雯	肖　翔	吴婧萱	吴颖倩	何锦轲
谷万成	张人杰	张　宁	张兴宇	张宇涵	张泊宁
张弈秋	张　甜	陈　凡	陈佳豪	陈秋扬	陈翔宇
范秀哲	林　坤	林　源	罗鑫珍	周明珠	周　娇
宗显惠	胡莉飞	段国芳	原景成	徐子凡	徐向青
徐　洲	高　帆	唐琦章	黄富胤	曹兆燊	曹　淳
崔丽媛	梁　雨	彭　辉	董晓涵	韩帅阳	韩佳豪

2015 年

机 械 工 程

于海亮	于铭洋	马夏生	马晓平	王广鑫	王子明
王飞	王文杰	王茂安	王泺评	王姐	王俊峰
王闻默	王值	王涛	王彬	王彬权	王笛
王喆灏	王辉	王程允	王雷雷	王鹏皓	王福兴
毛红生	方平	计彩银	尹佳琦	孔德坤	巴光明
邓昱铭	占伟	旦增晋扎	叶靖宇	田士辉	田文君
田世文	田雨	付怡宁	宁彬	光浩然	吕长怀
朱子青	朱家庆	刘帅	刘宇	刘志高	刘连星
刘钊	刘松	刘建泽	刘思哲	刘铁柱	刘效飞
刘梦甜	刘跃龙	刘鹏	刘磊	刘瀚文	齐冠恒
关伊哲	江菡	汤亿鹏	安庆	许仕杰	孙为彬
孙处城	孙前进	孙培然	孙鹏	孙慧宇	李子继
李方时	李玉峰	李加桉	李再鑫	李向东	李明亮
李知桓	李佳霖	李泽捷	李昶宪	李浩	李清
李瑞杰	李腾	杨子腾	杨兴	杨远翔	杨高原
杨康	连博	肖欢	肖严	吴亚雄	吴先提
吴志佳	吴忌	吴林桐	吴海瑞	别钰涛	何伟
何京玮	何致勋	余天宇	汪广	汪鑫	沈宏达
宋翔宇	张义	张艺	张月阳	张正祺	张帅
张百清	张灯	张驰	张志伟	张松	张国强
张晓	张敬涛	张晴	张嘉东	陆维明	陈云龙
陈玉婷	陈世杰	陈帆	陈育成	陈海军	陈瑶瑶
邵洪帅	武敏	范人杰	范秋澂	范鑫宇	林少镔
林佳巍	尚锦奇	罗垚	罗智杰	金也栋	金康宁
周兴宇	周远清	周昭丞	周梓锟	周碧宁	郑香君
郑淇	郑植	郑嘉琪	郑耀毅	赵云宝	赵俊鹏
赵崇深	郝李子翼	荆培渊	胡朔	钟文豪	钟赫赫
侯彦朋	侯朝阳	祝宁	袁文辉	聂昆	贾爱斌
贾朝翔	夏胜超	晏威	钱经纬	徐龙圆	徐志辉
徐英豪	徐柯	徐德明	奚先进	凌志威	高思远
郭佳琦	黄月鑫	黄泳诚	黄城宣	常小宝	崔北洋
符志谋	康奇	谌能杰	董良玉	韩梓腾	景洲徽

程子冲　　曾崇年　　曾智康　　谢天宜　　谢劲松　　谢浩然
蓝必忠　　雷银锋　　路霄鹏　　鲍建桥　　解昊川　　雍晟一
褚伟成　　蔡　旺　　廖　宇　　廖梁贵　　樊江鑫　　德聪俐
戴深远　　魏　凯

车 辆 工 程

王宏轩　　王　俊　　石昆宏　　卢施颖　　白文杰　　刘昊钧
刘　畅　　刘思远　　刘懿德　　衣睿学　　江　敏　　汤明阳
阳　志　　李子涵　　李　帅　　李存福　　李　刚　　李桂鹏
李航宇　　李　盛　　李　涵　　杨江飞　　杨斯奇　　杨瑞恒
邱维强　　何小增　　余　启　　沈晓飞　　张　达　　张　延
张　杰　　张凌钰　　张　堃　　张豪杰　　陈泽龙　　陈璇琪
邵子豪　　武俊雪　　郁映伟　　罗　聪　　图力古尔　岳琪东
周　涛　　周　蕾　　孟凌霄　　胡孟杰　　柳朝阳　　柳鹏飞
袁陪钜　　耿瑞祥　　贾荣浩　　钱　程　　凌　晨　　郭永杰
郭　旭　　席玮航　　唐新港　　陶洪达　　蒋　帅　　韩志琦
焦　倩　　赖薪宇　　魏有杰　　魏鹏程

工 业 设 计

王婉瑶　　王静祎　　王慧君　　方　超　　卢思含　　田　晔
田恩泽　　付柳源　　代馨怡　　巩诗航　　任泓泽　　刘语嫣
刘曼曼　　刘　森　　闫文振　　李双旭　　李　冲　　李昕翌
李知颖　　李晓燕　　李婉莹　　杨伯达　　何沁茹　　余洋杨
初梦迪　　张少焕　　张凌宇　　张瑛博　　陈雨露　　陈　鸽
畅敏丞　　易珍瑞　　罗　飞　　郑韵臻　　赵凯旋　　胡孝鑫
徐　巧　　徐　慧　　唐倩茹　　唐　敏　　章宝强　　章　睿
淮一彬　　蒋　均　　储丹红　　曾美涵　　綦　磊　　魏恺寰

视觉传达设计

卜祥非　　王艺诺　　王若岩　　王晨阳　　王　媛　　王新磊
牛　轩　　文　珂　　甘林梓　　成晟慧航　朱婧玥　　全烘辰
庄宏美　　刘子暄　　刘泽振　　米若兰　　孙　瑞　　李佳鑫
杨　延　　杨　硕　　何逸舟　　余美霖　　邹英妮　　张　文
张宇璇　　张欣岩　　张思琦　　张　森　　林存彤　　赵元成

赵泽维	贾稀荃	曹晋	康家宁	隋雪飞	葛鲁月
董佳运	喻凡卉	焦阳	谭欢		

物 流 工 程

王雅迪	王皓晴	王煜	叶得力·吐尔逊江	冯汝琛
吕学谦	竹益	仲可欣	任思源	伊丽达娜·安尼瓦尔
刘大群	刘永淳	刘安宜	刘家铭	刘雅涵	阮若凡
孙玉菊	买力都尔·海拉提	苏琬茵	苏碧·毛力提 李彦霖
李梦泽	杨阳	杨红霞	吴越	佟延武	汪和瑞
宋文倩	张竣博	阿尔法提·阿不拉江	陈子豪	邵仕奇
金天龙	周映雪	庞亚茹	赵锡园	胡华清	姚轶溥
贾梦蕾	徐凡思	徐精聪	郭陆	曹吴新昊	曹明强
曹铮	曹婵媛	崔珂成	蒋佩书	韩慧稚	傅宝谊
曾昕	曾妮	曾瀚萱	谢子润	甄晓阳	谭锐轩
潘家豪					

新制造工艺（双培）

马旭晨	王昊雷	王春阳	王朗	邓子微	白雪松
朴慧文杰	任子玉	任家澍	刘港	孙旭辉	孙浩宇
李子信	李帅忱	李宁	李民昊	李伯琛	李奕孛
李炯昊	李晓然	李鹏琳	张冕津	武涛	周继仟
周紫阳	赵旭	班兴伟	贾雄博	崔鑫跃	彭宇
蒋凯	魏立奇				

2016 年

车 辆 工 程

王贵州	王美军	占勇	付高烽	巩寅初	刘子博
刘帅康	刘思慧	刘继伟	闫浩淼	贡哲蓉	李涛
杨仕昆	杨桓	吴晓飞	吴晓东	余勇	张宁豫
张李晓清	张庚	张恩光	张镇	陈宇航	陈佳鑫
陈真	陈鹏宇	武富成	范荣	欧万豪	明昊
罗威	郑滉清	赵飞鸿	赵亚楠	赵晗	胡瑶
贾一飞	柴维军	高玉聪	崔浩	梁琪明	董国新

粟勇开	程响娃	程　前	曾子豪	谢　辉	魏诗航

工 业 设 计

丁笑雪	王宏远	王　越	叶子奇	曲雨璇	朱小文
刘小玉	刘怡然	刘雅雯	许添翼	杜怡诺	杜　莹
巫梓雯	李艺君	李雨童	李晋轲	李静媛	李　慧
杨添铄	杨　澜	沈京瑾	沈香凝	宋嘉慧	张　冉
张　拓	张晓妍	张浩然	张悦凯	张铭鑫	张　篮
阿迪亚	陈西雨	陈郁林	罗浩强	周姝男	郑钰琪
赵佩铎	姚克宽	班世清	袁若歆	高名洋	黄丽颖
梁　霞	惠楚航				

机 械 工 程

丁东豪	丁吉杰	丁　屹	丁春昊	丁思达	马旭宝
马　腾	王子啸	王天源	王少博	王玉卓	王宇欣
王　明	王金宇	王泓森	王柄翔	王彦文	王觉华
王　骋	王　铖	王笙壮	王敏达	王　添	王皓华
王裕凯	王瑞生	王　鑫	韦德坤	车　超	戈　坤
毛　剑	方博石	孔令婕	邓怀港	邓博文	甘　帅
石向阳	石家璇	田柏轩	冉子良	白　昊	白振杭
冯子阳	冯少凡	邢　峰	朱正妙	朱振宇	朱　睿
任天成	任天明	向羽洁	刘一周	刘子洋	刘圣瑛
刘　刚	刘明源	刘柏君	刘森铠	刘　黔	闫志千
闫静错	米　超	江　豪	宇文颖杰	安智多	安　鹏
许　瀚	孙学钰	孙海泉	孙梓恒	严春晖	苏从嘉
苏　道	苏恩承	苏继元	杜春龙	李一同	李天洋
李　尤	李志伟	李松涛	李佳蓉	李基宇	李晨曦
李　跃	李寅岗	李琦琦	李　雄	李嘉辉	李　澳
杨汉标	杨伟光	杨旭旭	杨启凡	杨泓哲	吴思雨
吴艳玲	何　平	何　彪	何登钰	余加祥	余泽阳
邹承宏	辛文彤	沈伓伓	宋　伟	张　刚	张时润贤
张　妍	张虎诚	张国钰	张昕予	张佳文	张洪瑞
张洪霖	张梦恩	陆子贤	陆计合	陈　龙	陈伟新
陈明娆	陈泗玛	陈俊全	陈哲闻	陈啸威	陈　想
邵云鹏	林明辉	尚恩东	明　晨	周龙飞	周军彪

周金航	周俊杰	周 康	周 博	宗俊杰	孟家南
赵正超	赵 宇	赵 安	赵启尧	赵佳琪	赵学良
赵保乐	赵洪达	赵 悦	郝 麒	钟海涛	侯东易
祝源茂	姚博涵	聂世琪	聂陈胜	贾延谱	贾 和
夏元通	恩 杰	徐一镝	徐瑞泽	高 亢	高宝旭
高晗曦	唐伟杰	唐嘉敏	陶 虎	黄 山	黄旭泽
黄国程	黄奎淞	黄鸿瑜	黄 越	龚建铭	常广义
崔山由	崔嘉萌	崔耀宇	章家豪	彭泽远	彭凌云
程 偲	傅有泽	曾子鑫	温 欣	谢海弘	靳弘帅
蒲 一	蒲 潇	雷 超	路广鹏	路惠雅	鲍帅平
蔡一豪	潘云帆	潘承钢	潘锐辉		

视觉传达设计

马 莉	幺馨迪	王艺燃	王 卉	王安雨	王晓彤
王 悦	王 雪	仝 祎	孙佳雪	李仁婷	李宗波
李朝琪	李 婷	杨娇娇	肖 爽	吴 琼	邹子巍
宋承鑫	张若瑜	张梦甜	张翘楚	张瑞丰	陈亚楠
范希冉	范博轩	金 赭	孟 昕	姜禾禾	秦玉娴
郭水秀	曾程伟	阚紫新			

物 流 工 程

丁 洁	马隆洲	王 会	王奇威	王思琪	王 彪
王 雷	甘炫烨	艾力亚尔江·吐逊江		田彦荣	付卓睿
冯润晖	冯银花	司聪敏	朱小龙	朱小桦	向楚枭
刘贺东	刘棋伟	李 扬	李宏博	李陆洋	李 晶
李锦林	杨皓宇	别木巴·叶尔丁巴特		余晓萌	沙振阳
张枫桦	张玲慧	张路路	陈 洋	陈 鑫	林志明
周玉霖	周 丽	周 锐	郑锦涛	赵梦雪	俞钊文
姜肖依	姜敏颖	袁若诗	贾泽强	夏 冬	徐 翔
徐靖雯	徐新悦	殷琦雯	高慕云	唐 雯	曹孟佳
崔建杰	焦宏伟	鲁 晓	蒲雪宁	樊霖青	潘 菁
魏林峰					

新制造工艺（双培）

王贺方	王 新	申艺石	刘 菁	李思晨	汪天琛

张宏新	张智敏	赵玺名	祝福鑫	高雪飞	常　旭
韩子健	谢裕祺				

2017 年

机 械 工 程

丁一航	丁庆庆	丁雨竹	卜少天	马兴隆	马守诚
马驰原	王小卓	王子锋	王世渊	王永强	王安琪
王　宏	王雨政	王明安	王泽昊	王泽鹏	王昱翔
王恺铭	王桢智	王润佳	王家伟	王　猛	王棋司
王　瑞	王新奇	车壮壮	毛讯辉	仇振业	方蛰禹
邓　羿	甘宏伟	石子焱	石恒哲	石　鑫	叶　峰
田喆炯	田惠东	付亿力	白调军	邢菲远	吕泽彤
朱子琦	刘有昊	刘　松	刘旺镔	刘　念	刘　洋
刘浩东	刘崇兑	刘敬铂	刘鑫宇	齐晨宇	祁永平
许云凯	许昊原	许　涛	阮立高	孙龙贺	孙传利
孙　汝	严　宽	杜佳佳	杜星剑	杜　瑞	杜　鹏
李丽琦	李尚峻	李国华	李　欣	李河颉	李　勃
李勇翰	李晓帆	李浩峰	李　琳	李新洋	杨万祺
杨　方	杨兴庭	杨　奇	杨恭领	杨　硕	杨锦波
杨　鑫	吾晨辉	吴云红	吴　杰	吴瀚垚	何治郎
何　骁	何　鑫	余司晓	谷浩林	冷仕军	辛　畅
沙仕苑	宋永胜	张　天	张玉林	张　宁	张全哲
张　宇	张杨徽都	张杰兰	张昊翔	张昕阳	张峥捷
张洪宇	张海峰	张　硌	张煦阳	张鹏飞	陆岳珂
陈天琪	陈文宇	陈至诚	陈　玥	陈泓利	陈泽民
陈学兵	陈俊禹	陈钰洲	陈新元	武海文	林　熹
罗山翔	罗泽超	罗　康	罗　斌	罗嘉豪	岳晓辉
岳宸宇	周　寻	郑文婕	郑　锐	孟铃辉	赵士博
赵海晶	赵婧如	胡云偲	胡　艮	胡富家	钟　举
侯映江	侯　森	姜云译	姜世鸿	姚冬宇	耿　直
聂硕硕	贾长举	贾　兵	夏宇航	夏承栋	原海峰
钱正鹏	徐华建	徐　竞	高亚林	高路平	郭　坦
郭凯龙	郭佳华	郭　彬	郭清杨	唐　露	陶苑玫
黄小银	黄　宇	黄敦亮	曹文华	曹　帅	曹晓曦
龚定辉	崔文龙	崔　瀚	彭廷杰	彭　宇	蒋京辰

蒋倚昀	韩应锐	覃禹宁	覃康昊	程　辰	程雨欣
鲁博佶	曾　林	谢冉婷	谢奕楷	蒲裕华	赖睿华
雷泽阳	蔺渤航	熊　潇	熊鑫荣	额森尼	薛雨彤
薛继晓					

车 辆 工 程

于祯成	卫倬诚	王文乐	王金宇	王珑凯	王　洋
王家轩	王　硕	王　蒙	王　璐	毛　斐	邓子霈
艾智恒	白　琳	冯　浩	毕　然	吕振鹏	任　帅
向志海	刘少伟	刘仲文	闫昊琪	许博然	孙　存
严猛博	李小阳	李子安	李成杰	李卓伦	李明俊
李砚农	李筑涛	李锦江	杨　欣	杨海旭	杨媄涵
吴金哲	汪　振	张　昊	张铁成	张海烟	张　超
张　颖	张　鑫	罗登昊	洪文曈	骆　军	聂文龙
贾若铖	徐爽喆	徐凰健	郭晓东	郭瑞峰	黄炳昊
龚小杰	淖木图	鲁隽魁	雷川琦	裴树伟	潘柯达

物 流 工 程

王永焕	王　统	王　浩	王嵘森	王鑫阳	韦璐璐
支曈辉	石达飞	叶尔买克·阿扎提		宁柄森	任丽君
刘科毓	刘语燕	刘清俊	刘溯源	关智骞	汤隆威
许元振	孙启越	杜智祥	李天安	李美丽	李　晗
余子龙	余凯睿	沈国才	张玉倩	张永杰	张旭飞
张艳波	张雅琦	张福泽	张馨天	阿亚库孜·吾那尔	
阿依布塔·阿黑哈提		陈　林	陈　琳	陈锦波	林　浩
罗来成	周培俊	庞建琳	郑子晗	赵焜海	胡志明
姜林祥	姜紫祺	耿自宽	贾荣盛	徐锦希	高炜峰
焉正权	黄丰豪	黄振雄	黄皓麟	盖润峰	董含笑
韩东旭	谢　斌	缴连烨			

工 业 设 计

马正达	王佳雨	王　泓	王晓岚	王　娟	王铭骏
王璇洁	韦　桐	方宇润	方　潼	邓楠曦	左雅洁
任鑫睿	庄瑛梓	刘　艺	刘　钊	刘郁菲	刘　钰
刘望丁	刘　琪	刘鑫月	孙　敏	李双言	李金宇

李　宣	李简行	李　耀	杨　光	吴　环	何凯洋
何思琦	余美玲	宋柯红	宋冠瑾	张凯源	陈俊雅
陈　莹	金默也	周荣镐	胡思宇	侯颖洁	袁理锋
夏铭凯	徐庭焕	彭欣莹	薛阳繁	魏雨昕	

视觉传达设计

于思佳	于炳华	马明磊	马罕诠	王艺轩	王江伟
王雪妍	王雪婷	王雅卓	包玉良	刘心蔚	刘可心
刘林雅	刘雨芹	刘雪莹	那天禹	孙　扬	李昀蔚
李佳慧	李　音	李晓曦	李梦璇	李瑞琦	杨　楠
杨瀚辉	张金宇	张钰橦	陈　谨	邵新宇	季晨圆
周艺欣	赵晓萱	赵悦程	胡　伟	段宇博	徐苗苗
殷嫦越	栾艺萌	高佳乐	萨如拉	喻菁怡	阚星喆

2018 年

机 械 工 程

丁伏强	于浩然	马克骏	马　奇	马晓龙	马源伦
王士宁	王长云	王帅坤	王宇涛	王辰宇	王沐华
王国鸿	王明辰	王金龙	王　波	王　钦	王适之
王修康	王晨洋	王智超	王靖宇	扎西罗布	牛致远
方林凡	方　超	方鑫扬	尹苏豪	尹迎新	孔维冰
孔维康	甘婷娟	龙恒达	龙晓峰	叶浩然	叶　潼
申圣容	申佳伟	白卓明	白继超	朱　立	朱振忠
朱　涛	朱梁飞	伍世龙	刘千瑞	刘玉轩	刘帅坤
刘永顺	刘济帆	刘　洋	刘铭豪	刘嘉龙	齐需然
闫旭阳	闫好堃	关焱文	米玉龙	江凌宇	江智宇
汤恒坤	安奕韦	孙　凯	孙　博	孙紫燕	负嘉岚
严海龙	李井壹	李　达	李庆贤	李卓然	李佳程
李　珂	李奕扬	李振强	李家璇	李　祥	李展鹏
李梓珺	李嘉雯	李鑫宇	杨　扬	杨陈兵	杨昊晨
杨茜茜	杨铖武	杨　磊	肖岑岑	肖　烨	吴宇琦
吴若彬	吴　韩	邱天羽	何　军	何梓文	汪　超
沈安康	宋长杰	宋　扬	宋尚印	宋铖鑫	张天磊
张延峰	张行健	张　宇	张雨桥	张奇奇	张欣宇
张洪嘉	张凌浩	张海博	张展程	张焯严	张　豪

张豪杰	陈世龙	陈 光	陈肖熹	陈泓尧	陈学凤
范怡琳	林维鑫	卓海斌	周正强	周 成	周君健
周诗坤	周锦彤	周冀龙	郑子洋	郑泓浩	郑 洋
宗 瑞	郎志斌	赵 天	赵玉琦	赵晗宇	郝宇涵
胡宇昌	钟俊杰	段保同	段洛园	娄本康	祝 昶
贺昕禹	秦 骞	秦衡深	贾梓豪	夏泽宇	钱其乐
特灯贡	候圆龙	倪欣龙	徐湘云	徐 聪	殷韬恒
高小康	高 源	高 磊	郭子豪	郭丘羽	黄国锋
黄炫淇	黄堂锋	黄雲飞	曹 博	常 兰	常雪颖
崔帅威	盖晨阳	彭棹然	蒋一鸣	蒋美涛	韩阅泽
覃仕康	覃梦恬	程向茗	程泽臣	蒙 市	鲍彦池
蔡天舒	蔺明明	廖泓辉	黎 华	潘锦辰	魏江全
魏铄鉴					

车 辆 工 程

丁奕钧	马逸轩	马博文	王迥新	王鹏举	左中昊
卢家鹏	申世博	任建拓	伊力夏提·伊力哈木江		刘永特
刘成荫	刘英特	汤凯博	孙涛峰	孙海杰	杜扶起
杜 易	李志明	李 卓	李鹏斌	豆梓浩	汪 毅
沈鹏昊	张子龙	张世友	张自航	张 弛	张航启
张家腾	陈德龙	郑一开	赵国亮	赵振廷	郝 静
胡启翔	姜禹彤	敖钧霖	袁泷声	贾金龙	钱一骁
钱 硕	梅尧臣	曹 星	梁昊杰	董玥奇	蒋承言
蒋家豪	韩 斗	鲁江源	蒲东义	廖双霜	翟江伟
熊振锋	薛广宇	魏楠天			

物 流 工 程

马国豪	王金山	王隆阁	王惠苹	尤 杰	孔明威
邓 正	田正轩	任文涛	刘乐涵	刘 伟	刘昕妍
刘 倩	刘晨浩	刘嘉慧	孙鹏举	孙鹏程	苏 谨
李 凡	李文策	李 宁	李雨馨	李莎雅	李梦琪
杨哲轩	杨越川	杨嘉鹏	吴雨轩	吴庭仙	何其倍
张云红	张全昊	张明鑫	张 政	张紫瑞	张鑫垚
阿力米热·阿不都热西提		阿依波力·居马哈孜		陈怀璟	陈明苗
陈星橦	林 灿	林润晖	罗 同	金 典	郑宇涵

孟楷清	项　浩	胡涵之	姜　飘	聂世龙	
祖力甫卡·阿不来提		唐紫萱	黄胜渝	黄梓杰	渠　磊
蒋明君	鲁啸晨	蒲宣羽	黎学臻	戴　铮	

工 业 设 计

马培鹏	王贝贝	王　笛	区婧仪	石宇昂	卢林涛
叶泽华	过雅娴	吕祥仪	朱志盈	朱雨佳	朱　涛
刘宇航	刘幸远	刘　诺	刘曦明	许佳腾	孙陈伊菲
李一雯	李淑贤	李博淳	李　睿	杨雨潇	杨哲瀚
吴佳洁	辛治成	宋合拉·努尔达吾列提		张　正	张雨晨
张佳运	张宝顺	张保銎	张雅洁	张靖博	陈禹同
陈　雪	陈逸涛	林　婧	郑星宇	郑家荣	孟祥多
赵雨姗	郝乃丹	耿志鹏	高　源	章贤俊	黑　晨
税　波	谢心园	谢俊伟	谢　璇	褚羲和	慕翰泽
蔡东霖					

机 器 人 工 程

马瑜辰	王雨溪	王　普	许连成	许笃坤	李　硕
杨　叡	邹坤玉	冷吉龙	沈潇婷	张灿彬	张原文
张鹏程	陈文龙	邵光明	周展帆	郑煜才	赵维亮
赵德富	胡骁克	高湢铭	涂树旗	崔桐鑫	曾锦林
谢秉航	雷浩然	简宇辉	谭有芃	谭　涛	薛李斌

视 觉 传 达 设 计

马　丁	王乐洋	王宜璇	王俊祎	王振华	王歆博
左茜文	龙　洁	卢美冰	吕美琪	朱可心	刘正一
刘　芬	刘博庭	孙　琳	李一名	李辰熙	杨春新
杨晨璐	杨　清	吴承昊	沈　玥	宋昆泽	张文旭
张含睿	张晨娇	张　睿	张　滕	周　悦	房连雪
秦良禹	耿樱绮	郭聪翀	黄雨萌	崔乐新	蒋佳宁
韩　铮	程心玥	蒙依洲	詹子强	管浩辰	

2019 年

机 械 工 程

丁诗桐	于　奥	万　晨	马子龙	马　军	丰翊航

丰　景	王子龙	王子轩	王子伯	王忠虎	王佳力
王　勇	王晓伦	王润梅	王　捷	王敏贤	王清翟
王智玄	王鮏悦	王璐曼	车存贤	仇欣悦	孔祥禄
孔德鑫	邓皓天	左明洋	石　瑀	石　鑫	田睿智
由佳弘	白子轩	白　路	达日罕	曲兆辉	吕志梁
回峻壮	朱子阳	朱　杰	朱佳楠	朱梦威	任周壹
刘申奥	刘佳欢	刘星成	刘海杰	刘　清	刘皓轩
齐世坤	江　鹏	安　平	孙　吉	孙振南	苏思源
李　天	李六南	李字铭	李国涛	李　治	李研硕
李亭旖	李彦语	李首亨	李竟尧	李霁野	李　耀
杨　天	杨成龙	杨金涛	杨　爽	杨晨泽	杨富森
杨　毅	肖志杰	肖林海	肖　建	吴天阳	吴亚松
吴芸州	吴育斌	吴泽政	吴庭阳	何　山	何育达
何恒隆	佟天宇	余　奥	余舒扬	余嘉奇	应奕磊
冶海蜂	汪童童	宋　伟	张子健	张如昕	张晓君
张　涛	张清森	张琳彬	张　超	张景行	张鹏远
张嘉豪	陈欣然	陈禹航	陈洪基	陈雪莹	陈　涵
陈　媛	陈嘉鑫	邵兴伟	范伯元	范博宇	易　洪
罗翠明	金明渂	金　峰	周钟豪	周紫涵	周溢飞
郑　宇	官锦卉	孟令泉	孟　函	赵宇航	赵鹏清
赵新宇	赵嘉豪	柳泽甫	段　聪	施镔峰	姜建企
贺嘉熹	耿俊博	索培恺	贾博宇	柴兴汉	钱春龙
倪　雄	徐天佑	徐　昊	徐　盼	徐海蛟	殷小川
高士泽	高昕彤	郭大彦	黄　炜	黄俏淳	黄　颀
黄焕林	黄博文	曹天添	曹展鹏	崔小丫	崔嘉程
康乐凡	梁明德	梁俊彦	梁家豪	彭　高	董　帅
蒋滨益	韩　旭	韩　旭	韩馥阳	程显博	傅心怡
鲁明浩	童　斌	曾子衿	谢建泽	谢家艺	蓝传强
赖世宪	雷紫瑜	訾晓伟	蔡嘉乐	翟凡均	熊天亮
熊永建	熊君淳	樊秋宁	潘陈云汉	薛天睿	薛振伟
衡志林	戴　斌	魏　昊	魏　畅	魏嘉琦	

车　辆　工　程

于　拓	马　奥	王若宇	王思杰	王　浩	王菁炜

王晨洋	王博文	王 睿	田自力	田德成	代凯龙
吕 珂	吕科闻	朱志远	刘天姿	刘宇轩	许皓渊
李克瑞	李昱潼	李润豪	李 磊	杨 俊	肖礼明
吴炳林	何 源	张历博	张可冬	张利鑫	张 明
张津凡	张桂宁	张 健	陆贤涛	陈易欣	陈 亮
陈紫俊	林 强	尚成付	赵 骏	段朝阳	姜子龙
姜 博	秦志扬	袁基宸	常江水	梁嘉宸	韩 毅
颜桢奕	魏乐朋				

工 业 设 计

王心睿	王建敏	王婉莹	王鹏程	邓 珉	付文博
朱峥铭	任宋小乔	任高飞	许由之	杜 芃	杜思岚
李艳楠	李毅恒	杨胡尧	杨嘉杰	何泽皓	邹镇壕
宋帅冰	宋雨露	张子雨	张可欣	张 汐	张浩然
张 琪	张朝阳	陈小雨	陈亚凯	陈若妍	陈胤羽
陈彦开	邵非凡	罗若琳	罗 誉	周净宇	周梓轩
赵梓君	侯佳龙	姜宇晖	姚 坤	黄涵雪	黄婷余
梁欣婕	董金星	韩佳腾	游嘉翔	强家旗	路一博
樊开然					

机器人工程

丁心程	王艺凝	王彦淞	王 康	付宏博	朱泽卿
刘志辉	刘奕咏	孙英东	李 智	李 燚	宋阳阳
张竑霄	陈 灿	周予昭	周维泰	胡君彬	聂汝豪
倪伟健	黄晨珂	曾体程	虞博然	熊青霞	熊 锋

视觉传达设计

王文哲	王梦格	王馨艺	尤一冰	尹若涵	冯雁秋
刘书畅	刘宗羽	刘喆煜	刘博宇	刘嘉琪	齐 济
关昭昕	李世博	李卓熹	李雪睿	杨艺佳	杨晓颖
吴雪莹	邹仕瑶	宋子祺	宋 凝	张冰月	张如玉
陈子悦	周 宇	孟永发	赵浦森	段臻昀	侯依琳
耿家铭	高 妍	高梦莉	郭竞帆	常瑞萌	葛沛嘉
焦祎阳	鞠景妍				

物 流 工 程

马思妍	王天伟	王云翔	王雨轩	王欣蕾	王政瑜
王赛棋	牛迎迎	方晗泽	方 睿	兰雅仪	朱金鑫
朱桢宏	任成栋	贠欣媛	李山林	李凯旋	杨兆瑄
杨宝琳	杨晓耕	吴佩窈	何云帆	何春燕	张茂林
张祥浩	张珺清	张皓杰	陆丽萍	陈子琪	陈启翰
陈明亮	陈振汉	卓 越	周于森	周欣睿	周思彤
周博涵	单鹏飞	赵 阳	赵柯欣	胡子怡	聂龙飞
夏江楠	党天正	高雪妹	郭骐瑜	郭舒羽	唐榕峰
陶茹梦	黄英飞	梁子豪	梁颂宏	隆双霜	韩煜民
覃 逸	曾 昌	管鹏昊	谭青成	黎伯玮	薛梦帆

2020 年

机 械 工 程

丁一鸣	马士博	马玉军	马建智	马 健	王子晗
王子瑞	王世磊	王宇翔	王学聪	王浩全	王绪嘉
王智强	王照芊	王嘉俊	王耀梓	王鑫垚	韦朋昊
韦晨潇	巨建焘	牛茹茹	丹增罗布	文雨婷	石毓琨
龙 琪	申 语	田大钧	田沛鑫	田佳盛	冉师林
白默雷	冯 川	宁婀竹	边天琦	邢帅龙	吕 奇
吕忠育	朱正垚	朱志宏	朱 宏	朱昭霖	朱美慧
乔运达	乔烁源	仲浩杨	刘汉育	刘光斌	刘华骏
刘宇轩	刘明阳	刘忠人	刘佳镇	刘春浩	刘 顿
刘家辉	刘梦宁	关鹏森	许 多	那昊然	孙天禹
孙 康	劳清然	苏雅晨	李长兴	李 平	李肖龙
李英睿	李 奔	李明圳	李明谌	李佳错	李欣然
李泽辉	李庭睿	李 哲	李 蓉	李 豪	杨力宇
杨奉堃	杨 咏	杨嘉威	肖雄飞	吴升良	吴 豪
吴 慧	何 成	沈富利	宋国坤	宋 睿	张 凡
张云皓	张 宁	张庆一	张宇滔	张浩辰	张润冬
张程俊	张鹏宇	张嘉航	张 灏	陆腾蛟	陈文光
陈心明	陈 龙	陈志成	陈忠培	陈浩文	陈 银
陈逸璁	武梦北	林 驰	尚琪盛	罗翔玺	周天宇
周 灵	郑宇航	郑昊东	郑晓雨	赵亚凡	赵福东

胡　煜	钟振东	祝靖麒	胥新驰	贺久斌	秦小康
袁浩杰	索朗曲培	贾丹鹤	晏德奇	徐明洋	徐洋洋
徐振一	殷逸伦	凌旭东	高思坦	郭　昊	郭昊祯
郭适俊	唐子翔	唐瑞超	黄汇宇	黄永基	崔子强
崔琦皓	商洋生	梁永春	隋雨桐	葛腾蛟	董嘉程
蒋金宏	程骏飞	程乾宽	曾潇文	温睿鑫	谢宇锋
靳尚儒	蒲红宇	雷　江	熊思意	樊兆康	黎智民
潘登辉	冀俊弛	穆子健	魏剑聪		

车 辆 工 程

丁同伟	于光远	马煜轩	王旭东	王　岚	王利新
王星宸	王哲哲	韦承胆	冯昊润	伊尔潘·阿合里太	
向双骏	向剑峰	刘宇函	刘佳慧	孙凤毅	孙昊昕
李小虎	李佳臻	李笑然	杨红保	杨晓桦	吴乾森
何雨泓	汪　凡	张文茂	张书铭	张志雄	张　琪
陈文涛	岳闪汉	金帅阳	周林青	周　博	赵俊杰
胡　杨	战祥意	钟锐恒	姜　泳	洪君德	祝博文
院晓栋	夏　珂	凌翊桐	高天成	高世杰	高　坤
郭夏宇	唐亚星	黄树人	黄毅臻	银一繁	董　霄
韩　哲	曾思轶	温星锐	鲍统婷	廖麒钧	熊一帆
潘绍彬					

机 器 人 工 程

王浩宇	王瀚昕	仇盼龙	冯志航	庄紫茵	刘浩天
刘　颖	杨昊天	张皓宇弛	陈　雨	易明杰	周　鹏
赵新硕	胡澈宇	党玉娟	郭　杰	郭泽辰	黄　硕
彭芊钰	彭　斌	雷宇隆	蔡铭松	蔡樟欣	廖元强
戴之恒					

物 流 工 程

丁柯宏	王　子	王世禄	王博远	王朝辉	木崇章
田文爽	兰俊希	吕哲龙	刘凯迪	刘　昱	刘朕鑫
刘　琦	闫博楠	江玉龙	李　磊	杨　晨	肖　杨
肖　航	沈泽凯	张飞宇	张志豪	张明月	张雅婷
张富晨	张满锦	张福萍	陈　友	陈柱松	陈朗斌

陈逸菲	宗有良	赵 兴	赵 阳	赵婉彤	柳小康
钟殷昊	秦蓉晗	郭 嘉	黄颖琳	龚雨倩	梁世昊
蔡 尧					

工 业 设 计

于君泽	于学志	于骥越	万雅欣	王亚妮	王佳瑶
王振宇	白雪松	加德拉·努尔巴合提		朱雨臻	朱容菲
刘想然	许林扬	杜亮亮	李帅琪	李欣宇	李奥辉
杨心驰	杨传朕	杨茗淳	何睿兆雪	余 涵	汪 玥
沈冰彦	宋霭霖	张 文	张琦雯	陈春卉	呆一鸣
庞 帅	侯佳骏	姜 潇	贺姝琛	骆子航	晏 璟
徐 容	唐铭浩	梁高平	彭凌钰	焦聚源	谭义瑶
樊钦培	黎星航	黎思颖	薛皓月	穆巴热科·塔依尔	
魏莳宇					

视 觉 传 达 设 计

卜筱桐	王乐佳	王峙慧	王姝媛	王 哲	王晓玥
王静帆	王馨爽	白 鸽	任德龙	刘 可	刘 旭
刘佳琦	齐小沐	关欣琦	孙靖宇	李昊博	李鑫雨
吴 薇	沙轩羽	张 萌	张逸飞	张瑞娜	张筱奕
张嘉欣	陆雨霏	陈思睿	罗佳添	罗 洁	岳子琦
孟小悦	荣佳钰	胡美泓	侯艳婷	贾长鲲	徐箸竹
郭丰竹	崔向崇				

2021 年

机 械 类

丁进礼	丁建州	丁 晨	丁晨博	丁裔笑	于齐闯
于明鑫	于庭圆	于睿迪	万 洵	马力克·穆合塔尔	
马加进	马 军	马如杰	马悦腾	马逸文	马博奕
王卫在	王子俊	王文楷	王文赟	王心杰	王可欣
王 伟	王旭飞	王 宇	王宇帆	王玙杰	王孝文
王志杰	王志虎	王雨辰	王雨晨	王泽旭	王官凯
王 祎	王城禹	王 荣	王柏昆	王 威	王星艺
王饶铭	王冠超	王晟宇	王梓诚	王雪尧	王康鑫
王 皓	王 翔	王勤安	王 甄	王嘉祥	王 璐

王　鑫	王鑫宇	王鑫承	韦　斌	扎西旺加	车万里
牛羿程	毛福长	文博欣	文　然	尹维鑫	孔祥斌
巴　欣	邓　萍	左荣鑫	石骏希	石潭橦	田良川
田昊阳	田佳鑫	田珊珊	白紫盟	包　瑞	冯宇杰
冯　健	邢文理	曲睿莹	吕寻荣	吕家魁	吕靖钊
朱永强	朱迎辉	朱柏力	朱浩然	朱帑予	乔逸斌
任广冰	任婧妍	任鹏玮	向国平	刘习之	刘友为
刘　有	刘　伟	刘齐齐	刘　畅	刘　明	刘凯杰
刘凯航	刘佩东	刘泽阳	刘项铭	刘航宇	刘　乾
刘婧琦	刘　智	刘腾蔚	闫宇勋	闫若家	池艺琳
汤　峻	安开来	祁家兴	许佳伟	许佳玮	许璇慜
孙锦平	孙鑫珩	严斌予	苏　越	苏　博	苏锦波
杜文冰	杜正阳	杜延泽	杜宇航	杜　果	杜泽雨
杜祥漫	杜　强	李一铭	李小千	李川江	李卫卓文
李子康	李天财	李玉彬	李世荣	李玄甫	李达熙
李志萍	李　轩	李奂昊	李昊芃	李岩锋	李依嘉
李育臣	李星月	李虹薄	李　响	李　洋	李振东
李哲恺	李晨阳	李超滢	李鹏通	李　腾	李霄洋
李毅强	杨一之	杨义和	杨文韬	杨　昊	杨明勋
杨金宇	杨政华	杨衍祎	杨晓虎	杨　烨	杨　涛
杨宸睿	杨逸舟	杨鼎峰	杨　晶	杨　锐	杨照楠
肖舒震	时应涛	吴　凡	吴宇涵	吴贡涛	吴家骏
邱洋洋	何　玥	何典伊	何浩然	何　维	余剑霖
邹润鑫	沙喜亮	沈子奇	沈书棋	宋文浩	宋易轩
宋新超	张一鸣	张正男	张　平	张百川	张成鹏
张兆森	张宇涵	张志阳	张芸浩	张芷若	张宏泰
张茂坤	张明怡	张怡娟	张柏烨	张奕扬	张　羿
张振华	张栩晨	张钰琳	张凌风	张浩伦	张海影
张旌增	张　鹏	张福升	张赫利	张墨延	陆保金
陆镜宇	陈天晓	陈平安	陈芊晔	陈刘纳川	陈军豪
陈阳阳	陈阳欣	陈　言	陈　京	陈泽述	陈诗雨
陈思羽	陈奕丞	陈姝渊	陈祥杰	陈　渠	陈　锦
陈翰杰	陈　燃	陈　璐	邵奇祥	范名凯	范思哲
林敏辉	欧　珠	昌成锟	易思诗	罗世博	罗启江
罗　杰	季柏旭	依力达尔·伊利夏提		周子皓	周夫斌

周　亚	周　欣	周柏成	周家辉	周骏一	周维倩
周　超	周　燚	庞娴冉	郑心扬	郑倍钦	郑益智
孟天阳	赵　予	赵帅森	赵林娜	赵春阳	赵映寒
赵峥嵘	赵艳红	赵艳朋	赵铎皓	赵雅曼	赵德龙
赵　翼	郝瑀璇	胡逸阳	胡　鼎	胡瀚文	柳向宇
钟杜洋	段宏伟	侯邦国	费弘力	姚　俊	秦御川
袁　泉	袁禹潇	耿域楷	聂子铭	聂　萌	莫雨璇
桂宝山	贾櫓琨	夏　琳	党洑森	钱明浩	钱雯婷
徐文喆	徐振恺	徐浩桦	徐浩熹	徐　曼	高文天
高文勤	高旭恒	高雨轩	高明皓	高　晨	高　晨
郭　成	郭金龙	郭俊哲	郭洋洋	郭璐玮	唐宇昆
陶文杰	陶拂晓	黄龙雨	黄永彬	黄佳楠	黄诗聪
黄　颖	常逸凡	崔兆鑫	崔金雨	崔鉴峰	商韵哲
梁广华	梁　宇	梁凌志	塔乐哈尔·杰恩斯别克		彭宇涵
彭　鹏	蒋振楠	蒋智乔	韩天祥	韩永林	韩若雨
韩　博	覃昱晓	景书铭	喻浩昕	程艾芸	鲁亚政
曾子睿	曾　伟	曾宣烨	温绍艺	富泽霖	谢宇菲
谢翔远	谢道贵	靳雅涛	蒙日盛	槐　翔	赖潘豪
鲍城州	管紫伟	廖玮珑	廖嘉勇	阚小峰	谭梓聪
熊乐枫	樊东含	滕建慧	潘世权	戴哲彬	魏浦桥
魏彬彬	魏鸿顺				

视觉传达设计

丁　琳	马恺昕	牛紫薇	石培炎	白　杨	白溢青
邢　研	朱芷萱	朱梓阳	刘亦菲	刘　榕	闫娅齐
闫睿涵	孙小雅	孙心如	孙若婷	李子茹	李　玫
李秉珈	李佳禾	杨雅楠	肖钰琪	吴靖涵	何　畅
张雯雯	张嘉欣	陈姿汕	陈雪柔	赵纯歆	郝珺璇
闻海淇	敖彤彤	聂瑾轩	郭书伊	唐文祺	龚若楠
常文馨	崔鑫迪	葛晓雨	程子璇		

附录五　历届研究生名单

1954~1958 年名单缺失

苏　专　班

王书林	卢尔康	刘崇德	江铝雄	李世品	李　立
陈　旭	陈如欣	陈克兴	周启瑾	单瑞兰	赵国华
施东成	顾子康	谈彩隶	崔　甫	康贵信	彭乐生
傅俊生	蔡志鹏				

1959 年

硕　士

汤昆年　　　程建中

1960 年

硕　士

平爵鹏　　　孙民生　　　韩经懿　　　雷知行

1961 年

硕　士

马绍棠　　　孙少杰　　　杨淑贤　　　陈敬常　　　周纪华　　　雷　仁
管克智

1962 年

硕　士

田家熙

1964 年

硕　士

刘　玠　　　汪声娟　　　罗运淮

1965 年

硕　士

于家栋	朱云龙	江仲圣	李之霄	李谋谓	陈治华
高元杰					

1978 年

硕　士

朱超甫	张　鹏	周培琨	徐金梧	梁志远

1979 年

硕　士

王启平	卞致瑞	史小路	刘思泉	李　平	李维城
沈承璐	陈大宏	陈维理	陈道礼	罗铎明	周文豪
孟荣光	耿　仲	徐月琴	徐致让	高文义	

1980 年

硕　士

王礼华	付俊庆	朱　晖	刘　新	刘建平	李应强
林　树	郑春林	胡包钢	徐春光	蒋思源	路　鹏
潘必刚					

1981 年

硕　士

王卫武	刘美兰	孙成宪	李声牧	李　键	杨　明
张　杰	张康生	罗达文	夏侯淳	董绍华	潘家冰

1982 年

硕　士

王义进	张卫国	陈　克	房殿君	盛德恩	程国全
蔡　健					

1983 年

硕　士

马清钰	尹学军	乔沙林	刘秀飞	刘冶钢	刘　颖
阮　钢	孙业胜	李云江	李合文	李德高	杨海波
张思宇	陈志健	陈宝官	郗安民	高祥明	黄汉舟
臧　勇	潘仁湖				

博　士

王长松

1984 年

硕　士

王　帆	王建明	叶小钢	田　放	权良柱	毕　川
刘汉卿	刘　铭	米　帛	孙元堂	纪国宜	杨宗霄
杨景秋	邹春生	汪大明	张小莹	陈伟巍	陈晓岚
林　平	罗　铭	周汉林	郑光文	赵飞鹏	姚作勋
贺　名	晁攸亮	徐　实	姬立明	景作军	焦书军

博　士

王卫武	张　杰	陈　克

1985 年

硕　士

马曼华	王红樱	王　转	王宝雨	王建国	甘小青
卢伟毅	田毅盛	冯贵权	冯爱兰	刘国营	刘宝林
刘洪岭	孙丽萍	孙昌国	杨　竞	吴晚云	何晓峰
张宣生	尚福岭	易声跃	庞永军	底建英	赵利民
胡玉文	侯建新	姚荣政	陶登奎	黄效国	崔　屹
梁殿印	韩　刚	谢启尧	熊　华		

1986 年

硕　士

丁文英	卫越飞	马平安	马建林	王国平	王继祥

古学东	任学平	刘 政	刘继英	李平举	李秀春
杨子翔	杨 荃	谷玉祥	汪根祥	张 伟	张劲泰
张 朋	张俊惠	陆 宏	武其俭	岳海龙	周世明
周晓东	赵 亮	姜永民	胥建华	秦国平	徐 祥
高永生	高建祖	郭志强	曹晓林	韩英龙	游战清
穆向阳					

博 士

陈宝官	董耀民	戴学斐

1987 年

硕 士

王华芳	王明华	王晓岩	王普斌	王耀增	尹忠俊
边新孝	成建新	任永吉	刘华鹏	闫晓强	孙占军
纪丛品	李 枫	李苏剑	杨小民	杨建立	吴宇东
宋志勇	张应顺	张炳祥	张晗亮	张清东	陈永华
陈建荣	范晓松	欧名文	郑正豪	赵 强	俞钢强
顾 亮	高金林	郭兴旺	黄建明	曹喜发	梁 奔
彭新根	廖洪富				

博 士

王宝雨	杨 荃	夏侯淳	高永生

1988 年

硕 士

于小兵	马凤英	王 硕	王德成	申景阁	关丽坤
江京臣	杜慧琪	李 和	杨德斌	吴启明	吴宗泉
邱丽芳	张沛臣	张君彩	陈新华	金继业	周诗伟
倪少秋	徐才发	高立新	唐才先	曹远锋	慕 楠
戴广声					

博 士

刘继英	何晓峰	张 伟	崔 屹

1989 年

硕　士

王　晶	王全先	仇汉成	尹忠俊	叶继军	田学军
冯建春	扬　帆	任竟竹	刘云峰	刘永刚	刘鸿飞
孙志辉	李苏剑	李海滨	杨立军	何愿平	汪建新
张　涛	张剑平	张清东	罗正声	周新宇	周德信
赵保利	顾　亮	郭兴旺	温　勇	蒲小平	

博　士

刘纪文	时　彧	陈德勇	邵毅敏	侯艳军	骆名灯
崔振斌	谢华龙				

1990 年

硕　士

王大东	布召远	任起龙	任婷婷	刘　力	刘晋平
李　忠	李铁敏	时　刚	余冽挺	余基来	陈宏军
苟胜利	林德雨	郑　超	孟令起	赵　强	胡琪琪
洪联系	徐寿文	徐晨生	高改莉	黄　辉	曹殿政
常耀俊	崔　勇	惠进社	程昌宏	程笑梅	谢　阳
樊百林	懂林焕				

博　士

尹忠俊	田学军	岳海龙	倪少秋

1991 年

硕　士

王二乐	王　军	王志超	王　忠	王　萍	田永红
任彩云	许炳超	孙晓兰	张又新	张国柱	张　涛
张福臣	赵海石	秦玉波	秦　勤	商东核	梁　静
富　群					

博　士

张清东	高立新	蒲小平	蒙进暹

1992 年

硕 士

王玉蓉	王东卫	王立明	朱景军	刘光涛	刘志强
刘晓刚	孙 丰	李同庆	李 鸿	杨固川	肖 玲
吴加忠	张正秀	张 军	张 彤	张 莹	张倩杰
赵纯伟	赵彦利	侯文英	徐 峰	高健雄	郭爱民
郭鹏飞	笪文俊	韩立绮	廖永锋	踞诒春	潘紫微

博 士

冯建春	巩云鹏	齐茂展	孙大乐	李 忠	张 泓
原所先	唐 英				

1993 年

硕 士

马秀清	马振海	王卫平	王真文	王雅丁	代宗岭
包仲南	苏 强	李万海	杨 光	杨 红	杨文平
杨庆国	肖志权	吴晓松	余泽海	闵晓勇	宋 涛
张云鹏	张日飞	林明杰	罗玉元	胡秉军	贾晓华
徐 科	徐 琳	陶白翎	章 博	董富生	景志红
赫 毅	熊禾根	潘小川			

博 士

向顺华	孙志辉	杨德斌	梁 静	董 平

1994 年

硕 士

马向红	王义林	王文军	王兆聚	王呈祥	王欣芸
王俊文	尤宝庆	冯贵军	邢彩娟	吕卫阳	朱 俊
乔祥河	华金玲	刘圣华	刘志勇	刘 炅	刘凯文
刘 浩	刘 霞	齐铁树	关 杰	安振波	孙红信
孙志忠	孙晓峰	李 宁	李 艳	李一鸣	李占锋
李 涛	李渝萍	杨文峰	吴任东	吴迪平	何安瑞

宋 明	张大志	张 岩	张洪兴	张晓彤	陈国栋
邵奎明	青 松	苑丽萍	林玉华	林荣敬	金一粟
周良旭	周金水	周富强	郑志荣	赵 华	徐学华
高锦岩	郭秀敏	曹建国	曹慧琴	龚 彦	崔丽红
韩在春	韩宝明	程显宏	曾京武	谢明志	谢建平
谢 瑾	赖明空				

博 士

王 利	吕卫阳	刘 力	刘广威	刘纪文	李同庆
高改梨					

1995 年

硕 士

门长峰	王厚芹	王 磊	牛广丰	冯 焱	刘 立
刘沛宇	齐铁树	杜 杰	杜建凤	巫士军	李季孛
李京梅	李险峰	杨 虹	杨 皓	吴庆海	吴 敏
吴 强	张 苏	张武军	张寒松	陈 军	季 翔
周业荣	赵 伦	胡慧君	饶福春	康珍梅	商兴国
梁义维	彭劲松	葛为民	董博浩	韩 公	程 平

博 士

刘长波	刘鸿飞	李东明	肖 林	张云鹏	宫伟力

1996 年

硕 士

崔 超	丁嘉莉	马天为	马志和	王传斌	王利东
王宏伟	王法国	史小敏	付春刚	巩宪峰	吕俊刚
朱 弢	任 偲	刘兴华	闫永章	李玉庆	李 刚
李建民	李选亮	杨 哲	吴文秀	吴根兴	张红艳
陈永强	陈有双	林 恒	周晓敏	赵 剑	赵慧设
郝正武	胡成威	郜东东	姚志芳	顾云舟	钱意龙
徐金来	高永生	郭文伟	郭起营	唐 莉	黄玖明
黄纡伟	曹 鹏	康俊远	阎满红	梁友祥	梁碧青
覃建宝	焦广宇	蒲 阳	廖金宁	魏 东	

博　士

吴迪平	何安瑞	张大志	赵俊杰	秦　勤	曹建国
韩丽琦					

1997 年

硕　士

王爱华	王　绳	王耀兵	刘德军	闫小克	许　冰
孙冀军	李　芳	李　贺	李　婧	李　惠	李滨涛
吴明强	汪　霞	宋现锋	张　文	张　波	张　勇
张　福	周　军	段　斌	饶　隽	姜保哲	祝东奎
贾兴明	卿伟杰	高耀军	龚丹敏	喻文涛	靖　葳
廖三三	阚晚西				

博　士

冯　焱	安振刚	吴庆海	张晓彤

1998 年

硕　士

王允昇	王志强	牛京伟	卢彩容	叶剑林	田兴朔
冯素芳	吕金华	任青莲	刘子君	刘建辉	刘恒胜
刘静涛	祁正林	许立新	李同进	李明钢	李忠富
李建平	李晓燕	李培元	杨　成	杨翠萍	何玉平
邹劲松	宋　军	张林娜	陈　渔	邵建生	罗永军
周永生	屈　蓉	赵将维	胡超群	姚升棋	袁　帅
袁　峰	夏正冈	殊晓华	郭　芳	黄生玺	曹殿正
韩　勇	惠恩明	童　强	薛伟红	魏　松	

博　士

任学平	孙　林	张　阳	林　恒	赵永忠	顾云舟
魏　东					

1999 年

硕　士

孙一鑫	林惠民	于　涛	王会刚	王红梅	王英波

王　欣	王　勇	王荻楠	王爱华	王　耀	尹国梅
艾矫健	吕　硕	朱春霞	邬　杰	许　倩	孙兆虎
孙凯红	李红利	李　悦	杨思安	杨晓卿	吴永强
邹雪柏	张式广	张绚丽	张雪松	张　晨	张　磊
张麒麟	岳献芳	周国威	周艳玲	郑永华	赵　广
柳兴坤	徐　杰	黄国劲	黄敬义	曹学光	曹新九
梁志国	蒋晓红	潘小兵			

博　士

王峰丽	尹凤福	朱启建	任冠华	李巨才	李　婧
杨宏青	张兴中	张武军	张树义	黄毅杰	谭晓兰

2000 年

硕　士

丁卫霞	于广文	于海兰	马少华	马俊超	王文献
王　英	王妮妮	王　柳	元　勇	孔东风	石　江
石　炜	田志强	田瑞博	代拴师	邢改兰	向　飞
刘卫东	刘　芳	刘宸月	刘颖鑫	齐炜炜	江东海
汤小娇	许　剑	许剑桦	孙长城	阳建宏	苏　华
杜惠平	李小民	李生勇	李庆利	李　卓	李晓红
李晓辉	李海霞	杨永清	杨　勇	杨朝霖	杨鹏飞
吴长春	吴　平	吴　忠	吴贵芳	吴唐燕	何　非
何　健	余谦虚	宋盛华	宋　强	张书臣	张立杰
张　虎	张明明	张春英	陈世祺	陈　东	陈洁文
邵举平	武普平	孟振峰	赵立族	赵　玲	赵树峰
赵　磊	郝丽娟	胡泽强	胡雪梅	柯　萍	查成东
俞必强	洪　杰	洪　亮	姚香贵	姚耕耘	秦卫东
秦素梅	殷　萍	翁卫兵	高占华	高　岚	高洪英
郭志军	郭宏升	曹永强	程小虎	焦　刚	蔡　军
蔡　霞	黎　燕	霍　芳	魏月强		

博　士

于晓光	马当先	边新孝	刘北英	刘　江	李晓燕
杨久霞	杨海波	张建宇	陈　军	武学泽	罗永军
屈　蓉	康永强				

2001 年

硕　士

于率浩	马国华	王　琴	王　德	王志军	王志勇
王　岗	王金花	王妮妮	王洪旭	尹少武	孔　宁
邓春妮	石洪磊	令狐克志	朱欣昱	朱恩成	刘　鹏
刘长青	刘　华	刘　军	刘志成	刘国勇	刘学江
刘建国	刘艳华	孙　克	孙　剑	孙　维	杜冰雁
杜保军	李　凯	李文滨	李江洁	杨永强	杨光辉
杨　君	吴　波	吴永红	吴宗健	吴　越	何荣春
佟　强	邹　忠	宋送霞	宋悦铭	张亚平	张庆平
张秀丽	张　威	张俊和	张　寅	陈　奎	陈月林
陈超武	苟忠魁	范海涛	尚永红	金兑昱	金　剑
金新慧	周　虹	周家新	庞　哲	孟海翔	赵江晨
赵晓杰	郝学第	柳智博	侯福祥	俞丹海	姚　远
姚文君	姚文斌	贺　怡	袁　园	顾　颐	顾　静
徐　慧	徐　桂	徐彩华	翁　迅	高　涛	郭　勇
郭秀琴	唐　岚	陶毓伽	黄　磊	曹　越	龚清华
章立军	梁　静	葛立奇	傅律美	鲁海涛	曾昭毅
谢志文	靳宗向	赖小霞	潘爱民	薛建国	戴瑞峰

2002 年

硕　士

于　泉	马加梅	马　刚	马志新	马晓梅	王乐乐
王冰洁	王宏磊	王春利	王俊升	王崇岳	王敏丽
牛　巍	勾宏图	邓　凯	田　宇	史正勇	史海华
史海涛	付永兴	朱小辉	朱晓晨	朱彩兰	乔　瑞
刘乃胜	刘永泉	刘红艳	刘丽梅	刘武彬	刘现翠
刘晓燕	刘　铭	刘赟赟	齐炜炜	闫国刚	江　波
许　敬	农大一	孙克文	孙宏林	孙　静	牟善文
李正强	李　伟	李会先	李　栋	李　树	李　焕
李蒙蒙	李　霞	杨　芳	杨春彦	杨超亮	杨朝虹
吴太国	吴　军	吴祥宇	佘　斌	宋　松	张小宇
张永锋	张　旭	张志军	张孟剑	张省现	张彦丽

张海涛	张海源	张　强	陈正领	陈宝虹	陈　锦
陈　燕	武　鑫	欧阳芸	尚晓敏	周西康	周晓晖
周　峰	郑昌培	郑　辉	赵　冶	赵俊明	赵　亮
侯发党	姜延柏	洪　亮	姚耕耘	贺双喜	袁振文
贾侦华	贾　赦	夏经亮	顾　静	徐文升	徐文亮
徐　明	高　波	郭中杰	黄雪强	曹　芳	常宏杰
崔乃忠	崔玉杰	崔占军	董国胜	蒋国兴	蒋金燕
程从山	谢　红	谢欣荣	靳　哲	蔡忠华	蔚　龙
管东方	谭艳辉	熊延飞	樊惠云	薛　晓	戴志刚

博　士

丁德洲	马光亭	王建国	王随林	邢希东	刘飞飞
许　剑	阳建宏	杜惠萍	李生勇	吴长春	吴贵芳
邱丽芳	宋　强	岳献芳	金寅奎	周富强	查成东
俞必强	姚耕耘	秦　旭	黄　艳	蔡　军	蔡改贫
樊　厉	魏高升				

2003 年
硕　士

卜　匀	卜令兵	于少轶	马江民	王　汇	王　永
王志宇	王　郑	王宝同	王建飞	王海刚	王海霞
王　强	王慎平	王　豫	王　巍	卞新宇	方文勇
邓玉儿	邓　健	石中赢	卢志翀	田进权	田丽莉
田　湛	生静宇	代丽莉	白　剑	司俊龙	边　琳
边智慧	巩养宁	朱冬梅	朱旭辉	伍章明	任小坤
任冠星	任　鹏	刘乃强	刘小娟	刘天浩	刘文达
刘占增	刘永录	刘永超	刘伟民	刘志刚	刘金辉
刘　津	刘　智	闫华军	安月明	许明超	孙向明
苏伟强	李文峰	李会民	李　军	李志远	李连鹏
李　欣	李洪波	李　梅	李碧玲	李慧斌	杨小兵
杨东红	杨　光	杨伟亮	杨　波	杨　俊	杨　涛
杨　斌	肖　丹	肖　尧	肖望强	吴　印	吴秀永
何辉玲	应荣梁	宋小飞	张一昆	张　卫	张仁亮
张风港	张乐乐	张　刚	张宏昌	张欣茹	张法波

张　恒	张艳娟	张曼玲	张清宇	张　燕	陈帅功
陈永岭	陈素莹	陈智杰	陈舒维	陈　雷	邵　健
范普成	林永明	罗　勇	周剑波	郑辛阳	郑　荣
单艳华	宗　航	赵　华	赵　军	赵建琴	赵　燕
郝建伟	胡典章	柯尊凤	钟黎萍	段明南	姚　磊
袁文斌	贾永茂	贾爱红	晁国量	钱永刚	徐永龙
徐丽暖	徐　旺	徐勤全	徐　磊	高凤翔	高　波
高　燕	郭春牧	郭美荣	郭　梁	郭　强	黄贵东
黄　磊	梅宝兴	常铁柱	崔秀波	康　瑶	梁瑞凤
彭　鹏	葛拥军	董行泱	蒋宝家	韩广秀	韩志清
程　骏	谢　杨	谢敏理	靳同红	詹海兵	解绍伟
蔡占军	廖明艳	熊家伟	滕　彦	薛德勇	霍永春
戴先知					

博　士

王永涛	王志勇	王晓东	井　勇	牛　珏	尹少武
令狐克志	朱文刚	朱欣昱	向　飞	刘　华	刘志成
刘国勇	刘育松	刘祚时	刘　峰	江　涛	孙　剑
苏兰海	李文斌	李龙海	李克勤	杨光辉	杨　君
汪建新	张竹茜	张明明	张建立	张　磊	陈志新
陈超武	范小彬	周家新	赵　静	郝小红	郝雪弟
荣瑞芳	侯福祥	聂　红	翁卫兵	翁　迅	郭立伟
郭宏升	龚姚腾	章立军	董继昌	鲁海涛	臧　勇
薛建国	戴园生				

2004 年

硕　士

丁　军	刁　磊	于　孟	马连军	马　楠	王巧丽
王正钦	王生辉	王永康	王任全	王　旭	王兴兵
王志国	王明龙	王　征	王金峰	王春会	王轶平
王秋影	王　娜	王爱丽	王晶晶	王　淼	王　楠
王　澜	王燕燕	牛江波	毛柳燕	尹海元	邓亚峰
石　磊	史翔青	丛柏全	冯霄红	宁振宇	皮敏捷
朱甲兵	朱向未	伍　俊	任志国	伊文君	危声南
邬传谷	刘　丹	刘文静	刘　乐	刘　伟	刘传平

刘延军	刘承帅	刘俊萍	刘家玉	刘望德	刘　强
刘　魁	齐　昕	闫　凯	闫　波	江祝敬	安　然
许焕宾	孙元波	孙明奎	孙学彬	孙　萍	孙　晨
孙　鹏	苏　力	苏　栋	苏福永	李丹碧林	李红英
李秀峰	李　宏	李国敏	李建锋	李　宣	李　娜
李艳娇	李　娟	李　想	李新东	杨　中	杨业建
杨加春	杨　帆	杨守慧	杨轶婷	杨　健	杨彩青
杨聚星	豆瑞锋	时　娜	吴大鹏	吴秋琦	吴鹏飞
何　飞	何永生	何　鹏	余　凯	余　涛	宋永茂
宋晓东	张发勇	张延玲	张旭君	张　宇	张国志
张明亮	张晓峰	张　超	张　强	张鹏雁	陈万里
陈　华	陈　丽	陈　剑	陈艳波	陈　晟	陈爱华
陈　磊	陈德高	苟继军	范怀志	罗　申	罗满银
岳士丰	金丽娜	金　玲	金新芳	周　龙	周永平
周茂贵	周建洪	周　娜	郑　皓	郑新港	单　明
孟祥良	孟　翠	赵专东	赵丹丹	赵宁涛	赵远峰
赵秀宽	赵　朋	赵建勋	赵益春	钟　恬	贺宇雷
贺振更	秦　生	袁　辉	贾　震	顾有恒	晏晓锋
徐西波	徐兴龙	唐　琳	唐慕华	陶　蕤	黄丽君
龚　维	盛佳伟	盛　磊	常心洁	常青青	崔华胜
崔明宇	崔咏琴	章新波	梁合兰	琚科昌	董春阳
董朝兴	蒋彦军	韩立静	喻振华	程奇伯	焦红蕾
焦晓凯	童　娜	曾还尤	温丽梅	谢天华	谢　宇
靳月华	靳华栋	褚中苇	蔡丽芳	雒文伯	谭　挺
熊　彪	熊　超	樊旭平	潘爱文	冀书建	魏利博
魏　娟	濮晓明				

博　士

王仁忠	王文广	王向丽	王俊升	王啸峰	石　炜
石洪志	边海涛	朱冬梅	刘　立	刘　锋	闫晓强
孙元波	孙东奎	远　方	杜雄伟	李　伟	李传民
李庆元	李勋锋	李　强	李蒙蒙	何　涛	宋江腾
宋　波	张玉宝	张建生	张　浩	张绪鹏	陈玉海
陈学慧	罗贤海	金学伟	周晓敏	郑莉芳	郎平振
侯文英	郗安民	娄依志	洪联系	高国华	萧　琦

曹军民	曹育红	崔丽华	崔丽红	崔福龙	董绍华
楼永平	裴红星	黎　敏			

2005 年

硕　士

丁　皎	于成文	于　乔	于相龙	万里瑞	马　强
马稚懿	王少臣	王成兵	王芫芫	王宏志	王　松
王松安	王建永	王俊通	王　冠	王晓晨	王爱国
王瑛璐	王　辉	王　晶	王　斌	王　鹏	王鹏程
王耀东	毛承志	毛　娜	尹海斌	邓　娜	邓晓宗
邓　辉	卢　娇	田宝宝	田　荣	史　灿	丛海鹰
冯双杰	冯　威	冯　娜	吕悠扬	朱光亮	朱庆军
任玉琢	刘天武	刘　巧	刘　宁	刘向亚	刘　丽
刘丽娜	刘荣峰	刘荣娥	刘洪生	刘桂芹	刘健夫
刘家军	刘鹏飞	刘新力	齐杰斌	闫占磊	闫沁太
闫泽龙	汲雪飞	汤先岗	祁　镡	许小花	许　涛
孙云峰	孙文权	孙观宏	孙志斌	孙宏佐	孙　涛
孙　浩	李乃亮	李升进	李仁厚	李　文	李　伟
李　利	李启博	李忠涛	李建国	李　娜	李　晋
李　涅	李　浩	李　崇	李清华	李　密	李　博
李　斌	李　强	李新强	李　燕	杨立显	杨　军
杨邵伟	杨国萍	杨怡菲	杨　涛	杨　静	何乃梅
何小兵	何俊丽	何　潇	谷世群	辛烁文	宋　丹
宋书惠	张世强	张会彦	张连军	张宏斌	张　杰
张建辉	张胜凯	张　亮	张庭溢	张铁林	张　健
张培昆	张　敏	张敬伟	张　蕊	张磊磊	张　毅
张　霞	陈立权	陈　昊	陈钧伟	陈香军	陈　勇
陈鲲鹏	邵　敏	范晓红	郏启友	尚红亮	明亚玲
罗志强	罗桂荣	季明明	周大兵	周龙清	周　君
周　原	郑云岭	郑海薇	房　巍	赵大庆	赵亚伟
赵　影	赵德文	赵　巍	郝亚男	胡玉红	胡　函
胡康雷	胡　斌	南永涛	南铁玲	柳　林	柳　斌
柳翠翠	姜　坤	姜　磊	祝海燕	姚会忠	姚莉莉

贺文文	聂广占	栗凤超	贾荣荣	夏君生	徐立昊
徐兴刚	凌　斌	郭兰方	郭彩虹	黄以红	黄庆山
梅小明	曹　曦	龚　娟	崔　巍	章香林	梁　喜
彭小波	葛铭霞	韩　磊	傅春勤	鲁逸凡	谢海鲸
鄢俊虎	蔡亚宁	蔡　嘉	裴艳兰	潘洪波	潘　雯
霍东菊	霍　峰	穆树亮	戴杰涛	戴宝泉	魏景峰

博　士

丁文英	万　宾	王　汇	田丽莉	白　剑	司俊龙
朱　婧	伍章明	刘伟民	齐　巍	闫华军	孙玉杰
孙江生	孙　梁	苏艳萍	杜晓钟	李立敏	李志远
李洪波	李险峰	李跃娟	杨东红	杨　斌	肖望强
吴秀永	宋小飞	张小辉	张宏昌	邵　健	范普成
赵方庚	赵建琴	郝建伟	钟黎萍	钱卫香	倪健勇
高凤翔	常铁柱	彭　鹏	葛永强	解巧云	蔡占军

2006 年

硕　士

卜鑫鑫	于　杰	于　睿	马惠芳	马　瑞	马鹤坤
王　飞	王　东	王东雪	王令宝	王红续	王丽红
王连生	王泽群	王治国	王盼盼	王　胜	王洪建
王冠英	王耿坤	王益华	王　婧	王　琦	王　琼
王　冪	王　歌	王　慧	王增飞	韦　辉	牛　犇
尹　冉	尹来容	尹宜勇	邓　杰	邓海波	石　涛
轧　楠	叶淑静	田　伟	田庆涛	田硕涛	代云升
白　璐	冯　健	冯　蕊	兰得志	宁　妍	宁彦卓
司顺阁	巩晓晴	过　跃	吕　达	吕　伟	吕　铮
仲婷婷	任宇杰	任春晓	邬雅靓	刘　卫	刘卫卫
刘　尧	刘会聪	刘兆福	刘秀娟	刘　杰	刘晓丹
刘晓芳	刘海宇	衣梅圣	闫秀丽	米凯夫	孙丹洁
孙奉昌	孙　欣	孙堂敏	孙　鹤	牟金合	苏哲欣
杜亚楠	李　飞	李　文	李文越	李　宁	李秀玲
李希纲	李应珍	李　林	李国芹	李忠义	李胜峰

李洪旗	李振波	李晓明	李积云	李倩	李晶晶
李斌	李新涛	李藤飞	杨立睿	杨成	杨茂和
杨浪	杨惠新	杨雄	杨福明	时靖	吴小鹏
吴志敏	何巍巍	闵晓超	汪小将	沈旭光	沈霞
宋长江	宋肖青	宋昊	张奕	张大宝	张龙
张仕忠	张礼明	张扬	张华涛	张杨	张俊海
张洁	张艳杰	张海霞	张晨东	张甜	张博
张锋	陈廷	陈汗青	陈跃飞	陈嵩	邵鸿丽
邵鼎	武仕强	武宇亮	林丽	林超	昂正新
罗运晖	牧洁	岳恒昌	金成植	周涛	周绪
庞菲菲	郑召丰	郑华山	郑金果	郑宣	郑振华
单方方	孟坤荫	项杨	赵龙	赵阳	赵芳
赵晨熙	赵援	赵然	赵静娴	胡发国	胡亚弟
胡志远	胡志彬	胡晓斌	胡海琴	柳少波	施慧勇
宫兆鸿	祖汪明	敖雯青	袁珏	耿海洋	索春明
贾敏	贾瀚龙	钱卫华	钱丙军	徐雪	徐道程
高世卿	高岩	高倩	高静	郭水华	郭文涛
郭帅科	郭旭初	郭军硕	郭高文	郭欲晓	陶凯
黄文辉	黄河	崔佩娟	崔孟楠	崔超	崔馨
康奇兰	彭文飞	葛海标	董立杰	董娜	董晓宇
蒋靖	韩文胜	智赟	程云	焦念程	曾鸣
曾宪芳	禄志春	谢振宁	谢晓燕	谢婧	路达
路明村	路振龙	蔡林林	裴正强	廖垂鑫	廖腾飞
翟晖	熊珊	黎想	颜钦钦	潘曜华	薛根山
戴春发					

博　士

于孟	于淼	王志宇	王轶平	王晓晨	王爱丽
邓亚峰	史彧宏	司新辉	刘天武	刘传平	刘庆玲
刘晓超	齐昕	闫沁太	闫波	许焕宾	孙文权
孙鹏	苏福永	李志强	杨业建	豆瑞锋	时娜
吴波	何飞	谷捷	张旭君	张宇	张宏斌
张欣茹	张艳	张晓峰	张培昆	张婧	陈键
邵举平	明春英	郑新港	房瑞明	赵秀宽	赵峰
胡波	胡福生	栗凤超	贾震	徐立昊	曹永正

章新波	梁合兰	董建军	韩立静	路俏俏	雒文伯
戴杰涛					

2007 年

硕　士

丁建亮	丁　鞾	于邦超	于洪瑞	马步川	马　彦
马　特	王大陆	王　飞	王　玉	王玉莲	王　乐
王永付	王　伟	王红保	王志坚	王　岩	王　凯
王建峰	王桂林	王晓飞	王晓鹏	王　晗	王　雄
王瑞雪	王鹏飞	王福恒	王静静	王　蔚	王燕萍
文　杰	尹　敏	尹滇平	孔　宁	邓　玲	石　凯
龙思习	卢　倩	卢　璟	叶海丽	田　野	田　超
白　雪	包　淼	冯　春	邢一丁	毕崇强	吕运强
朱先兵	朱庆祥	乔　杨	任丽娜	任宏彪	向星灿
刘　广	刘　丹	刘文科	刘　阳	刘佳音	刘　波
刘建平	刘　钢	刘晓东	刘晓珂	刘　辉	刘晶鑫
刘　嘉	江成忠	江　洋	许国亮	许清晓	孙立佳
孙　述	孙　洁	牟仁玲	纪　佳	杜伸锋	杜莉婷
李小娜	李云锋	李巧云	李延辉	李　冰	李丽石
李　杰	李　昕	李建福	李　威	李修文	李晓虎
李海燕	李　萌	李晶晶	李媛媛	李　颖	李新新
杨仁硕	杨永昌	杨秀明	杨希曦	杨　涛	杨　通
杨雪飞	肖琳姝	吴　权	吴国昌	吴　迪	吴建福
吴雪兵	吴锦刚	何艳兵	何　鹏	佟　薇	余乐文
邹雪丁	宋　杰	宋津晶	宋　莹	宋　倩	张　平
张　宁	张向磊	张后龙	张安强	张　材	张丽莉
张园园	张　凯	张金涛	张学艳	张　珍	张　栋
张　勇	张倩茹	张　烨	张海军	张　鹏	张新其
陆　规	陈东宁	陈　夺	陈远飞	陈　泽	陈恭玖
陈　夏	陈　琳	陈　超	陈德来	范　帆	范连东
范福军	林一川	尚迎春	呼小军	罗春欢	罗　彪
罗毅彪	金　珂	周舟帆	郑双波	郑光普	郑　武
郑　洁	油红科	孟小明	孟　宇	封保霞	赵志南
赵　杰	赵姗姗	赵　威	赵顺亮	赵俊华	赵　涛
赵曹慧	赵景云	胡　安	胡宝富	胡树山	钟　恒

郗小超	姜方宁	姜其成	姜　波	洪志奇	姚瑞娟
袁　琦	耿子海	莫天生	莫　莉	钱永产	徐伽诺
徐根花	奚卫宁	高世卿	郭广栋	郭玉富	郭　苗
郭珊珊	郭淑卿	郭德福	唐传军	陶钢正	黄丛亮
梦　河	曹佛清	曹　然	曹新春	戚大华	常天娲
康乐俊	康煜炜	章　帅	商光刚	隋浩华	彭杨焜
彭　佳	蒋泽义	韩　冬	韩凯儒	覃思明	程　庆
傅　垒	焦艳梅	鲁建雄	曾庆龄	谢知音	谢　博
楼黎虹	裴　超	管　奔	廖　放	谭培来	熊　祎
黎继忠	薛　坤	魏　俊			

博　士

于　杰	王国栋	王　胜	王　辉	尹来容	尹海斌
叶振楠	付薛洁	朱兆前	任宇杰	刘乐民	刘永泉
刘亚轻	祁玉龙	孙建平	李　宁	杨春晖	杨　超
杨　雄	杨福明	宋肖青	张范斌	张俊霞	张　艳
张　赟	武宇亮	罗义学	郑坤灿	赵晨熙	赵　然
胡发国	柳翠翠	姜　勇	姚　野	彭文飞	葛铭霞
董红磊	靳舜尧				

2008 年

硕　士

于永良	于宝库	于海金	于　超	万红梅	万学东
凡桂宽	马文军	马永杰	马佳珍	王乃帅	王月刚
王丹莉	王文平	王玉婷	王　丽	王财政	王　坤
王若楠	王　岩	王　波	王承业	王洪志	王勇超
王振华	王晓东	王　娟	王晨光	王绪强	王　程
王善军	王　蒙	王燕妮	王　曦	韦传友	木　飞
牛立新	牛志鹏	牛启智	毛艺伦	文　震	方晓磊
尹　迎	孔繁甫	石　岱	石献金	石　鑫	田　政
田　勇	田琼琼	付　强	白　洁	冯虎庭	宁玉婷
朴金赫	毕寒冰	曲国波	吕文泉	吕建亮	吕庭英
朱加海	朱　伟	朱希庆	朱明来	任少鹏	任立言
华　华	刘占栋	刘　伟	刘　阳	刘志杰	刘　杰

刘明勋	刘金榕	刘思佳	刘俊	刘胜杰	刘斌
刘澜涛	刘攀	齐风华	闫大卫	关金子	汤家俊
安宾	安斌	许姣	那奇	孙建朋	孙浩
孙雷	孙鹏飞	孙新星	孙慧琳	严冬	苏卫涛
苏航	杜铮	李一帆	李广习	李丹萍	李方芳
李玉莲	李吉	李伟	李齐	李丽	李财宝
李宏	李虎	李佳林	李昱蓉	李钧	李艳丽
李晓琨	李烨	李宴	李雪冰	李雪瑞	李维科
李超	李雯倩	李森	李想	李鹏飞	李静
杨二涛	杨文言	杨传成	杨仲元	杨助喜	杨林
杨杰	杨建成	杨晓东	杨海娜	杨绪飞	杨静
吴光耀	吴远迪	吴强	何茜晨	余宁	余悦
沈鉴彪	宋宏伟	张义文	张义方	张丹丹	张正
张立强	张成	张先得	张传钊	张华	张连万
张咏梅	张欣	张金玲	张艳	张健	张益阳
张涛华	张跃	张琼	张喜榜	张富翁	张强
张睿	张毅	陆丹华	陆进添	陈风帆	陈文晓黎
陈玉霞	陈传学	陈阳	陈良泽	陈姗	陈艳梅
陈钰	陈甜甜	陈博	陈雷	陈增凯	武天中
武刚	武盼盼	武渊源	幸伟	林凯	林蔚
尚晓明	果乃涛	金玲	金鹏	周圣亮	周旭
周荣伟	周钢	郑广建	郑立文	郑玮	郑晓明
郑超越	孟令博	赵力强	赵玉	赵伟泽	赵庆华
赵泽波	赵俊东	赵俊锋	赵恒	赵振伟	赵晓龙
赵晓娇	赵婉君	赵越超	赵曾	赵楠	赵鹏
郝刚刚	郝雪非	胡权威	胡军	胡俊杰	胡晓
胡海燕	胡雷	柳昌勋	郦玉龙	段万泽	段辰玥
段磊	饶竹化	祖汉超	姚颖	姚赛	贺波
秦永辉	秦贞超	袁术海	袁军峰	袁秀荣	聂军刚
栗莹莹	贾百龙	贾晋华	党璐璐	晏星	钱灵姝
徐小照	徐时贤	徐馨	翁涌	高天武	高传峰
高明	高树城	高磊	郭迈迈	郭向蓓	郭亮吾
唐志超	黄伟	黄江华	黄松波	黄森	曹莎

常　举	崔子虎	崔　宏	梁国选	梁晓东	隋筱玥
彭　博	董雯洋	蒋晓耕	覃业均	程　垚	程　浩
舒　斌	曾　磊	游桃雄	谢之勇	靳智鹏	蒙丽丽
楼　建	路文平	蔡阳春	蔡松涛	鲜光洪	谭啟寅
谭　颖	翟　萌	樊　蕾	滕海艳	潘天雄	薛　陀
霍元明	檀傈锰				

博　士

王连生	王　凯	王晓飞	尹宜勇	孔　宁	田　野
邢一丁	刘文科	刘立钧	刘　波	刘海生	米凯夫
江　洋	纪　煦	李延辉	李修文	李海涛	李藤飞
杨春彦	杨　通	吴　迪	何建成	何　耀	迟洪鹏
张　宁	张安强	张学艳	陈　夺	陈　夏	邵宗科
范慈方	罗春欢	郑　宣	赵　阳	赵志国	钟　恒
姜志宏	徐红霞	高增丽	郭　苗	黄丛亮	黄　伟
黄庆山	黄夏旭	龚　娟	崔　馨	谢知音	管　奔
廖　明					

2009 年

硕　士

丁　莽	卜侃侃	卫晓霞	马连铭	马肖丽	马继标
王　力	王小飞	王小波	王天金	王永伟	王　帆
王向红	王　欢	王　芳	王国宁	王泽深	王修通
王艳宇	王海鸿	王雁林	王智学	王道峰	王婷婷
王　蓬	王增全	王　聪	王　磊	王　薇	井海远
韦云飞	车　识	牛国鑫	毛杨军	方　旭	方贺兴
计　良	邓　乐	邓　利	左敬博	占华龙	叶永盛
叶　岩	田　兴	田梦洁	田　震	冉　苒	付　括
付信玉	包仁人	冯云鹏	冯　凯	冯俊波	冯彦通
冯　晴	宁　冉	司　铎	邢美芳	毕　佳	曲　亮
吕　洋	朱小星	朱彦飞	朱　鹤	庄晓飞	刘天力
刘书选	刘书浩	刘东冶	刘加涛	刘自银	刘利霞
刘　明	刘前勇	刘振环	刘　悦	刘基盛	刘晨熙

刘锟	刘震	刘譞	许晓润	孙文渊	孙会来
孙红玉	孙涛	孙银玲	苏健	杜方鑫	杜争
杜凯	杜辉杰	李大鹏	李东方	李臣习	李贞
李宏波	李明祥	李昂	李岩	李荣昊	李俊伟
李振东	李海亮	李继	李猛	李博	李智
李新	李慧	李慧慧	李璐	杨公振	杨月涵
杨文广	杨光	杨志	杨明涛	杨建昌	杨星
杨洲立	杨哲	杨晓裴	杨海军	杨琳	杨喜恩
杨雷	连军伟	肖红俊	肖宝琦	吴云峰	吴先峰
吴睿	邱明达	何开元	何重阳	余跃	辛立君
辛加龙	辛旭	汪小淞	汪蕾	沙会娥	宋广懂
宋虎	宋魏鑫	张二成	张大勇	张凤莉	张亚文
张庆环	张志远	张沛	张虎威	张明文	张明岗
张学禄	张建民	张勇	张虓	张海兵	张敏庆
张琳	张超	张雄	张雷	张潇吟	陈毕杨
陈旭	陈香莹	陈衍娟	陈超超	陈强	陈瑶
邵俊恺	邵桂阳	范玮萍	罗婷婷	周伟峰	周济
周晓艳	周晓萌	周慧	狐斌	庞慧	庞瑾璇
郑旭	房伟萍	孟庆磊	孟超	赵丰显	赵月晶
赵玉波	赵向飞	赵庆林	赵明	赵森	赵镭镭
赵鑫	赵鑫鑫	郝俊杰	荀鹏	胡羽	胡国江
胡顺京	胡益鑫	修宁宁	侯敬超	施绍松	闻亮
姜淑燕	聂文君	贾正伟	贾秋影	贾彦翔	贾桂花
贾超	夏炎	徐元博	徐冬	徐艳	徐鹏
殷雷	凌启辉	栾京东	高玉艳	高静	郭阳阳
郭金龙	郭标军	郭津汝	郭晓伟	郭葳	唐妮
姬江峰	桑志国	桑岱	黄华政	黄欢欢	黄杨杨
黄金诚	黄金雷	黄建	黄锋	曹祥磊	龚子杰
龚涛	常馨月	崔元来	崔格静	崔媛媛	康长春
康秋艺	章培成	阎阳	随永帮	彭晓	董鲁波
董斌	蒋亮群	韩丽	韩放	程相明	程铁航
楚中宝	简虎	蔡鸣	蔡盈	臧甜甜	管文悦
谭瑞雷	翟一龙	翟芳芳	熊烨	潘雷涛	霍明磊
霍婧	魏星	魏巍			

博　士

万红梅	马　彦	王乃帅	毛艺伦	文　杰	方诗琪
方晓磊	田海勇	付志军	付　强	冯黛丽	许　倩
苏晓红	苏　毅	李　威	李　勇	李博通	李　静
杨翠苹	余　洋	沈鉴彪	张富翁	和　丽	金　珂
金　鹏	周　钢	郑立文	郑旭涛	郑晓明	孟　宇
孟境辉	赵玉侠	赵泽波	赵景云	姚　颖	唐歌腾
傅　垒	曾庆龄	潘　刚	檀傈锰		

2010 年

硕　士

丁　戌	丁恒富	于华生	于　佳	于　恒	于　婷
么晶晶	马　立	马建壮	马承钊	马　威	马　晓
马骥翔	王子霞	王云路	王文博	王亚飞	王　伟
王伟华	王旭东	王守鹏	王　阳	王兵兵	王宏宇
王青权	王林建	王林浩	王　祎	王保健	王洪燕
王　涛	王啸飞	王甜甜	王　淦	王　琳	王　琥
王　超	王　鹏	王誉霖	王福光	王　瑶	王　影
王　鑫	韦志鸿	水立鹤	牛旭东	牛　凯	毛迎东
方志祥	孔永正	孔　亮	邓明乐	甘　男	左　斌
占　帅	卢兴福	申绪佳	田付山	田　强	史改改
史　勇	史　超	付文斌	付贤杰	代　畅	白静国
邢　帅	吕世猛	吕　超	朱龙锋	朱孝松	朱建华
任　力	任宝民	庄海湛	刘小东	刘义平	刘永鹏
刘　伟	刘伟强	刘　宇	刘守君	刘怀伟	刘若楠
刘　春	刘　洋	刘冠英	刘峰华	刘　健	刘　涛
刘雪伟	刘彩云	刘　赓	刘　颖	刘碧雨	刘漫贤
闫　利	安庆虎	安兵飞	祁滕远	许秀阁	许思睿
许格格	孙　夺	孙佳勤	阳　斌	严斌斌	苏利霞
杜侦杰	杜金山	李　元	李元剑	李　丹	李文赫
李玉涛	李东雄	李　帅	李亚萍	李成伟	李华龙
李纪友	李志军	李志强	李　辰	李　妍	李相国
李盼德	李　亮	李恒正	李　娜	李艳红	李　航
李继豪	李　琦	李联玉	李　强	李媛媛	李　蓓

李鹏伟	李鹏昊	李翠平	李翠翠	李鑫龙	杨小松
杨宇厅	杨丽娜	杨培培	杨楠	杨瑶	束二洋
肖文博	肖新航	吴中文	吴沅蔓	吴鹏	何芳
余志龙	汪浩鹏	沈洋	宋国飞	宋振川	宋银芳
张子强	张凤	张东亮	张立超	张永新	张兆杰
张庆海	张欢	张克钊	张岑	张学力	张宝
张经龙	张振华	张嫭	张海锋	张梦茜	张瑞婷
张歌	陈川	陈义	陈文远	陈帅	陈立成
陈育武	陈实	陈春艳	陈菁	陈雷	陈鹏远
陈靖凯	陈福海	武传标	武晓威	苑昆	范玉佼
范菲	范寅夕	林山人	林晓芬	尚飞	易守安
罗漫	季志坚	岳翔	金晓宇	周向明	周旺胜
周昊	周渝	周富国	单秉森	居龙	赵丹
赵玉龙	赵龙飞	赵兴胜	赵阳	赵晋龙	赵慧俊
赵翾	赵鑫磊	郝志军	郝晓明	胡成	胡欢
胡枭	胡洋	胡宾宾	南东雷	柳言序	侯方
姜天琪	祝显强	姚逸睿	袁源玮	聂会娇	贾跃
钱程	徐龙威	徐有启	徐向飞	徐宇喆	徐志远
徐鸣冲	殷玉明	高龙龙	高希刚	高星	高婷婷
郭苗苗	郭盼盼	郭晓明	陶富贵	黄克桦	黄君峰
黄孟超	黄桥宝	曹东明	曹建行	曹润葛	曹竣
曹强	曹璐	盛兵	常少良	常正则	鄂殿玉
崔柳	章华	梁明涛	梁美芹	彭立龙	斯超
董峰	董海峰	董焕波	董强	韩飞	韩志芳
程文祥	舒建华	普超	曾玉祥	曾杰伟	谢云飞
谢琰	鄢光荣	蒙丽佳	楚红岩	楚增宝	雷庆春
雷洋	路艳齐	窦宏伟	谭伟源	熊永钊	樊悦
潘冉	潘冠福	潘颖	薛建华	霍雄	穆磊
魏孟宇					

博　士

马晓彬	王永伟	王海鸿	石献金	叶永盛	田兴
付括	包仁人	刘刚	刘金辉	李岩	李博
李智	杨光	肖屹东	员丽芬	张义方	张伟
张传钊	张俊杰	张雄	林炎海	林景高	周济

周　靖	郑舒阳	屈乐圃	赵向飞	赵晨光	赵　磊
徐　冬	徐　鹏	凌启辉	黄江华	龚　癸	康翌婷
董康宁	焦万铭	曾令强	谢欣荣	满　毅	霍元明
魏　星					

2011 年

硕　士

于正文	于　洋	马少娟	马闻宇	马振东	马喜超
马颖丹	王中伟	王玉静	王东伟	王东洋	王帅伟
王　权	王光亮	王旭佳	王　远	王志强	王助伟
王伯彬	王　政	王　栋	王相鲁	王科炜	王剑伟
王　烁	王恒聚	王　振	王晓东	王晓林	王晓亮
王晓景	王笑安	王玺宁	王　浩	王　彬	王　猛
王　维	王　超	王超超	王　雅	王雅婷	王善伟
王　登	王　雷	王　慧	王　璇	王　蕾	王　鑫
牛腾飞	文　武	孔维海	邓小龙	邓艳昭	石允飞
龙院辉	卢　帅	卢　佳	田子红	田　青	史宏伟
付小明	付晓斌	丛　隽	冯彦彪	冯　莎	边辰通
邢芷怡	吕春旺	吕震光	朱　岩	朱恪谨	朱晓龙
乔留军	乔海超	乔　磊	任天明	任　涛	刘丹丹
刘　帅	刘亚军	刘亚昆	刘光青	刘庆明	刘利军
刘宝林	刘晓潺	刘爱志	刘　雷	刘　磊	刘　澎
闫晓坤	阮业康	阮剑斌	孙大勇	孙丹海	孙志龙
孙依君	孙学文	孙　星	孙星星	孙　振	孙　哲
孙　超	贡乾坤	严珺洁	苏　杏	李人武	李大伟
李小康	李云龙	李文治	李立强	李亚飞	李伍龙
李庆辉	李　阳	李　红	李志强	李　岚	李　昊
李明震	李佳佳	李佳霖	李金龙	李金欣	李胜男
李艳伟	李艳琳	李晓飞	李　涛	李祥杰	李　超
李鹏飞	杨乐毅	杨立松	杨明慧	杨　迪	杨　威
杨　晨	杨　琦	杨　遮	杨　澜	丽　芳	肖　健
吴声龙	吴　波	吴　荻	吴真真	吴晓彤	吴晨龙
邱增帅	何亚兰	何健鹏	何　敏	佟建如	佟瑞鑫
余海霞	谷海强	邹建才	邹端端	呇　敏	冷　红
辛衍文	汪文杰	汪　星	汪　鹏	沈立挺	宋　扬

宋光义	宋争一	宋祉霖	宋　鹏	宋碧颖	张之明
张占奇	张永科	张亚辉	张　达	张仲堂	张　阳
张　杰	张国振	张　明	张金广	张学昌	张勃洋
张修文	张铎瀚	张　浩	张　娴	张维超	张　超
张　博	张　程	张　斌	张　静	张默然	张璐璐
张　鑫	陆亚灵	陈少龙	陈术平	陈　伟	陈红祥
陈志松	陈杨杨	陈欣欣	陈　亮	陈　洪	邵元锐
武　凡	武　佳	苗　秀	范龙飞	范素君	林　威
林海海	尚　书	尚妍梅	易生虎	罗　琳	季智燊
竺国卿	金　威	金　颖	周　岁	周　杰	周剑锐
周敬之	周　锐	孟令起	孟阳捷	孟　灿	封　雪
封雪娇	赵　林	赵国利	赵泓毅	赵建国	赵洪锋
赵　勇	赵　培	赵梓程	赵雪净	赵　清	赵隐凡
赵雯静	赵碧洁	郝　晶	胡冰川	胡志勇	胡　波
胡　锋	胡智林	柏　庄	柳　杰	柳朋亮	咸　舒
钟承盈	钟　鹏	侯任远	侯　洋	俞诗园	姜　磊
姚伦标	秦冬丽	秦　洁	袁思伟	聂　余	贾　壮
贾铁流	贾　楠	夏广田	顾鹏鋈	柴才明	柴　晓
柴箫君	息宇婷	徐大伟	徐　洲	徐晓亮	高建超
郭邦智	郭　荣	郭晓钰	郭梦童	郭　瑞	郭瑞娟
唐学峰	唐晶晶	黄鸣东	黄　淼	黄新龙	梅华锋
梅　肖	曹亚平	曹建永	曹　姣	曹艳萍	曹晏墅
龚　盼	崔光珍	银家琛	符智捷	鹿志新	章　靖
梁思静	梁　萌	尉宏伟	隋丽丽	彭　璜	董苗苗
董美华	董振华	董恩凯	董　强	蒋　红	蒋　磊
韩大伟	韩　亮	韩银平	程海洋	焦以飞	舒　诺
曾　幸	曾　哲	游志伟	靳小波	甄宇阳	路玉春
路向琨	鲍　龙	解雅茹	窦浩杰	蔡京京	蔡孟侠
蔡　蕊	臧　升	臧　倩	裴二兵	赛　杨	谭湘琳
熊　伟	黎俊希	冀　慧	戴瑞龙	魏广飞	魏　伟

博　士

于　蓬	王　聪	牛嘉佳	左　斌	卢兴福	田付山
朱小星	刘　颖	阮光明	孙会来	孙　静	李　宏

李建国	李春蕊	李荣昊	李慎旺	李翠平	杨　芳
汪浩鹏	张万枝	张兰江	林　蔚	尚　飞	赵鑫鑫
南东雷	贾彦翔	高山凤	曹　强	崔　柳	康怀镕
董　强	韩　健	薛建华			

2012 年

硕　士

丁　晨	丁翰超	于　川	于方弟	于　亮	于得涛
山全峰	么爱东	么雪佼	弓彦周	马立强	马　阳
马　艳	马雪锋	马　琳	王　飞	王天聪	王艺璇
王友祥	王　平	王业聪	王亚飞	王　冲	王　君
王依莉	王　祎	王建海	王　垚	王栎然	王顺凯
王帝杰	王艳娇	王振甲	王　晖	王　倩	王海俊
王　喆	王　晴	王善超	王　蒸	尤亚娟	牛永健
牛伟凯	文　钰	亢　虹	方亚南	方鹏程	尹晓军
孔　政	邓敏鑫	石登仁	石露露	卢臣智	卢　欣
田大成	史冬梅	史全宇	史　琳	付尚红	白广雄
白　璐	冯超凡	邢佳纯	西　西	吕飞龙	吕晓星
朱光宇	朱雨晴	朱　勇	伏世帅	任建良	刘　龙
刘光磊	刘伟政	刘志涛	刘克飞	刘　尚	刘贵腾
刘思强	刘晓丽	刘晓明	刘晨辉	刘　超	刘超岳
刘　皓	闫　旭	闫德隆	江丽英	安兴涛	许方平
许　敏	阮世松	孙立军	孙亚伟	孙健宁	苏杭帅
苏　屏	杜思齐	李艺群	李　丹	李圣明	李亚萍
李成龙	李　帆	李　伟	李　辰	李秀佳	李启超
李　妍	李　杰	李国宁	李　昂	李孟垠	李星祥
李　恒	李　勇	李　骁	李　健	李　崔	李　琳
李皓琰	李　然	李斌龙	李富杰	李瑞奇	李鹏涛
李　豪	李　潇	杨　兰	杨仲青	杨合理	杨　洁
杨　洋	杨　浩	杨　厦	豆风铅	丽　芳	连维燕
吴月伟	吴迎侨	吴　幸	吴洪斌	吴宣楠	吴　桐
何冰冰	何　坤	何昱辰	余　键	余新昌	谷京晨
邹文瀚	邹　能	沈洪波	宋　乾	宋聪聪	迟兆武

张一凡	张九俏	张元元	张文丁	张文宇	张　乐
张同路	张　帆	张伟波	张　旭	张旭宁	张阳阳
张　宏	张佳明	张　前	张恒成	张爱京	张祥龙
张　彬	张　硕	张　渊	张道童	张　强	张　雍
张　静	张　翼	陆元翔	陈　为	陈玉杰	陈伟浩
陈名光	陈　军	陈　阳	陈　述	陈依可	陈　奎
陈思宇	陈晓莉	陈继东	妙　丛	邵嘉兴	范志强
范菲菲	林　宇	林　佳	林　俊	林　潇	易灿灿
罗晓明	周久零	周邦羽	周庆军	周利君	周钟檀
周闻华	周　浩	周　朦	庞立伟	郑先华	郑明男
单长征	孟天祥	孟伟业	孟红武	赵小珊	赵向东
赵　凯	赵学克	赵晓宁	赵海林	赵　斌	赵德华
郝雯婕	荣　浩	胡小华	胡　伟	柳树森	战　宇
姜军港	姜　敏	姜　婷	祝志刚	姚嘉彬	秦嗣峰
袁海波	袁儒强	耿晓光	耿豪朋	聂　帅	校文超
贾　智	夏春雨	倪彬彬	徐亚峰	徐传标	徐红宝
殷　鹏	高　玉	高志民	高真熙	郭匀欢	郭　宁
郭绍林	郭珍平	郭晓慧	唐　慧	展爱花	陶湖云
黄一峰	黄　壮	黄　陈	黄陈熙	黄　杰	黄金磊
黄春鹏	黄南洋	黄振斐	黄媛媛	曹旭东	曹　阳
曹　欢	曹树任	曹晶晶	匙瑞志	崔　栋	章双双
梁　策	彭维民	葛　琦	董　然	韩润启	程　依
程金辉	程晓旭	程　静	曾义波	曾庆志	谢耀振
蓝海鹏	虞川一	虞朝飞	廖　涛	翟利强	暴宇健
黎　磊	潘　璐	薛俊强	檀　鹏	魏　龙	魏俊楠

博　士

马　威	马闻宇	王　远	朱艳新	任天明	刘亚军
刘　明	刘哲席	刘晓潺	刘　涛	孙　浩	李叶林
李　秾	李　智	杨　雷	肖承翔	吴　荻	张　虤
张淑峰	张　超	张朝立	陈　帮	苑　昆	庞　慧
居　龙	赵洪锋	赵慧俊	赵　翾	班　岚	柴箫君
殷玉明	郭晋宏	黄鸣东	曾杰伟	窦浩杰	谭君广

2013 年

硕　士

丁梅子	于　泽	于　静	马传辉	马宇飞	马丽霞
马国轩	马贺美	马浩群	马　强	马　磊	王小华
王云肖	王忆南	王书晓	王东旭	王占营	王　乐
王立勇	王亚飞	王志凯	王　社	王国庆	王佳能
王宗元	王　昱	王　俊	王艳涛	王　莹	王继瑶
王琳慧	王　新	王　静	王　赛	王　耀	仇百良
方　捷	尹曰雷	尹　辉	邓　池	石　兵	石　珺
龙　游	平　川	卢天齐	卢金星	叶　帅	叶　佳
申原任	史晓文	付　潼	代　尧	白珏明	丛　洋
冯亚萌	冯来兵	冯楚翔	宁喜风	邢志威	曲　平
吕涛涛	吕翔宇	朱由智	朱奇林	朱　莹	朱探金
朱　瑞	乔团结	乔　柱	任宇睿	任　欣	任耀启
刘一辰	刘一兵	刘　东	刘东照	刘永旭	刘亚萌
刘兴杰	刘李东	刘译允	刘　凯	刘佳朋	刘佳骏
刘金玲	刘　庚	刘晓龙	刘晓芳	刘圆圆	刘　涛
刘　通	刘瑞月	刘鹏军	刘新昊	闫　青	闫泽宇
闫　娇	闫　瑾	关　键	米雨佳	江崇邦	汤王阳
汤　超	安全昆	孙圣男	孙庭乐	孙　哲	孙　宾
孙晨辉	花仁东	李小龙	李开典	李　升	李长江
李　丹	李文龙	李帅北	李　冬	李冬冬	李亚民
李会波	李　阳	李　均	李芳芳	李良鑫	李灵芝
李林玉	李　明	李金涛	李　栋	李战明	李　星
李俊玲	李　涛	李海南	李　琳	李　超	李　楠
李　璐	杨丛莱	杨　权	杨　舟	杨红千	杨　贤
杨　畅	杨钦海	杨乾龙	杨惠杰	杨皞屾	束　杨
吴家元	何　宁	何名成	余国卿	沈志成	宋仕龙
宋红攀	宋　康	张二林	张　平	张占伟	张记涛
张亚文	张达顿	张　兴	张志华	张金鑫	张　泽
张　宝	张宝军	张建民	张建睿	张　孟	张　洁
张　贺	张　勇	张积浩	张倩倩	张　涛	张　浩
张　彪	张　超	张　鹏	张赛朋	张　蕊	阿　达
陈小旺	陈　迪	陈禹琴	陈家兴	陈博宇	武玲梅

武贵实	范城杰	范圆圆	易　桐	易　筱	罗广权
罗　雄	岳小雪	依　玛	金军波	金　鑫	周玉琪
周亚凯	周贵森	周埃乐	周晓帆	周　通	周　鹏
庞大千	庞俊喜	郑　杰	单向辉	弥　珊	孟凡星
孟军辉	孟　昊	孟　强	赵立可	赵永亮	赵红蕾
赵　坤	赵　怿	赵　翔	赵　雷	赵锬鸿	郝木东
郝东佳	郝诗宇	郝智天	胡　挺	胡振涛	胡　晋
胡浩然	南景阳	柏建伟	侯春旭	侯　焱	姜　竹
洪迎迎	姚　宇	骆静文	秦　胜	袁玉芹	袁金恒
袁　浩	贾　帅	柴　洪	徐　达	徐　钱	徐　涛
徐海洋	徐　颢	高正斐	高宁宁	高旭东	高　翔
高　颖	高新宇	郭　宇	郭祥如	唐宝平	唐碧文
唐　瑭	唐慧斌	黄　旭	黄若琳	黄珍梅	黄　蓉
黄鹏程	黄碧涵	曹苗苗	崔明敏	章晨伟	梁　冰
梁海洋	梁　策	密俊霞	彭雨程	葛天然	葛升玮
葛欣光	董星言	董家男	董　然	董裕兴	蒋兴奋
蒋　智	韩玉婷	覃忍冬	喻常静	焦天鹏	焦宗寒
焦璐璐	游　操	鄢阿敏	雷大鹏	路子康	窦俊泼
窦晓璐	慕延宏	蔡盟利	蔺雪峰	管延刚	谭俊钊
谭洪政	熊成章	樊冰露	黎　明	潘天志	潘　双
潘治赟	薄　亮	穆凯奇	穆星泽	魏小林	魏　佳
魏福林					

博　士

于子良	于得涛	孔　政	甘　伟	付晓斌	冯孝华
冯彦彪	刘　萌	纪宏超	李文治	李艳琳	吴　琳
张　卫	张　帅	张　宏	张赵宁	张勃洋	张　前
张　恒	陈　东	纵封磊	武松灵	林　潇	郑振华
孟庆勇	徐平平	高　琳	郭　荣	唐学峰	黄金磊
崔光珍	程　鹏	傅华栋	雷庆春	裴未迟	穆　磊
魏　龙					

2014 年

硕　士

丁坤洋	于　浩	于婵娟	马加伟	马后成	马　超

王玉祥	王　刚	王伟伟	王　岗	王　坤	王国涛
王明智	王　栋	王炳奎	王　逊	王　莉	王　涛
王宽宽	王梦雪	王璟瑶	王超华	王　辉	王　斌
王新杰	王　赛	王　鑫	尤越东	牛登超	方　然
古晓强	左　迅	石　轩	石　娟	田文静	史广思
付亚平	付兴辉	代振梦	白国星	白露露	印思琪
冯杨兰	冯　哲	宁浩洛	司吉祥	邢艳雪	师　羽
曲　通	朱伊哲	朱学洋	朱道云	伍祖槐	任云肖
任连磊	刘永兵	刘青林	刘金强	刘学良	刘建伟
刘梦娇	刘福佳	刘殿在	闫向哲	闫社彬	闫　磊
孙　勇	孙　博	孙照鹏	孙　黎	芮博超	芦建永
苏亚龙	苏　皓	苏愿晓	杜丰灿	杜建平	杜家男
李一泽	李小乐	李　帅	李　立	李旭莉	李　宇
李远文	李连欢	李　环	李苗苗	李英杰	李岩峰
李　波	李　泽	李建国	李　度	李　姿	李　根
李　健	李　硕	李　焕	李维奇	李　琳	李　强
李　楠	李　楷	杨本圆	杨欢欢	杨　波	杨政霖
杨威威	杨　斐	杨　源	杨潇怡	吴义博	吴　伊
吴建武	吴　爽	吴　超	辛文萍	汪　晗	沙　聪
沈　智	宋亚男	宋志亮	宋金连	张　凡	张广辉
张　义	张升华	张月明	张　号	张　乐	张立龙
张圣杭	张亚洲	张宇威	张红琼	张志强	张英武
张昊阳	张国强	张春蕾	张贵豪	张　顺	张　洁
张晓义	张晓华	张　航	张海洋	张梅逸	张雪梅
张　强	张　鑫	陈立强	陈　伟	陈庆波	陈　俊
邵佳星	邵泽涛	武　双	武鹏飞	范秀英	范竞男
欧留功	罗冰山	罗　江	罗高赛	罗祥振	周　正
周　志	周建成	周慧秀	郑永波	屈利锋	屈展慧
孟令帅	孟令钊	孟　涛	封二佳	项　欣	赵久松
赵可心	赵亚伦	赵启东	赵　玮	赵　航	赵　影
胡步军	胡岳龙	胡俊杰	胡瑞宇	钟明胜	段国晨
侯英瑞	祝文颖	贺增磊	夏　飞	夏银亮	夏福坤
顿海洋	徐　艺	徐　闻	徐晓辉	高天然	高玉娇

高　伟	高路路	祥　雨	黄云建	黄金刚	黄景辉
黄翔宇	黄磊阳	黄鑫书	曹法如	曹彦平	曹雪冬
曹　康	崔子月	崔　贺	崔　蕊	康　明	商　烁
阎雪滢	梁世龙	彭　豆	董训海	董栗明	蒋金超
韩小慧	韩京石	韩　锋	景　阳	程海良	奥马尔
鲁益豪	谢仲添	雷月雯	雷　强	路俊龙	路敦彬
廉开发	蔡腾飞	蔡　赫	蔡　赟	管　超	翟星星
缪维颖	樊　凯	滕　菲	穆　云	檀智斌	魏春成

博　士

牛玉玲	戎文娟	刘方明	刘亚磊	刘佳骏	刘晓立
李　升	李志星	李　丽	李晓萌	李康强	吴　勇
吴继民	余乐文	余国卿	张欣伟	陈一镖	易　桐
周建辉	赵　翔	胡　军	胡树山	校文超	夏春雨
高　玉	郭　宁	黄　旭	黄　河	曹　阳	崔立华
韩　炬	曾　辉	窦凤谦	慕延宏		

2015 年

硕　士

于立君	于佳鹏	于泽沛	于洪洋	马卫平	马严玮
马　勇	马斌畅	王一博	王小康	王　丰	王叶松
王礼勇	王永军	王成杰	王　欢	王丽红	王宏宇
王坤安	王学倩	王宝梅	王春晖	王　健	王　益
王培毅	王梦琦	王　崇	王淏楠	王　琦	王　超
王晶琳	王　然	王鹏飞	井慧芳	尤　媛	牛佳斌
从云鹏	从靖晨	公　臣	卞　敏	邓金华	石　静
卢万里	叶　松	田明亮	田浩杨	田静昀	史　哲
付永星	付　佳	付建华	代朝刚	冯玉振	冯东帅
邢　冲	权万龙	师呈程	吕伟东	吕　凯	朱云山
朱学辉	朱　棣	任永翔	任宇鹏	刘小民	刘巨双
刘文彪	刘玉超	刘传栋	刘冰曙	刘兴国	刘　宇
刘建美	刘珊珊	刘晓星	刘　硕	关喜嘉	安　凯
许传磊	许志强	阮俊勇	孙一品	孙　升	孙　阳
孙阳君	孙　楠	孙　磊	苏　凡	苏泽兴	杜媛媛

杜　新	李乙娜	李兴海	李志军	李　杨	李沣骥
李松雪	李　鸣	李建超	李祚庥	李莹莹	李　健
李家琪	李　梦	李寅林	李　琰	李智勇	李　想
李颖华	李新宇	李　蕾	杨广任	杨代玉	杨　帆
杨雨谋	杨　迪	杨孟瑶	杨春雨	杨振旺	杨晓楠
杨景博	吴　忧	吴　庚	吴俊武	吴晓永	吴　强
邱云肖	冷迎春	辛　璐	汪　杨	汪　钰	宋世豪
宋　鸣	张　力	张　龙	张　东	张　叶	张　军
张国强	张建华	张建芳	张　茜	张砚宣	张彦杰
张　贺	张　勇	张　耿	张　倩	张效华	张展赫
张晨钟	张　鹏	张　新	陈　帅	陈亚珏	陈　伟
陈　伦	陈　凯	陈　泽	陈建宇	陈盼盼	陈海翔
陈雪波	陈超平	陈腊梅	陈　鹏	范米谦	范　濮
林祎祎	罗　爽	罗锡林	罗　磊	周　循	郑　超
孟　硕	孟维岩	孟繁强	赵少玄	赵心瑞	赵　冬
赵连甲	赵金超	赵思岩	赵鑫全	郝红亮	郝和乐
胡可欣	胡　纯	剌颖乾	娄诗烨	秦　威	袁祥祥
贾　佳	贾　楠	夏　凡	柴雪婷	徐晓晨	徐斌斌
高立霜	高守林	高煜林	郭庆峰	郭　航	郭清扬
郭　强	唐振宇	海婷婷	涂　念	桑绘宇	黄忠杨
黄　钢	黄雪梅	曹光磊	曹　莎	曹　辉	盛晨炜
常艳帅	崔俊峰	崔　琪	康　艺	商　瑞	梁博洋
续　爽	董大巍	董嘉尚	蒋滨繁	韩明川	韩泓冰
韩春涛	雅　恩	程　刚	程　洋	程朝奎	傅　成
蒲金淼	楚思晗	楚焕鑫	路利洋	詹　炜	蔡昭兵
廖　哲	端　帅	赛亚福	谭森起	翟瑞霖	潘　岩
潘韬略	戴椰凌	魏云灿	魏诗林	魏振博	魏富强

博　士

王鑫鑫	权柄涛	刘荣娥	刘基盛	刘瑞月	刘福佳
孙学文	孙福臻	李　宇	李远文	李　岩	李俊玲
李　硕	宋金连	张宇霞	陈小旺	罗　彪	金　枫
赵　川	胡发龙	胡俊杰	秦博男	耿晓光	徐　正
徐　涛	郭祥如	盛佳伟	董干国	曾日芽	

2016 年

硕　士

丁　峰	丁　瑞	于　霞	万清文	马星宇	马晓驰
王卫军	王世伟	王本尚	王东升	王亚南	王亚敏
王兆中	王志鹏	王朋飞	王朋凯	王　建	王俊朋
王　健	王　航	王　硕	王雪远	王雪君	王雪莲
王　强	王熙童	牛　影	尹　芳	邓俊超	书　伦
石国宁	卢日星	卢明华	史桂鹏	白雪松	冯智猛
冯程程	邢国杜	吕小丹	朱世新	朱南洋	朱晓亮
朱维帅	任晓文	庄　璐	刘世德	刘宁宁	刘亚冲
刘会芳	刘运非	刘武芃	刘国权	刘　昌	刘　欣
刘朋帅	刘夏晶	刘海笑	刘章龙	刘淑壮	刘增强
齐孟宗	江　军	汤佳琛	孙长福	孙　文	孙自建
孙若灿	孙笑林	孙　跃	孙　琳	苏明宇	苏晨璐
杜悦萌	李广东	李　丹	李文英	李世林	李立彬
李　宁	李红宇	李　肖	李含珍	李彤彤	李苗苗
李昕童	李春媛	李　昭	李炫辰	李艳慧	李晓杰
李　晔	李梦迪	李康佳	李强鹏	杨庆良	杨金潮
杨　亮	杨晓明	杨晓莹	杨景宇	肖小凤	肖伟东
肖　珺	吴天然	吴友炜	吴文昊	吴延伸	吴孟杰
邱　澜	何　宇	何　兵	何　凯	何翠云	余　凯
余　泳	邹　柠	沈谨霞	宋　立	宋成刚	宋思艺
宋晓宇	宋博瀚	张万松	张小青	张广旭	张　艺
张中豪	张玉争	张玉涛	张　帅	张亚斌	张光圆
张安琪	张利杰	张　坤	张　雨	张佳康	张京旭
张　钧	张彦辉	张　炼	张姝婧	张舰云	张高尚
张浩然	张　悦	张婧婵	张斌健	张楚源	张煜东
陈文斌	陈　远	陈俊伶	陈俊峰	陈晓彤	陈　晨
陈　超	武　奇	武晓旭	范大卫	林　城	林莹璐
岳　晖	周飞虎	周杨松	周卓异	周洪宇	周晓雨
周斯宇	周道谋	周强强	周　键	郑艳玲	单　研
孟睿智	赵久良	赵贞伟	赵宏宪	赵　凯	赵建伟
赵晓燕	赵　倩	赵　雪	赵　震	胡文笑	胡忠阳
胡　鹏	查向云	相照洋	钟明鹏	钟智颖	段永强

侯 冲	姜小宇	姜兴武	费振南	秦 然	耿 赫
莫 威	莫 特	贾星斗	贾 梦	徐勤达	殷 芳
高兆庆	高 铭	郭文惠	郭佳鹏	唐 宁	唐 静
陶小康	黄建霖	黄俊忠	黄敏敏	崔振东	康 磊
梁倩倩	蒋坤坤	蒋诚心	韩中奇	韩月林	韩 旭
韩鹏飞	程民超	程姣姣	焦亚南	温晓东	温 馨
谢 玄	谢华都	谢会法	谢锦程	靳腾飞	蔡晓强
蔡营疆	蔺佳玉	裴泽平	管一臣	谭俊强	翟鹏飞
撒莹莹	樊柠松	霍力溧	穆格格		

博　士

马卫平	马浩群	王明佳	卢 翀	冉红想	白国星
白佳宾	闫 宾	许 焱	李小龙	李国广	李 豪
杨威威	肖 彪	张文兴	陈 凯	邵俊恺	邵晨曦
庞大千	赵 坤	赵秋芳	郝东辉	段国晨	顾 涛
高路路	曹利杰	梁 艳	谢仲添	蔡腾飞	蔡 赟
谭森起	潘 岩				

2017 年

硕　士

于欣楠	于炳涛	万元宇	马旭刚	马 闯	马宝全
马 涛	马晨宇	马 源	王小灿	王少兵	王月帅
王 丹	王文杰	王玉娇	王世洲	王 帅	王永伍
王 成	王兆灿	王 苑	王杰倩	王 明	王 泽
王泽鑫	王春海	王 茹	王星宇	王晓成	王晓刚
王 梦	王晨西	王 维	王喜爱	王朝杰	王 森
王增辉	韦国宁	牛星宇	牛 浩	牛梦杰	仇鑫德
方贤亮	孔宇豪	邓在旭	邓 霜	甘 鑫	石雨桐
石胜杰	卢雪峰	叶雪松	申璐瑶	史永东	史静雯
付 航	代 琪	白云峰	丛文韬	冯鹏妮	冯 腾
宁维鹏	皮新成	邢增垚	权思隆	毕紫超	毕温海
朱丽娟	朱美霞	朱寅娜	仲天琳	任波波	任颖超
邬杨明	刘万辉	刘文杰	刘 乐	刘 宁	刘 阳
刘志成	刘志彪	刘 丽	刘宝书	刘茹琴	刘虹晓
刘津良	刘晓杰	刘倩男	刘 浩	刘铭伦	刘 舸

刘　媛	关世昌	米　拉	汤　晨	安豪杰	祁　武
孙月阔	孙利伟	孙雨飞	孙国胜	孙彦旭	孙　博
孙靖东	苏向阳	杜伟华	杜昌宁	李月敏	李传苗
李阳阳	李严根	李宏姣	李佳晨	李金玉	李保龙
李　洋	李　娜	李晋鹏	李晓武	李浩茹	李　铮
李博伟	李　霄	杨帅杰	杨　乔	杨依林	杨振东
杨　腾	杨　鑫	肖　晓	吴龙正	吴光谱	吴　蓓
何小妹	何　伟	余　灵	沈先利	沈　兴	沈严航
沈灵洁	宋浩然	宋　锐	张天豪	张文昊	张世豪
张亚冉	张　伟	张雨霖	张佳明	张金光	张郑武
张宗信	张　萌	张　然	张　阔	张照磊	张煜鑫
张鑫豪	陆　宇	陈明坤	陈佳傲	陈　放	陈胜男
陈　勇	陈晋涵	陈晓阳	陈智博	武　鑫	范文宝
范占贝	林树林	易冰洁	岳　鑫	周　柳	周程瑜
郇双宇	郑　旭	郑　林	郑　鑫	单　斌	孟庆普
赵　川	赵玉婷	赵亚辉	赵　虎	赵金伟	赵雪飞
郝泽宇	郝勇凯	胡波迪	柯　明	查明玮	郜　夯
郜嘉鑫	侯义全	侯永涛	姜　超	宫飞红	姚姝悦
姚　琛	贺国徽	袁　琦	贾叶玲	夏　壮	党利明
晏正乙	徐志凯	殷　旭	高小凡	高　东	高　渊
高翱冉	郭少波	郭海容	黄小海	黄　浩	黄　婷
萨　德	曹文杰	常　乐	崔　哲	崔晓兵	梁水林
梁　层	梁建宇	梁　晨	寇贞贞	隋立国	董世聪
董竹青	董展翔	蒋飞鸿	蒋应元	蒋金阳	蒋晓军
韩　冰	韩国民	韩振宇	程兰月	程学道	程春福
童昕鸣	童　攀	曾　松	雷传锦	路亚强	窦鹏飞
管明升	熊海涛	樊依圣	潘　薇	燕明哲	薛建琪
魏　宁	魏安安				

博　士

丁河江	王志国	王春晖	王晓明	方　波	田晓里
刘玉超	刘吉阳	刘晓飞	闫　欢	米　涛	汤佳琛
孙　楠	苏泽兴	李　昂	李银平	李　鑫	杨晓明
杨舒迪	吴家雄	邱林宾	邹俊成	沈谨霞	张　明
陈　伦	林龙飞	胡雨琪	贾金亮	贾　哲	铁　健
徐永鹤	姬保平	黄晓丹	常　福	梁国栋	路俊龙

2018 年

硕　士

于广津	于　飞	于文宝	马小明	马云龙	马　帅
马晓颖	马登元	王天华	王平飞	王　帅	王发存
王志朋	王志超	王　芳	王辰晔	王　玮	王　杰
王佳雪	王　柱	王俊朋	王　涛	王　悦	王晨阳
王敏力	王　婧	王　雄	王　普	王　瑞	王雷科
王滨雁	王　蓄	王赟曌	卜仁鹏	方华珍	方　圆
尹书贤	邓　欢	石航宇	卡　龙	卢星晖	叶亚峰
叶　伟	申　奥	田志新	田　波	田　翔	白中豪
司马浩东	曲紫畅	吕红亮	吕洪良	朱诗敏	朱冠伦
朱　铭	任　杰	任海啸	华云皓	刘子祥	刘世全
刘圣艳	刘伟扬	刘华良	刘旭鹏	刘　冰	刘远松
刘佳昊	刘治民	刘珈利	刘洪杰	刘晓坤	刘徐畅
刘　涛	刘　港	刘煜杰	刘　静	刘　磊	刘　镭
齐松强	闫　雄	米　拉	安留福	安燕琳	许冬冬
许　琳	阮鹏飞	孙丰晓	孙　宇	孙运强	孙　昊
孙国正	孙庭伟	孙　婧	孙震龙	纪婉婷	克莱姆
苏春朵	苏　涛	杜德渝	李卫文	李　帅	李冬明
李旭东	李红宇	李　杨	李　纯	李　松	李　明
李明泽	李凯伦	李　珂	李　显	李钧芬	李洁瑶
李洋阳	李　姣	李　振	李　莹	李晓光	李浩源
李润萍	李家俊	李梓源	李　晶	李　程	李富晖
李嘉琪	李豪煌	杨子元	杨庆利	杨　阳	杨　波
杨　涛	杨逸雯	杨瑞杰	杨颖超	肖　山	肖　翔
时彦洋	吴宁杰	吴进河	吴佳伦	吴宝鹏	吴建明
吴嘉州	何　扬	何　流	何　强	何锦轲	位博宇
谷万成	邹凯旭	冷晨阳	沈戊坤	沈国瑞	宋　艺
宋文杰	宋倍德	宋高明	张　力	张子衡	张飞跃
张天运	张龙温	张　帅	张兆祥	张彤伟	张国浩
张凯利	张育畅	张泽彬	张贺强	张　骁	张　峰
张海涛	张海啸	张梦渊	张　甜	张　琪	张　煜
张慧博	张　聪	张鑫磊	陆天祥	陆　旭	陆留洋
陈　也	陈　月	陈丙豪	陈　齐	陈启超	陈明杰

陈钗	陈泽显	陈俊	范阳	范秀哲	林坤
林容州	罗鑫珍	岳梦媛	金思雨	金鑫	郑康
郑琳	郑超	郑斯亮	宗显惠	孟凡刚	赵英勋
赵建波	赵梦瑶	赵康	赵越	赵雄伟	赵鹏鹏
赵耀	郝敏	郝锦岚	胡丹琦	胡帅帅	胡庆强
胡莉飞	钟奇龙	段晓辉	侯可心	侯科帆	姜文鑫
洪江定平	洪阵军	姚芳华	秦德浩	袁庆欣	耿力博
贾仙林	贾明辉	贾相雨	夏同领	倪洁	徐宁宁
徐海鑫	徐铭志	徐斯诺	徐磊	高晗	高强
郭永恒	郭利成	郭祖旭	郭海权	郭鑫鑫	唐晓垒
陶浩	黄天元	曹淳	崔文	崔阳	康前
彭军见	彭涛	彭辉	韩军立	韩萌萌	焦志宝
温国栋	鲍红刚	解金颖	靖皓生	福拉德	赫宇
蔡目辉	蔡宇	谭一帆	熊浩浩	樊轲	黎宏锐
颜新宇	潘玉桥	燕纪威	薄鑫宇	魏志彬	

博　士

马步川	王叶松	孔子璠	朱南洋	刘武芃	刘岩岩
刘胜强	刘洋	刘强	齐杰斌	闫丹丹	孙阳君
李东山	李沛艾	李昕童	李建超	李济洲	李晓鹤
吴小龙	吴远	吴菁芃	张军	张贺	欧阳滨
尚红亮	岳天洋	胡洪洋	黄钢	曹永勇	曹媛
隋赫楠	覃仁树	程姣姣	赖茂河	谭俊强	

2019 年
硕　士

丁明路	丁振烜	于海博	马克	马炜师	马瑞艺
马腾云	马新杰	王小童	王子龙	王子明	王文智
王永乐	王刚	王兆涛	王凯	王佳鹏	王泝评
王学辉	王建伟	王姐	王莲	王高伟	王浩
王彬	王彪	王晨安	王得朋	王超	王朝
王朝阳	王瑞琦	王雷雷	王煜	王静祎	牛天伟
牛壮葳	毛雪	方平	方雷	尹利	孔德坤
邓徐宜	石佳瑗	叶陈龙	申大山	田士辉	田均春
白楠	冯坤杰	冯锐	邢欣然	邢铮	师彬彬

曲昌栋	吕长怀	吕昌帅	吕怡然	吕 琦	朱孟峰
竹 益	伊丽达娜·安尼瓦尔		庄 言	刘子键	刘子源
刘 忆	刘龙岳	刘 帅	刘永帅	刘 伟	刘 宇
刘 阳	刘 杨	刘青阳	刘 松	刘星岩	刘 洋
刘语嫣	刘 楠	刘新宇	刘 磊	刘魏魏	闫晓燕
关伊哲	米若兰	江锦林	汤亿鹏	安宇欣	安 杰
许晓东	许 浩	许 翀	许梦雯	阮 康	孙文杰
孙 振	孙展鹏	阳 志	纪沈江	劳 拉	苏琬茵
苏 漫	李士庆	李小飞	李子涵	李业韬	李 帅
李冬旭	李存福	李 帆	李 轩	李苓苓	李 明
李孟焦	李函泽	李重祥	李胜奇	李 洋	李航宇
李 浩	李 悦	李 爽	李瑞杰	李新月	李新龙
杨子腾	杨文皓	杨光粲	杨江飞	杨 硕	杨 康
杨绪飞	连 山	连朋杰	肖凯莉	吴兆林	吴利阳
吴官政	何 臣	何珊珊	何 茜	余亿棚	沈桓宇
宋世杰	宋寅虎	张一杉	张小慧	张正祺	张宁波
张宇璇	张 羽	张志亮	张利山	张玮珺	张 苑
张 杰	张昌睿	张佳鑫	张金昶	张 峰	张钰琪
张铎怀	张 超	张 棚	张 晴	张 策	张 强
张婷婷	张 腾	张 颖	张聪燕	张 毅	张 鑫
陈亚辉	陈雨露	陈雪明	陈甜甜	陈 鸽	陈 傲
陈鹏俐	邵仕奇	武宏宇	武俊雪	武 敏	范如意
范秋澂	直金达	林安祺	林紫婧	岳修德	金艾明
金 娜	郄浩堂	周永川	周红飞	周碧宁	周漫漫
周 蕾	郑 植	郑嘉琪	孟范鑫	孟凌霄	赵文华
赵宏亮	赵春旺	赵 盼	赵潇雅	郝为权	郝李子翼
郝鹏鹏	胡一平	胡淑杰	侯慧敏	俞志峰	俎莘婷
姜金宏	弭红娜	袁俞哲	袁陪钜	贾文哲	贾要福
贾朝翔	贾稀荃	夏搏然	倪克志	徐培智	徐德明
殷 唯	奚先进	高龙达	高同鑫	高贯孟	高 静
郭亚新	郭 旭	郭 威	席玮航	唐银才	黄志锋
黄泳诚	黄城宣	曹天恩	曹 铮	常思远	常鑫睿
鄂益坤	崔政国	崔博超	康建松	梁 沙	宿 桐
巢志强	董伏霖	董 琦	蒋萧猛	韩文强	韩 辰
韩建磊	韩 峥	韩烬阳	韩常密	焦 阳	焦 倩

温　璐	谢子润	赖志武	赖薪宇	雷文鑫	雷思雨
解庆洋	褚伟成	穆尼巴	戴深远	鞠之栋	魏一飞
魏立奇	魏邦硕	魏丽君			

博　士

ELKHOLY	于铭洋	于　越	马夏生	王立东	王星宇
冯玉超	冯鹏妮	朱文艳	刘海超	安嘉强	祁　斌
杨林峰	吴亚雄	吴　庚	何艳兵	张　东	范业锐
尚　勇	金康宁	周　波	胡培利	查克姆	郜嘉鑫
姜稀脥	祝文颖	贾星斗	原建博	高　源	郭　鑫
黄素霞	曹晓擎	梁　伟	梁　培	蒋先尧	韩松君
蔡　旺	薛占元				

2020 年

硕　士

丁文东	丁笑雪	丁凌杰	刁泽贺	马克西姆	马　凯
马凯璇	马学杰	马隆洲	马富亮	王士特	王天源
王月娇	王文豪	王玉卓	王　田	王冬悦	王亚鹏
王宇超	王　欢	王志洁	王君慧	王青磊	王杰洋
王奇威	王　岩	王金宇	王泓森	王怡琳	王政法
王剑坤	王彦文	王美军	王根发	王晓勇	王海鹏
王　祥	王雪松	王　添	王淞源	王　超	王　晴
王煜超	王睿妃	王镜淳	车　超	方博石	尹子安
尹佳琦	孔　瑞	甘　帅	石向阳	卢秉冉	申荣廷
田柏轩	田彦荣	田　鑫	史非凡	史新凯	付卓睿
付振威	付高烽	冯润晖	司伟帅	司聪敏	尔玛姐
邢　峰	邢祥通	达娃央忠	回轶硕	朱万铖	朱久江
朱子青	朱正妙	朱安琪	朱志强	朱佳鹏	朱彦松
朱恒飞	任一品	任　江	任嘉木	刘元荣	刘丹丹
刘世达	刘帅康	刘召鑫	刘圣瑛	刘廷航	刘志飞
刘芮畅	刘宏宇	刘衍忱	刘洪文	刘晟哲	刘　涛
刘　超	刘道鑫	刘　蕊	刘璟辰	关旭阳	江怀东
祁丹丹	孙文慧	孙永超	孙　奇	孙欣宇	孙　航
孙浩翔	孙超群	孙　森	孙　静	孙鑫荣	苏嘉阔
杜学凯	杜　瑶	李长聪	李立涛	李　阳	李　轩

李陆洋	李明各	李　征	李金明	李泽捷	李宜东
李春阳	李　洋	李宪勇	李　涛	李琦琦	李　超
李　雄	李鼎立	李　晶	李　澳	李　霖	杨子涛
杨　飞	杨仕昆	杨　华	杨会杰	杨启凡	杨　栋
杨　桓	肖　静	时　龙	吴文龙	吴思雨	吴偲晗
吴港陆	何亚坤	何　彪	余晓萌	谷文铮	邹欣纯
邹承宏	辛岩莉	汪高宇	汪晨星	沈伾伾	沈　锋
宋元坤	张力新	张天宇	张文鹏	张世乘	张　刚
张　华	张　庆	张庆永	张兴宇	张时润贤	张枫桦
张国强	张　佳	张京港	张　珍	张晓妍	张晁珲
张　涛	张浩楠	张梦恩	张铜鑫	张景华	张腾辉
张豪杰	张德龙	张繁钊	陈　帆	陈志凯	陈　虎
陈　明	陈晓萱	陈海利	陈　想	陈路哲	陈鹏宇
苗吉行	易潮伟	呼　雪	罗来勇	图力古尔	岳亚彬
金炳健	金晓彤	周玉霖	周龙飞	周志坤	周　丽
周　奇	周映雪	周培涵	庞佳晨	庞寒冰	郑旭龙
郑淏清	郑　蓉	赵长伟	赵　诚	赵建志	赵　奕
赵　航	赵留威	赵家岱	赵乾丞	赵梦雪	赵德让
郝连敬	胡　尧	胡　桐	胡瑞枫	钟　毅	郐　林
侯东易	侯　鹏	饶　巍	姜肖依	姜明旭	姜思雨
姜奕彤	祝　宁	姚克宽	秦紫婷	袁若诗	袁　蕾
耿智伟	聂陈胜	贾子健	贾延谱	贾亦峰	贾希贝
贾　和	夏米西努尔·夏盖尔	夏鸿宇	晏志超	钱志磊
徐一镝	徐青松	徐春野	徐　斌	徐　翔	徐新悦
凌　鉴	高启心	高晓磊	高颖琪	高慕云	高瑾善
郭　威	郭　蓉	唐友军	唐　雯	黄国顺	黄奎淞
黄　越	曹永亮	曹星宇	龚建铭	龚　瑞	崔建杰
崔婷辉	崔瑞康	康玉柱	彭晓勇	董国新	韩东航
韩　松	韩彦铮	程　成	焦　阔	鲁光阳	鲁衍阳
鲁　晓	曾　凯	曾智康	温海鹏	温　超	蒲　顺
鲍帅平	窦宇霏	裴敏怡	廖佳宇	谭自强	谭星勇
熊　吉	樊　雨	潘锐辉	薛树礼	薛　彪	冀　霄

博　士

于欣楠	门玲鸽	王志超	王国栋	尤　嫒	田　翔

付　航	冯英豪	皮森森	刘　旭	刘旭鹏	刘祯耀
刘煜杰	祁　武	孙靖东	苏建涛	李　伟	李旭东
杨文旺	肖小凤	吴　瑾	何威佩	宋纯宁	张士横
张有为	张明远	张跃军	张　猛	张慧博	陈世锋
陈志君	罗　磊	赵　翔	郜　夯	段晓辉	高英杰
黄小明	黄晓敏	韩国民	韩泓冰	戴深远	

2021 年

硕　士

丁　伟	丁伯森	丁泉水	马文强	马兴隆	马英杰
马晓程	马瑞华	王云飞	王世昌	王　尧	王庆杰
王志伟	王迎欣	王　凯	王佳林	王佳雨	王思琪
王　洋	王　统	王　涛	王　浩	王浩帅	王海鹏
王家轩	王捷程	王　硕	王惠民	王　蒙	王嘉伟
王　璐	王　鑫	王鑫雷	牛　浩	毛讯辉	毛隆干
尹　健	孔诗雨	孔德杰	巴　特	巴特尔	邓子霈
邓　羿	未　波	艾海龙	石子焱	石国坤	石恒哲
石家璇	龙紫筠	卢少杰	田杰非	田高超	田惠东
付亿力	付中锋	付正庭	白　琳	冯　弛	冯　浩
冯舒歆	宁柄森	边文强	匡　源	邢　晨	吕泽彤
朱子琦	朱怡蒙	朱　浩	任一凡	任　帅	任丽君
庄子盈	刘大波	刘少伟	刘文文	刘方家	刘东川
刘亚航	刘仲文	刘　坤	刘　奇	刘　念	刘建廷
刘树才	刘珮瑶	刘继伟	刘　硕	刘逸伦	刘敬铂
刘智华	刘鑫宇	闫昊琪	安月琪	安　犇	许立通
许　涛	许嘉玮	阮学源	孙双涛	孙　扬	孙　汝
孙雨萌	孙胜奇	孙振演	孙培哲	孙梓轶	严猛博
苏子腾	苏逸田	杜文奇	杜佳佳	杜智祥	杜　瑞
李子安	李天安	李升科	李玉峰	李运生	李丽琦
李　兵	李昊然	李　畅	李　昂	李岩席	李金宇
李诗萌	李政豪	李晓锋	李　萌	李　晗	李博闻
李筑涛	李瑞琦	李嘉隆	李鑫东	杨一凡	杨广鑫
杨　天	杨成军	杨　帆	杨　杰	杨　欣	杨素卿

杨海旭	杨超凡	杨紫珩	杨锦波	杨新颖	肖文成
肖程耀	肖锦涛	吴光达	吴进河	吴 轩	吴 环
吴前琅	何 旺	何孟宇	何秋辛	何嘉聪	佟 乐
冷仕军	汪子涵	汪 振	沙桂东	宋中鑫	宋诗文
张 天	张天帅	张云朋	张方远	张 宁	张亚纲
张华钦	张 旭	张 宇	张杨徵都	张昕阳	张凯悦
张金宇	张念鹏	张祉恒	张建民	张柳昕	张 俊
张振华	张 桐	张铁成	张 健	张浩嵩	张海峰
张 硌	张 超	张雅琦	张瑞丰	张 颖	张静江
张赫航	张 锴	张德龙	陆奕辰	陈 华	陈 英
陈泽龙	陈泽民	陈学兵	陈 茜	陈思祎	陈晓丹
陈善耀	陈 磊	陈 赟	陈 曦	邵化壮	邵思玉
武宇婧	武雨旸	武海文	林柏毅	罗泽超	罗 斌
罗登昊	岳晓辉	金正磊	金 悦	周选卫	周康庆
周婧萱	周 璇	郑维乐	郑紫兮	孟 昕	赵子豪
赵开阔	赵国全	赵佳慧	赵 亮	赵 卿	赵继星
赵梦梦	赵 晗	赵婧如	赵焜海	胡士林	钟 举
侯书勇	洪文瞳	费松川	胥东辉	贺 藩	骆 巍
袁玉昊	贾荣浩	夏文辉	夏正扬	夏承栋	徐苗苗
徐 竞	徐悦灵	徐 硕	徐爽喆	徐凰健	徐锦希
徐霄宇	殷嫦越	栾超云	高志明	高佳乐	高炜峰
郭云龙	郭发达	郭 庆	郭晓东	郭 辉	郭瑞峰
郭 蕾	唐伟杰	涂龙啸	陶 聪	黄国程	黄金金
黄振雄	萨 哈	曹文华	曹 归	曹晓磊	曹 崇
崔书玉	崔丽丽	康 洋	阎 冰	彭廷杰	彭 闯
蒋京辰	韩青松	喻 希	程 辰	傅雯倩	鲁增辉
谢 锋	靳之星	蒲友晨	赖卓威	雷宏远	窦慧敏
赫 伟	裴树伟	管赟昊	谭子龙	谭亚楼	谭荣梅
薛义丰	魏 晨				

博　士

王 旭	王 迪	王凯迪	王佳鹏	王泓森	王晓勇
王浩凌	王 彬	韦志东	方华珍	艾斯特	叶 伟

史　策	付　龙	付卓睿	刘　伟	刘彦伯	刘　磊
江崔颖	汤文博	孙为全	李　进	李明各	李重祥
李梓源	李嘉琪	李　澳	杨巨峰	吴　峰	位博宇
宋玉玮	张明辉	张　萌	陈　童	范正军	林容州
郑　超	房鑫亮	屈彦伯	孟晓伟	孟铃辉	郝　宇
洪扎拉	宫晓鹏	祝启恒	徐　峰	徐斯诺	鄂益坤
崔博超	董志明	焦　倩	滕光蓉	冀　虎	魏邦硕

附录六　历届专科生名单

1963 年

万　勇	卫进先	王桂芳	王瑞珍	田永勋	纪志鹤
张英儒	张述城	赵铁军	莫尚文	鹿崇兰	景　风
蔡和城					

1980 年

王国安	王　美	户玉仁	田建德	付桂生	刘志国
刘　钢	孙衍一	李玉龙	李　萍	杨瑞光	肖桂林
邹衡武	宋茂林	张秀鹏	张建华	陆其成	陈礼贤
金维林	周自明	郑传义	殷洪先	郭会新	郭英阁
郭珉娜	黄青松	黄宝利	黄鹰浩	曹尚峰	

1981 年

王治生	白　勇	刘余华	肖忠烈

1991 年

丁继中	王　飞	王元生	王岭渠	王瑞山	尹从云
甘沥智	申丽萍	冯翠娟	朱名强	刘凯利	刘茹坤
刘海标	刘　辉	关　浩	江　豪	孙晓飞	李　芳
李晓燕	李　磊	杨明珠	宋　杰	张彤华	张应东
张　玲	张淑红	张　磊	陈　钢	陈　艳	林　东
金　莉	周登宇	赵梦楠	胡红红	袁延强	徐海涛
徐　斌	徐　强	高　杰	高　斐	靳国青	

1992 年

王五营	王　军	王丽萍	王诗春	王雪梅	王银玲
王德光	尤　江	卞颖杰	邓博聪	卢　扬	付　勇
冯　涛	冯　辉	刘　军	刘　轶	刘艳娟	苏新建
李云涛	李　刚	李富昆	杨金双	肖　伟	张　宁
张　迁	张荣辉	张　竟	陈晏生	周爱民	郑庆军
单海波	孟大为	赵　阳	胡春钰	宫振乾	钱若尘

徐 杭	徐 皓	徐 强	黄立伟	曹晓三	曹 颖
梁军会	梁海明	董 羽	廉会兵	蔡 靖	
刘扬玉倩					

1993 年

丁芳勇	马建英	王天刚	王云仙	王立新	王 伟
王春蔚	王显书	王晓东	王 竞	王 翔	孔凡木
石莉梅	卢 峰	白传强	向秀元	关现坤	汤居杰
孙景通	严 防	杜秀梅	李延军	李若文	李建伟
李浪屿	李梦婕	李 鹏	杨士林	杨希勇	肖新利
吴罕飞	吴俊峰	邹 旗	沈文强	张 伟	张启义
陈明辉	范连波	金春彦	周 帆	周秋平	孟庆河
赵志显	赵连新	赵 钧	胡丽芹	柏学军	姚元金
晏晓斌	郭爱菊	崔 强	彭京旭	韩永新	惠书红
鲁兴超	童建标	谢学孔	谭卓斌	樊 杰	颜立春

1994 年

王 彦	牛国锋	尹爱玲	乔 森	华 勇	刘学中
刘晓波	孙洪涛	李 山	吴红伟	吴保安	张会军
张 红	张 杰	张家军	张 蕾	陆风贵	陈刚敏
陈建明	欧志航	周 超	赵新红	是均贤	俞南强
姚亚东	钱 峰	殷 锋	殷鹏程	凌 滨	高金良
梅仲强	阎运德	董立格	董晓升	蒋 健	韩修锋
路建芳	满防震	缪 凯	滕宪平		

1995 年

于连成	王 刚	王龙启	王延朝	王建国	方雨田
艾尚民	卢荣群	司如良	刘小伟	刘永昌	刘艳玲
孙小强	孙立元	李红田	李志雪	李 峰	李 浩
杨世平	杨 勇	吴小华	闵冬梅	张子雪	张青锋
张念彬	张秋蓉	张淑和	尚清保	周永平	周 枫
庞作利	赵木林	胡义深	俞中华	耿继武	徐 阳
殷 强	高东波	高西永	高利民	唐瑞新	黄少华
崔京明	梁建伟	续昌峰	焦绪民	温福国	褚宇晖
裴 飞	魏 冰				

附录七　大事记

1952 年

9 月，经全国统一招考，新招钢铁机械方向 1952 年入学学生（一年级），按过渡性教学计划培养，10 月 12 日在清华大学正式上课。

年底，学校成立钢铁机械系，设有钢铁机械专修科；教授 2 名：杨尚灼（北京工业学院）、刘叔仪（天津大学），学生 269 名，杨尚灼任系主任。

1953 年

3 月 24 日，学校抽调助教和学生赴东北学习俄文，钢铁机械系派出三名助教为温金珂、孙一康、钟鸿儒。

7 月，机械系冶金厂机械设备专修科学生 35 人在清华大学完成学业，这是学校的首届专科毕业生。35 人均未随学校迁入新址即走上工作岗位。

9 月 23~27 日，机械系随学校由清华大学迁入满井村新址。10 月 8 日在新址开课，19 日在工地简易会场为 57 届新生举行开学典礼。

11 月，中央人民政府为学校聘请了冶金机械专业的苏联专家顾问索柯洛夫（1957 年 2 月离开学校），在苏联专家的帮助下，学校从东北工学院、哈尔滨工业大学等院校应届毕业生中择优选拔招收冶金机械专业研究生 12 名。

年底，冶金厂机械设备专业和轧钢专业分别归属于钢铁机械系和钢铁压力加工系。学校建成了车工、锻工、木工、钳工、铸工、焊工等工种的实习工厂，用于学生实习。

1954 年

春季，学校在一年级的 7 个班试行班辅导员制，机械制图教研组的教师担任了辅导员，试办一学期后，开始在一、二、三年级大部分班级设立班辅导员。

9 月，冶金机械专业自本校首届本科毕业生中免试选拔研究生 8 名。

自本年起，本科学制改为五年。

1955 年

4 月 30 日，校刊登载："两年来我院实验室发展迅速，现已建立和准备建立的实验室共有四十四座……其中属于机械系的有冶金厂机械设备、车间动力、热工、材料等八个实验室。此外还有机械实习工厂一座。这些实验室和实习工厂为教学工作创造了更加有利的条件。"

5月，学校成立两个教学法委员会，分别由教务处和机械系领导。机械系领导下的教学法委员会由 8 名机械系教师组成，由丁明星（电工教研组）、周亨达（制图教研组）分别担任正、副主任委员。教学法委员会的任务是积累经验和解决重点问题。

年内，冶金厂机械设备专业更名为冶金机械专业。

1956 年

1月 26 日，上年开工新建的冶金联合工厂竣工并开始设备安装。这是一座含有冶金系高炉、铸工、电冶感应炉和钢铁机械系机械设备、金属切削、焊接等设备的冶金、机械实习工厂。

3月 5～14 日，为了"加强工农联盟，支援农业生产合作社"，机械实习工厂 30 多名青年技工利用业余时间设计并自制 3 台双轮双铧犁，分别赠送给塔院乡和回龙观乡。

4月 22 日，北京市北郊十所院校田径运动会在北京矿业学院举行。北京钢铁工业学院获团体总分第一名。楼大鹏以 25″8 的成绩平全国 200 米低栏纪录。

暑期，经重工业部和高等教育部批准，冶金厂机械设备专业四年级学生由教师带队下到厂矿进行毕业实习。

9月 27～28 日，冶金工厂机械设备专业教研组教师孙一康、陈先霖等 10 人通过国家考试委员会举行的毕业设计答辩，获得优良成绩。

10月 10 日，杨尚灼当选海淀区人民代表。

1957 年

1月 7～8 日，机械系 12 名研究生在苏联专家索柯洛夫指导下完成毕业设计，以优良成绩通过国家考试委员会组织的答辩，成为我国第一批冶金工厂机械设备方面的专门人才。

1月 25 日，学校举行全院师生大会欢送苏联专家索柯洛夫回国。院长高芸生代表周恩来总理赠送"中苏友谊纪念章"并代表北京钢铁工业学院赠送纪念礼物。

2月 4～10 日，全国力学学术报告会在北京新侨饭店举行，学校刘宝智教授等 4 人参会，并作 2 篇论文的会议报告。

1958 年

年初，重庆钢铁公司的徐宝陞调至北京钢铁工业学院，任教授、机械系主任兼院附属钢厂技术副厂长。

3月 24 日，根据冶金工业部和高等教育部要求北京钢铁工业学院扩大业余高等教育的指示，为贯彻向工农开门的方针，行政扩大会议决定：1958 年，夜校部增设冶金厂机械设备专业。

8 月 26 日，学校派出学生绿化队到门头沟附近金鸡台山区植树造林，此次任务覆盖 3000 亩山地。机械系学生作为第一批参加造林任务的 200 名学生中的成员，与其他同学一起，经过 20 多天的植树造林劳动完成既定任务。

8 月 27 日，在西安举行的全国大学生田径运动会上，楼大鹏以 25″2 的成绩打破 200 米低栏全国纪录，获得该项目冠军，并获得 400 米中栏亚军。

10 月 1 日，学校师生员工完成 370 件礼品向国庆献礼。完成献礼的项目中，机械系有 83 件。

年内，钢铁机械系更名为机械系。

1959 年

4 月 29 日，北京钢铁工业学院院务委员会正式成立，杨尚灼、徐宝陞、刘景云、陈先霖经冶金工业部批准为第一届院务委员会委员。

5 月 30~31 日，北京市田径运动大会召开。我校机 61-4 班学生高颂烈在其项目上跻身前六名。

6 月 2 日，学校召开院务会议，审议通过各系第一届系务委员会委员名单，其中机械系 17 人，分别是徐宝陞、刘景云、王祖城、孙一康、陈先霖、陈道南、丁明星、梁继奎、张雄飞、陈端树、张国英、范垂本、林慈、秦祖念、周玉华、王书林、杨珂。

7 月 1 日，学校在"七一"前完成重大科研 20 余项，其中机械系钢球轧机的设计和试制获得成功并使生产率比用冲压法提高 3~4 倍，对全国车辆滚珠轴承化具有重要意义。

暑期，机械系 60 届等 3 个年级 3 个专业的 1000 余名学生赴鞍山等地下厂实习。

9 月 13 日~10 月 3 日，第一届全国运动会（简称全运会）在北京举行，我校炉 63 班李天民、机 63-5 班李国祥等学生运动员作为北京市体育代表队正式队员参赛。

1960 年

1 月 5~8 日，学校召开第二次教学、科研、生产劳动经验交流大会。陈先霖等 21 人作为系所和教研组代表在会上发言。

1 月 24~25 日，召开全校"庆丰收，比三好，继续跃进大会"。机械系主任徐宝陞等 26 人在大会上发言。

2 月 4 日，学生会主席汪秀武（机 60-8 班学生）代表学校出席中华全国学生联合会第十七次代表大会。

3月5~6日，北京钢铁学院第六次学生代表大会召开。学生会主席汪秀武代表上届学生会执委会作工作报告，全面总结三年来学生会在院党委领导下取得的成绩。大会选出汪秀武等21人组成新一届学生会执委会。

3月19日，机61的300多名学生和13位教师与某部7个单位合力奋战42个昼夜，以任务带教学完成生产上迫切要求的设计任务56项，包括点啮合圆弧齿轮减速器系列化设计、卷扬机传动系列设计、高精度蜗轮副、射电望远镜、冷轧齿轮机、三辊热轧齿轮机等，其中点啮合圆弧齿轮减速器系列化设计已在18个厂进行试制。

4月10日，学校竞走运动员杨其胜（机61-4班学生）在高校比赛中取得10公里竞走冠军，并破10公里竞走全国纪录。

4月23日，澳大利亚澳共中央委员、中央宣传部长商登等七人来校参观，由党委第一书记、院长高芸生接待，并参观了金相、金属物理实验室及实习工厂。

9月27日，印度尼西亚国会秘书长鲁斯里夫人等二人来校参观，由张文奇副院长接待参观了实习工厂、金相实验室等。

10月19~20日，院务会议决定：原机械零件及机械原理教研组改名为机械设计教研组。

11月15日，院务会议决议：今后院办函授准备设立冶金机械专业；调整教学单位办公用房，使之尽量成片包干，其中机械系在主楼三层，42间3039平方米。

11月25日，捷克斯洛伐克冶金先进生产者代表团团长阿罗依斯哥巴等6人来校参观访问，由张文奇副院长接待，并参观了实验室、实习工厂。

截至年底，学校设有6个系26个专业。其中机械系，包括冶金机械、工业企业电气化、精密机械、自动学与远动学4个专业。

年内，徐宝陞晋升为三级教授。

1961 年

3月10日，院务会议同意机械设计教研组与其他七个单位出席北京市群英会先进集体。

9月8日，新生报到，冶金机械专业招录研究生7名。

1962 年

4月21~23日，学校举行北京钢铁学院建院10周年庆祝会和学术讨论会。冶金机械教研组与其他5个教研组在学术报告会上分别宣读学术报告并进行了讨论。

7月3日，中华人民共和国教育部发出机械制造工艺及其设备等5个专业教学计划的通知。学校因此修订了多门课程的教学计划。

8月24日，学校会议宣布了第二届校务委员会29人的名单，徐宝陞当选第二届校务委员会委员。会议决议机构调整：机工厂划归机械系。

8月，冶金机械专业招录研究生2名。

1963 年

1月14日，院务会议讨论通过机构调整：机械系增设工业企业电气自动化教研组。

年内，杨静云任机械系书记。

1964 年

3月13日，教务处召开贯彻"少而精"原则教学经验交流会。电工教研组实验课小组梁继奎在会上作经验介绍。

5月8日，金属物理教研组改革考试方法，首次实行开卷考试。之后，其他各教研组在三、四年级部分班级对政治、金属物理、合金钢、压力加工原理、专业炼铁、机械零件等课程期终考试进行了考试方法改革试验，开始采用开卷、闭卷、开闭卷结合和专题总结四种形式。6月，学校发出《进一步改进本学期期终考试工作的意见》，作出五个方面的细致规定。

5月19~20日，学校召开毕业实习经验交流会。冶金机械教研组刘元钧、矿山机械教研组高澜庆、炼铁教研组周取定、冶金炉教研组邱国仕、金相教研组李承基分别介绍了"教师全面负责进行思想工作""结合生产需要进行专题研究"和"分阶段、有中心、一环套一环地进行实习"等经验体会。

10月22日，学校举行第一次"科学研究经验交流及工业新产品授奖大会"。徐宝陞等45名科研创新人员受到奖励。冶金机械等教研组交流了科学研究工作经验。本次所颁工业新产品奖是由国家计划委员会、国家经济委员会和国家科学委员会共同设置的奖励项目，是根据新产品的重要性、先进性、复杂性和创造性发给一部分产品的奖励，以此鼓励群众创造新产品的精神，促进新产品试制工作。

10月26日，66届压力加工、机械、冶金和金属学四系的670名学生和30余名教职工同赴北京和平中阿人民友好公社参加为期2周的农业劳动。

1965 年

3月6日，冶金、机械和金属学等系民兵举行大比武活动。比武项目主要有手榴弹掷远、步枪刺杀、跨越障碍等。

3月22日，冶金机械、压力加工、采矿等15个专业900多名四年级学生和教师先后去各厂矿进行专业课的"现场教学"。

4月3~4日，学校召开基础课、技术基础课教学改革经验交流会。电工教研组、力学教研组、化学教研组在会上介绍经验。

10月4~9日，学校举办基础课、技术基础课教学改革展览会，展出电工、制图、零件、热工、数学、化学、物理和力学8个教研组一年来教学改革的部分成果，冶金工业部教育司司长王静野及教育司工作组的全体人员参观了展览。设展期间，学校于8日召开经验交流会，电工教研组梁继奎、化学教研组王增隽、制图教研组赵彦枢、数学教研组钱文侠分别介绍教学改革经验，高芸生院长作总结。

10月29日，学校召开专业课现场教学经验交流会。冶金系关玉龙、机械系王祖城、炼铁专门化陶少杰和金相教研组李静波分别介绍以"两论"思想指导"现场教学"的经验。

1966 年

2月中旬，徐宝陞、赵春泉、王良道、汪秀武出席北京市学习毛主席著作经验交流会，徐宝陞在大会上作题为《攀登世界科学技术高峰》的发言。21日，《人民日报》登载的新华社关于这个会议的报道中指出：学习毛主席著作，要在"用"字上狠下功夫。

1969 年

2月9日，学校召开全院大会动员师生员工到迁安铁矿参加劳动、接受再教育和改造思想的会战，宣布由军、工宣队负责人王集凤、张义等14人组成北京钢铁学院会战指挥所。10日，学校派出70多人的先遣队。13日晚，采矿系、机械系、金属学系和总务处等单位首批1384人出发到达会战现场。

1970 年

9月18日，学校形成《北京钢铁学院办学规划草案》。议定：校办工厂设三个中小型工厂，其中包含机械厂（下设热加工、冷加工、装配、电子电力、自动化五个连队，为冶金机械、铸造工艺及设备、矿山机械、冶金工业及矿山自动化等专业的教学、科研基地）。

1972 年

年内，工业电气自动化专业改为冶金企业及矿山自动化专业，并增设冶金自动化仪表和电子计算机应用专业。

1974 年

2 月 9 日，以阿尔巴尼亚工矿部副部长柴尼里·哈米蒂为团长的访华团来校访问，并参观冶金机械、轧钢、金相、金物等实验室。

1975 年

1 月 11 日，北京钢铁学院三级教授、建校元老刘宝智逝世，享年 69 岁。

学校业余教育组（后改为函授组）陆续为邯郸钢铁厂、邢台矿山管理局、大庙铁厂、密云铁厂、北京矿山机械厂和北京第二通用机床厂等单位举办了采矿、矿山机械、机械制造和热处理等专业的短训班和大专班。

年内，机械系新增机械制造工艺与设备专业。

1976 年

8 月 24 日，学校机 73-3、机 73-4 两个班的工农兵学员和教师、干部和后勤员工共 70 多人赴唐山钢铁厂参加抗震救灾、恢复生产的战斗。

12 月底，学校科研课题达到 136 项，其中全国重点科研课题 14 项，冶金工业部等部委和北京市下达的课题 98 项，厂矿委托协作的课题 24 项。取得重大成果的科研课题 20 项。例如，"斜轧成型新工艺" "双头螺纹轧制、单孔型轧制、深浅孔型轧制和四次曲面辊型" 和 "氧气顶吹转炉炼钢" 等先进技术。

年内，机械系新增制氧机械专业。

1977 年

10 月 8 日，北京市召开科技大会，斜轧成型科研课题组荣获先进科技单位。孙一康、胡正寰等十人获北京市先进科技工作者奖。斜轧成型等科研项目荣获优秀科技成果奖。

1977 年，学校业余教育组（后改为函授组、函授部）先后为韶关钢铁厂、密云沙河农机厂、北京农具厂、通县冶炼厂、北京齿轮厂、上海钢铁一厂等 12 家厂矿企业开办机电、矿电、轧钢、机械制造、自动控制、通风防尘、工艺矿物岩相和精密铸造等专业的短训班和大专班。

1978 年

1 月 21 日，学校召开传达贯彻全国冶金工业学大庆会议精神大会。宣布冶金机械教研室获全国冶金系统先进科技集体奖、全国冶金系统红旗单位奖；胡正寰、孙一康获全国冶金系统先进科技工作者奖。

4月26日，学校办公会议决议：为提高北京钢铁学院职工文化科学水平，开办大学机械制造班，招收院内外职工40人。学制4年，经考试合格者，发给结业证书。

4月27日，学校召开大会，传达全国科学大会精神。在全国科学大会上，斜轧成型新技术等24个科研项目获全国科学大会奖。

8月2日，学校党委召开常委会议研究专业调整。将制氧专业并入机械制造专业。

年内，方兆彰担任机械系党总支书记。

1979 年

3月6日，学校恢复教师职称评定工作。学校党委连续召开两次常委会，讨论通过提升教授6人，包括机械系陈先霖。这是改革开放后第一次在教师中进行职称评定工作。

3月，学校正式恢复函授部和高等函授教育及夜大学教育。本科函授教育学制为4年，毕业后由北京钢铁学院函授部颁发毕业证书。函授部先后在首钢、上海、大冶建立了3个函授站，招收工业自动化、计算机及应用、金属物理及冶金机械4个专业共179名函授生。

9月14日，共青团北京市委召开北京市青年"学雷锋、树新风、做新长征突击手"活动表彰大会。机械系学生姜荣、周良墉获北京市"新长征突击手"称号（学校共7人）。其后，在团中央召开的全国新长征突击手命名表彰大会上，姜荣被命名为全国"新长征突击手"称号。

1980 年

3月18日，全国冶金教育工作会议在北京举行。北京钢铁学院电工教研室获"学大庆先进单位"称号。

3月，学校函授部招收冶金机械、工业电气自动化专业400余名函授生。

6月25日，北京钢铁学院机制77-1班等北京市五所大学的77级学生，联合向北京市高等院校学生发出"从我做起、从现在做起，为首都建设贡献力量"的倡议。

8月24日，中国金属学会理事、二级教授、学校原院务委员会委员、曾任机械系、工艺系、压力加工系和金属学系主任，海淀区第二届人大代表，建校元老杨尚灼逝世，享年77岁。

9月，学校专业设置为6系1部18个专业。其中，机械系包括冶金机械专业、机械制造工艺及设备专业、液体传动及控制专业。

年内，机械系新增成人教育机械设计专业。

1981 年

1 月 14 日，经冶金部批准北京钢铁学院正式成立机械工程研究所。

4 月 30 日，中华全国总工会和北京市总工会联合召开省、市级以上劳动模范、先进生产（工作）者代表座谈会，学校胡正寰副教授出席会议。

5 月 8 日，经北京市人民政府批准，北京钢铁学院提升教授 14 名。包括机械系林鹤、陈道南。

11 月 3 日，冶金机械成为经国务院学位委员会批准的北京钢铁学院首批具有博士学位授予权的 8 个学科、专业之一；冶金机械、机械学位列首批具有硕士学位授予权的 17 个学科、专业之中；陈先霖成为学校 16 位首批博士生导师之一。

1982 年

2 月 18 日，共青团中央和教育部联合召开第一次全国三好学生、优秀学生干部和先进集体代表会议。北京钢铁学院机 79-1 班被授予全国先进集体，该班团支部书记袁伟烈参加会议。会后，学校党委发出通知，号召全院学生向他们学习。

8 月 10~19 日，第一届全国大学生运动会田径赛在北京钢铁学院举行。本届运动会北京钢铁学院有十名运动员代表北京市大学生参加。机 79-1 倪伟敏获女子 100 米、200 米两项第二名。

年内，陈克兴担任机械系主任。

1983 年

1 月 18 日，机 79-1 班获北京市"学雷锋创三好先进集体"奖（学校共 3 个班级获奖）。

5 月，学校函授部增设矿山机械、机械设计、机械制造、冶金、热能等 5 个专业。

1984 年

1 月 6 日，钟廷珍副教授的科研项目"短应力线高强度轧机"获冶金工业部重要科研成果奖。

4 月 26 日，学校为纪念校庆 32 周年举行颁发教师荣誉证书大会，向 191 名从教满 30 年的教师（或其家属）颁发荣誉证书，并向其中 13 位从教满 40 年的教师（或其家属）颁发奖状和纪念品。在 13 人当中，机械系刘宝智教授从教超过 40 年（共 8 人）。

4月，教育部批准北京钢铁学院函授部增办专科。同月，冶金工业部下发《关于批准冶金高等院校举办函授、夜大专业的通知》，批准北京钢铁学院函授、夜大学举办冶金机械、工业电气自动化、冶金自动化仪表、金属材料科学与工程、金属压力加工、钢铁冶金、矿山机械、工业热工及热能利用、管理工程、电子计算机科学、金属物理、机械制造工艺及设备、机械设计、铸造及冶金物理化学专业。

8月13日，《光明日报》报道：北京钢铁学院副教授钟廷珍研究改造我国小型轧机获重要成果，全国小轧机若有一半采用这一方案，就可节省投资1亿元，每年还可以增加收入1亿元。

9月25日，学校授予钟廷珍教授优秀教师称号。27日，冶金工业部召开表彰大会，授予钟廷珍全国冶金劳动模范称号。

1985 年

4月7日，学校召开首届研究生代表大会，选举孙业胜（机研83-1）为研究生会主席。

5月20日，学校机械系同联邦德国多特蒙德大学（University of Dortmund）机械系在北京钢铁学院签订系际合作协议。

5月25日，冶金工业部召开全国冶金科技工作会议，学校"高炉喷吹煤粉新工艺""硅锰钼系中空合金钎钢及其生产新工艺""新型超硬高速钢""F型油压自动比例调节燃油喷嘴"及"单主动导盘斜轧穿孔新工艺"5项成果获国家发明奖，"短应力线轧机的推广与应用"获得国家经济委员会（简称国家经委）表彰，12项成果获得冶金工业部表彰。

9月18日，中国共产党全国代表会议在京召开，钟廷珍副教授作为全国冶金系统代表出席会议。

1986 年

3月6~9日，国家机械工业委员会科技司受国家经委委托在北京钢铁学院召开"工业机器人控制装置及技术"论证会，确认北京钢铁学院工业机器人系统为"七五"攻关项目。

7月28日，经国务院学位委员会批准，机械系新增具有硕士学位授予权的学科、专业工程机械。

8月，冶金工业部召开轧制新技术推广会，胡正寰教授研制的斜轧、楔横轧受到与会代表的肯定。

10月13~17日，第一届中德连铸学术讨论会在北京钢铁学院召开，徐宝陞等教授参加。

1987 年

7月15日，经国家人事部批准，胡正寰荣获"国家级有突出贡献的中青年专家"称号。

1988 年

1月7日，机械系更名为机械工程系。

3月，在冶金部教育工作会议上，郑重一的合编教材获全国高等学校优秀教材奖。

7月底，经国家教委批准，冶金机械博士点被评为全国高校重点学科点（全校共6个）。

年内，何福泉担任机械系党总支书记。

1989 年

5月10日，冶金机械教研室被授予"北京市模范集体"称号。

9月9日，邹家祥、高颂烈、孙思先、田秋占获"国家优秀教师"称号。

1990 年

12月17~21日，国家教委、国家科委召开全国高校科研工作会议。会上，学校冶金机械教研室荣获"先进集体"称号。

1991 年

3月17日，学校机器人研究所承担的"七五"重点科技攻关项目"机械人控制技术及装置"通过机电部的鉴定和验收。

9月10日，学校召开庆祝教师节及表彰先进大会，会议表彰了先进个人122名，包括全国优秀教师许纪倩。

11月30日，学校召开纪念《中华人民共和国学位条例》实施10周年大会，会上宣布陈克兴等12人晋升为博士生导师。

年内，罗圣国出任系主任。

1992 年

机械工程系新增机械电子工程专业。

4月，胡正寰教授获得全国"五一"劳动奖章。

5月20日，中共中央召开首都高校应届毕业生座谈会。学校志愿支边的机械系92届毕业生杨光参加座谈会。

5月，经冶金工业部、人事部审批，高泽标获得"国家级有突出贡献的中青年专家"称号。

10月26日，刘建平当选为中国共产党北京市第七次代表大会的代表。

1993 年

机械工程系更名为机械工程学院。

2月，机械系新增物流工程专业。

6月18~19日，冶金系统第五批学位审议会在北京科技大学召开。应冶金工业部邀请，20余名专家、教授对各高校单位申报的27个博士学位点、55个硕士学位点以及博士生导师进行评议。陈先霖等教授参与评审。

9月10日，学校召开庆祝教师节暨表彰先进大会。机械系刘建平副教授代表教师发言。

9月16日，学校在机械工程系基础上组建成立机械工程学院，下设九个教研室、六个实验室、三个研究所、一个计算机室和一个机械实习工厂。罗圣国任院长，何福泉任分党委书记。

12月，徐金梧、邹家祥评为博士生导师。

1995 年

1月16日，中共北京市委组织部代表来校慰问北京市委"先进党支部十面旗帜"之一的冶金机械教研室党支部，并赠送精装《邓小平文选》和天安门纪念章。

4月，国家科委科技成果司批复同意学校成立"轧制技术研究推广中心（轧钢技术研究所）"和"高效零件轧制技术研究推广中心（零件轧制研究所）"。

6月，胡正寰教授主持的零件轧制技术被国家科委列为全国十项典型推广项目之一。

7月，陈先霖教授当选中国工程院院士。机60届毕业生、中南大学教授钟掘当选中国工程院院士。

9月8日，学校举行庆祝教师节暨表彰先进大会。会议表彰了全国教育系统劳动模范、人民教师奖章获得者陈先霖。

1996 年

王长松任学院院长。

冶金机械专业更名为机械工程及自动化（冶金机械方向），机械制造工艺及设备专业更名为机械工程及自动化（机械制造方向），机械电子工程专业更名为机械工程及自动化（机械电子工程方向）。

9月17日，国家发展和改革委员会批准北京科技大学高效轧制工程研究中心为高效轧制国家工程研究中心。

1997 年

4月，胡正寰教授当选中国工程院院士。机63届毕业生、西安重型机械研究所副总工程师关杰，机64届毕业生、鞍山钢铁集团公司董事长、总经理刘玠当选为中国工程院院士。

5月5日，"北京科技大学CAD中心"成立，该中心在原机械工程学院计算机中心和图形中心的基础上组建，隶属机械工程学院。

9月15日，学校完成CAD中心第一期建设，接收了国家教委组织实施的美国Autodesk/中国HP公司捐赠的CAD软、硬件，并投入使用。

9月30日，机械工程学院"零件轧制研究推广中心"每年出资1.5万元设立"科寰"奖、助学金，其中1万元设立"科寰"奖学金，5千元设立"科寰"助困金。

11月14日，陈先霖教授获宝钢教育奖优秀教师特等奖。

11月20日，学校获工程硕士专业学位授予权。

1998 年

3月21日，机械工程学院温治教授获霍英东教育基金第六届高等院校青年奖（研究类）。

7月18日，机械设计及理论学科入选"长江学者奖励计划"，获准设置特聘教授岗位。

9月10日，学校表彰优秀班主任及首届优秀本科生导师，机械工程学院景志红被评为优秀本科生导师。

11月16日，机械工程学院邹家祥教授获宝钢教育奖优秀教师特等奖。

1999 年

机械工程及自动化（冶金机械方向）、机械工程及自动化（机械制造方向）、机械工程及自动化（机械电子工程方向）、流体传动及控制四个专业合并为机械工程及自动化专业。

2000 年

1月27日，教育部副部长张天保、党组成员陈文博一行来校看望陈先霖院士。

10月，经国务院学位委员会批准，学校在第八批博士、硕士学位授权审核工作中，机械工程成为获得博士学位授权的一级学科，机械制造及其自动化、机械电子工程成为获得博士学位授权的学科、专业。

10月，学科调整了院系两级党和行政领导班子，许纪倩担任学院党委书记、张欣欣担任院长。

学院"工业设计"学科为新建专业和新设方向。

学院机械学科和热能学科的"211工程"建设工作进入总结阶段。

2001 年

2月15日，学校获批机械工程学科教授、副教授评审权。

4月17日，学校成立工程训练中心，负责全校工科学生机械实习教学。

5月，机械原理课程立体化教材建设（教材）获国家级教学成果奖二等奖。

11月23日，学校新增工业工程本科专业。

12月13日，"机械设计及理论"国家重点学科通过了教育部专家组复审。

学院工会被北京市总工会授予"模范职工之家"的光荣称号。

学院进入"机械设计及理论"学科的"长江学者"计划。

制定学院"十五"工作规划。

学院进行"工业工程"专业申报。

12月11日，"机械工程实验中心（基础部分）"通过北京市组织的评估。

2002 年

1月22日，根据校发〔2002〕3号"关于增设本科专业的通知"，2002年增设3个本科专业中"管理科学与工程类——工业工程"专业由机械工程学院组建。

"机械电子工程"和"热能工程"学科被批准为北京市重点学科。

冶金机械研究所等三个研究所的更名得到了学校的批准。

学院成立"机械工程学院学科建设咨询委员会"。

学院翁海珊担任主编《机械原理机械设计实践教程》、窦忠强担任主编《工业产品设计与表达》、于晓红担任副主编《机械设计》（主编为东南大学）三部教材列入普通高等教育"十五"国家级规划教材。

2003 年

1月15日，学校举行"工业设计系"成立挂牌仪式。工业设计系分为工业设计和工业设计（艺术类）两个专业。工业设计系设在机械工程学院，年内招收艺术类考生20人，生源来自北京、河北、山东、山西、内蒙古五省市，考试于3月15~16日举行。

1月20日，"青藏铁路风火山隧道制氧供氧系统研制与应用"项目入选2002

年度"中国高等学校十大科技进展"。北京科技大学结合青藏铁路工程首次开发了有压吸附、高原低气压直接解吸的变压吸附制氧工艺并成功应用于高海拔地区制氧系统，提出并成功应用了隧道掌子面弥散供氧和氧吧车供氧新方法，保障了施工人员的身体健康。研制建成了世界上海拔最高的风火山隧道制氧站，填补了世界上高海拔制氧技术的空白。

1月，经国务院学位委员会批准，学校自设博士点1个，即机械装备及控制；自设硕士点3个，包括物流工程。

6月中旬，学院申请的"艺术设计""流体机械及工程"和"动力机械及工程"3个硕士学科点，顺利通过专家评审工作。

7月10日，成立物流工程系。

9月，经国务院学位委员会批准，学校在第九批博士、硕士学位授权审核工作中，学院设计艺术学、动力机械及工程、流体机械及工程3个学科、专业获批硕士学位授权。

11月8日，高效轧制国家工程研究中心通过国家发改委、教育部组织的专家组的验收。

2004 年

2月，经国务院学位委员会批准，学校设置机电测试技术、物流工程2个二级博士学科。

3月，"艺术设计""车辆工程"2个本科专业获准设置。

王立同志任院长。

2005 年

2月，《机械原理》课程获批国家精品课程。

3月，信息机电楼工程竣工，该工程建筑面积33688平方米，地上12层，地下1层。

9月2日，郗安民教授等完成的"机电类学生科技创新体系的建设与实践"、尹常治教授等完成的"机械基础课堂教学与实践教学的研究与实践"2项成果获得2005年国家教学成果奖二等奖。"机电类学生科技创新体系的建设与实践"同时荣获北京市优秀教学成果一等奖。

"机械工程及自动化""热能与动力工程""工业工程"和"物流工程"四个专业首次按"机械类"统一招生。

学院新增"动力工程与工程热物理"一级学科博士点。

王立教授等完成的"工科专业实习模式研究与实践"和韩建友教授等完成的"机械原理与机械设计系列教学改革研究与实践"2项课题荣获北京市优秀教

学成果二等奖。

王国华副教授参编的《物流学》获北京高等教育精品教材奖。王国华副教授主编的《中国现代物流大全》（五册）出版发行。

2006 年

4月，学院被北京市总工会授予"北京市教育创新工程——优秀教育集体"。

5月23日，张清东教授获得第九届"中国青年科技奖"。

6月14日，"楔横轧汽车半轴成形技术研究与开发"获北京市"彩虹工程"优秀项目奖。

9月，郗安民教授、尹常治教授获第二届北京市"高等学校教学名师"称号。

9月，《机械设计制图》《传热传质学》获北京市精品课程，其中《传热传质学》获国家精品课程，学院拥有国家级精品课程达到2门。

9月6日，温治教授获北京市教育工会授予"2006 年北京市师德标兵"称号。

9月21日，机械装备与控制系闫晓强教授获中国金属学会颁发的"中国冶金青年科技奖"。

11月16日，学院成立学生党总支。

12月28日，童莉葛博士、副教授被北京市委、北京市政府评为第五届"北京市优秀青年知识分子"。

2007 年

1月8日，在第22届"北京科技大学教育教学成果奖"评比中，冯妍卉等8名教师获特等奖2项；刘向军等7名教师获一等奖2项；邱丽芳等14名教师获二等奖4项。

1月18日，工程训练中心（西区）教学实验中心，被北京市教育工委授予"北京市高等学校实验教学示范中心"，并举行"教学实验示范中心"挂牌仪式。

1月24日，我国著名的连铸和轧钢专家、机械学家，北京钢铁学院三级教授、机械系原主任徐宝陞教授逝世，享年95岁。

3月，《机械设计制图》（第3版）获2006年北京高等教育精品教材；《画法几何及机械制图习题集》获2006年冶金优秀教材。

3月20日，教育部学位中心正式公布了全国第二轮第一批一级学科评估结果，机械工程取得较好成绩。

4月18日，第一届全国大学生物流设计大赛落下帷幕。北京科技大学2支参赛队分别获得一等奖和二等奖。

6月，本科生课程《工程流体力学》《机械设计》获2007年"北京市精品课程"称号。

7月，张欣欣教授获2007年"北京市名师"称号。

8月20日，教育部公布新一轮国家重点学科评审结果，机械设计及理论、热能工程2个学科被确定为二级学科国家重点学科。

10月29日~11月2日，第六届全国城市运动会田径比赛落下帷幕。机械工程学院代表北京市出赛的运动员周博取得男子撑杆跳项目铜牌。

11月7日，北京市副市长、北京科技大学校友孙安民（机72-2）莅临学校视察指导工作，学校领导向孙安民副市长汇报了学校工作的基本情况和由北京科技大学牵头组织的"重大工程材料服役安全研究评价设施"项目的建设情况。

11月22日，机械工程学院获北京市教工委表彰的"2006—2007年度北京高校德育工作先进集体"称号。

2008 年

1月8日，2007年度国家科学技术奖励大会召开。徐金梧教授完成的科研项目"转炉-CSP流程批量生产冷轧板技术集成与创新"、刘应书教授和金龙哲教授完成的科研项目"贫煤、贫瘦煤高炉喷吹技术开发与应用"2个项目获得国家科学技术进步奖二等奖。

4月23日，"机械工程"入选一级学科北京市重点学科。

4月，学院工会获"全国模范职工小家"称号。

6月，学院实验中心成功申报北京市实验教学示范中心。

9月25日，北京科技大学"国家板带生产先进装备工程技术研究中心"通过科技部专家组论证。

10月10日，尹常治教授负责的"机械设计制图课程教学团队"获得2008年国家级教学团队荣誉称号。

11月28日，吴清一教授被授予"中国物流改革开放30年突出贡献人物"的称号。

12月9日，2008年国家科学技术奖评审委员会公布的评审结果中，由刘应书教授参与完成的"青藏铁路"项目获国家科学技术进步奖特等奖；李谋渭教授作为第一完成人的"流射沸腾冷却强化多功能淬火控冷装备与工艺开发及创新"项目、温治教授参与的"钢铁企业副产煤气利用与减排综合技术"项目获国家科学技术进步奖二等奖。

年内，《机电系统原理与应用》被评为"2008年度北京市精品课程"。《工业产品设计与表达》《机电系统原理及应用》（第2版）获"2008年度北京市高等教育精品教材"。一级学科"机械工程"与二级学科"工程热物理"申报北京市重点学科并获得成功。

2009 年

1月9日，机械工程学院分工会获"全国模范职工小家"称号。

1月31日，中国工程院院士，著名机械学家和工程教育家，北京科技大学教授陈先霖逝世，享年81岁。

2月，"国家板带生产先进装备工程技术研究中心"得到国家科技部正式批复。

7月9日，2009北京科技大学海峡两岸设计交流夏令营开营。学校同中国台湾明志科技大学签署校际合作协议，与大叶大学、铭传大学签署合作意向书，并举行两岸师生工业设计作品展。中国台湾成功大学、辅仁大学等台湾13所高校130余名师生参加。

10月12日，2009年全国博士生学术会议（机械工程）在北京科技大学开幕。

年内，臧勇任学院党委书记。

2010 年

1月11日，张欣欣教授等参与完成的"干熄焦引进技术消化吸收'一条龙'开发和应用"获得国家科学技术进步奖二等奖。

3月，由工业设计系洪华团队设计的第16届广州亚运会火炬"潮流"正式亮相，工业设计系副主任洪华作为火炬手参加了火炬传递。

4月，"传热传质学课程教学团队"获北京市优秀教学团队，工学系"机械设计制图课程教学团队"获国家级优秀教学团队。

5月，高效轧制国家工程研究中心获得"国家工程研究中心创新能力建设项目"申报资格。"宽带钢热连轧生产成套关键技术与应用"课题获国家科学技术进步奖二等奖。

5月，完成学院十个系所党政领导班子的换届工作。

7月，"热能与动力工程"申报成功国家级特色专业建设点，继"机械工程及自动化"后成为我院第二个国家级特色专业建设点。我院"物流工程"为北京市特色专业建设点。

年底，设备工程系（含车辆工程专业和建筑环境与设备工程专业）由土木与环境学院划转至机械工程学院。

2011 年

3月，工业设计系被评为北京市"教育先锋"先进集体。

4 月，北京市"流程工业节能减排重点实验室"正式授牌成立。

5 月，"机械工程"工程硕士专业领域获得"全国工程硕士研究生教育特色工程领域"称号。

11 月 14 日，机械系 88 级校友、北京桓裕投资（集团）有限公司董事长张晓峰向母校捐资 150 万元人民币，设立"北京科技大学 88 级校友基金"和"北京科技大学桓裕基金"。

11 月 16 日，热能工程系 87 级校友李琦博士向母校捐赠资金 300 万元人民币，设立北京科技大学"冠之奖励基金"。

7 月，"机械工程及自动化"专业通过中国工程教育专业认证，全校首个通过。

年内，"先进板带生产装备及控制教育部工程研究中心"顺利通过教育部专家组验收，与国家板带生产先进装备工程技术研究中心归并建设。

朱冬梅老师参与完成的"矿用悬浮液压支柱技术及应用"获得国家技术发明奖二等奖。

年内，制定和完善学院"十二五"事业发展规划。

设备工程系拆分为车辆工程系和建筑环境与设备工程系。

2012 年

3 月，教育部"211 工程"三期重点学科建设项目"冶金装备工作行为与控制"通过了总结验收。

9 月，新增教育部工业节能与能效经济创新引智基地。

10 月，新增北京市高等学校市级校外人才培养基地。

11 月 21 日，窦忠强、曹彤、陈锦昌等老师主编的《工业产品设计与表达》（第三版）入选"十二五"普通高等教育本科国家级规划教材。

年内，张欣欣等老师项目"发扬特色与拓宽面向相结合的行业院校'热能与动力工程'专业建设"获北京市教育教学成果奖一等奖；徐金梧等老师项目"强化实践与跨文化交流的创新人才培养体系构建与实施"获北京市教育教学成果奖一等奖；韩建友老师等项目"'高等机构学'课程内容体系与教学模式构建及相应软件系统开发"获北京市教育教学成果奖二等奖。

学院新增"北京市高等学校市级校外人才培养基地"——北京二七轨道交通装备有限公司。

冯志鹏教授获 2012 年度教育部"新世纪优秀人才支持计划"。

2013 年

11 月，冯俊小老师的《能源与环境》、万静与陈平老师的《机械工程制图基础级配套习题集》（第2版）获2013年"北京高等教育精品教材"称号。

年内，张欣欣等老师项目"传热传质学"获国家级国家精品资源共享课；于晓红教授负责的《机械原理》入选北京市推荐"国家级精品资源共享课"的建设课程；任玲老师获北京市微课教学比赛优秀作品奖。

机械工程及自动化专业更名为机械工程专业。艺术设计专业更名为视觉传达设计。

学院兼职教授林建国当选英国皇家工程院院士。

冯妍卉获得"北京市优秀教师"称号。

2014 年

6月，北京科技大学零件近净轧制成形教育部工程研究中心通过验收。

8月，学院机器人队获全国大学生科技创新最高荣誉"小平科技创新团队"称号。

年内，马飞任学院党委书记。

学院张欣欣等教师申报的"发扬特色与拓宽面向相结合的行业院校'热能与动力工程'专业建设"项目获2014年高等教育国家级教学成果奖二等奖；学院岑可法等老师联合申报的"强化节能减排意识，提升创业实践能力，创建与推进全国大学生节能减排竞赛"获国家级教育教学成果奖二等奖。

王立教授编写的《热能与动力工程专业实习教程》获"2014年国家级高等教育精品教材"称号；于晓红等老师课程《机械原理》获2014年度线上国家精品资源共享课。

学院温治老师获北京市"优秀共产党员"称号，臧勇老师获北京市"优秀党务工作者"称号，夏德宏老师获"宝钢优秀教师奖"，学院获"北京高校德育工作先进集体"荣誉称号。

2015 年

9月，学院夏德宏老师的"北京高等学校市级校外人才培养基地——北京现代汽车有限公司""机械与能源科技创新实践基地"2个项目荣获北京市本科教学工程"教学类基地"。

11月7日，举办北京科技大学机器人大赛团队校友返校活动暨首届MEI机器人技术论坛。

年内，由学校牵头，联合在京的14所高校机械专业、2个科研院所，组建北京高校机械专业群。

2016 年

6月，热能工程系脱离机械学院，与环境工程系组建能源与环境工程学院。

9月，建筑环境工程系回归土木与资源工程学院。

12月6日，中国共产党北京科技大学机械工程学院第五次代表大会召开。

12月，"机械工程"学科完成了"全国第四轮一级学科整体水平评估"。

12月，学院完成"轻量化成形制造北京市重点实验室"申请。

年内，乔红任学院院长。

年内，邱丽芳老师和韩建友老师的《机械原理》获国家级精品课程。

2017 年

2月，根据北京市科学技术委员会公布的"2016年度北京市重点实验室和北京市工程技术研究中心认定名单"，学院申请认定的"金属轻量化成形制造北京市重点实验室"成功获批。

11月，学院智能车队获全国大学生科技创新最高荣誉"小平科技创新团队"学院推进"零件近净轧制成形教育部工程研究中心"省部级科研基地建设。

11月17日，学院牵头与北京精雕科技集团有限公司举行共建实践教学基地挂牌仪式。

年内，学院获批牵头建设"北京科技大学智能机器人创新研究院"。

学院完成"先进制造"专业学位领域新增博士专业学位授权点申报工作；完成"设计学"硕士学位授权一级学科点申报工作并通过北京市评审。

年内，覃京燕老师获"北京市青年名师"称号。

年内，"机械工程"学科在全国第四轮教学评估为 B+，排名前 20%。

年内，举办 2017 年轧钢设备及技术国际研讨会。

2018 年

3月23日，学院牵头与宝泉钱币投资有限公司举行共建实践教学基地揭牌仪式。

4月11日，学院成立创新创业中心。

6月，学院完成"机器人工程"专业申报工作并通过教育部公示。

6月，"机械工程"专业再次通过 2017 年中国工程教育专业认证。

11月14日，学院召开青年教师团工委成立大会。

12月，"零件近净轧制成形"和"先进板带生产装备及控制"2个教育部工程研究中心顺利通过评估。

年内，学院杨光辉老师等项目"基于基础技能、动手时间与大赛磨练同步分层次培养一条龙制图教学体系"获北京市教育教学成果奖一等奖；李淳老师等项目"基于产学合作的设计专业课程教学模式探索与实践"获北京市教育教学成果奖三等奖；陈华老师等项目"机械专业机械制图课程实用新型人才培养体系"

荣获北京市教育教学成果奖二等奖；贺可太等老师项目"物流工程专业本科生课外实践体系构建"获北京市教育教学成果奖二等奖；李威等老师项目"现代机械设计方法课程研究型教学模式探索与实践"获北京市教育教学成果奖二等奖；邱丽芳等老师项目"创新型人才培养系列课程建设"获北京市教育教学成果奖二等奖。

年内，覃京燕老师入选教育部青年人才计划。

年内，邱丽芳、覃京燕老师入选教育部机械类专业教指委委员。

年内，乔红入选 IEEE Fellow。

2019 年

3 月，"机器人工程"专业获教育部批复。

5 月，学院参与筹建国家"金属冶炼重大事故防控技术支撑基地"，有力支撑冶金机械优势学科方向建设。

7 月，"物流工程"学科成立"北京科技大学—京东物流"智能物流研究中心。

8 月，《光明日报》头版报道胡正寰院士。

8 月 24 日，学院孙志辉老师指导的科技创新项目"解魔方机器人"在CCTV1《机智过人》栏目成功挑战吉尼斯纪录保持者。

10 月 26 日，胡正寰院士领衔的高效零件轧制团队成功入选北京市"2019 科技盛典"创新团队。

12 月，马飞任学院院长。

年内，学院窦忠强、杨光辉老师编写教材《工业产品设计与表达》（第三版）获北京高校优质本科教材重点项目。

年内，学院先进工作成果被《北京教育德育》专题报道。

覃京燕负责项目获批北京市级虚拟仿真实践教学项目。

2020 年

1 月，"机械工程"专业成功首批入选 2019 年"国家级一流本科专业建设点"。

4 月，苏栋任学院党委书记。

9 月 25 日，宝武集团欧冶云商股份有限公司党支部与学院工设系党支部共建签约。

10 月 25 日，学院成功主办"2020 年第四届机械工程与应用复合材料国际会议（The 2020 4th International Conference on Mechanical Engineering and Applied Composite Materials，MEACM2020）"。

11月，学院覃京燕教授负责的"无人驾驶车人工智能与创新设计的虚拟仿真实践教学"课程荣获首批国家级虚拟仿真实验教学一流本科课程。

11月14日，中国共产党北京科技大学机械工程学院第六次代表大会在教职工礼堂隆重召开。

11月19日，学院成立智能车功能型党支部。

11月，先进板带生产装备与控制、零件近净轧制成形2个教育部工程技术研究中心顺利通过教育部评估。

11月，《物流技术与应用》杂志编辑部正式纳入学院管理与建设，助力物流学科发展。

12月，学院王靖老师获2020年北京高校毕业生就业工作先进个人奖。

12月，学院郑莉芳教授获第四届北京市高等学校青年教学名师奖。

12月，"机械工程"学科参加第五轮学科评估。"机械工程"博士后流动站顺利通过综合评估。学院牵头组织申请"机械"工程博士专业学位授权点，并顺利通过北京市教委评选。

2021 年

2月，工业设计专业获批国家级一流本科专业建设点。

4月，物流工程专业获批教育部第一批物流管理与工程类专业新文科建设试点专业。

5月7日，学院院史编撰工作启动会召开。

5月28日，全国钢铁行业共青团工作指导和推进委员会二届五次常务会议暨第35次大钢团委书记联席会在山东济南隆重召开。北京科技大学机械工程学院团委荣获2019—2020年度全国钢铁行业"五四红旗团委"荣誉称号，学院零件轧制与装备技术梯队团支部荣获2019—2020年度全国钢铁行业"五四红旗团支部"荣誉称号。

5月29日，学院举办"北京高校机械类专业群"专家委员会、教学协作委员会第七次全体会议——暨北京高校机械类专业课程思政建设研讨会。

6月6日，"北京科技大学科技美育中心"揭牌仪式以及第九届大数据+互联网+智能化+创新设计大会、机械工程学院工业设计系本科生毕业设计展系列活动在教职工礼堂顺利举办。

6月，车辆工程专业通过中国工程教育专业认证。

6月23日，学院举行北京科技大学智造名家讲坛启动仪式暨第一场报告会，邀请胡正寰院士作专题学术报告。12月29日，邀请苏义脑院士作专题学术报告。

7月，齐昕获北京市青教赛二等奖。

8月，学院引进"万人计划"领军人才刘波。

11月，我院矿山机械78级校友，矿冶科技集团有限公司首席科学家沈政昌当选中国工程院院士。

11月，学院郑莉芳教授获宝钢优秀教师奖。

12月，李鹏获北京高校优秀德育工作者、北京高校毕业生就业促进会就业工作先进个人。

12月29日，成立井下智能控制研究院，并与中国石油集团工程技术研究院有限公司签订战略合作协议。

12月29日，学院机器人18班获评北京市"我的班级我的家"十佳班集体。

12月，学院引进中国工程院院士苏义脑、沈政昌为我校双聘院士。

12月，学院覃京燕教授入选教育部重大人才计划。